문학교육총서 ❻

문학교육개론 Ⅰ : 이론 편

문학교육총서 ⑥

문학교육개론 I
이론 편

정재찬 최인자 김근호 염은열 이지영 최미숙
김혜련 박용찬 남민우 김성진 조희정 박기범

역락

『문학교육개론』의 발간에 부쳐

구인환・우한용・박인기・최병우・박대호 공저의 『문학교육론』이 간행된 것이 1988년, 김대행・우한용・정병헌・윤여탁・김종철・김중신・김동환・정재찬 공저의 『문학교육원론』이 나온 것이 2000년이다. 그 전후로 많은 문학교육론이 상재되었으나 문학교육 입문서로는 이 책들이 제일 많이 읽힌 듯하다. 여러 필자들이 전공 분야를 나눠 맡아서 원고를 쓰고 서로 토의하며 내용을 조정한 덕분이라고 생각한다.

이제 한국문학교육학회에서 『문학교육개론』Ⅰ・Ⅱ를 내놓는데, 이전의 책들보다 더 방대한 내용을 더 많은 필자가 참여하여 집필하였다. 특히 문학교육학계의 중견・신진 학자들을 중심으로 다양한 학문적 배경을 지닌 전문가들을 적소에 배치하여 문학교육을 개괄하는 데 필요한 내용들을 넓고 깊게 다루었다.

이 책은 문학교육학을 정립하고 이끌어 온 선배 학자들에 대한 후배 학자들의 오마주이자, 이제 막 문학교육학의 바다에 배를 띄우는 젊은 연구자들에게 건네는 해도(海圖)이고, 문학 교사 혹은 문학 애호가로서 자신의 문학적 깨침과 울림을 타인과 공유하고자 하는 모든 이에게 보내는 지남침(指南針)이다. 자부하건대, 이 책은 현 단계 문학교육학계의 역량을 총 결집한 성과라 보아도 지나치지 않을 것이다. 물론, 완벽한 의미에서 공저라 부르기에는 부족한 것도 사실이다. 추후 계속된 수정을 약속함과 아울러, 무엇보다도 이 책의 단점이 이 책을 읽고 성장한 학문 후속 세대에 의하여 보완되길 기대한다.

문학과 문학교육의 의의에 비해 그 가치가 저평가되어 있다는 점은 누차 지적된 바이다. 스토리텔링이나 문학의 생활화, 한국 문학의 세계화 등에서 문학(교육)의 활로를 찾기도 하고 문학 치료, 미디어 콘텐츠 사업, 한국어교육 등 새로운 시장을 찾는 데 부심하기도 한다. 그러나 역시 중요한 것은 초ㆍ중ㆍ고 정규 교육에서 이루어지는 정통 문학교육이다. 질과 양 면에서 문학적으로 성숙하고 평생 학습을 통해 문학적 소양을 기르며 문학으로써 타인과 소통ㆍ연대하는 인간형을 기르는 데 학교가 진력해야 한다. 그 도정에 이 책이 의미 있게 기여했으면 한다.

이 책은 한국문학교육학회의 <문학교육총서> 제6권과 7권에 해당한다. 학회에 대한 일상적인 지원을 넘어 지금까지 총서를 발행해 준 역락출판사의 이대현 대표와 편집진에게 감사드린다. 책의 발행을 총괄한 정재찬 부회장과 류수열 총무이사 등의 상임이사진, 그리고 문학교육학회 이지영ㆍ김세림 간사의 노고에도 치하를 드린다. 누구보다도 깊은 고마움을 표할 분은 공사다망한 중에 흔쾌히 집필에 참여해 준 필자 선생님들이다. 그리고 이 책을 보며 문학과 문학교육에 대한 비전을 기르고 좋은 문학교육자가 될 모든 분들에게도 미리 당겨서 감사를 드린다. 역사 속의 수많은 문인들에게도.

2014. 8
한국문학교육학회 회장 김 창 원

차례

문학교육의 본질과 목적

문학교육의 배경

문학교육의 체계

제7장 교수·학습론 ● 215

문학교육과 문학 활동

문학교육의 본질과 목적

제1장

문학교육의 개념과 의의

　문학의 가치는 누구나 인정한다. 교육의 가치도 누구나 인정한다. 그렇다면 문학교육은 얼마나 가치 있는 일이겠는가. 하지만 과연 그렇게 생각하는가. 그래, 문학을 공부하면서 즐겁고 보람 있었는가. 문학을 배우고 문학을 알고 나니 문학을 더욱 사랑하게 되었는가. 이에 대해서는 사람마다 답이 다를 수 있다. 하지만 문학교육을 하고자 하는 사람이라면 다음 질문에 대해서는 누구나 "네." 라고 답해야 한다. "제자들에게 문학을 사랑하도록 가르치고 싶은가?"

　이 장에서는 문학교육의 본질과 가치를 다룬다. 이를 위해 먼저, 문학교육은 문학을 가르치고 배우는 것이므로 문학과 문학교육의 관계에 대해서부터 생각해 본다. 그리고 우리 문학교육의 현실태에 대한 비판적 성찰을 통해 문학교육의 지향점을 그려 본 다음, 문학교육의 이상태를 전제로 문학교육의 개념과 의의에 대해 알아보기로 한다.

1. 문학과 문학교육

(1) 문학에서 문학교육으로

문학교육은 문학을 가르치고 배우는 것, 아주 자명해 보이는 활동이다. 하지만 시공간이라는 물리적 제약으로 인해 모든 것을 다 가르치고 배울 수는 없다. 그래서 교육은 선택을 필요로 하고, 선택은 가치 판단을 요하기 마련이다. 여기서 문제가 발생한다. 문학을 왜 가르치고 배워야 하며, 어떤 문학을, 어떻게 가르치고 배워야 하는지 등등, 그 가치의 선택 문제에 답을 구하거나 합의를 구하기가 쉽지 않은 것이다.

실은 문학이란 무엇인가 하는 것부터가 자명하지가 않다. 테리 이글턴(Eagleton, T.)의 명저 『문학이론입문』의 서론 '문학이란 무엇인가'를 읽어 보라.[1] 문학에 대한 기존의 정의들, 가령 상상적인 글, 허구적인 글, 일상 언어의 규범에서 일탈한 언어의 조직체, 비실용적인 자기 지시적 담론이라는 등의 정의들은 문학의 본질을 충분히 포괄하지 못한다. 아니, 이글턴에 따르면, 문학의 본질이란 것은 결코 없다. 어떤 것도 문학이 될 수 있으며, 변함없고 의문의 여지없이 문학으로 여겨지는 여하한 것도 더 이상 문학이 아닐 수 있다. 본래 가치 있는 문학 작품이나 전통이란 것도 없다. 가치는 타동사적인 용어이기 때문이다. 그래서 이글턴은 엘리스(Ellis, J. M.)의 비유를 인용한다. 엘리스에 의하면, '문학'이라는 용어는 '잡초'라는 단어가 사용되는 방식과 유사하게 쓰인다. '잡초'는 특정 종류의 식물을 가리키는 것이 아니라, 이런저런 이유로 정원사가 원하지 않는 식물이면 다 잡초에 해당하는 것처럼, 문학은 그와 반대로 이런저런 이유로 가치 있게 평가하는 글의 종류 전부를 의

---

1) Eagleton, T., 김명환 외 역, 『문학이론입문』, 창작과비평사, 1986. 이 책이 어렵다면, 김대행, 『문학이란 무엇인가』, 문학사상사, 1992를 읽어볼 것.

미한다는 것이다. 이를 철학적으로 표현하면, 문학은 존재론적이라기보다는 기능적인 용어에 해당한다. 그러므로 우리가 이른바 문학의 본질이라고 부르는 것은 다른 담론과의 함수 관계로 그때그때 존재하는 일시적인 것이지 영속적으로 주어진 속성이라고 볼 수는 없는 것이다.

그런 점에서 롤랑 바르트(Barthes, R.)가 "스스로 문학이라고 가르치는 것이 문학일 따름"[2]이라고 못 박았을 때, 일반적으로 문학 체험의 폭이 협애하기만 한 우리 학생들의 현실을 감안한다면, 이 말의 뜻을 곧 "문학이란 우리가 문학이라고 배운 것일 따름(Literature is what gets taught. Period.)"[3]이라고 풀이해도 크게 틀리지 않을 것이다. 이 말은 오늘날 우리가 갖고 있는 문학 혹은 문학성이란 개념이 사실상 시대 초월적이라기보다는 특정한 시기의 역사적 산물에 불과하며 그런 점에서 그것은 제도가 낳은 문화적 구성물이라는 견해를 내포하고 있다.

(2) 문학교육에서 문학으로

문학이 존재하고 그 결과로서 문학교육이 존재하는 측면만 바라볼 것이 아니라 문학교육의 결과로 문학이 존재하는 측면에 주목해 보자. 전부는 아닐지라도, 적어도 사람들이 문학이라 배우고 그래서 문학이라 생각하는 것이 문학이라는 것만큼은 부인할 수 없는 사실이다. 그렇게 본다면, 문학교육은 확고한 단일체로서의 문학이라는 제도를 교육의 장에 옮겨놓는 것이 아니라, 오히려 문학교육이라는 제도가 부동(浮動)하는 문학제도를 확고하게 규정하고 있는 것으로 볼 수도 있다. 실제로 문학의 소통 구조 가운데 제도적으로 가

---

2) Doubrovsky, S., 윤희원 역, 『문학의 교육』, 하우기획출판, 1996, 74면에서 재인용.

3) Gossman, L., Literature and Education, *Between History and Literature*, Harvard Univ. Press, 1990, p.31. Gossman, L.의 영역에 따름.

장 영향력 강한 것 중의 하나가 문학교육이란 점을 승인한다면, 문학이 문학교육을 규정하는 것이 아니라 문학교육이 문학을 규정하는 관계로 볼 수도 있다는 뜻이다.

이런 생각은 문학교육을 공부하고 문학교육을 실천할 우리를 일단 신나게 할지 모른다. 사실, 문학교육에 대한 비판 가운데는 유서 깊은 문학주의 쪽에서 제기된 것도 적지 않았다. 문학을 문학답게, 작품을 작품답게 다루어야 하는데 문학교실에서 그러한 진지함이 사라졌다든가, 특정한 비평가 자신의 작품 해석만 옳고 교사용 지도서나 참고서의 것은 잘못됐다든가, 교과서나 수능 지문에 시인이 자신의 작품을 싣지 말라고 항변한다든가 하는 경우가 그러하다. 이러한 비판의 근저에 혹시 문학교육이라고 하면 그저 문학이라는 독립 변수의 종속 변수로만 이해하는 인식의 미망(迷妄)이 있지는 아니할까. 과연 문학에는 본질이 존재하고 문학교육은 그것을 전달하기 위한 교수 방법에 불과한 것일까.

그렇지 않다. 문학교육은 학습자 독자로 하여금 문학이라는 본질을 주체적으로 구성하게 해 주는 적극적 활동이다. 그리하여 문학교육이 문학을 살리고 인류를 살린다. 문학을 포함한 인문학의 위기가 인류 정신의 위기로 받아들여진다면, 그 위기에서 인류를 구원해 줄 존재는 문학 그 자체가 아니라 문학교육이기 때문이다. 독자로 하여금 외면하게 만든 지난날의 지나치게 고답한 문학도 반성을 해야 하지만, 그렇다고 해서 독자 대중에게 문학이 투항하는 일이야말로 문학의 위기를 가속화할 따름이다. 진실로 문학이란 것이 우리가 문학이라 가르치고 배운 것이라면, 문학교육을 통해 문학이 즐길 만하고 사랑해야 할 가치가 있는 것으로 만드는 일이야말로 문학의 위기를 극복하는 바른 길이다. 이렇게 될 때 문학이 문학교육을 존재하게 하고, 문학교육이 문학을 살리는 선순환이 이루어질 수 있다.

2. 문학교육의 현실

현실의 문학교육은 과연 어떠한가? 문학 및 예술 교육과 관련된 영화 세 편을 통해 우리의 문학교육 현장을 돌아보도록 하자.

(1) 분석 위주의 문학교육

먼저 영화 <죽은 시인의 사회(Dead Poets Society)>[4]의 한 장면. 키팅(Keating : Robin Williams 扮) 선생은 학생들에게 교과서 『시의 이해』 서문을 읽도록 한다. 서문의 내용은 이러하다.

"시를 완전히 이해하려면 먼저 그 시의 압운과 율격, 그리고 비유에 능통해야만 한다. 그러고 나서 두 가지 질문을 하라. 첫째, 시의 대상이 얼마나 예술적으로 표현되고 있는가. 둘째, 그 대상은 얼마나 중요한가. 첫째 질문은 시의 완성도를 측정하는 것이며, 두 번째 질문은 시의 중요도를 재는 것이다. 일단 이 질문에 답할 수 있게 되면, 시의 위대성을 판별하는 것은 비교적 쉬운 문제에 속하게 된다."

정말 쉬울까? 『시의 이해』는 이렇게 이어진다.

"시의 완성도를 나타내는 점을 그래프의 가로축에 놓고, 중요도를 세로축에 그린 다음, 그 시의 면적을 계산하면 그 시가 지닌 위대성의 정도를 산출할 수가 있게 된다."

이때 키팅은 자리에서 슬그머니 일어나 분필을 들어 칠판에다 좌표를 그린다. 책에 시선을 고정하고 있던 학생들 가운데

---

4) <죽은 시인의 사회>의 문학교육적 의미에 대해서는 정재찬, 『문학교육의 사회학을 위하여』, 역락, 2003, 289~334면을 참고할 것.

몇몇은 선생의 그림을 그대로 공책에 따라 그린다. 서문의 낭독은 계속된다.

"바이런(Byron, B.)의 소네트는 세로축에서는 높은 점수를 받을 수 있지만, 가로축에서는 평균 점수에 불과하다. 반면에 셰익스피어 (Shakespeare, W.)의 소네트라면 가로, 세로 모두 높은 점수를 받아 큰 면적을 차지하게 될 것이고, 따라서 이 시야말로 진정 위대한 작품임을 알 수 있게 되는 것이다. 이 책에 실린 시를 섭렵해가면서 이 척도법을 훈련하도록 하라. 이렇게 시를 평가하는 능력이 신장될수록, 시에 대한 향유와 이해도 성장하게 될 것이다."

이렇게 서문 낭독이 멈출 때쯤 키팅의 칠판 속 그림도 완성된다. 사각형의 면적을 구하는 공식처럼, 시 작품의 위대성(Greatness)은 완성도(Perfection)와 중요도(Importance)의 곱, 즉 {G = P × I}라는 도식으로 정리된다. 이에 따르면, 셰익스피어 시(S)는 바이런 시(B)보다 면적이 더 넓으므로({S≥B}) 셰익스피어가 바이런보다 더 위대하다는 결론이 자명하게 내려진다! 모호하다고 비난의 대상이 되기 일쑤인 문학이 이토록 가시적으로 명징하게 표현된 적이 있던가?

하지만 이 멋진 도식을 키팅은 배설물(excrement)이라 욕하고, 학생들에게 찢어서 내버리라고 명령한다. "우리는 배관을 하는 것이 아니라 시를 이야기하고 있다."라고 하면서, 시는 가요 차트처럼 측정할 수 있는 것이 아니라면서, "이것은 바이블이 아니다. 이것 때문에 지옥에 들어가선 안 되지."라고 하면서, 서문 전체를 찢어 버리게 하는 것이다.

물론 이 도식의 오류를 발견하기란 어렵지 않다. 위대성의 변인이 완성도와 중요도 둘만은 아닐 것이며, 둘만 인정하더라도 그 양의 정도를 객관적으로 잴 수는 없을 것이며, 설령 그것이 측정 가능하다 하더라도, 그래서 심지어 영화 속 그림의 눈금대로 계산해서 셰익스피어의 면적($S=50$)이 바이런의 그것($B=14$)보다 넓으므로 셰익스피어의 시가 바이런 시보다 약 3.57 배 위대하다고 말할 수 있다 하더라도, 그 원리대로라면 완성도가 아주 높고 중요도는 아주 낮은 작품이나 중요도가 아주 높고 완성도는 아주 낮은 작품이나 위대함의 정도는 같다고 말해야 수학적으로 올바른데, 정작 이 공식은 완성도와 중요도가 동시에 높은 작품만을 위대하다고 판정하는 데 적절하게 쓰일 따름이기 때문이다.

■ 신비평(New Criticism)
신비평은 60년대까지 비평계를 휩쓸었던 문학 사상이다. 기존의 비평 이론들이 작가·사회·독자들을 중심으로 이루어졌음을 반성하며, 텍스트 자체의 중요성을 강조했다. 작품을 객관적으로 볼 수 있도록 꼼꼼하고 분석적인 읽기를 요구했으며, 이에 따라 작품 안에서 언어의 함축성을 찾고 비유적 의미를 밝히는 것을 중요한 독서 방법으로 삼았다.

키팅의 분노는 시를 수학처럼 객관적으로 이해하게 해 준다는 명분으로 자행되는 문학교육의 경향, 곧 당대의 신비평을 향한 것이었다. 여기서 우리는 서문이 찢겨진 영화 속의 책 제목이 『시의 이해(Understanding Poetry)』라는 점에 주목하게 된다. 그것은 신비평가 Brooks와 Warren이 1938년 출간한 동명의 대학 교재를 연상하게 한다. 1976년까지 4번의 개정판을 낼 정도로, 그리고 수많은 아류 교재가 쏟아져 나올 정도로 이 책의 영향력은 막강했다. 실제로 신비평은 시인의 전기적 사항 따위를 늘어놓거나, 그저 시를 죽 읽고 감상은 개인의 몫으로 돌려버리곤 했던 문학교육의 구태(舊態)에 강한 충격을 던져 줄 수 있었다.

신비평가들은 산업사회에서의 과학을 혐오하면서도 동시에 인상주의 비평을 배격하며 과학적인 비평의 수립을 추구하는 이중적이고 이질적인 것의 결합을 추구했다. 요컨대 시는 과학적 진술과 다른 것이지만, 비평 방법은 그 자체가 의사 과학적(擬似科學的) 행위로 될 수 있다는 것이야말로 신비평의 본질적 가정이었던 것이다. 그리하여 신비평가들은 작품의 완결성에 손상이 가지 않으면서도 가장 튼튼하고 빈틈없는 비평적 해부의 기법들을 개발해 내기 시작했다. 지금으로 말하자면 독자수용적 비평에 해당하는 방법들은 금기시되었다. 그러한 것들은 모두 신비평이 혐오한 상대주의의 수용을 불가피하게 만들 것이기 때문이다. 사실, 신비평의 분석주의적 독해 방법은 비판적이거나 창조적인 독자를 상정하고 있는 것이 아니라, 그들의 관점에 일치하는 이상적인 독자를 상정하고 있는 것이다. 결과적으로 신비평에 입각한 문학교육은 한편으로는 신비평적 관점에 유순한 텍스트와 다른 한편으로는 텍스트를 정해진 방식에 따라 꼼꼼하게 읽는 유순한 독자들의 결합을 가져왔다.

그러기에 학생들에게 각자의 인생을 남다르게(extraordinary) 살 것을 주문한 키팅의 입장에서 이처럼 보편적인(ordinary) 읽기를 강조하는 신비평적 문학교육은 받아들일 수 없었을 것이다. 예술적 완성도와 역사적 중요도를 고루 갖춘 작품을 높이 평가하며, 그 기준에 따라 객관적으로 작품을 평가하라는 서문의 요구를 따르게 되면 개인의 개성과 주관과 낭만은 설 자리를 잃기 때문이다. 신비평가들이 자신들을 고전주의의 회귀로 간주한 것을 고려한다면, 영화 속의 키팅이 낭만주의자의 면모를 보이는 것 역시 자연스러운 귀결이다. 키팅의 입장에서도 물론 문학이 지닌 예술적 가치는 소중하다. 하지만 그것은 의심스럽다. 특히 특정한 취향이 가치 판단의 객관적 가치처럼 작동하는 신비평적 기준은 폭력적일 수 있다. 문학이 지닌 역사적, 인문적 가치도 소중하다. 하지만 고통스럽다. 특히 시대적 의의만 강조하고 도무지 향유하기 힘든 작품을 읽고 분석하고 감상하도록 하는 것은 고문일 수 있다. 그런데 그러한 읽기로 일관하는 교육은 기존의 권위에 복속하라는 명령에 지나지 않는다.

그런 관점에서 보면, <죽은 시인의 사회>의 각색본5)에서 키팅이 『시의 이해』 서문에 대해 이렇게 말하고 있는 것은 전혀 과장이 아니다.

"이건 전쟁이다! 지금 여러분의 영혼은 위기에 빠져 있다. 이따위 고리타

---

5) Kleinbaum, N. H., 김라경 역, 『죽은 시인의 사회』, 시간과공간사, 1998.

분한 '호이 폴로이(hoi polloi, '우매한 군중'이란 뜻의 희랍어)의 말을 그대로 믿고서 열매 한 번 못 맺고 그대로 사멸해 버릴 것인가, 아니면 각자가 주체성을 가지고 승리를 거둘 것인가?"

문학교육을 문학적 주체의 형성으로 보는 관점에서 키팅의 이러한 지적은 옳다. 이런 점에서, 특히 객관식 선다형 시험이라는 체제에서 벌어지는 문학교육의 왜곡상은 비판받아 마땅하다.

하지만 문제가 그리 간단하지만은 않다. 신비평을 비판하기는 쉽고, 문학교육의 현실을 개탄하는 것 역시 어렵지 않지만, 교사의 분석과 해설 없이 문학 작품을 이해하고 감상하는 주체로 학생들을 성장시킬 수 있는 길은 무엇인가? 더구나 우리 학생들은 영화 속의 명문 사립 예비학교인 웰튼 아카데미 학생들이 아니다. 또한 과연 누가 '호이 폴로이'인가? 우리 학생들의 영혼을 위기에 빠트린, 우리가 전쟁을 치러야 할 상대는 누구인가? 키팅의 시각에서라면 전통적 정전에 맹목인 자가 바로 '호이 폴로이'가 된다. 반면에 실제로 오랫동안 높이 평가되어 온 것이 곧 가장 훌륭한 것이라고 생각해도 크게 틀리지는 않을 것이라고 본다면, 정전에서 벗어나 당대의 대중문화에 탐닉해 있는 이들이야말로 '호이 폴로이'가 된다. 이래서 문학교육의 고민은 깊어만 간다.

(2) 정전 위주의 문학교육

다음에 볼 영화는 곧잘 페미니즘 영화로 취급되곤 하지만, 예술 교육의 렌즈로 바라보기에 충분히 풍부한 작품인 <모나리자 스마일(Mona Lisa Smile)>이다. 때는 1953년, 새 학기를 맞는 희망으로 부푼 미국 뉴잉글랜드의 명문 웰슬리 대학의 가을 캠퍼스. UCLA를 우등 졸업하고 자유로운 캘리포니아를 떠나 이 대학에 새로운 미술사 교수로 오게 된 캐서린 왓슨(Katherine Watson :

정답을 강요할
교재도 없으니까

뱀 신, 미노아
기원전 16세기

Julia Roberts 扮)은 전후 미국 사회를 이끌어갈 인재들을 가르친다는 기대에 한껏 부풀어 있다.

첫 강의 시간, 그녀는 야심차게 준비해 온 슬라이드로 미술사 강의를 연다. 원시 동굴 벽화 한 점. 그녀는 학생들에게 제목을 아느냐고 당당히 물었다. 그런데 웬걸, 전원이 손을 들었다. 제목만이 아니라 그 제작 연대와 특징까지 학생들은 줄줄이 외워댔다. 상처 입은 들소, 농부의 쟁기질, 뱀의 신 등등, 슬라이드가 한 장 한 장 넘어갈 때마다 원시 미술에서 중세 미술에 이르기까지 학생들은 해당 작품들에 관한 미술사적 지식을 거침없이, 그리고 유감없이 발휘하는 것이었다. 기대 이상의 인재들이었나? 캐서린은 자신이 더 가르칠, 조금도 덧붙일 내용이 없음에 좌절한다. 어둠 속에서 환등기 빛에 혼자 노출된 그녀의 당황과 절망을 보라.

아니나 다를까. 학생들은 신임 교수를 간단히 무시하고 강의실을 나선다. 그들은 똑똑하고 성실했다. 개강 전에 이미 미술사 교재를 독파하고 암기까지 마쳤던 것. 캐서린은 그들의 퇴장을 허탈하게 바라만 볼 수밖에 없었다. 미술사 전공 교수지만 정작 그녀 자신은 유럽을 가 본 적도 없다. 그것은 작품의 실물을 접하지 못했음을 의미한다. 그렇다면 이 대학은 그녀가 가르치기에는 지나치게 수준이 높은 곳이 아니겠는가?

다음 시간, 이번엔 학생들이 당혹해 한다. 제목은커녕, 언제 누가 무엇을 그린 것인지, 아니, 이런 것도 예술이라 할 수 있는 것인지, 과연 미적이란 개념은 무엇인지 기존의 지식이 아무런 도움을 주지 못하는 상황에 처하고 만 것이다. 캐서린이 제시한 듣도 보도 못한 작품. 그것은 바로 러시아 출신의 파리 표현주의 화가 샤임 수틴(Chaim Soutine)의 문제작 <동물의 시체(Carcass of Beef), 1925>였다. 동시대의 작품이지만 정작 학생들은 접한 적이 없었다. 허긴 이 추상적 표현주의 작품은 자신의 작업실에 실제 동물의 시체를 두고 작업을 했다고 전해지니, 학생들이 경악을 금치 못한 것도 당연한 일이다. 특히 보수적인 학생인 베티는 이 작품이 너무 그로테스크해서 미술이라 인정할 수 없다고 격하게 반응한다. 캐서린은 이런 학생들에게 미술 작품은 그냥 느끼고 자신의 답을 말하는 거라고 깨우쳐 주려고 한다. 하지만 교과서적 사고와 지식, 오직 아름다운 것만이 예술의 대상이 될 수 있다는 획일화된 고정관념에 사로잡혀 있는 이들에게 "솔직한 너희의 감상을, 생각을 있는 그대로 이야기해 봐."라는 말처럼 어려운 것은 없다.

이때부터 학생들은 서서히 캐서린을 스승으로 받아들이기 시작한다. 캐서린은 아예 강의실 문을 나서서 예술의 현장으로 학생들을 인도한다. 비 오는 날, 학생들을 데리고 도착한 어느 화랑의 어두컴컴한 창고. 막 도착한 상자의 포장을 뜯어낸 순간, 잭슨 폴락(Jackson Pollock)의 <연보라빛 안개(Lavender Mist), 1950>가 빛을 발하며 모습을 드러냈다. 캐서린 자신도 감동을 금할 수 없었다. "아무 말 하지 말고 이 작품을 봐. 리포트 쓰란 말도, 이 작품을 좋아해 달라는 말도 하지 않아. 그냥 이 작품을 조용히 감상해 봐."

그러나 만일 캐서린이 고전 작품 대신 현대 작품으로 정전을 대체하려 하였다면 그것은 권력의 이동일 뿐 권력 그 자체의 해체라고 할 수는 없었을 것이다. 사실 이 영화에서 학생들과 학교가 전통 지향성을 대표한다면 캐서린 자신은 모더니티 지향성을 대표하는 자로서 그녀 역

시 편향되긴 마찬가지였던 셈이기 때문이다. 그러나 학생과의 교섭을 통해 그녀 자신도 성장한다. 그녀는 학생들이 익히 알고 있었을 빈센트 반 고흐(Vincent van Gogh)를 다시 들고 온다. 강의실도, 창고도 아닌, 드디어 대화와 소통이 어울릴 법한 따스한 공간에서 말이다. 그녀는 생전에 고흐가 전혀 인정받지 못했음을 강조한다. 하지만 동시에 고흐는 오늘날 너무 대중화되어 있다. 캐서린은 누구나 고흐의 <해바라기>(1888)를 그대로 모사할 수 있도록 만들어진 제품을 소개하며 개탄한다. 이것은 또 다른 의미에서의 획일화를 지적하는 것이 아니겠는가.

하지만 이 영화의 막바지에 이르러, 떠나가는 그녀를 위한 선물로 학생들은 바로 그 제품을 이용해 저마다 다르게 그린 고흐의 <해바라기>를 바친다. 개성의 자각과 그에 따른 전범의 창조적 재구성, 정전의 자기화란 바로 이런 것이 아닐까.

실은 이 영화는 우리 문학사 교육 및 문학교육의 전적인 메타포로 읽어도 무방하다. 오랜 기간 동안 국어과 교육 과정에서 통용되어 내려왔던 경구는 "문학 작품의 선정은 문학사의 평가를 받은 것들로 한다."라는 것이었다. 이 진술은 일차적으로 학문계의 객관적 검증과 공인성을 강조하는 것으로 볼 수 있다. 하지만 엄밀히 말해 문학과 같은 영역의 경우, 이러한 객관성은 그 자체가 논쟁의 대상에 해당한다고 보아도 지나치지 않으며, 공인성 또한 실제적으로는 상대적으로 안정된 합의 수준으로 대치된다고 말하는 편이 사실에 더 가깝다. 그럼에도 불구하고 그 결과로 나타나는 문학 교과서의 모습은, 문학사적으로 낮은 가치 평가를 받은 작품은 물론, 문학사적 가치 평가 행위에 편입되지 않거나 그 평가가 완결되지 않은, 당대의 작품들을 배제하는 것으로 흔히 표현된다. 이는 안녕질서의 접근법이긴 하나, 그로 인해 당대 문화에 대한 관심과 문식성 신장으로 전이되지 못하는 교육이 초래되곤 한다.

작품에 대한 감식안이 정전 중심의 구성에 의해서만 신장되는 것은 아니다. 오히려 명작으로만 이루어진 미술 작품집에 매이면 정작 왜 그것이 명작인지 모르게 되고, 명작 간에 비교를 하다 보면 옛 작품에 대해 상대적으로 낮은 가치 평가를 하는 경향이 발생한다. <모나리자의 미소>가 왜 탁월한지 알려면 루브르 박물관에 가서 동시대의 다른 작품들과 비교 대조하여 감상하면 문외한도 대번 알아차릴 수가 있게 된다. 그런데 우리에겐 그런 비교를 통한 인식은 낭비로 간주되어 그저 각 시대를 대표하는 전형이자 전범만을 요령 있게 정리하고 넘어가면 그만인 것이다.

그 결과는 결국 웰슬리 대학생처럼 '작품에 대해서는' 알지만 정작 그 '작품을' 안다거나 사랑한다고 말할 수는 없는 상태에 이르게 한다. 뿐만 아니라 이렇게 과거 중심의 문학교육만 행해지면, 웰슬리의 학생들처럼 당대 문화에 문외한이 될 우려도 있다. 학교 체제 중심의 문학 교육과정은 경향상 보수적 학문성 또는 고전 중심의 성향을 띤다. 이제껏 문학 교육과정은 문학 유산의 전승만을 일의적 역할로 해 왔던 것이다. 비록 그것이 전통과 고전이 우리를 구제해 주리라는 선의에서 비롯된 것이라 하더라도, 그로 인해 교실과 현실은 분리될 수밖에 없게 된다. 고전에 대한 감식안이 당대 문화에 대한 문화적 문식성(cultural literacy)을 높여 주리라는 가설은 검증된 적이 없을 뿐더러, 어쩌면 그것이 하나의 문화적 편견일지도 모를 것임에도 불구하고, 당대의 문화가 교실 속으로 들어오는 것은 쉽사리 허용되지 않는 것이다. 더구나 요즘 학생들의 문학 및 문화 환경은 기존의 문학 문화로 접근하기에는 무리가 따를 정도로 급변하고 있다.

최근 문학교육의 현장은 기본 제재는 정전 중심, 활동 제재는 다양한 텍스트 중심의 접근법이 많이 늘어나고 있다. 하지만, 고흐를 관심 있게 배우는 한편, 그것을 당대 문화와 교섭하여 창조적으로 재구성한 웰슬리 사례처럼, 과연 그러한 변화를 통해 우리 학생들이 문학에 대한 애정을 갖게 되고, 그러한 애정을 바탕으로 현재의 문화 창조에 이바지할 수 있는 능력과 태도를 기르게 될지는 더 지켜보아야 할 사항이다.

(3) 삶과 무관한 문학교육

우리 학생들은 웰튼 아카데미의 고등학생들도, 웰슬리의 대학생들도 아니다. 우리 학생들은 오히려 영화 <위험한 아이들(Dangerous Minds)>의 아이들에 가깝다. 이 영화에 나오는 학생들은 문학이나 문화적 문식성은커녕 기초 문식성 자체가 문제되는 수준의 학생들이다. 이들을 둘러싼 환경은 열악하기만 하다.

이 영화는 루앤 존슨(Louanne Johnson : Michelle M. Pfeiffer 扮) 선생의 실화에 바탕을 두고 제작되었다.[6] 실제로 루앤 존슨은 9년간의 미 해병대 복무를 정리한 뒤 영어 정교사 자격증을 취득하기 위한 과정으로 캘리포니아 북부의 한 학교에서 교생 실습을 받던 중 소위 아카데미 클래스(문제아 학급)의 담임으로 배정받는다. 얼떨결에 첫 수업에 들어간 존슨은 공부에 관심은커녕 무질서하게 앉거나 선 채 교사인 자신에게 '흰둥이'라 놀리고 희롱하고 무시하는 학생들 앞에서 당혹감과 무력감을 감추지 못한다. 하지만 그녀에겐 키팅 같은 여유도, 캐서린

---

6) 그녀가 쓴 책의 제목은 『나의 패거리는 숙제 따윈 하지 않는다.』이다. 사진의 오른쪽이 실제 인물인 루앤 존슨, 왼쪽이 영화 속에서 그녀의 역을 맡은 미셸 파이퍼이다.

같은 지적 무기도 없다. 아니, 그런 것이 통할 학생들도 아니다.

그녀는 무슨 놀라운 능력이나 카리스마의 소유자가 아니다. 그녀는 모범적인 경력의 소유자도 아니다. 집에 돌아와 문제아 관련 서적도 훑어보지만 전혀 도움이 되지 못한다. 다음 날 그녀는 아이들한테 얕잡아 보이지 않기 위해서인지, 동질감을 주기 위해서인지, 가죽점퍼에 청바지 차림으로 책상 위에 다리를 올린 채 의자에 앉아서 학생들을 맞이하지만, 아이들은 그녀를 여전히 무시한다.

그러던 그녀가 가라데 시범으로 학생들의 주의를 끌고, 초콜릿 같은 보상 체제를 도입하자, 학생들의 동기를 유발하는 데 어느 정도 성공을 거두게 된다. 하지만 이는 정상적인 상황이라면 부적절한 방법이다. 보상은 항상 더 큰 보상을 요구하기 때문이다. 적절한 시점에서 루앤 존슨은 학생들에게 "배움 자체가 상이다. 읽을 줄 알고 그걸 이해하는 게 상이다. 생각할 줄 아는 것이 바로 상이다."라고 하면서 이들을 고무한다. 그 읽고 생각하는 능력을 위해 그녀가

준비한 것이 바로 '시'이다. 하지만 아이들에게 '시'는 자신들의 삶과 무의미해 보이는 사치에 지나지 않는다. 그녀는 자신이 생각하는 가치 체계에 아이들을 맞추려고만 했지, 그들의 삶과 생각과 문화를 자신이 이해하고 거기에 적응하려는 노력은 하지 않았음을 깨닫게 된다.

그래서 등장하는 것이 바로 포크계의 전설적 가수인 밥 딜런(Bob Dylon)의 <미스터 탬버린 맨(Mr. Tambourine Man)> 가사이다. '탬버린 맨'은 마약 장사를 의미했던 것. 아이들은 이를 통해 생활 체험과의 관련을 발견하고, 은유까지 이해하게 된다.

나아가 그녀는 아예 밥 딜런의 시와 딜런 토마스의 시를 비교해서 공통점을 찾아오는 과제를 부여한다. 같은 이름의 사람을 대비하는 것이 단순하거나 우연한 흥밋거리만은 아니다. 밥 딜런의 본명은 로버트 알렌 짐머맨(Robert Allen Zimmerman). 실은 그 자신이 딜런 토마스를 흠모해서 밥 딜런이라는 예명을 지었던 것이니, 대비할 만한 최소한의 근거는 있었던 셈이다. 그러나 그보다 더 중요한 것은 이러한 교사의 지도 배경에는 소위 상호텍스트성을 활용한 텍스트 능력 신장이라는 기획이 잠재해 있다는 것이다.

흥미로운 점은 오늘날의 문학 정전도 반드시 고급문학 전통의 소산만으로 구성되어 있지는 않다는 점이다. 과거의 대중문학이었던 작품들이 오늘날의 정전에 포함되어 있다는 사실은 고급문학의 범주가 텍스트의 내재적 성격과는 무관하게 자의적으로 규정될 수 있다는 것을 암시해 주고 있다. 다시 말해 고급문학의 범주는 특정한 텍스트들의 범주라기보다는 텍스트들을 평가하고 해석하는 방식에 따라 달리 설정되고 있다는 것이다. 따라서 오늘날 대중문학의 고급문학에 대한 도전은 바로 텍스트들의 평가와 해석에 있어서의 자의성에 대한 도전이기도 한 것이다.

문제는 삶이다. 삶을 위한 문학교육의 부재가 문제인 것이다. <죽은 시인의 사회>는 가짜 지식을 경계하며 우리에게 분석보다는 주체적 수용을, <모나리자 스마일>은 능력으로 전이되지 않는 지식 더미를 경계하며 우리에게 정전의 주체적 재구성을, <위험한 아이들>은 정전에 관한 지식조차 없는 우리에게 상호텍스트성을 통해 문화적 문식성을 신장, 획득할 것을 요구하는 듯하다. 그 어느 쪽이든, 이 영화 속 교실은 교사와 학생의 삶 자체가 변화한다. 그 한 가운데에 문학이, 예술이 있다. 문학이 우리 삶을 변화시킬 수 있다는 점을 빼놓고 문학교육에 대해 논하는 것은 무의미하다.

3. 문학교육의 개념과 의의

(1) 문학교육의 개념

지금까지 우리는 문학교육이 단순히 문학 작품을 가르치고 배우기만 하면 되는 것이 아니라는 것, 문학 작품들을 섭렵하고 분석하면서 해설하는 것이 문학교육의 전부가 아니라는 것을 확인했다. 이 과정에서 문학교육은 문학의 교육 그 이상이며, 문학교육에서 말하는 문학이라는 것이 좁은 의미의 문학의 실체나 속성을 의미하는 것이 아님도 짐작할 수 있었다.

그 점은 문학교육학의 본격적인 출발점부터 인식되었다. 문학교육학의 기념비적인 저서인 『문학교육론』(구인환 외)에서 이미 문학교육을 "문학 현상이 바람직하게 이루어지기 위한 일체의 의도적 과정 및 결과"[7]라 정의하였던 것이다. 왜 굳이 '문학'이 아니라 '문학 현상'이라는, 당시로서는 생소하기까지 한 용어를 동원해야 했을까? 문학 또는 문학 작품 자체를 고형적 지식 또는 객관화된 산물로 보지 않고 하나의 작용태로 파악하려는 관점에 서고자 했기 때문이다. 즉 문학을 대상적 존재로 보는 시각에서 벗어나 문학의 역동성을 고려하고자 한 관점으로서, 이는 문학을 존재론적이 아니라 기능적인 것으로 보고자 하는 관점과 상통하는 것이다.

하지만 『문학교육론』의 공저자였던 우한용은 문학 현상이 작가─작품─독자 그리고 그러한 구조가 실제로 운영되는 실천이라는 측면이 동시에 문제되는 것이라면 문학교육현상은 그러한 구조를 역동화시키는 한 단계 상위적인 구조라고 하면서, 문제는 문학 현상이 아니라 문학교육현상이라는 인식에 도달하게 된다. 이러한 관점에서 보면, 문학교육을 문학 현상이 정상적으로 수행되도록 하는 데에 필요한 의도적인 계획과 실천의 결과를 뜻하는 것

---

7) 구인환 외, 『문학교육론』, 삼지원, 1988, 36면.

으로 정의하는 것은 여전히 문학중심주의로 기울었다는 비판을 받을 소지가 있는 것이다.

이에 그는 "문학교육은 문학적 문화에 입문하여 문화문법에 따라 문학을 생산하고 향유하도록 하는 교육"8)으로 문학교육을 재개념화하였다. 이는 문학만이 아니라 문학적 문화에까지 문학교육의 대상과 범주를 확장한 것이다. 하지만 그보다 더 중요한 것은 문학을 생산하고 향유하는 가운데 문학적 문화에 능동적으로 참여하면서 동시에 문학적 문화의 방향을 모색하는 것이 문학교육이라고 본 점이다. 그에 따르면, 이러한 과정을 통해 개인이 자아를 완성한다든지 사회적 이념과 삶의 지표를 확인한다든지 하는 목표가 달성된다는 전제에서 문학교육은 출발한다. 문학교육에 대한 이러한 개념 설정은 문학교육이 위대한 작가가 쓴 미적 구조를 갖춘 작품을 읽고 해석하는 데서 마무리되는 것으로 간주해서는 안 된다는, 즉 문학교육에서 문학과 삶이 괴리되어서는 안 된다는 점을 강조하기 위함이다. 문학 문법을 배우는 이유도 궁극적으로는 문학적 문화를 생산하고 향유하는 주체로서 살게 하기 위함인 것이다.

이와 상통하는 관점에서 문학교육은 "문학 능력의 향상을 통하여 인간다움을 성취하는 교육활동"9)으로 볼 수 있다. 이에 따르면, 문학교육이란 문학을 체질화하고 그에 기반하여 활동하는 능력의 교육이며, 문학 능력의 함양을 통해 개인적으로는 인격의 성장에 이르고, 사회적으로는 문화 계승과 창달에 이르는 것을 목표로 하는 것이다.

무엇보다도 주목해야 할 것은 문학과 문학 능력은 다르다는 점이다. 문학에 대해 많이 안다고 해서 반드시 문학을 생산하고 수용하며 향유할 능력이 있다고는 말할 수 없기 때문이다. 그럼에도 불구하고 우리 문학교실은 문학

---

8) 우한용, 『문학교육과 문화론』, 서울대학교출판부, 1997, 서문.
9) 김대행 외, 『문학교육원론』, 서울대학교출판부, 2000, 5면.

작품을 가르치거나 문학 작품에 대해 가르치는 데에만 열중하는 경향을 보인다.

그렇다면 '문학 능력'이란 구체적으로 어떤 것이며, 그러한 능력의 소유자로서의 학습자상은 어떤 주체로 설정해야 할 것인가. 이와 관련하여 눈여겨볼 논의는 다음과 같다. "바람직한 문학 주체란 문학에 대해 긍정적인 가치관을 지니고 적극적으로 반응하며, 풍부한 문학 지식과 경험을 지니고 있고, 문학의 발화 특성과 한국 문학의 관례에 정통한 주체이다. 그는 또 문학적 상상력이 뛰어나고, 문학적 언어를 유창하게 사용한다. 이러한 특성들을 문학 능력이라 부른다. (…) 한편으로는 그것은 고정적이고 완성된, 이미 소여된 대상이 아니라 가변적이고 가능성으로 열려 있는, 앞으로 채워질 자질로 보아야 한다. 말하자면 문학 능력은 문학을 배울 수 있는 능력과 문학 행위를 원활하게 할 수 있는 능력의 두 범주를 포괄하는 것이다. 이런 점에서 문학교육은 누구나 가지고 있는 문학 능력을 바탕으로 그것을 확충하는 동시에 구체화하는 과정으로 볼 수 있다"[10]

지금까지 문학교육의 개념에 대해 거칠게 살펴보았지만 이상과 같은 다양한 개념 중 어느 하나만을 일의적인 것으로 받아들일 필요는 없다. 지금 단계에서는 문학교육이 그만큼 넓고 깊다는 정도로만 이해해도 좋다. 다만 문학교육을 이해하는 관점의 흐름에는 주목할 필요가 있다. 문학에서 문학 현상으로, 거기서 다시 문학교육현상으로 넘어오면서 이처럼 문학 그 자체보다는 인간다운 삶을 강조하게 되는 것은 문학교육을 문학이 아닌 교육의 관점에서 바라보게 될 때 매우 자연스러운 귀결이라 할 수 있다. 주지하듯이, '가르치다'라는 뜻의 영어 'teach'는 이른바 4형식 문장, 예컨대 "I teach my students literature."에서처럼 두 개의 목적어를 동시에 수반한다. 쉽게 말해,

---

10) 김창원, 『문학교육론－제도화와 탈제도화』, 한국문화사, 2011, 145면.

우리는 직접목적어인 '문학'만 가르치는 것이 아니라 간접목적어인 '학생들'을 가르치는 것이며, 궁극적으로 말하자면 '학생들'을 위해 '문학'을 가르치는 것이다. 말하자면, 학생들을 인간답게 살게 하기 위해 우리는 문학을 가르치는 것이다.

그럼에도 불구하고 문학교육의 개념에 관한 여러 진술을 듣다 보면 은근히 다음과 같은 질문이 떠오르곤 한다. 도대체 그런 능력이 왜 필요한가? 그런 능력이 인간다운 삶과 무슨 관계가 있는가? 문학이라는 언어 예술을 향유하는 것이 일반적이고 보편적인 인류의 일원으로서 굳이 지녀야 할 능력인가? 이에 대한 답은 아마도 문학교육의 의의에 대해 생각하면서 찾아야 할 것이다.

(2) 문학교육의 의의

그 동안 문학교육계는, 그것을 작품 중심이라 부르든, 정전 혹은 실체 중심이라 부르든, 문화적 유산으로서 문학이 지닌 고유한 가치를 교사에 의해 전수하는 전통적 교육 방식에 대해 비판과 회의를 거듭해 왔다. 그것은 곧 교사가 주도하는 정전의 섭렵(coverage)과 주해(exegesis) 체제에 대한 비판으로 요약될 수 있을 것이다. 물론 훌륭한 작품에 대한 훌륭한 교사의 훌륭한 해설에 바탕을 둔 훌륭한 수업이 없을 리 없다. 문제는 그토록 오랫동안 학생들로 하여금 꼼꼼히 주해까지 해 가면서 각종 문학을 섭렵하게 했지만, 그러한 교육의 결과는 여전히 부정적으로 나타난다는 점에 있다.

무엇보다도 각 작품에 대해 꼼꼼히 배운 그것이 텍스트 능력, 곧 문학적·문화적 문식성 신장으로 잘 전이되지 않는다. 문학을 향유하고 사랑하는 자기화에 실패하였음은 물론이다. 입시교육 때

■ 텍스트 능력
로버트 스콜스(Robert Scholes)는 텍스트성을 '즐거움과 권력의 교환이 벌어지는 텍스트 거래'의 일종으로 규정한 바 있다. 그가 말하는 텍스트의 능력이란 행위 주체(agent)의 의미이다. 즉 교육을 받은 학습자가 숙련된 생산자가 될 때 일어나는 행위자의 느낌이나 힘, 능력을 텍스트 능력으로 본 것이다. 바람직한 문학 수업은 이러한 권력 이양을 통하여 학습자들이 발전된 의미의 텍스트성 쪽으로 나아가는 것이어야 한다.

문만은 아니다. 입시에서조차 그런 학습은 별로 도움이 되질 않는다. 가령, 교사와 학생 모두 열심히 「진달래꽃」을 가르치고 배웠건만, 정작 시험에 동일한 시인의 다른 작품 「산유화」만 나와도 학생의 편에선 배우지 않은 것을 출제한 것과 다를 바가 없는 셈이다. 그러니 다른 시인의 다른 작품과 연관지어 출제가 되면 그 동안 배운 것이 허사로 돌아가는 듯한 기분을 맛본다 해도 지나치지 않다. 비록 수학의 원리와 지식이 문학의 그것과 결코 같은 성격일 수는 없겠지만, 적어도 수학 수업은 덧셈의 능력을 문제 삼는 데 비해 문학 수업은 해당 텍스트에 관한 지식과 정보를 전달하는 데 급급할 뿐, 문학 능력을 길러주는 데는 실패하고 있는 것이다.

문학이 재미없고, 문학 능력도 길러지지 않았으니, 학생들이 평생 문학을 동반자로 삼아 인간다운 삶, 질적으로 풍요로운 삶을 살게 되길 기대하는 것은 난망한 일이 되고 말았다. 이에 문학교육계는 작품 중심보다는 텍스트 중심, 교사 중심보다는 학습자 중심, 해설 중심보다는 활동 중심으로 문학교육의 방향을 취해 나가자는 데 대략 합의를 해 온 것으로 보인다. 이는 단의성보다는 다의성이, 지식보다는 창의성 신장이, 훈련보다는 유희의 정신이 더 소중하다는 패러다임에 동의한 결과이다. 나아가 이것은 각종 미디어를 포함한 문화, 특히 학생들의 생활 세계에 익숙한 대중문화적 접근을 문학교육이 수용하는 방향으로 이어졌다. 이러한 변화의 흐름은 결국 학습자 개인의 주체성과 능동성에 입각한 적극적 내면화와 자기화를 지향하는 것으로 귀결된다. 이처럼 문학교육이 잘 이루어질 경우, 비로소 우리는 문학교육의 의의에 대해서 말할 수 있게 될 것이다.

문학교육의 의의는 크게 두 가지 층위에서 생각해 볼 수가 있다. 문학 자체가 언어 예술인 동시에 인문학의 속성을 아우르고 있기 때문이다.[11] 먼저

---

11) 이를 좀 더 세분화하면, "언어 사용으로서의 문학이라면 언어적 모델이, 예술 현상으로서의 문학이라면 심미적 모델이, 문화 실천의 측면에서는 문화적 모델이, 자아와 세계의 길항을 통한

언어 예술로서 문학이 갖는 특성에 기초하여 문학교육의 언어교육적 의의에 대해 살펴보자.

국어교육에서 문학교육에 대한 가장 흔한 오해 중의 하나는, 국어교육은 일상의 의사소통 능력의 신장을 목표로 하는 언어교육이 그 본질일진대 문학의 언어는 일상 언어의 일탈로서 특수한 언어 용법에 해당하니 문학교육은 국어교육의 본령은 될 수 없다는 생각이다. 이는 언어에 대한 협애한 개념을 바탕으로 삼고 있을 뿐 아니라 국어교육을 기능교육의 차원으로만 이해한 데 따른 소산이다. 이에 대해서는 이미 많은 비판과 지적이 있었으므로[12] 여기서는 상론은 피하되, 다만 한 가지만 예로 들어 살펴보도록 하겠다.

문학의 특수한 언어 용법이라 불리는 비유나 이미지에 대해 생각해 보자. 물론 그것들은 시의 중요한 속성 가운데 하나다. 하지만 그것은 단순한 기교 따위가 아니며, 그저 모호하기만 한 말이 아니다. 우리가 감정과 사상의 섬세한 결에 주목하게 될 때, 가령 천차만별 각양각색으로 존재하는 '배고픔', 우리 둘만의 특별한 '사랑', 그 느낌 하나하나에 주목해 볼 때, '배고프다', '사랑하다' 같은 일상 언어야말로 뭉툭하기 그지없는 모호한 말이기 때문이다. 막상 사랑에 빠지게 되면 자신의 감정을 표현하는 데 사랑이란 말처럼 부정확하고 답답한 말도 없다. 그러기에 사랑에 빠지면 누구나 시인이 된다는 말이 나오게 된 것이다. 그럴 때는 그동안 그토록 모호하다고 내팽개쳤던 시어야말로 자신의 감정을 적확히 드러내주는 도구가 되고 구원이 됨을 깨닫게 된다. 그런 면에서 비유와 이미지는 정확한 일상 언어를 괜히 애매하고 어렵게 만드는 것이 아니라 오히려 감정과 사상의 결을 일상 언어보다 훨씬 정확하고 생동감 있고 창조적으로 표현해 주며, 나아가 새로운 감정과 사상

총체성 획득이라는 의도를 받아들이면 인문학적 모델이 유의미(김창원, 앞의 책, 2011, 147면)"하다고 볼 수 있겠으나, 여기서는 범박하게 언어문화 및 언어 예술적 특성을 하나로, 인문학적 특성을 다른 하나로 구분하고자 한다.
12) 대표적으로 김대행, 『국어교과학의 지평』, 서울대학교출판부, 1995를 들 수 있다.

의 결을 인식하게 해 주는 도구인 것이다.[13] 백보 양보해 시어가 모호하다 하더라도 우리는 이렇게 이해해야 옳다. 우리 삶과 현실이야말로, 특별히 귀중한 순간이야말로 모호하기 짝이 없노라고. 그래서 우리 삶을 반영하는 문학이 모호할 수밖에 없는 것이라고. 사랑, 죽음, 아름다움, 그리움, 이런 것이야말로 소중하면서 동시에 모호한 것이요, 그러기 때문에 이들에 관한 시가 그토록 다양하고 풍부해도, 그래도 여전히 부족한 것이라고 말이다.

언어 예술이란 그런 것이다. 현실의 언어로 절망하기에 분투노력하여 새로운 언어를 찾고 또 창조하는 것이다. 그런 점에서 한 비평가는 문학의 성격을 이렇게 묘파했다.

말은 미끄러지고 행동은 엇나간다. 말에 배반당하기 때문에 다른 말들을 찾아 헤매는 것이 시인이다. 시인들은 말들이 실패하는 지점에서 그 실패를 한없이 곱씹는다. 그 치열함이 시인의 시적 발화를 독려한다. 한편 행동이 통제 불능이라 그 밑바닥을 들여다보려는 자들이 소설가다. 소설가들은 법과 금기의 틀을 위협하는 선택과 결단의 순간들을 창조하고 그 순간이 요구하는 진실을 오래 되새긴다. 그것이 소설가의 서사 구성을 추동한다.[14]

이처럼 문학교육은 표현과 체험, 표현과 인식의 문제로 육박해 들어가게 된다. 이는 결과적으로 표현과 이해, 언어와 사고를 큰 축으로 삼는 국어교육의 핵심 영역으로 들어서는 셈이 되는 것이다. 이러한 언어 예술적 능력을 소유하게 되면 언어와 문학은 물론, 문화적 문식성의 성장을 통해 삶의 질과 풍요를 즐길 수 있을 것이며, 새로운 문화 콘텐츠를 창조해 낼 수도 있을 것이다. 요컨대 언어예술교육으로서의 문학교육은 단순한 언어 사용 기능의 차

---

13) 정재찬, 『문학교육의 현상과 인식』, 역락, 2004, 240~242면 참조 바람.
14) 신형철, 『몰락의 에티카』, 문학동네, 2008, 13면.

원을 넘어 높은 수준의 의사소통 능력 신장에 기여하며, 다양하고 풍부한 언어를 통해 개성적이고 창의적인 사고력을 신장하는 데에도 이바지한다는 점에서 국어과 교육에 있어 매우 중요한 언어 교육적 의의를 지닌다.

다음으로 문학교육의 인문 교육적 의의에 대해 살펴보자. 문학은 예술적, 미학적 성격만 있는 것이 아니다. 문학교육은 "문학이 지니고 있는 인간 이해의 미학적 경험"만이 아니라, "그것으로부터 생겨 나오는 인문 가치를 교육적 경험으로 제공해 주는 역할"[15]도 하는 것이다.

실제로 문학교육에서 제공하는 교육적 경험은 매우 다양하다. 문학의 언어를 일상적 경험을 통해 제공하기도 하고, 구체적인 문학 작품을 읽는 경험을 제공하기도 하며, 그와 관련한 맥락적 경험도 제공하고, 다른 문학 텍스트나 문화·예술 텍스트에 확장하거나 적용하는 경험도 제공하며, 실제로 문학 텍스트를 생산하는 경험도 제공한다. 하지만 앞서도 지적한 것처럼, 이 모든 경험의 제공도 삶의 총체성을 향한 사유를 제공해 주지 못하면 헛된 것이다.

인간과 삶의 총체성, 혹은 전체성이야말로 인문학의 최대 가치라 할 수 있다. 도구적 가치만을 중시하는 교육을 경계하고 배격하는 이유는 그 교육이 인간 존재와 삶의 전체성을 부분성으로 대체하고 부분적 가치를 전체적 가치로 확대하는 가치전도의 파편화된 교육이라는 데 있다. 그렇게 전도된 가치 속에서는 문학과 예술이, 아니 과학과 기술조차 그것이 무엇 때문에 있는 것인가라는 총체적이고 반성적인 질문이 던져지지 않는다. 부분성의 패러다임 속에서는 그 질문에 대답할 길이 없기 때문이다. 각자 맡은 부분만 잘하면 그만이라는 식의 이 부분성의 물신화는 심미적 감수성을 파괴하고 전체에 대한 감각을 마비시킨다. 그리하여 인간은 파편화되고 왜소해지며, 이것은 다시 자기 증오를 촉발하고, 자기 증오는 타인에 대한 증오, 생명경시, 사

---

15) 국어교육 미래 열기 편, 『국어교육학개론』(제3판), 삼지원, 2009, 438면.

회적 파괴 행위 등으로 그 표출 형식을 구한다. 유년기에서부터 심미적 감성 교육이 중요한 이유는 그 교육이 인간 증오에 대한 방어력을 길러주기 때문이다. 문학교육의 인문교육적 목표는 인간이 자기 시야에서 '인간'을 상실하지 않게 하는 데 있다.[16]

이는 궁극적으로 앞으로의 문학교육이 텍스트의 울타리에 갇혀 있는 학문 탐구 방식의 문학교육을 넘어서서, 문학 텍스트가 사회적 문화적 예술적 공간에서 작용하고 변이하는 현상에 대해서 이해하고 참여하고 소통하는 능력과 안목을 길러 주는 데에로 나아가야 할 것을 암시한다.[17] 문학교육은 삶의 교육이기 때문에, 인간과 삶의 총체성에 대한 인식과 성찰을 제공해 주어야 하는 것이다.

문학 자체가 인간의 도덕적 삶을 변화시키고 감정 이입을 통해 대리 경험의 세계를 전개하며 자신과 타인을 새로운 시각에서 인식하게 하고 정서를 함양시키는 힘이 있음은 잘 알려진 사실이다.[18] 그러나 문학에 노출되기만 하면 절로 학생들이 문학 자체의 교육적 작용에 감화되리라 기대해서는 안 된다. 문학교육은 문학 자체가 갖고 있는 인문학적 교육 작용을 극대화할 수 있도록 적극적인 수행 체계를 마련해야 한다. 그러한 관점에서 이른바 '문학을 통한 교육'의 의의가 점차 강조되는 추세에 있다.

왜 문학을 통한 교육인가? 총체성 또는 전체성에 대한 정확한 인지를 위해서는 지적인 활동만큼이나 정서적 활동과 상상력이 필요하기 때문이다. 정서는 윤리적 사회적 삶 속에서 인지적으로도 매우 중요한 정보 제공 기능을 수행하며, 상상력은 사회성 발달에 중요한 역할을 담당한다. 사회적 이해의 성장은 우리로 하여금 아직 만나지 못한 상황을 이해하도록 해 주며, 그리하여

---

16) 이 부분은 도정일, 『시인은 숲으로 가지 못한다』, 민음사, 1994, 272~274면을 축약한 것임.
17) 국어교육 미래 열기 편, 앞의 책, 2009, 440면.
18) Gribble, J., 제임스 그리블, 나병철 역, 『문학교육론』, 문예출판사, 1987, 5면.

어떤 상황이 일어나지 않길 원하도록 해 주어야만 하는 것이다. 그런데 지식이나 기술(記述)로는 알 수 없는 것들에 대해 문학은 우리를 상상을 통해 정서적으로 친숙하게 해 줌으로써 바로 그 사회적 이해와 공감과 소통과 성찰에 기여하는 것이다. 따라서 교육을 통해 인류가 공통적으로 기대하고 기획한 결실을 맺기 위해 문학은 기꺼이 활용되어야 한다. 역사를 돌이켜본다면, 문학은 이러한 사회적 기대와 오랜 연관을 맺어왔음을 알 수 있다. 문학의 태생이 그러하였고 본질이 그러한 한, 지금도 문학은 인류의 가치를 위해 사용되어야 한다. 이러한 문학의 힘을 활성화한다는 것이 문학의 본질을 왜곡하는 것은 아니며, 문학을 활용한다는 것이 문학의 자율성을 침해한다는 것도 아니다.

■ 문학적 상상력
문학은 상상력 향상의 매개이자 결과물이기도 하다. 인간은 문학을 통하여 기존의 것들을 재해석하고 참신하게 바꾸어 새롭게 정의해낸다. 문학적 상상력은 사회뿐만 아니라 자아탐색에도 적용되는 바, '나'를 보다 정확하게 이해하고 새로운 가능성을 모색하도록 돕는 자아성찰의 중요한 요소로 자리매김하고 있다.

실제로 외국의 법학, 의학, 경영학 대학 및 전문 대학원에서는 윤리교육을 대단히 강화하면서 문학과 영화를 활용하여 토의하고 토론하는 프로그램을 적극적으로 실천하고 있다. 마찬가지로 문학적 상상력은 환경 교육에도 활용될 수 있다. 환경 교육은 인류로 하여금 생물적·지리적·사회적·경제적 및 문화적 제 요소들 간의 복잡한 상호관련성을 이해하게 하고, 그와 동시에 환경 문제를 발견하고 해결하며 환경의 질을 관리할 수 있는 지식·가치관·태도 및 기능을 습득하게 하는 것을 목적으로 하고 있다. 이러한 목적에 맞추어 각 급 학교에서 환경 교육이 추진되고 있으나 그 효과는 별로 뚜렷하지 못하다. 이에 필요한 것이 바로 생태학적 상상력이다. 생태학적 상상력이란 자연과 인간 그리고 문화가 어우러져 자연 속의 인간다운 문화적 삶의 결을 누릴 수 있는 녹색 유토피아를 그리는 사고 활동이라고 할 수 있다. 그 같은 사고 활동이 적극화될 수 있는 계기를 우리는 또한 문학적 상상력 활동에 찾을 수 있다. 공장에서 내뿜는 프레온 가스가 오존층을 파괴시켜 지구 저편의 이름 모를 사람에게 피부암을 일으킬지도 모르는 사태와, 내가 쓴 세제가 강물을 오염시킴으로써 30년 뒤에 태어날 아기가 마실 물이 없어 고통 받는 상황을 그려볼 수 있는 상상력이 생태학적 상상력이라고 할 수 있거니와, 이러한 상상의 구체적 형상화 활동, 곧 문학적 상상력 활동을 통해 환경 교육의 목적이 달성될 가능성이 높은 것이다.

하지만 지금 우리는 어떤 문학교육을 하고 있는가. 문학을 통한 생태교육을 제안하는 도정일은 프로스트의 시 「눈 오는 밤 숲에 머물러」를 예로 들면서 "이 시대의 시인들은 숲으로 가지 못하고 아이들은 눈을 겁내고 문학교사는 텍스트의 부적절성 앞에 고민한다."라고 개탄한다. 그리고 이렇게 주장한다.

인간의 삶과 자연 사이에 일어난 이 모순과 괴리를 직시하게 하고 아름다움이 박탈된 세계의 궁핍을 보게 하는 일이야말로 문학교육의 과제이다. 오늘날의 문학교육은 불가피하게 궁핍과 박탈, 괴리와 모순에 대한 교육이 되어야 하고, 자연의 고통이 어떻게 인간 자신의 고통이 되는가를 가슴으로 '느끼게' 하는 교육이 되어야 한다.19)

오늘날 문학교육이 죽은 교육 취급을 받는 가장 큰 이유는 문학이라는 교과의 테두리 내부에 갇힌 나머지 문학교육의 이러한 인문학적 의의를 몰각한 데 있다. 우리의 후손들에게 문학을 전수하고, 아름다운 지구를 전해 주는 일은 별개의 일이 아니다. 문학과 문학교육의 참된 의의 가운데 하나는 바로 인간의 인간다운 삶을 지키는 것이다.

---

19) 도정일, 앞의 책, 1994, 364면.

✅ (　　)에 알맞은 말을 써 넣으면서 주요 개념을 정리합니다.

1 문학이 존재하고 그 결과로서 (　　　　)이 존재하는 것만이 아니라 문학
교육의 결과로 (　　　　)이 존재한다고 볼 수 있다. 문학의 (　　　　)를
극복하는 길은 문학교육을 통해 문학을 가치 있는 것으로 만드는 일이다. 이
렇게 될 때 문학과 문학교육 간의 (　　　　)이 이루어질 수 있다.

2 문학교육의 현실은 문학의 주체적 수용보다는 객관주의라는 이름 아래 작품
의 해부만을 일삼는 (　　　　) 위주의 문학교육, 당대의 문학이나 대중문
학보다는 과거의 고급문학만을 다루는 (　　　　) 위주의 문학교육이 지배
하고 있다. 이는 문학과 (　　　　)의 관계가 부재한 문학교육이 될 뿐이다.

3 문학교육은 (　　　　)이 바람직하게 이루어지기 위한 의도적 과정이다. 또
한 문학적 (　　　　)에 입문하여 문화문법에 따라 문학을 생산하고 향유
하도록 하는 교육이기도 하다. 궁극적으로 문학교육은 문학 (　　　　)의
향상을 통하여 인간다움을 성취하는 교육활동에 해당한다.

✅ 지시에 따라 서술하면서 문학의 개인적 기능을 이해합니다.

1 문학과 문학교육의 관계를 설명하시오.

2 문학교육의 여러 개념을 소개하고 그 의미에 대해 설명하시오.

3 문학교육의 의의를 언어예술적 측면과 인문학적 측면으로 나누어 서술하시오.

✅ 지시에 따라 주요 개념을 적용하면서 실천적 능력을 기릅니다.

1 문학교육의 의의를 잘 보여주는 영화 텍스트를 예로 들어 구체적으로 어떤
   가치가 어떻게 드러나는지 제시하시오.

■ 영화 텍스트의 예

■ 구체적인 측면

2 문학을 통한 교육이 필요한 사회적 이슈를 제안한 다음, 구체적으로 어떤 텍스트로 어떻게 효과적으로 접근할 수 있을지 그 방안을 제시하시오.

제2장

문학교육의 목적과 목표

문학을 왜 가르쳐야 하는가? 가르친다면 가치, 어떤 방향을 추구할 것인가? 교육이 '바람직한 변화'를 설계하고 실천하는 행위라고 한다면, 교육의 목적과 목표에 대한 인식은 그 바람직한 방향에 대한 해답을 준다. 한 차시의 개별적 수업 목표, 한 단원의 개별적 교과서 활동 자체에만 연연한다면 마치 내비게이션 없이 앞에 펼쳐진 길을 즉흥적으로 다니는 운전자의 요령부득과 유사하게 된다.

이 장에서는 문학교육의 목적·목표를 설정하는 방법에 대한 논의에서 출발하여, 이론적 차원에서 문학교육의 목적과 목표를 이해하고, 나아가 교육과정에 제시된 진술을 통해 목표 변천사를 살펴도록 한다. 문학교육 목적에 대한 이해는 문학교육의 가치와 철학, 이상적인 문학교육의 모습에 대한 성찰을 전제로 지속적으로 새롭게 변모되어 나간다. 따라서 사실 차원에서 단순 암기하기보다는 목적 설정의 논리와 기본 개념을 익혀 교육과정을 체계적으로 이해, 해석할 수 있는 안목을 획득하는 데에 주안점을 두는 것이 바람직하다.

1. 문학교육 목적/ 목표 설정의 전제

문학교육의 목적(aims)은 '왜 문학교육을 해야 하는가?'라는 물음에 대한 답이다. 그것은 교육 공동체를 향해 문학의 교육적, 사회적 가치를 밝히고 증명하는 선언이자 그 근거와 중요성에 대한 주장이다. 문학교육이 기본적으로 무엇을 위한 것인가에 대한 근원적 질문이기에 문학교육의 이념에 맞닿아 있고 그러기에 다소 포괄적이고 추상적인 특징을 가진다. 반면, 목표(goals/objectives)는 특정 교육을 받은 뒤에 학습자가 얻게 될 능력을 밝히는 구체적 진술이다.[1] 곧, 목적이 지향하는 바를, 학생의 관찰 가능한 행동 변화로 드러내기에 명료하고 구체적이며 교육 실천을 위해 되도록 세분화되어 있다.[2]

문학교육의 목적과 목표에는 가장 바람직하고 이상적인 문학 현상과 경험, 지식에 대한 교육적 판단과 가치 발굴 과정이 전제된다. 곧, 현실의 여러 문학 현상 속에서 어떤 것이 가장 의미 있는지에 대한 철학적, 이념적 가치 탐색이 이루어지는 것이다.[3] 또한 여기에는 지식관, 인간관, 교육관, 문학관, 문학교육관 등의 특정 관점이 추구하는 가치 지향이 중요한 영향을 미친다. 가령, 문학을 전통 문화유산의 담지체로 보느냐 혹은 사회적 소통의 매체로 보느냐에 따라 문학교육이 추구하는 방향은 전혀 다르게 된다. 비록 목적론은 관념적 성격이 강하여 교육 현장의 실천과는 다소 거리가 있는 듯이 보이지만 문학교육이 어디로 갈 것인가라는 궁극적 지향과 관련되는 것이기에

---

1) 최현섭, 『국어교육학개론』, 삼지원, 1996, 76면.
2) 김대행 외, 『문학교육원론』, 서울대학교출판부, 2000, 제2장.
3) 우한용, 「문학교육의 목표이자 내용으로서 문학 능력의 개념, 교육 방향」, 『문학능력』, 역락, 2010. 또한 구인환 외에서는 문학교육의 철학적 지향으로 현대 도구적 이성 사회과 과학 문화에 대한 비판적 대안으로서 대화 문화, 상상력, 삶의 총체성 이해 등을 제안한 바 있다. 구인환 외, 『문학교육론』(6판), 삼지원, 2012.

그 형이상학적 탐색은 매우 중요하다.[4]

또한 문학교육의 목적에는 교육과정 바깥의 사회·문화적 상황과 이념, 지배가치, 학문적 관점이 중요하게 작용한다. 이는 이른바 문학교육 생성의 발생적 구조라 할 수 있는 것으로, 문학교육의 변화가 사회 문화적 환경과의 생태적 연관 속에서 이루어짐을 시사하고 있다. 그 단적인 예로 정보화 사회, 지식 기반 사회에서의 문학 현상의 변화상을 들 수 있다. 다매체 시대 문학은 문학 그 자체로만 존재하기보다는 사회적 소통의 큰 틀 속에서 자리 잡고 있으며, 문학 활동도 개인적 차원의 수용과 생산을 넘어서 사회 문화적 실천의 넓은 맥락으로 규정되고 있다. 문학교육이 문학만의 배타적 속성에서 나아가 여타 문화, 학문 영역과의 융합적 연관성에 주목하기를 요구받는 것도 이러한 맥락이다.[5]

그러나 아무리 시대가 변화하고 관점에 따른 차이가 있다고 하더라도 문학교육의 근본적 목적과 목표는 문학의 본질에 근거하지 않을 수 없다. 문학이 가지고 있는 내적 속성을 무시한 채 외적 가치에만 치중한다면, 문학이 도구적으로 이용된다는 비판으로부터 자유롭기 힘들 것이기 때문이다.

문학의 본질적 속성은 다면적이어서 다양한 영역과 연계된다. 곧, 문학은 언어 예술이자 문화이며, 사고이자 소통이다.[6] 먼저 문학은 예술의 하위 양식이다. 한 편의 문학 작품은 형상적 언어로 구축된 미적 자율성의 세계로 미적 경험을 가능하도록 한다. 그러나 문학의 질료인 언어는 사회적 속성을

---

4) 그럼에도 불구하고 문학교육 목적론, 혹은 그 철학적 바탕에 대한 논의는 부족한 상황이다. 문학교육의 이념적, 형이상학적 탐구의 중요성에 대해서는 다음 논문을 참조할 수 있다. 박인기, 「제7차 교육과정의 목표에 대한 검토」, 『한국초등국어교육』 16, 2000, 한국초등국어교육학회, 41면.

5) 박인기 외, 『문학을 통한 교육』, 삼지원, 2005.
남민우, 「문학교육 목표 변천에 대한 비판적 고찰」, 『문학교육학』 22, 한국문학교육학회, 2007, 122~135면.

6) 우한용, 『문학교육과 문화론』, 서울대학교출판부, 1997, 제1장~2장. 김창원, 「문학교육과정 설계의 절차와 원리」, 『국어교육』 77, 한국어교육학회, 1992.

강하게 지니고 있어 미술, 음악과 같이 완전히 자율적인 세계의 예술로 자리 잡기보다는 이념적 속성을 강하게 갖는다. 이에 따라 문학의 문화적 속성이 생겨난다. 문학은 공동체가 구성하는 삶의 방식의 총체로 개인과 공동체의 삶의 방식을 형상화하며 나아가 새로운 문화를 형성하고 발전시켜 나가는 문화적 실천을 수행한다. 문학은 폐쇄된 개인의 개별적 활동이 아니라 작가, 독자, 현실 속에서 소통하면서 역동적으로 실천, 변모되어 나가는 것이다. 이 다양한 특징 가운데 언어적 속성을 강조하면 언어적 문학교육 모델이, 문학의 예술적 속성을 중시하면 심미적 문학교육 모델이, 문화적 속성을 강조하면 문화적 문학교육 모델이 가능할 수 있다.

이처럼 문학의 속성에는 접속과 융합의 힘이 있어[7] 다양한 영역과의 연관을 통한 문학교육 목적 설정이 가능하다. 그 동안의 연구 성과를 고려할 때 문학의 교육적 가치로 지목된 항목은 언어, 예술, 사고, 문화(소통)으로 압축할 수 있다고 보고, 이를 중심에 두고 문학교육의 목적을 살피기로 한다.[8]

2. 문학교육의 목적

(1) 언어능력의 향상

문학은 언어로 이루어진 예술이자 문화이다. 문학을 수용하고 생산하는 활동은 문학 언어를 경험하고, 참여하며, 공유하는 과정이다. 문학 언어는 일상

---

7) 박인기 외, 앞의 책, 2005, 14면.
8) 기존 연구를 보면, 구인환 외(2001)는 '상상력의 세련·삶의 총체적 경험·문학적 문화의 고양' 등을 김대행 외 (2000)에서는 '언어 능력의 증진·개인의 정신적 성장·개인적 주체성 확립·문화 계승과 창조 능력 증진·전인적 인간성 함양'을 김상욱(1996)은 '문학적 능력'을 제시한 바 있다.

어와 존재론적으로는 차이가 있지만 일상어를 질료로 하여 일상어의 용법을 밀도 있게 보여준다는 점에서 문학은 언어생활의 질을 향상시키고 창조적인 언어문화를 생산할 수 있는 바탕이 된다.9)

문학어와 일상어는 당연히 차이가 있다. 일상어는 현실 맥락에서 구체적 사물을 지시함에 반해 문학은 허구라는 자족적 맥락에서 상징적 의미를 함축한다. 일상어는 실질적인 의사소통적 합리성을 가장 우선적으로 추구하는 반면, 문학어는 상대적으로 자기 완결적인 세계에서 존재하기에 표현 자체를 자기 목적성으로 중시한다. 또한 일상어는 명료한 의사 전달이 중시되기에 지시 대상과 언어, 경험과 기호 사이를 단선적 질서로 수렴시키고자 하지만 문학어는 지시 대상과 언어, 기존의 경험과 기호 사이의 관계가 자의적임을 드러내며, 둘 사이의 관계를 해체하고 일탈하여 끊임없이 재구성하고 원심화하고자 한다.10)

그러나 두 언어가 서로 다른 용법을 가진 별개의 존재는 아니다. 오히려 서로에게 영향력을 행사하는 상호 교섭 관계 속에 있다. 소설 속의 언어는 작가의 머릿속 실험실에서 존재하는 개인의 언어가 아니다. 삶의 감각과 경험, 정서가 고스란히 담긴 사회적 현실 속에서의 언어이다.11) 현진건의 「운수 좋은 날」을 읽어 보면, 남편의 "이런 오라질 년, 주야장천 누워만 있으면 제일이야! 남편이 와도 일어나지를 못해."라는 말이 있다. 아내의 시신 앞에서 뇌까리는 이 욕설에는 먹고 사는 것 자체가 벅찬 하층민의 절박한 분노와 무력감, 그리고 세상에 대한 저항감이 녹아 들어가 있다. 이런 점에서 문학의 언어는 일상어를 미적으로 가공하여 변형, 재구성, 재현하는 2차적 언어라는 설명이 가능하다.12) 2차적 언어로서의 문학어는 일상어의 자의성, 임의

---

9) 김대행, 『문학이란 무엇인가』, 문학사상사, 1992.
10) 김혜영, 「문학어와 일상어」, 『문학의 이해』, 삼지원, 2004.
11) 박인기 외, 앞의 책, 2005.
12) Bakhtin, M. M., 전승희 역, 『장편소설과 민중언어』, 창작과비평, 1998.

성에 부단히 눈길을 돌려 일탈과 변용, 해체와 재구성을 시도함으로써 경험과 언어의 단선적 관계를 다의화하고, 그 잠재적 의미를 창조하여 일상어의 가능성을 넓힌다.

한편, 일상어는 문학어의 용법을 차용하여 세련되고 심미적인 언어를 구사한다. 가령, 소설에서 독자의 관심과 주제의 효과적 전달을 이끄는 플롯이 소설 기법에만 쓰이는 것은 아니다. 일상 잡담에서도 플롯의 개념을 가지고 이야기하는 사람이 있다. 듣는 이의 흥미와 관심을 고려하여 문제적 상황을 먼저 제시하고, 이후 해결과정을 풀어 내되 슬쩍 반전까지 넣어서 전달하곤 한다. 소설과 영화의 스토리텔링 기법이 훈화담, 상담 기법, 교수 언어에도 활용됨으로써 효과적이고 아름다운 언어가 된다. 그런 점에서 문학어는 일상어를 메타적으로 통찰하도록 이끌며, 일상어는 문학어의 수용을 통해 더욱 세련되고 효과적인 언어가 될 수 있다.

일상어와 문학어의 상호연관성을 고려할 때, 문학교육에서는 언어적 창의성, 민감성, 효율성, 그리고 언어문화에 대한 성찰 능력 등을 기를 수 있다.[13]

첫째, 문학어를 통해 언어적 창의성을 기를 수 있다. 문학 언어는 일상 언어의 창의적 혁신을 보여줌으로써 언어가 지닌 또 다른 잠재적 가능성을 실현해 준다. 문학 언어는 일상 언어를 낯설게 한다고 한다. 낯설게 하기를 통해 문학의 세계는 일상의 실용적 세계에서 굳어진 언어에 생기와 새로움을 더하게 된다. 시어의 기본 원리인 은유가 이를 가장 잘 보여준다. 은유는 서로 이질적인 대상들에서 유사성을 창출함으로써 새로운 의미론적 혁신을 보여준다. 김춘수의 「나의 하느님」에 나오는 시어, "사랑하는 나의 하나님, 당신은 늙은 悲哀다. 푸줏간에 걸린 커다란 살점이다"라는 시구에 쓰인 은유는 '하느님' '푸줏간'에 대한 상식적 의미를 파기하고, 의미를 전도시켜 새로운

---

13) 김대행 외, 앞의 책, 2000.

울림을 준다. 일상어 의미의 폭을 한껏 넓힐 수 있다.

둘째, 문학어는 언어에 대한 민감성을 기를 수 있다. 문학어는 감각적 이미지를 전달하는 형상이기에 소리, 색채, 맛, 냄새 등을 기술적으로 다루거나 여러 가지 의미로 해석되는 함축이 풍부한 말을 활용한다. 「시집살이 민요」 중에는 "외나무다리 어렵대야 / 시아버니같이 어려우랴 / 나뭇잎이 푸르대야 / 시어머니보다 더 푸르랴"라는 구절이 있다. '푸르다'라는 감각어는 나뭇잎의 시각적 이미지이기도 하지만 시어머니에 대한 화자의 심리를 드러내는 언어이기도 하다. 그 미묘한 의미 전환을 이해하는 과정에서 언어에 대한 민감성을 높일 수 있다.

또, 한 편의 소설에는 인물 군상의 직업, 계급, 문화적 정체성에 따라 같은 모국어를 사용하더라도 그 함축적 의미는 무수히 달라지는 사회적 방언들이 재현되어 있다. 가령, 염상섭의 「삼대」는, 서울에 거주하는 중산층의 생활 언어를 통해 그들의 의식과 삶을 도드라지게 하는 가운데, 개화기 지식인, 사회주의자, 봉건적 양반층, 개화기 여성, 속물적 소시민 등 다양한 유형의 인물들의 다성적인 목소리가 겹쳐 있다. 그런 점에서 소설은 타자의 언어적 차이에 대한 민감도를 높이고, 언어의 다성적 의미망을 경험하기에 매우 좋은 자료이다.

셋째, 문학어는 언어 사용의 효율적 양상을 통찰할 수 있도록 한다. 문학 언어는 지극히 간결하고, 경제적이며, 군더더기가 없다. 또, 언어 능력의 기반을 이루는 방법적 원리를 정제해서 보여준다. 시의 운율, 수필의 기-승-전-결의 구조는 독자의 호기심을 자극하고, 만족시키며, 감정을 효과적으로 배치하는 말하기 방식의 원리를 담고 있다. 소설 화자의 다양한 전달 방식 역시, 효과적인 이야기하기의 원리를 함축하고 있다. 가령, 「내 그물로 오는 가시고기」에 등장하는 '신뢰할 수 없는 화자'의 반어적 말하기 방식은, 말하는 주체가 스스로 자기 모순을 폭로함으로써 진실을 간접적으로 전달하는 데 효율적이다.

또한 소설에는 인물들이 다양한 삶의 정황에서 수행하는 다양한 화행, 곧 사과, 고백, 소개, 협상, 명령, 화해, 거절, 요청 등이 재현되어 있다. 이러한 화행은 단지 언어의 문제만이 아니라 특정의 사회 문화적 상황에 적합하고 효율적인 방식들이다. 가령, 이청준의 「눈길」을 보면, 홀어머니와 아들이 자신의 의사를 간접화하여 전달하는 화행이 등장한다. 요청, 거절, 화해의 은밀한 소통은 우리 사회의 가족 문화 맥락의 배경에서는 효율적이라 판단된 방식이라 하겠다.

넷째, 문학어는 언어문화의 관습성을 통찰하고 비평하는 능력을 기를 수 있다. 일상 언어가 실용적 상황 맥락 때문에 성찰적 거리를 확보할 수 없음에 반해 문학어는 그것이 작동되는 문화적 기반과 전제를 충분히 성찰할 수 있다. 가령, 김승옥의 「서울, 1964년 겨울」의 작품에서는 서로를 소외시키는 이른바 '집단 독백'이라는 도시 언어의 단상을 성찰할 수 있다. 일상 언어생활에서는 무심코 지나갈 수 있었던 장면이지만 소설에서는 의도적인 '낯설게 하기'를 통해 대도시의 형식적이고 피상적인 언어문화 양상이 드러나는 것이다. 이러한 언어들은 다른 사람의 죽음조차도 무관심에 두는 고립적 인간 관계, 그리고 상품 중심의 사물화된 인간 관계에 비롯된 것임을 소설의 줄거리를 따라가다 보면 알게 된다. 문학 속의 언어는 현실의 복잡다단한 총체 속에서 재현되기에 일상어의 양상을 그것이 바탕으로 하는 사회 문화적 맥락의 배경과 연관 지어 이해, 판단, 평가할 수 있다.

현대는 소통의 시대다. 소통이 단순히 표면적인 의사 전달을 넘어서는 것이라면 문학어는 일상어의 창의적, 심미적, 문화적 측면을 이끌어 냄으로써 심도 깊은 의미 공유를 이끌어 낼 수 있다.

(2) 심미적 사고와 상상력의 세련

문학을 생산하고 수용하는 과정은 문학 특유의 심미적 사고가 실행되고 사고력 향상이 이루어지는 과정이다. 문학을 읽으면서 독자는 정서적 반응 속에서 각별한 의미를 느끼는 지각, 의식의 심미적 사고를 경험한다. 이 심미적 사고는 감동, 깨달음, 새로움 등의 미적 경험을 수반한 가운데 자각되는 의미 체험이라는 점에서 논리적 사고와 구별된다.

그렇다면, 심미적 사고의 특징은 무엇인가? 심미적 사고는 형상으로 이루어진 언어 예술 작품에서 깊은 미적 감정을 느낌으로써 이루어진다. 형상은 개념이나 논리가 아니라 실감나는 감각의 이미지를 의미한다.[14] 김소월의 「진달래꽃」을 읽고 '사랑하는 사람과의 이별'을 연하디 연한 분홍빛 '진달래꽃'의 이미지로 표상하고, 반어적으로 자신의 기다림을 표현하는 화자의 목소리를 통해 독자들은 아련한 마음의 감동을 느끼게 된다. 바로 이 감동에 의해 우리는 오랫동안 습관적으로 가지고 있던 이별, 그리고 진달래꽃에 대한 자신의 감각과 의식을 새로운 각도에서 통찰할 수 있게 된다.

또한 심미적 사고는 칸트(Kant, I)가 말한 일종의 무목적적 목적성에 따른 반성적 사고이다. 곧, 기존 개념의 틀을 참조하여 이루어지는 판단이 아니라 주관적 관조에 의한 미감과 직관, 정동의 형식적인 통일로 이루어지는 사고이다.[15] 기존의 지식과 이념을 단순 적용하는 방식이 아니라 독자가 작품 속에 들어가 자신의 과거 기억과 경험, 정서 등을 떠올리며 작품과 대화하고 판단하며, 스스로 구성하는 일련의 반성적 활동을 수행한다. 이는 미적인 경험이자 의미론적 산책 과정이라 할 수 있다. 한 편의 소설을 읽고, '그렇다면 나는 어떠한가?', '나라면 어떻게 하겠는가?'라고 하여 작중 인물의 행동을

---

14) 박인기 외, 앞의 책, 2005.
15) Crawford, D. W., 김문환 역, 『칸트 미학 이론』, 서광사, 1995, 제4~5장.

판단하고, 평가하기도 하고, 또 나의 삶과 비교하여 적용해 보면서 감동과 새로운 인식을 얻을 수 있다. 그렇지 않고 작품을 대상화하여 분석하는 것만으로는 심미적 사고가 이루어질 수 없다. 자기 자신이 작품과 관계를 맺고,[16] 응답적(responsibility)으로 의미를 구성해야 하는 것이다.

이런 점 때문에 심미적 사고는 독자의 능동적인 참여와 변화를 이끌어 낼 수 있다. 곧, 독자는 문학 독서 과정에서 자신의 감정과 의식을 바꾸기도 하고, 존재론적 전환을 도모할 수 있다. 자신을 변화시킬 수 있는 이 독특한 힘은 바로 이 심미적 사고에서 나오는 것이다. 문학 작품을 읽고 인생의 방향을 크게 바꾸거나 새로운 길을 찾은 사례가 많은 것도 이 때문이다.

■ 상상력의 유형
우한용 외, 『문학교육론』에서는 상상력은 그 작용에 따라 인식적 상상력을 조응적 상상력, 초월적 상상력으로 나누었다. 인식적 상상력은 세계를 형상적으로 인식하는 과정에 개입하는 능력을, 조응적 상상력은 문학을 통한 세계 비판과 관련된 구성 능력을, 초월적 상상력은 세계에 대한 비전을 마련해 마련하는 가능한 모델 창조의 능력을 의미한다.

이러한 심미적 사고는 상상력을 세련시킨다. 상상력은 일차적으로 대상의 현존 없이도 표상할 수 있는 능력이다. 상상력을 통하여 독자들은 사물을 있는 그대로가 아니라 '마음 속의 비전 혹은 모델을 구축'[17]하게 된다. 그것은 현실의 경험을 대안적으로 탐구하고 실험한다는 인식론적 의미를 지닌다. 물론 상상력은 다양한 매체를 통해, 또 일상생활에서도 경험할 수 있다. 그러나 문학은 언어를 매체로 한다는 점에서 이성과 정서를 모두 포괄하는 종합적 구성 능력을 작동시킨다. 곧, 문학은 형상의 힘을 빌려 현실 인식과 초월의 의미 구성력을 발휘하며, 상상력을 세련시키고, 대안적 가능성에 대한 상을 발전시키는 것이다.

---

16) 김대행 외 『문학교육원론』에서는 문학적 사고의 특징으로 지적한 '전이적 사고'가 바로 이에 해당한다. 김대행 외, 앞의 책, 2000, 제2부 1~3장.

17) Frye, N., *Developing Imagination*, Harvard University Press, 1963, p.58.

(3) 삶의 총체적 이해와 전인적 인간 성장

문학은 궁극적으로 인간의 다양한 삶과 인간다움을 탐구하여 독자가 전인적 인간으로 성장하고, 삶의 문제를 전체적 안목으로 이해하고 설계할 수 있도록 한다. 문학교육이 인성 교육 나아가 치유와 자아 성장의 매체로 주목받는 것은 바로 이 지점이다.

문학은 가치 있는 경험을 형상화함으로써 인간과 세계에 대한 총체적 이해를 가능케 한다. 총체성은 '사물들이 갖는 질적인 관계'를 설명하는 철학 개념으로, 본질을 구성하는 보편적인 규정들의 총합을 가리킨다. 리얼리즘 미학론에 의할 때, 문학에서 다루는 사회 역사적 총체성은 개개의 인간들과 사회 역사적 상황들을 전체적인 연관 아래 예술적으로 결합하는 것을 뜻한다.

루카치(Lukács, G)에 따르면, 문학은 삶의 일면만을 비추는데 그치지 않고, 삶의 단편에 대해 결정적인 의미를 객관적으로 지니는 여러 규정들, 즉 전체적 삶의 과정 속에서의 그것의 존재와 운동, 그것의 특질과 위치 등을 결정하는 여러 규정들을[18] 자체 내적인 연관 관계를 통해 그려낸다. 이 말은 인간의 개별적 경험과 행위를 그것을 가능케 한 사회 역사적 조건 속에서, 특히 그 조건의 본질을 이루는 제도, 구조, 관계 등과의 관련 속에서 다룸으로써 특정의 인물, 특정의 사건을 통해 그 시대의 인간과 세계를 총체적으로 이해할 수 있도록 한다는 뜻이다.

가령, 「삼포 가는 길」을 통해 독자들은 1970년대 뿌리 뽑힌 사람들의 삶을 만날 수 있다. 열심히 살았지만 어디에도 소속되지 못한 채 고향을 찾는 이들의 떠돌이 운명은 이 소설에서는 근대화, 산업화의 압축 개발 정책과 '연관되어' 그려지고 있다. 다시 길 위에 서 있을 수밖에 없는 이들의 떠돌이

---

18) Lucás, G., 이주영·임홍배·반성완 역, 『(게오르그 루카치) 미학』, 미술문화, 2000.

운명은, 각자 삶의 역사성이나 실존적 고유함은 무시한 채 무차별적으로 집행되는 현대인의 삶에 대한 총체적 이해를 가능케 한다. 독자들은 이 세계의 사회 역사적 총체성을 통해 한갓된 일상의 고립된 삶을 넘어서 사회 역사적 존재로서 자신을 확장할 수 있다.

한편 문학은 인간 존재의 총체성 회복을 꿈꾸며, 또 재건하고자 한다. 문학은 다양하고도 통합된 인간을 탐구한다. 곧, 근대의 파편화된 삶과 제한된 사회적 역할 속에 구속된 부분적인 인간이 아니라 가능성을 지닌 전체로서의 인간이다. 특히 그 인물들은 도덕적 당위를 실현하거나 의당 마땅한 역사적 실천을 하고 있는 이상적이고 관념적 상이 아니라 현실 속에서 가장 인간적인 모습으로 인간다움이 무엇인지를 고민하고 탐구하는 존재들이다. 그리하여 그들은 정신과 감정, 이념과 욕망, 개인적 진실과 사회 역사적 진실의 길항 관계, 그 내면적 모순성과 이율 배반성, 양가성을 숨기지 않고 드러내고 있다. 따라서 문학 속의 인물은 인간의 부분적 진실이 아닌 전체적 진실(whole truth)을 보여주는 것이다. 독자가 그들에게 공감하고, 사랑을 느끼는 것도 바로 이 때문이다.

이기영의 「고향」에 등장하는 '김희준'이라는 지식인을 보자. 그는 대자적 지식인으로 성실하게 야학 운동을 계속하면서도 자기 민중 운동에 대한 회의를 감추지 못한다. 또 집에서는 가장으로서의 노릇에 충실하지만 그러면서도 여학생 갑숙이의 아름다움에 설레는 마음을 숨기지는 못한다. 바로 이러한 모습이야말로 인간의 전체적 진실이며, 독자의 공감을 이끌어 낸다.

또한 문학 작품은 허구 세계 내에서 경험을 유기적 총체성으로 다룬다.[19] 작품은 '의도적으로 가다듬어진' 구조이기에 독자(학습자)들의 유기적이고 통합적인 경험을 가능하게 한다.[20] 듀이(Dewey, J)는 미적 경험은 일반 삶에서도

---

19) 구인환 외, 앞의 책, 2012.
20) Dewey, J., 이재언 역, 『경험으로서의 예술』, 책세상, 2003.

가능하지만 가장 집약적이고 '하나의 경험'으로 생생하게 자각하게 할 수 있도록 하는 것은 문학과 같은 예술을 통해서라고 하였다. 우리의 일상적 삶은 그 때 그 때마다 일어난 파편적이고, 고립된 사건들로 인한 혼돈스러움으로 가득 차 있다. 어떤 사건을 만나도 그것이 왜 일어났고, 어떤 의미를 지니는지, 좋은지 나쁜지에 대해 미처 생각할 겨를도 없이 지나쳐 버린다. 그러나 적어도 문학 작품에서는 이 파편적이고 고립된 사건, 대상들이 다른 부분들과의 유기적 연관성을 회복하여 의미와 가치를 풀어 낸다. 어떤 경험의 파편을 그것이 일어난 원인과 결과의 포괄적 맥락 속에서, 그리고 개인적인 요소와 사회적 요소, 이성적 측면과 감성적 측면, 나아가 표면적 측면과 이면적 측면, 잠재적 가능성까지를 모두 포괄한 전체적 질서 속에서 의미화 된다.

이러한 총체성은 독자들의 일상적 삶에 질서와 원리를 부여한다. 이제 독자는 주어진 일상의 삶에만 기계적으로 충실한 삶이 아니라 자신이 가진 총체적 이상으로 현실을 변화시켜 나갈 수 있다. 자신의 이상으로 기억과 희망을 연결하고, 자신의 에너지와 현실 환경 조건을 관련지어 총체적 이상을 실현하는 삶이 그것이다.[21] 이를 통해 독자는 개별적 고립감에서 나아가 세계와 하나가 되어 있음의 총체적 세계 인식을 경험할 수 있다.

이 과정에서 독자는 인지적, 정서적, 윤리적 발달을 꾀하여 지·정·의가 조화로운 전인(whole man)이 될 수 있다.[22] 먼저, 학습자의 인지적 발달과 문학교육과의 연관성을 살펴보자. 문학을 통해 학습자는 인간과 세계의 본질과 진정한 모습에 대해 성찰할 수 있다. 세계와 인간의 삶에 대한 총체적 이해는 기존의 고정된 사고로부터 벗어나 다양하고 심층적인 사고로 발전시킨다. 또, 문학을 통하여 정서를 함양할 수 있다. 문학 작품에는 분노, 슬픔, 기쁨, 사랑과 같은 정서적 경험이 주로 표출된다. 문학을 통하여 학습자는 다양한

---

21) Dewey, J., 이재언 역, 앞의 책, 2003.
22) 박인기, 앞의 책, 2005, 23면.

정서를 경험하고 표현, 내면화할 수 있으며, 어느 한 감정에 치우치지 않고 균형을 잡고, 심미적 활동과 현실에 대한 통찰을 할 수 있으며, 공동체 구성원과 소통하고 유대감을 가질 수 있다.[23] 또한 문학은 학습자의 윤리적 발달과 성장을 돕는다. 문학은 세상에 이미 주어진 도덕적 규칙이 아니라 인간의 조건과 상황적 맥락 속에서 옳고 그름과 좋고 나쁨에 대한 윤리적 판단을 하는 문제적 상황을 다루고 있다. 문학을 통해 학습자는 일상에서 즉자적으로 수용하였던 윤리적 가치를 재평가하고, 새로운 가치를 경험함으로써 가치 판단 능력을 발달시킬 수 있다.[24] 또한 문학은 타자의 고통과 아픔에 대해 연민하고, 공감을 느낄 수 있도록 함으로써 자아를 확장하고 윤리적 발달을 꾀한다.

■ 공감(sympathy)

공감은 상대방의 느낌, 감정, 사고 등을 정확히 이해하고, 이해된 바를 정확하게 상대방과 소통하는 능력이다. 문학과 예술은 타자에 대한 공감적 이해력을 발달시킬 수 있는 중요한 매체이다. 공감에는 자신을 다른 사람의 처지에 놓고 그 사람이 될 수 있는 상상력이 중요하게 작용하는바, 소설의 예를 들면 작가와 작중 인물, 서술자와 작중 인물, 인물과 인물, 독자와 인물의 다층적인 공감 관계가 성립할 수 있다.

그런데 이들은 서로 분리되어 일어나지 않는다. 작품을 읽고 느낀 분노가 세계의 불의를 깨닫게 하며 이어 새로운 가치를 모색하게 한다. 결국, 좋은 문학 작품은 우리의 일상적 자아가 지닌 자동화된 감각과 굳은 정신의 각질에 정서적 충격을 줌으로써 사물을 사랑과 경이의 새로운 시선으로 통찰하게 하고 이를 통해 새로운 자신으로의 변모를 추구하는 등, 지·정·의의 균형을 가질 수 있도록 한다.

(4) 문학 문화의 계승과 참여

문학 문화는 '학습자가 문학 행위를 하는 가운데 삶을 살아가는 것'[25]으로, 문학을 통해 '문화 문법을 익히고 변형하며 창조하는 과정과 그 결과를

---

23) 김종철, 「민족 정서와 문학교육」, 『문학교육학』 16, 한국문학교육학회, 2000, 135면
24) 최인자, 「타자 지향의 서사 윤리와 소설교육」, 『독서연구』 22, 한국독서학회, 2009.
25) 우한용, 『문학교육과 문화론』, 서울대학교출판부, 1998, 제1장.

다시 재창조하는' 문화적 과정에 참여함을 의미한다. 이는 문학교육이 학습자 개인의 사고와 인지, 정서 발달을 넘어서 공동체 차원에서의 가치와 의의를 지니고 있음을 의미한다. 하지만 문화, 문학 문화 개념 자체가 다양하고 서로 중첩되어 있는 만큼 이를 두루 살피기로 한다.

첫째, 문학 문화를 정신 유산으로 이해하고 문화적 전통 계승을 문학교육의 목적으로 삼을 수 있다.[26] 문화는 특정 공동체가 공유하는 공동의 정신적 자산이다. 문학 작품은 시간을 견뎌 온 민족 문화의 유산이자 언어문화의 정수로서 정신적 가치를 품고 있다. 문학 문화교육을 통해 공동체 구성원들은 그 공동체가 지니고 있는 전통을 계승해 나가고 동질감과 집단적 유대감을 얻을 수 있다. 황진이의 시조에 담긴 연모의 정, 흥부전에 등장하는 놀부와 흥부의 인물형 등은 문화적 아이콘이 되어 계층과 성별, 지역별, 세대별 차이를 넘어서 동질감을 형성하며 사회 통합의 기능에 충실할 수 있다. 다문화 사회에서 문화 간 이질성을 극복하고 집단적 유대감 형성을 위해 문학이 활용되고 있는 것은 이 때문이다.

둘째, 문학 문화는 문학에 드러난 공동체의 생활 감정과 미의식, 세계관과 가치관 등을 포괄적으로 지칭한다.[27] 문학 창작이나 수용 활동은 문화적 맥락 속에서 이루어지는 바, 한 편의 문학 작품에는 작가의 개인적 기질이나 자전적 경험이 드러나기도 하지만, 나아가 그가 공동체 구성원으로 습득한 문화적 가치와 의미 체계, 행위 체계와 감정의 구조 등이 녹아 들어가 있기 마련이다. 이 때, 문학 작품은 초월적·보편적 존재라기보다는 특정의 공동체가 공유하고 있는 삶의 방식을 담은 존재가 된다. 따라서 문학 경험은 학습자들이 공동체의 삶의 방식을 이해하고 소통하고 해당 공동체에 입문하는

---

26) 김대행 외, 앞의 책, 2000.
27) 이에 대해서는 다음의 연구를 참조할 수 있다. 박인기, 「문화적 문식성의 국어교육적 재개념화」, 『국어교육학연구』 15, 국어교육학회, 2002. 최인자, 『서사문화 교육의 전망과 실천』, 역락, 2007.

일종의 문화화 과정이 된다.[28]

가령, 우리나라 서사 문학에 자주 등장하는 '수난 받는 여성' 모티프가 있다. 서사무가 「바리데기」로부터 시작하여 「심청전」의 '심청', 「탁류」의 '초봉', 「삼포 가는 길」의 '백화', 「서편제」의 '송화', 「난쟁이가 쏘아 올린 작은 공」의 '영희'는 모두 가족을 위해 희생하는 여성 이미지를 보여주고 있다. 개인의 욕망보다는 가족 공동체의 운명을 우선시하고 나아가 여성이 지닌 특유의 생명력으로 갈등을 넘어서는 존재들이다. 그런데 이 수난 이미지는 남성이 아닌 여성에게만 부여되고 있다는 점에서 우리 문화의 가부장적 유교 전통을 읽을 수 있다. 이러한 방식으로 접근한다면, 학습자들은 문학 작품을 통해 공동체가 질서화하고 있는 삶의 방식과 의미, 가치를 해석하는 일종의 문화적 문해력(cultural literacy)에 도달할 수 있다.

또, 문학 문화는 작가의 창작 관습에만 반영되는 것은 아니다. 독자의 작품 읽기 관습, 문학에 대한 의미와 가치에 대한 관습, 좋은 문학 작품에 대한 선호와 취향의 관습 등에도 모두 문학 문화의 맥락[29]이 작동한다. 곧, 문학 소통에 영향을 미치는 공동체 특유의 경험과 규약의 체계[30]가 문학 문화를 구성하는 것이다. 문학 문화의 관점에서 보면, 작품 해석 활동은 독자와 작가의 소통이기도 하지만 이를 넘어서 두 사람이 속한 공동체의 문화적 전제와 가정 그리고 그 작품을 둘러싼 다양한 해석과 소통하는 과정이라 할 수 있겠다. 한용운의 시를 해석하는 과정은 독자의 개인적 해

▣ 문화적 문해력(cultural literacy)
문화적 문해력은 개인이 사회적 문화적 소통을 위해 기본적으로 필요한 문화 지식이다. 개인의 전통에 대한 인식, 문화 유산과 그 가치에 대한 인식, 전통으로부터 무엇인가를 배울 수 있는 능력, 어떤 문화의 장단점을 이해할 수 있는 능력 등이 해당된다. 국어(문학)교육에서 문화적 문해력은 문화의 통시적·공시적 양상, 그리고 소통의 기능적, 비판적 양상을 입체적으로 고려하고 있다.

---

28) 김대행 외, 앞의 책, 2000, 제1부 2장.
29) 이에 더 알기 원한다면 정전 연구를 참조할 수 있다. 정재찬, 「현대시 교육의 지배적 담론에 관한 연구」, 서울대학교 박사학위논문, 1996. 윤여탁, 「이념 인식으로서의 문학 전통과 문학 학습」, 『시교육론 Ⅱ』, 서울대학교출판부, 1999.
30) 김창원은 문학 문화를 문학 소통의 기반이 되는 경험과 규약의 체계로 정의하고 통시적 문화와 공시적 문화 양자로 범주화하였다. 김창원, 「문학 문화의 개념과 문학교육」, 『문학교육학』 25, 한국문학교육학회, 2008, 538면.

석을 넘어서 '님'을 '부처님'과 '조국'으로 해석해 왔던 담화 공동체의 문화적 전제와의 소통이기도 하다.

여기서 주목할 점은, 공동체의 맥락이 고정된 관습으로만 구성되는 것은 아니라는 점이다. 오히려 그 공동체는 관습성과 창조성, 수렴과 원심이 어우러지는 역동적인 장이다. 관습이 문학 문화의 제도화 과정에서 고착된 수렴적 힘이라면, 창조성은 자발적인 문화적 실천을 통해 원심화하려는 에너지이다. 이 두 힘은 긴장 속에서 동시에 작동하며 문학 문화를 아름답게 하는 힘이 된다. 창의력도 결국 관습의 창조적 재구성인 것이다.

셋째, 문학 문화는 주체가 문학을 통하여 삶의 문제를 해결하는 자발적인 문화적 실천을 의미한다.[31] 문화는 주어진 환경에 인간이 적응하면서 삶을 영위한 그들의 생활 지혜이자 삶의 적응 방식을 표현한다. 문화는 탐구나 이해의 대상이기 이전에 주체가 자신의 삶을 실천하는 활동이다. 이 문학 활동은 작가의 위대한 정신과 표현을 배우고 익히는 계몽적 학습이 아니라 독자 자신의 삶의 맥락에서 자신의 가치를 실현한다는 실천적 의미에 그 각별함이 있다. 가령, 채만식의 「탁류」를 읽고, 분석, 해석, 평가하는 활동은, 일차적으로는 문화가 생산, 유통, 분배, 재창조되는 일련의 문화적 과정 속에 참여하는 일이다. 동시에 지배적인 문화를 읽고, 자신의 관점을 표출하며, 문화적 실천을 하는 과정이기도 하다. 이때 비로소 전통은 '살아 있는 전통'으로 혁신과 침전의 역동성을 동시에 가지며, 부단히 창조적으로 변화해 나갈 수 있다.

문학 문화교육은 지식 교육이나 기능교육에서 나아가 학습자가 당면하고 있는 삶과의 관련성을 강화해야 한다는 문제의식으로부터 비롯되었다. 곧, 문학만의 고유한 지식과 구조에 집중하기보다는 학습자가 처한 삶의 방식

---

31) 이 견해를 더 알아보기 위해서는 다음 논문을 참조할 수 있다. 우한용, 「문학교육의 목표이자 내용으로서 문학 능력의 개념, 교육 방향」, 『문학능력』, 역락, 2010.

전체와 문학이 맺는 포괄적 관계로 눈을 돌려 문학교육의 영향력을 확대하고자 했던 것이다. 그런 점에서 앞으로도 지속적으로 의의가 있다.

3. 문학교육의 목표

(1) 문학 능력의 향상

교육 목표는 관찰 가능한 학습자의 변화를 드러낼 수 있는 표지이다. 문학교육의 목적이 일종의 포괄적인 상위의 목표라고 한다면, 문학교육의 목표는 그 목적을 교육적 실천으로 구체화할 수 있도록 하는 실행 목표 개념에 가깝다. 문학교육 목적론이 'A를 길러서 / 함양하여서 B를 추구한다'라고 할 때, 'A'에 해당되는 내용이 바로 문학교육 목표이다. 이런 점에서 교육의 목표는 교육 내용이 되기도 하기 때문에, 목표와 내용이 뚜렷한 경계로 나누어지지 않기도 한다.[32]

그 동안 문학교육 목표로 대체로 동의하고 있는 것은 '문학 능력의 향상'이다. 문학 능력은 문학교육 목표의 핵심 개념이자 내용 구조의 중심을 이룬다. 주요 개념이지만 문학 능력의 개념, 범위와 요소에 대한 이해에서는 이론가마다의 차이가 있다.

원래 능력은 선천적으로 가지고 있는 잠재적 능력과 후천적으로 배워서 할 수 있는 능력으로 구분된다. 문학 능력은 양자를 모두 포함한다. 곧, 한편으로는 언어 능력처럼 어느 정도 태어날 때부터 문학에 대한 내면화된 능력을 가지고 있어 누구나 문학을 즐기고 향유할 수 있는 가능성을 가지고 있

---

32) 김창원, 「문학교육과정 설계의 절차와 원리」, 『국어교육』 77, 한국어교육학회, 1992, 345~347 면.

다.33) 구조주의자 컬러(Culler, J.)가, "교양 있는 독자가 지닌 내면화된 문학적 관습에 관한 지식"34)이라고 하여 언어 능력에서 유추한 '문학 능력'을 설정한 것도 이 때문이다. 그러나 이는 고정된 것이 아니라 일련의 학습 과정을 통해 발전해 나갈 수 있다. 문학교육은 바로, 이 누구나 가지고 태어나는 문학 능력을 교육적 절차를 통해 정교화, 확장, 발전시키는 노력이라 할 수 있겠다.

국내에서 문학 능력에 대한 개념은 크게 '기호적−소통적 접근'과 '담론적−문화적 접근'으로 크게 나누어 볼 수 있다. 전자는 문학에 대한 지식의 이해, 경험의 획득, 그리고 문학 텍스트를 생산하는 능력과 문학 텍스트를 소비하는 능력,35) 혹은 텍스트 해석 능력36)을 중심으로 문학 능력을 이해한다. 곧, 문학을 문학답게 하는 문학 고유의 약호와 문법에 대한 이해를 주축으로 놓고 문학 능력을 이해한다.

반면, 후자의 경우는 문학 능력을 문화능력, 주체 형성까지를 포괄하는 광의의 관계적 개념으로 확장한다. 가령, 문학 능력을 "문학 현상과 다면적으로 관계를 형성하고 삶의 가치를 발굴하는 작업 일체"37)라고 하여, 인간의 정신 기능 전체와 관련지어 문학적 감수력(Literary sensibility), 문학적 사고력, 문학적 판단력, 문학적 지향의지까지 포함하는 것으로 이해하는 방식이다. 우한용 교수에 따르면 '문학적 감수력'은 대상을 문학적으로 파악하여, 자신의 감수성과 연관 짓는 능력으로 인간의 감성적 수용 능력(정)에 해당되며, '문학적 사고력'은 형상화 능력과 상상력, 서사 능력을, '문학적 판단력'은 문

---

33) 김창원, 「문학 문화의 개념과 문학교육」, 『문학교육학』 25, 한국문학교육학회, 2007.
34) Culler, J., *Structural Poetics : Structuralism, Liguistics and the study of Literature*, London : Routledge & Kegan Paul, 1975.
35) 김상욱, 「문학교육 목표로서의 문학 능력」, 『소설 교육의 방법 연구』, 서울대학교출판부, 1996.
36) 김창원, 앞의 논문, 2008, 513~544면.
37) 우한용, 앞의 논문, 2010, 20면.

학 작품의 가치를 판단하고 평가하는 지적 이해 능력(지)을, 문학적 지향의 지'는 문학을 통해 역사적 전망을 읽을 수 있는 능력을 말한다.[38] 또, 문학 능력을 "문학교육을 통해 달성하거나 성취하고자 하는 인식적, 표현적 능력들"로 보면서 "문화적 감수성이나 상상력, 심미적 체험, 윤리적 가치 판단, 비판적 인식 등을 포함시키고 있는 경우도 이에 해당된다.

교육과정에서 문학 능력을 문학교육 목표로 제시한 것은 7차 교육과정이다. 이에 따르면, 문학 능력이란, '학습자가 문학 현상에 능동적으로 참여하여 문학 문화를 형성하는 데 필요한 능력'이라고 하고, 그 하위 요소로 '문학적 소통 능력', '문학적 사고력', '문학 지식', '문학 경험과 문학에 대한 가치와 태도'를 제시하고 있다. 이 진술은 문학 능력을 문학교육의 상위, 하위 목표의 중심에 두되, 단순 병렬적 구조가 아니라 유기적으로 연관된 구조로 인식하고 있다는 점이 특징적이다.

(2) 문학 능력의 요소와 구조

그렇다면, 문학 능력을 이루는 요소는 무엇일까? 이론가에 따라 다양한 입론이 가능하겠지만, 일반적인 능력 교육과 마찬가지로 지식, 수행, 태도의 요소로 분리해 볼 수 있다. 지식이란 '~에 대하여 아는 것'으로, 정보, 명제, 지식, 사상과 같이 지적 자신감을 형성하는 요인이다. 문학에 대한 지식은 문학의 수행과 태도를 형성하는 필요조건이다. 지식의 안내가 없이 양적으로만 활성화된 수행은 문학 현상에 대한 깊이 있는 안목과 경험을 형성하기 어렵다. 그렇다고 해서 문학에 대한 지식 그 자체로만 강조되고 학습된다면 문학

---

38) 문학 능력을 "인식적, 표현적 능력들로 보고, 문화적 감수성과 상상력, 심미적 체험, 윤리적 가치 판단, 비판적 인식" 등을 포함하는 견해도 있다. 최지현, 「문학 능력의 위계적 발달, 평가 모형」, 『문학교육학』 28, 한국문학교육학회, 2009.

능력으로까지 발전, 전이되지는 않는다. 문학 능력이 되는 지식교육, 이를 위해 학습자의 경험으로 연결되어 수행으로 숙련되고, 자기화할 수 있는 교육이 중요하다.39) 교육과정에서도 막연한 지식이 아니라 문학에 대한 체계적 지식, 활동을 위한 원리로서의 지식에 주안점을 두고 있다.

수행이란 '~을 할 줄 아는 행동적 요인'으로 외부로 표출될 수 있다. 문학 능력에서 수행은 제반의 문학 생산과 수용 활동과 관련된다. 생산 활동은 창작 활동, 문학적 글쓰기, 비평적 글쓰기 활동이 수용 활동에는 향유, 반응, 분석, 해석, 평가 등이 있다. 이러한 수행 활동을 통하여 문학 능력의 하위 요소인 문학적 감수성, 문학적 상상력(상상력), 문학적 소통 능력, 언어적 통찰력, 창의적 사고, 창의적 소통 능력 등이 길러질 수 있다.

가치 및 태도는 동기, 태도, 판단, 의지와 같은 정의적 요소이거나 가치관, 사고방식, 사회 풍조 등의 의식 구조적 요인이라 할 수 있다. 어떤 대상에 대해 긍정적 태도와 관심, 가치 의식을 가진다는 것은 능력 중에서도 가장 심층적인 요소에 자리 잡는다.40) 그리하여 구체적인 활동으로 당장 드러나지는 않지만 문학 수행과 지식 등의 표층적인 능력의 활성화에 적극적인 영향을 미친다는 점에서 실행을 중시하는 역량 계발론에서도 중요하게 고려되고 있다.41) 태도는 개인적 차원과 문화적 차원으로 나눌 수 있다. 개인적 차원에서의 태도는, 개인이 문학의 중요성과 가치를 이해하고 나아가 문학에 관한 습관과 인격적 태도 등을 기르는 내용으로 '문학을 통한 인간과 세계 이해', '문학의 아름다움과 가치 향유', '인간과 세계의 총체적 이해', '심미적 안목 고양' 등이 포함된다. 반면, 문화적 차원에서는 민족 문화, 민족 문학, 문학

39) 염은열, 「문학능력의 신장을 위한 문학교육 지식론의 방향 탐색」, 『문학능력』, 역락, 2010, 49~80면.
40) 박인기, 「국어교육 내용으로서의 '태도'」, 『한국초등국어교육』 50, 한국초등국어교육학회, 2012, 391면.
41) 윤정일 외, 「인간 능력으로서의 역량에 대한 고찰」, 『역량기반교육』, 교육과학사, 2010.

문화, 공동체의 문화 발전에 참여하고, 문학의 가치와 의미를 이해하고 적극적으로 참여할 수 있는 태도가 포함된다.

그런데 문학 능력은 이 요소들의 병렬적 나열이 아니라 구조화된 총체로 이해되어야 한다. 몇몇의 개별적인 수행이나 기능이 아니라 지식, 수행, 가치 및 태도의 전(全) 요소가 서로 긴밀하게 연관되고 또 역동적으로 영향관계를 주고받는 종합적인 능력이라는 것이다. 벽돌 쌓기를 열심히 배운다고 해서 건축을 알고 있다고 보기는 힘들 듯이 문학 능력의 일부 요소들만을 숙련하다고 해서 진정한 능력을 발달시키는 힘들다. 문학에 대해 많이 알고 있기만 하다거나 문학 작품을 잘 해석하거나 하는 등의 고립된 몇몇의 사실만으로는 진정한 문학 능력을 갖고 있다고 보기 힘들다. 궁극적으로 문학 능력은 "단순히 무엇을 할 줄 아는 식의 기능에 머물지 않고 문학을 체질화하는 수준으로 습득하여 문학과 함께 생각하고 문학적으로 살아가는 태도의 문제이자, 문학에 동참하여 공유하고 문학을 창달하는 문화적 능력"[42]으로 확대될 수 있는 것이다. 이에 따라 문학 능력은 본질 개념을 가운데 두고 부수적 개념을 배제하는 식이 아니라 여러 요소들이 누가(累加)적으로 결합되는 방식으로 존재한다.[43]

문학 능력이 다층적 구조라고 할 때, 그 구조는 표층적 요소와 심층적 요소로 구분될 수 있다. 문학 능력의 표층적 요소는 경험과 기능적 숙련을 통해 도달할 수 있는 내용들이다. 문학에 대한 지식 관련 능력, 수행 능력이 이에 속한다. 반면, 심층적 요소는 가치, 태도 등의 포괄적인 내용으로 서서히 변화하지만 궁극적인 영향을 미친다. 물론, 이러한 표층, 심층의 능력 요소는 고정된 것은 아닐 터이다. 특히나 문학 능력은 다양한 영역들과의 통섭, 융합이 가능한 유연성을 지니고 있어, 교육 설계의 방향과 의도에 따라 그 하

---

42) 김대행, 『국어교과학의 지평』, 서울대학교출판부, 1995.
43) 우한용, 앞의 논문, 2010.

위 요소들을 다르게 할 수도 있을 것이다.

4. 문학교육 목표 변천사

이 장에서는 국어과 교육과정에 진술된 문학교육 목적/목표[44]을 중심으로 그 변천사를 개관한다. 문서상의 교육과정은 당대 이론의 집약체이고 교육 공동체가 공유하고 있는 이념이자 실천 행위의 근거가 된다. 문학교육의 목적/목표는 사회 문화적 요청과 호흡하면서 부단히 변모되어 왔고, 또 앞으로도 변모되어야 나갈 것이다. 현재의 교육이 과거의 교육보다 반드시 발전된 형태라고 말할 수 없다면, 전통과 혁신의 긴장 속에서 전개된 문학교육의 변천 과정을 살핌으로써 우리는 현재 교육과정을 비판적으로 이해하고 미래를 위한 지혜를 얻을 수 있다.

일반적인 교육 목표 설정의 본질적인 준거인 (1) 심리 (학습자)적 요구, (2) 사회·문화적 요구, (3) 교과 지식적 요구라는 범주로 나누어 진술된 교육 목표를 살펴본다.[45] 특히, 교육과정의 역사적 흐름 속에서 어떤 범주가 가장 지배적인 범주로 등장하는지 그리고 각 범주들 간의 관계는 어떻게 설정되고 있으며, 각 범주마다 요구하는 내용과 가치의 변화가 어떤 연속과 불연속의 흐름을 만드는지에 중점을 두도록 하겠다. 국어과 교육과정에서 문학교육은 4차 교육과정에 이르러서야 별도의 영역으로 인정받았고 이전까지는 기초 4영역에 분산되거나 국문학사에 국한되어 있었기에 국어 과목과 문학 과목 모두의 교육과정 문서를 살피도록 하겠다.

---

44) 목적은 교육과정 문서에서는 주로 '성격' 범주를 참조하였다. 그러나 실제 내용은 '목표'와 큰 차별성을 갖고 있지 않았다.
45) 이에 대해서는 1장에 자세히 서술되어 있다.

교수 요목기의 문학교육 관련 목표46)는 '국어국문'의 이해를 통하여 '지덕을 길러 국민정신을 기르고 우리 문화 창조 확충'한다는 내용으로 국민 만들기라는 국가적 기획의 사회적 요구 사항이 가장 우선적으로 고려되고 있음을 알 수 있다. 국가 우선적인 가치 교육이 문학교육 목표의 중심에 있는 것으로, 이를 위해 문학은 주로 문학사 중심으로 구성되고 있다. 문학사 교육은 문학교육을 전통과 문화유산의 전달로 이해하는 관점인데, 이후에도 면면히 내려와 문학교육 목표의 중요한 한 축을 형성하였다.

1차 교육과정기는 "국민적인 사상과 감정 도야", "중견 국민으로서의 교양"을 형성한다는 국가 가치관 교육의 요구가 우선적으로 문학교육 목표에 반영되어 있다. 대한민국 정부의 출범과 함께 국민 국가 형성의 주된 매체로 문학교육이 활용되고 있는 것이다. 또한 국어교육에서는 '언어 생활의 기능'을 강조하고 있는바, 문학도 말하기, 듣기, 읽기, 쓰기의 기초 네 영역에 고루 분산되면서, 낭독, 창작, 연극 연출 등의 능동적인 활동으로 다양화되고 있다. 또, 대중 공연 예술과 세계 문학을 수용하여 대중 예술로까지 문학의 범위를 확장하기도 하였으나 또 다른 한편으로는 고전을 중심으로 문화유산 전달로서의 문학교육이라는 입장도 지속되고 있다.

2차 교육과정은 1차 교육과정의 기본 이념을 그대로 승계하고 있다. "중견 국민으로서의 교양", "언어생활의 기능" 등의 국어교육 목표에 문학교육이 연관되어 국가 가치관 교육과 생활 중심 문학 활동 교육에 가치를 두고 있다. 한편, 문학을 읽기 영역 안에서 확실하게 설정하고, 고전 교육을 독립시

---

46) 그 내용은 다음과 같다. "국어 국문의 전통과 그 표현을 이해하게 하고, 국어 국문의 사적 발달을 구명하여, 종래의 사상 문화의 연원과 발달을 자세히 알려, 국민정신을 기르고, 우리 문화를 창조 확충하게 하는 신념을 배양함" (교수방침) 교육부 『초·중, 고등학교 국어과·한문과 교육과정 기준(1946-1997)』, 2000, 157면. 남민우, 「문학교육 목표 변천에 대한 비판적 고찰」, 『문학교육학』 22, 한국문학교육학회, 2007. 143~152면. 재인용. 이후는 이 논문에 제시된 내용을 바탕으로 면수만 제시함.

켜 "민족 문화 발전"의 이념을 제시하고는 있지만 문학의 고유성은 거의 고려되고 있지 못하다.

3차 교육과정[47]은 가치관 교육으로서의 문학교육의 이념이 강화된 시기이다. 1~2차 교육과정과 마찬가지로 문학교육 관련 목표는 '중견 국민 형성', '민족 문화 발전'이라는 가치관 교육적 요구 사항이다. 그런데 '원만하고 유능함', '건실함'과 같은 가치 항목은 유신헌법의 가치관 및 이데올로기의 직접적인 전달이다. 또 이 교육과정에서 새롭게 신설된 '제재 선정의 기준'에서도 '긍정적 국가관' '민족적 자부심' 등을 노골적으로 제시하고 있어 국가 이데올로기를 강화하고 있다.

또한 문학에 대한 관점에서는 문학의 탈역사성, 탈사회적 측면이 유독 강조되고 있다. 문학교육이 "풍부한 정서와 아름다운 꿈"을 길러서 원만하고 유능한 개인과 건실한 중견 국민으로 자라게 한다"고 제시된 부분이나 문예 창작을 "자기 표현"으로 국한시키고 있는 것이 그 예이다. 또한 고전 문학이 독립하면서 그 목표로 "선인의 문학 세계"를 "바르게 이해"하도록 한다하여, 문화유산으로서의 문학, 문화 전달로서의 문학교육의 관점 역시 이어오고 있다. 그런데 특기할 점은 문학의 주된 교육적 대상을 "이론"이라고 밝혀, 기존에는 막연했던 문학에 대한 이해의 초점이 무엇인지를 구체화하였고, 문학의 고유성을 강화하는 방향으로 목표를 잡고 있다.

4차 교육과정[48]은 문학이 별도의 독립된 영역으로 자리 잡은 시기이다. 제시

---

47) 3차 교육과정기 국어과 교육과정 내에서 문학교육 관련 목표 사항이다. "2. 국어를 통하여 사고력, 판단력 및 창의력을 함양하고, 풍부한 정서와 아름다운 꿈을 길러서, 원만하고 유능한 개인과 건실한 중견 국민으로 자라게 한다. 4. 국어와 국어로 표현된 문화를 깊이 사랑하고, 이에 대한 이해를 넓게 하여, 민족 문화 발전에 기여한다." (347면)

• 국어Ⅱ 관련 사항이다. "가. 우리나라의 고전 및 이에 대한 기초 이론을 학습하게 하여 국어의 변천과 선인의 문학 세계를 바르게 파악하도록 한다. 나. 문예 창작을 포함한 작문의 기능을 더욱 세련시켜서 자기표현을 효과적으로 할 수 있게 한다."(353면)

48) 4차 교육과정기의 국어과 교육과정 내에서 문학 관련 목표 진술이다. "3) 문학에 관한 체계적인 지식을 습득시키고 문학 감상력과 상상력을 기르며 인간의 내면세계를 이해하게 한다. (국

된 문학교육의 목표는 "문학 감상력과 상상력" "내면 세계 이해"라고 하여, 심미적 능력과 세계관 교육을 새롭게 지향하고 있으며, "문화유산" 전달이라는 민족주의적 이념도 잔존하고 있다. 상상력, 감상력과 같은 문학 고유의 기능이 전면에 부각되고 있는 점은 문학교육 목표의 역사에서 특기할만하다. 또한 문학의 사회적 가치를 "인간의 내면 세계 이해" "인간의 보편적 갈등과 정서"라고 하여, 문학이 가진 자아 실현 및 현실 통찰로서의 교양적 가치를 부각시켰다는 점도 역시 주목할 만하다. 이는 70년대 이후, 사회 전 분야에 걸쳐 분출되었던 다원화와 민주화의 요구와 무관하지 않다.

하지만 이전까지 내려왔던 사회적 요구와의 연관성이 사라진 것은 아니다. 국어Ⅱ의 고전 문학 목표는 "선인의 문학 세계를 바르게 파악한다"라고 하여 문학을 공동체의 구성원간의 동질감 회복과 유대를 위한 매체로 적용하고 있다. 다만, 국가의 정책적 가치를 직접적이고 일방적으로 반영하는 방식은 완화되었다.

5차 교육과정은[49] 4차 교육과정과 유사하게, 문학 지식, 심미적 능력, 세계관 이해의 항목으로 목표가 설정되어 있다. 4차 교육과정에서의 "인간 내면의 이해"가 "총체적 이해"로 바뀜에 따라 문학과 현실의 연관성이 보다 강화되었다. 하지만 사회적 요구는 여전히 민족 공동체의 구성원으로 입문하는 과정에 중점을 두고 있다. 주목할 점은 '민족 문화'가 아닌 '민족 문학'이라는 범주를 제시하고 있는바, 이는 문학 고유의 속성과 가치 교육, 정체성 교

어 교과 목표) 6) 문학이 문화유산임을 알고, 문학에 관한 체계적 지식을 가지고 작품의 가치를 평가하며, 인간의 내면세계를 이해하게 한다." (국어Ⅰ 목표, 358면)

49) 다음은 5차 교육과정의 문학 과목 관련 문학교육 목표 진술이다. "문학 작품을 통하여 문학에 관한 체계적 지식을 갖추고 창조적인 체험을 함으로써 미적 감수성을 기르며, 인간의 삶을 총체적으로 이해한다. 1) 문학 일반과 한국 문학에 관한 체계적인 지식을 습득하게 한다. 2) 문학 작품을 즐겨 읽고 상상을 통한 창조적 체험을 함으로써 미적 감수성을 기르게 한다. 3) 한국 문학에 나타난 민족의 정서와 삶을 총체적으로 이해하고, 민족 문학의 발전에 이바지 하게 한다." (375면)

육을 접목시키고자 하였다는 점에서 그 의미가 있다.

또한 이 시기는 학습자 혹은 학습 과정을 중시하고 있다는 점에서 이전과 구분된다.[50] "① 문학에 관한 체계적인 지식을 갖추고 ② "창조적인 체험을 함으로써 미적 감수성을 기르며" ③ "한국 문학에 나타난 민족의 정서와 삶을 총체적으로 이해하고, 민족 문학의 발전에 이바지하게 한다. 인간의 삶을 총체적으로 이해하게 한다"로서, '~을 통하여 ~를 하고,' '~를 함으로써 ~기르며' 등의 서술 구조는 막연한 감상력, 미적 감수성의 신장이 아니라 목표에 이를 수 있는 학습 과정을 명시하고 있는 것이며, 특히, '작품'과 '체험' 등 문학 학습에서의 구체적인 활동과 경험을 중시하는 점도 새롭다.

6차 교육과정[51]에서는 '문학' 과목 성격 부분에서 "문학에 대한 올바른 지식과 체계적인 작품 감상의 원리"를 학습하게 하였다는 점에서, 지식의 성격조차도 활동을 위한 원리로 분명하게 규정하고 있는 점이 특징적이다. 또한, '한국 문학'이란 개념을 사용하여 '민족 문학' 중심의 사고에서 나아가 세계 문학 차원으로 확장된 인식을 하고 있다.

7차 교육과정[52]은 문학교육의 목표를 '문학 능력'이라는 핵심적 범주로 단일

---

50) 5차 교육과정의 '문학' 관련 목표는 다음과 같다. "국어과목의 교육 성과를 바탕으로, 한국 문학 작품을 통하여 문학에 관한 체계적인 지식을 갖추고, 창조적 체험을 함으로써 미적 감수성을 기르고, 인간의 삶을 총체적으로 이해하게 한다. 1) 문학 일반과 한국 문학에 관한 체계적인 지식을 습득하게 한다. 2) 문학 작품을 즐겨 읽고 상상을 통한 창조적 체험을 함으로써 미적 감수성을 기르게 한다. 3) 한국 문학에 나타난 민족의 정서와 삶을 총체적으로 이해하고, 민족 문학의 발전에 이바지하게 한다." (380면)

51) 6차 교육과정의 '문학' 관련 목표는 다음과 같다. "가. 문학일반과 한국 문학에 관한 체계적인 지식을 습득하게 한다. 나. 문학 작품을 즐겨 읽고 감상하게 함으로써 미적 감수성과 문학적 상상력을 기르게 한다. 다. 한국 문학에 나타난 민족의 삶과 정서를 이해하며, 이를 토대로 세계 문학 속에서의 한국 문학의 바른 위상과 방향을 추구하는 데 이바지하는 태도를 가지게 한다." (393면)

52) 7차 교육과정의 문학 과목에 제시된 교육과정상의 목표이다. "문학의 수용과 창작 활동을 통하여 문학 능력을 길러, 자아를 실현하고 문학 문화 발전에 능동적으로 참여하는 바람직한 인간을 기른다. 가. 문학 활동의 기본 원리와 문학에 대한 체계적인 지식을 이해한다. 나. 작품의 수용과 창작 활동을 함으로써 문학적 감수성과 상상력을 기른다. 다. 문학을 통하여 자아를 실

화하고, 교육과정에서는 처음으로 문학 능력을 표층적 요소와 심층적 요소로 구조화하였다. 표층적 요소로는 문학적 소통능력을 두고, 그 하위에 문학적 사고력과 지식, 태도를 제시하고 있다. 7차 교육과정에서는 개인의 자아 성장이라는 학습자의 자아실현 관련 항목이 문학 교육과정에 처음으로 등장하였다.

2007, 2009 개정 교육과정53)에서는 문학 능력의 하위 요소가 더 풍부해지고 다른 영역의 능력(언어교육)과의 관계성도 강화되고 있다. 그 내용을 보면, 2007개정 교육과정에 나타난 문학교육 목표는 7차 교육과정과 유사하게 문학의 지식과 경험(가), 수행(나), 태도(다)로 구조화되어 있고, 이들 사이의 상호 연관성과 계기성이 강조되고 있다. 특히, (가) 문학의 지식과 경험은 문학적 활동과 연계되었다는 점이 새롭다. 상술된 내용을 보면, 이 통합을 위하여 '문학 일반 이론과 작품을 구성하는 제반 요소와 그 상호 관계에 대한 이해'로 지식 내용이 구체화되었으며, 문학 활동 역시, '문학 작품의 의미와 가치를 파악하는 다양한 활동'이라고 하여 그 지향점을 분명히 하였다. 다만, 문학 소통 능력을 언어적 통찰력, 창의적 사고력, 창의적 소통력으로 일반적 국어 능력으로 확장하고 있다. 또한 한국 문학의 특수성과 세계 문학의 보편성을 동시에 고려하도록 되어 있다.

또한 일반적인 자아 실현이 아니라 '문학적 주체', 곧 '문학의 가치와 아름

현하고 세계를 이해하며, 문학의 가치를 자신의 삶으로 통합하려는 태도를 지닌다. 라. 문학의 가치와 전통을 이해하고 문학 활동에 능동적으로 참여하여 문학 문화 발전에 기여하려는 태도를 지닌다." (576면)

53) 2009 개정 교육과정에서 '문학' 과목에 제시된 목표는 다음과 같다. "가. 문학에 대한 지식과 경험을 바탕으로 문학에 대한 체계적 이해를 갖추고 능동적으로 문학 활동을 한다. 나. 문학 수용과 생산 활동을 통하여 언어에 대한 통찰력을 기르고, 창의적으로 사고하고 소통하는 능력을 기른다. 다. 문학을 통하여 인간과 세계를 총체적으로 이해하고, 문학의 가치와 아름다움을 향유하여 심미적 안목을 높인다. 라. 한국 문학의 보편성과 특수성을 이해하고, 우리 공동체의 문학 문화 발전에 적극적으로 참여한다." 교육과학기술부, 교육과학기술부 고시 제 2011-361호 [별책 5] 국어과 교육과정, 2011, 142면.

다움을 향유하며, 공동체의 문화 발전에 적극적으로 참여하는 존재에 주안점을 두고 있다. 또 사회적 가치도 "우리 공동체의 문학 문화 발전"이라고 하여 국가나 민족이 아닌 열린 공동체 화합과 유대를 추구하고 있다.

문학교육의 목표는 시대의 새로운 문제들과 응답하면서 지속적으로 그 방향을 모색할 것이다. 특히, 급변하는 매체 환경의 변화 속에서 문학은 문학 고유의 속성과 범주가 무엇인지에 대한 경계조차 모호한 가운데, 사회적 소통의 전반적 체계 속에서 그 효용과 가치의 폭을 넓히고 있다.[54] 이러한 새로운 문학 현상은 문학교육의 비전과 목적 설정에 도전적 과제를 제기하고 있는 것이 사실이다. 어떤 합의가 도출되든 간에 문학교육의 목표는 현실 속의 살아 있는 문학 현상과의 대화 속에서 이루어져야 할 것이다.

---

54) 박인기, 「디지털 환경과 문학 현상의 거시 전망」, 『교육논총』 27(1), 경인교육대학교 초등교육연구원, 2007, 85~103면; 박윤우, 「기호·소통·문화로 본 매체 언어와 문학어, 문학 능력」, 『문학능력』, 역락, 2010.

✅ (　　)에 알맞은 말을 써 넣으면서 주요 개념을 정리합니다.

1 문학교육의 목적(aims)은 교육 공동체를 향해 문학의 교육적, 사회적 (　　) 를 밝히고 증명하는 선언이며, (　　)와 (　　)에 대한 주장이다. 반면, 목표(goals/objectives)는 특정 교육을 받은 뒤에 학습자가 얻게 될 (　　)을 밝히는 (　　)이다.

2 (　　　)을 통하여 독자들은 사물을 있는 그대로가 아니라 (　　)을 구축하게 된다. 그것은 현실의 경험을 (　　) 탐구하고 (　　) 인 식론적 의미를 지닌다.

3 심미적 사고는 (　　　)으로 이루어진 언어 예술 작품에서 (　　)을 느낌으로써 이루어진다. 이는 기존의 (　　　)을 단순 적용하는 방식이 아니라 독자가 자신의 과거 기억과 경험, 정서 등을 떠올리며 스스로 구성하는 일련의 (　　　)으로 수행된다.

✅ 지시에 따라 서술하면서 주요 개념을 이해합니다.

1 문학어와 일상어의 비교를 근거로, 문학교육 목표 중의 하나인 '언어 능력 향상'의 구체적 내용에 대해 설명하시오.

2 문학을 통해 인간을 총체적으로 이해할 수 있음을 작품을 예로 들어 설명하
  시오. 단, 이 때 총체성의 개념에 근거하여 분석하시오.

3 문학 문화를 이해하는 세 가지 관점을 서술하고, 각 관점에 의할 때 문학교
  육의 지향이 어떻게 달라지는지를 서술하시오.

4 '총체로서의 문학 능력'이라는 개념에 대해 제시하고, 2009 개정 교육과정에
  진술된 목표를 중심으로 하여 그 하위 요소와 요소 간 구조를 밝히시오.

✔ 지시에 따라 주요 개념을 적용하면서 실천적 능력을 기릅니다.

1 다음의 문학교육 목표가 교육과정 내용의 성취 기준에는 어떻게 반영되고 있는지 분석하고, 그 유기적 연관성에 대해 판단하시오.

■ 인간과 세계의 총체적 이해

■ 언어에 대한 통찰력

2 새로운 교육과정을 자신이 설계한다고 가정하고, 정보 사회의 변화된 문학 현상을 고려하여 문학교육 목표에서 새로이 첨가할 내용이 있다면 제시하시오. 아울러 그 제안의 타당성을 문학의 가치와 효용을 근거로 제시하시오.

문학교육의 배경

제3장

문학이론 : 주체적 문학 향유를 위한 문학이론교육

교육 일반이 그러하듯이, 문학교육의 실천 역시 일정한 지식을 바탕으로 한다. 그 지식은 사실에 관한 것일 수도 있고, 좀 더 추상적인 이론에 관한 것일 수도 있다. 이 중 이론에 관한 지식은 나름의 체계를 구축하고 있는 것이어서 교육의 능률을 높여준다. 여기서 이론의 중요성은 감지된다. 아는 만큼 보인다는 말을 생각해보더라도 이론의 이해는 중요하다. 문제는 문학교육에서 이론은 두 가지 측면을 갖고 있다는 것이다. 하나는 문학이론을 교육하는 측면이고, 다른 하나는 문학교육의 이론에 관한 측면이다. 여기서는 문학이론을 교육하는 문제를 살펴본다.

사실 지금까지 우리의 문학교육은 문학이론을 다각적으로 다루어왔다. 하지만 그 이론이 갖는 위상과 구체적인 현실태에 대해서는 구체적인 질문과 대답이 부족한 편이었다. 이 글에서는 그런 점에 대한 반성을 바탕으로 문학 능력을 기르기 위해 문학이론이 어떤 기여를 할 수 있는지 살펴도록 한다. 어떤 문제를 만났을 때 우리가 그 문제를 효과적으로 해결해나갈 수 있도록 도와주는 것이 이론이다. 구구단을 알고 모르고의 차이를 생각해보라. 이론을 알고 모르고는 큰 차이가 있을 수밖에 없다. 그럼, 즐거운 마음으로 이론의 세계로 들어가 보자.

1. 관점의 정립을 위한 머리말

이 장에서는 문학교육에서 문학이론의 위상, 문학이론 교육의 필요성 및 구체적인 교육내용과 교육방법 등을 설명하고자 한다. 본격적인 설명에 앞서 이 장의 핵심이 문학교육 이론이 아니라 문학이론 교육이라는 점을 분명히 인식할 필요가 있다. 불필요한 오해를 미리 방지하기 위해서이다. 문학교육 이론은 문학교육의 메타적 성격을 띠는 이론적 체계를 지향하지만, 문학이론 교육은 문학교육의 장에서 문학이론을 배우고 가르치는 것과 관련된 문제를 다룬다. 따라서 문학이론 교육의 논리는 문학이론의 체계와 그 교육적 가치에 대한 물음을 해명함으로써 풀릴 수 있다.

문학이론은 문학을 지적인 사유를 촉발시키는 대상으로 보는 태도에서부터 생겨났다. 흔히 문학비평이라고 불리는 문학적 반응 체제는 소박한 감상을 넘어서서 지적인 태도로 문학을 바라보는 것에서부터 비로소 하나의 문화 장르적 형태를 갖게 되었다. 종종 비평이론과 문학이론을 같거나 비슷한 것으로 보는 경우가 있다. 하지만 비평이론과 문학이론은 같은 것이 아니라 전자가 후자에 속하는 부분집합이다. 논리적으로 볼 때 문학이론은 창작이론을 포함하는 것이지만, 창작이론의 소략함으로 인해 문학이론의 대부분은 비평이론으로 채워지고 있는 상황이다. 경우에 따라서는 비평이론이 창작이론을 포괄하기도 한다. 아직 비평이론과 창작이론의 경계가 명확하다고 할 수는 없으며, 작위적이기는 하지만 문학의 수용과 생산 차원에서 비평이론과 창작이론을 구분해서 보는 것이 용이한 면이 많다.

이론에 대한 맹신은 경계할 바이다. 즉 문학의 이해와 해석 등 각종 문학

▥ 이론
'이론(theory)'은 원래 '관조하다' 혹은 '주의 깊게 바라본다'라는 뜻의 희랍어 '테오리아(theoria)'에 그 어원이 있다. 테오리아는 인간의 영혼이 순수한 상태에서 대상을 있는 그대로 바라보는 관조 정신을 이르는 말이다. 오늘날 이론은 분석적이며 사변적인 성격을 지니면서 다학제적인 담론을 의미한다. 즉 이론이란 자기 성찰의 태도를 바탕으로 사물을 이해하는 데 이용하고, 문학과 다른 담론적인 실천에 작용하는 지적 논리를 탐구하는 담론적 실천을 두루 일컫는 말이다.

향유에서 문학이론의 도구적 유용성을 아는 것보다 문학이론의 한계를 정확하게 깨닫는 것이 문학이론 교육에서는 더욱 중요하다. 문학이론의 유용성을 아는 데서 그치는 문학교육은 자칫 문학이론에 대한 지나친 과신 혹은 맹신으로 연결되어 학습자가 바람직한 의미에서의 문학 주체로 성장하기 어렵게 만든다. 오히려 문학이론이 갖는 특정 시각 혹은 입장의 역할과 그것이 갖는 제한적 가치를 깨닫는 것이 다양성을 생명으로 하는 문학에 적합하다. 문학다운 문학 향유의 태도는 그 어떤 경우에도 불변하는 가치이기 때문이다. 그런 점에서 문학교육의 이론적 구상에서 공학적인 접근과 설계를 추구하는 노력은 제한적 의미를 지닌다는 사실을 분명히 해야 한다. 예컨대, 반응 중심 문학교육이니 대화 중심 문학교육이니 하는 등의 공학적 접근은 그 효용성을 장기로 갖지만, 또한 그것으로 인해 단지 문학 작품을 자료로 삼았을 뿐 진정한 문학 체험은 결여된, 반문학적이고 기계적인 문학 지식의 이해로 귀결될 수도 있다는 사실을 명심해야 한다. 오늘날까지 문학이론이 보여준 다양한 시각과 접근이 문학이론 교육에 요청하는 바도 같은 맥락일 것이다.

요컨대 문학이론 교육에서는 각각의 이론이 지니는 한계를 인식하고 다양한 이론 간의 교섭을 통한 작품 해석의 이상형을 추구하는 것을 본질로 삼아야 한다. 이론의 결여 부분을 인식한다는 것은 해석의 결과보다는 해석의 조건에 주목해야 함을 말해준다. 즉 문학이론 교육은 문학 작품이 내장하고 있는 해석의 조건을 확인하고 새로운 해석의 조건을 창출해내는 방향을 지향해야 한다. 텍스트 내·외적 맥락 속에 숨어있는 의미화의 장치를 발견하고 그것을 합리적으로 연결 짓는 사고를 길러주는 것이 문학이론 교육의 사명인 것이다. 오래전 이글턴(Eagleton, T.)의 말처럼 "텍스트가 자신에 대해 모르는 바를 텍스트에게 보여주는 것, 텍스트가 필연적 침묵을 지킬 수밖에 없는 텍스트의 생성조건들을 명시하는 것이다. 이것은 텍스트가 어떤 것은 알고 어떤 것은 모른다는 의미가 아니라, 텍스트의 자기 이해가 오히려 자기 망각을 구성한다는 뜻이다. 그것을 보여주기 위해 비평은 텍스트의 영역 밖에 있는 과학적 지식의 영역에 자신의 위치를 설정하면서 그 이데올로기적 전사(前史)와 결별해야 하는 것이다."[1]

2. 문학 현상 교육으로서의 문학교육

문학교육의 근본 정의를 명확하게 할 필요가 있다. 즉 문학교육이란 무엇인가? 문학교육의 개념을 두고 다음의 세 가지 문제를 구상할 수 있다. 첫째, 문학교육이란 문학의 교육이다. 둘째, 문학교육이란 문학에 대한 교육이다. 셋째, 문학교육이란 문학을 통한 교육이다. 이 세 가지 모두 문학교육의 장에서 이루어지고 있는 문학교육의 여러 면모들이기도 하다. 이육사의 시 「광야」를 대상으로 시교육을 하는 경우, 이 작품에 나타난 시적 특질과 그 형상성 혹은 시에 관한 일반 지식을 가르치고 배울 수도 있다. 운율과 이미지 등에 관한 교육이 그러한 사례가 될 수 있다. 또 이 작품을 통해 일제강점기의 현실과 그에 대한 시인의 대응을 두고 저항시의 가치 등을 교육할 수도 있다. "내 여기 가난한 노래의 씨를 뿌려라"라는 구절의 상징적 의미를 이해함으로써 이육사의 생애와 그의 작품이 지니는 문학사적 가치를 교육할 수도 있다. 더 나아간다면 이 작품을 통해 일제강점기의 참혹한 현실과 당시 민중들의 고통스런 삶을 깊이 있게 이해하는 활동도 할 수 있다. 그렇게 한다면 역사적 이해로 나아가는 것이 된다.

하지만 그 어떤 활동도 결국은 문학 작품을 읽어나가는 과정의 중요성을

---

1) Eagleton, T., 윤희기 역, 『비평과 이데올로기』, 인간사랑, 2012, 83면.

넘어서지 못한다. 즉 읽기의 과정 속에서 느끼는 즐거움과 고뇌 그리고 깨달음으로 귀결되어야 문학 향유의 정당한 의미가 확보될 수 있다. 앞에서 거론한 활동은 그것 자체로는 완벽한 문학교육이라 하기 어려운데, 왜 '문학' 교육인가에 대한 질문에는 부족한 것이기 때문이다. 그렇다면 문학교육이란 결국 문학의 체험에 그 핵심이 놓인다는 점을 알 수 있다. 문학교육은 문학을 누리는 과정 속에 근본적인 의의가 있다. 문학교육의 본질은 '문학의 교육'인 셈이다. 이러한 논리를 장황하게 펼치는 까닭은 우리의 교육 일반을 비롯하여 구체적으로는 문학교육조차도 상당히 많은 부분이 문학을 도구로 인식하는 경향이 점증하고 있기 때문이다.

문학교육이 무엇인가 하는 개념부터 제대로 정립하지 않고서는 문학교육의 미래는 어둡다. 문학이 줄 수 있는 재미와 체험의 가치를 근본적인 문학교육의 바탕으로 삼지 않으면 문학교육은 정당한 교육적 거점을 망실한 채 표류하고 말 것이다. 그런 점에서 문학교육은 문학의 교육이고 그것은 근본적으로 문학의 체험(경험)을 중심으로 하는 교육이라는 점을 분명히 할 필요가 있는 것이다. 그렇다면 문학의 교육이란 또 무엇인가? 이는 더욱 자세히 풀어보면, 문학교육이란 문학 현상 교육이라는 사실로 귀결된다. 문학이란 실체는 결국 누군가에 의해 문학 텍스트가 생산되고 그것이 언어적 소통과정에서 독자에게 수용되며 독자들의 수용은 또 다른 소통 현상 속에서 끊임없이 재생산된다는 논리가 바로 문학 현상을 보는 시각이다. 따라서 문학 현상은 다음과 같은 도식에 따른다.

문학교육이란 작품을 중심으로 이루어지는 것이지만, 텍스트 내적 분석과 비평만을 문학교육의 본령으로 삼을 수는 없다. 문학은 '작가-텍스트(작품)-독자'의 소통 구도 속에서 역동적으로 구체화되는 문학 현상으로 보아야 한다. 문학 현상에 관한 이론은 크게 비평이론과 창작이론으로 나눌 수 있다. 비평이론이 누적되어 그 성과를 보이고 있는 것에 비해 창작 현상을 이론화하는 작업에 대한 회의적인 시각이나 다양한 삶의 경험과 습작이 곧 창작 능력으로 이어진다고 보는 인식이 많은 상황이다. 창작이론과 창작교육 이론이 아직은 확고한 거점과 체계적인 이론의 구체상을 갖추지 못하고 있는 것이다. 이런 상황으로 인해 이 글에서 다루고자 하는 문학이론의 구도는 비평이론의 성과에 많은 부분 의지할 수밖에 없다.

고전적인 방법론이기는 하지만, 위의 도식에 따라 정리할 수 있는 비평이론은 크게 '생산이론', '구조이론', '반영이론', '수용이론' 등의 범주로 나눌 수 있다. 그리고 그에 부가적으로 탈식민주의 비평, 해체주의 비평, 페미니즘 비평 등 최근에 와서 파생되거나 확장되고 발전해온 비평이론들을 고려할 수 있다. 그런데 다음 문제를 유의해야 한다. 원래 문학 현상을 보다 잘 이해하고 해석하기 위해 생겨난 것이 비평이론이다. 문학의 수용과 생산을 가로지르는 원리를 발굴하고 정교화하는 과정에서 문학이론은 각각 자신의 거점을 마련해왔다. 창작이론에 비해 비평이론의 발전은 괄목할 만한 것이다. 비평이론은 지금까지 문학을 더욱 잘 이해할 수 있는 렌즈를 제공하기 위해 이론적 흥망성쇠를 거듭했다. 상황에 따라 어떤 이론이 두각을 나타내면서 기존의 이론을 공격하기도 한다. 그러나 그 어떤 이론도 하나의 관점일 뿐 그것이 절대적인 위상을 차지한다고 할 수는 없다. 중요한 것은 비평이론이란 문학의 생산, 소통, 평가, 재생산의 역동성을 설명하는 데 바쳐져야 하고, 문학은 '작가-작품-독자'의 작용태로 구체화된다는 점을 승인해야 한다는 점이다. 그렇게 볼 때, 문학이론 교육 역시 바람직한 문학 현상에 대한 이론

교육이라는 당위 명제가 성립할 수 있다.

문학이론 교육의 내용은 크게 보아 세 가지 요목으로 체계화될 수 있다. 즉 '지식', '활동'(수용과 창작), '태도' 등이다.[2] 우선 지식 차원은 문학에 관한 개념적 지식을 배우고 익히기 위한 것이다. 다음으로 활동 차원은 문학활동에 필요한 조건이자 도구로서 문학이론을 활용하는 원리에 관련된 것이다. 마지막으로 태도 차원은 문학이론에서 추구하는 문학에 대한 시각과 입장 그리고 문학의 생활화에 필요한 안목 형성에 관련된 것이다. 문학이론 교육을 구조화하는 이 세 가지 원칙은 개별적이고 독립적인 가치를 지니면서도 문학 향유라고 하는 가장 큰 이념을 달성하기 위해 통합적으로 작용하는 것이기도 하다.

3. 문학교육에서 문학이론의 위상

비평이론과 창작이론을 함께 논의하는 자리에서 염두에 두어야 하는 것은 두 이론이 결국 학습자가 정당한 의미에서 문학주체로 성장할 수 있도록 돕는 역할을 한다는 사실의 인식이다. 문학 현상의 두 축은 창작과 비평이다. 그러나 문학교육의 모든 학습자를 작가나 비평가로 성장하도록 교육하는 것은 결코 아니라는 점에서 창작과 비평은 문학 현상의 상징적인 의미를 지닐 뿐 문학교육의 일반 목표에 속한다고 할 수는 없다. 중요한 것은 창작과 비평을 교육적 차원에서 재개념화하는 일이다. 즉 창작은 표현에서 발전한 것으로, 비평은 이해에서 발전한 것으로 각각 그 위상을 고려한다면 다음과 같은 도식이 가능하다.

---

2) 이는 현재 우리의 문학 교육과정이 보여주는 내용 체계이기도 한다.

문화정치적 관여 ◄·····························► 사회도덕적 관여

작가 ◄······ 작독자 ···········► 비평가

창작 ◄····· 표현 / 이해 ·······► 비평

주체성 **상호주체성** 주체성

 위의 도식처럼 창작과 비평은 서로 간 상호작용하는 관계이면서 상반된 방향을 지향하는 것처럼 보인다. 하지만 문학교육의 장에서는 결국 주체성을 신장시키기 위한 과업으로 창작과 비평을 바라볼 필요가 있다. 학습자가 비평가로 커가기를 기대하는 것이 아니라 비평가의 임무와 태도를 주목하라는 것이고, 반대로 작가가 되기를 기대하는 것이 아니라 작가의 삶에 대한 인식과 문학에 대한 태도를 주목하라는 것이다. 그런 측면에서 창작과 비평은 각각의 지향점을 분명히 갖고 있으면서도, 또한 상호주체성의 관점에서 연계되고 통합되어 작용하는 것으로 볼 필요가 있다. 문학교육의 내용체계도 이러한 창작과 비평의 특성에 기반하여 전개되도록 설계되어 있다.

 그렇다면 창작과 비평에 관한 이론이 문학교육에서 갖는 위치를 구체적으로 살펴보자. 이는 네 가지 차원으로 나누어 접근할 수 있다. 첫째, 교육이념 차원, 둘째, 교육과정 차원, 셋째, 교재 차원, 넷째, 수업 차원이다. 이 중에서 교육이념 차원은 일종의 철학적 수준에 속한다. 그리고 교육과정은 문서로서의 교육과정에 담긴 문학교육의 상을 의미할 것이다. 문학 교재와 수업은 서로 맞물리는 것이고 수업은 구체적인 현실 속에서 부단히 생성되는 것이기에 상대적으로 가변성이 높다. 따라서 문학 교재와 수업을 묶어서 고려할 필요가 있다.

 우선 교육이념 차원에서 문학이론이 갖는 문학교육적 가치를 정확히 주목한 경우는 『문학교육론』(구인환 외, 1988)에서부터라고 할 수 있다.3) 이 저서는

---

3) 현재 이 저서는 2012년에 제6판까지 발행된 상태이다. 구인환 외, 『문학교육론』(제6판), 삼지원,

사범대학과 교육대학교의 전공 강좌 '문학교육론'을 위해 출간된 것인데, 국어국문학과와 구별되는 국어교육과의 독자적 교육과정을 정립하는 데 기초를 놓았다고 볼 수 있다. 이 저서에서 '문학이론과 문학교육'이 다루어지고 있는데, 비평이론에 입각하여 내용이 구성되어 있다. 생산이론, 구조이론, 수용이론, 반영이론의 특징과 그 문학교육적 함의를 설명하는 방식으로 구성되어 있다. 지금까지 문학교육론에서 문학이론의 항존적 틀에 주목하여 문학교육의 내용을 구축한 것은 이 저서가 거의 유일한 것으로 확인된다. 이 저서가 전제하는 기본 관점은 문학교육이란 문학 현상의 교육이고 문학 현상은 문학을 소통 원리에 따르는 작용태라고 보는 것이다. 즉 문학교육의 기본 내용은 비평이론의 네 축에 따라 구안될 수 있다. 그러한 문학 현상과 문학적 작용태를 활성화하는 자리가 문학교육의 장인 셈인데, 이는 문학이 갖는 구심력에 주목한 관점이다. 문학이론이 문학교육이라는 용어보다 앞에 위치하는 것도 그러한 까닭으로 볼 수 있다.

주지하듯이 정부에서 고시하는 문서로서의 국어과 교육과정은 제도적 위력을 발휘한다. 최근 교육과정에서는 '성취기준'이라는 용어로 국어과 교육과정 전반의 내용이 설계되어 있다. 성취기준이라는 용어의 존재에서 보듯이, 특기할 것은 국어과의 목표와 내용은 분리하기가 어렵다는 사실이다. 이 성취기준은 교과서의 대단원이 되거나 다른 영역과 통합되면서 의미 있는 교육내용으로 재탄생되는 기준이 된다. 문학 영역 역시 마찬가지이다. 문학교육의 실제를 움직이는 교육과정의 성취기준 혹은 교육내용을 살펴보면, 문학이론은 문학활동 속에 내재화되어있음을 발견할 수 있다.

■ 문학 현상을 작용태로 보는 관점
문학 현상을 작용태로 보는 관점은 문학 현상을 구성하는 각종 핵심 요소들, 즉 작가, 작품, 세계, 독자 등이 서로에게 영향력을 미치려고 한다는 점을 전제로 한다. 문학 현상이란 역동적인 힘의 대결과 대화가 일어나는 장이라고 보는 것이다. 따라서 문학의 작용력을 중시하는 문학교육에서는 작가와 독자(학습자)가 텍스트를 매개로 능동적인 대화를 수행하는 것을 지향한다. 그리고 텍스트 속에 존재하는 인격적 요소들도 독자와 작가에게 말 걸어오는 것으로 보는데, 독자는 이에 대한 능동적인 응답의 책무를 갖게 된다.

2012. 국어과 교육과정의 변화를 수용하고 문학교육 논의의 다각화를 수용하면서 초판본과는 다소 달라졌다. 그러나 문학을 작용태로 보고 문학교육이란 그러한 문학 현상을 가르치고 배우는 과업이라는 기본 관점은 확고하다.

문학을 실체로 보거나 수행으로 볼 수 있을 텐데, 오늘날의 문학교육은 후자쪽에 방점을 두고 문학이론과 지식 등을 함께 고려하는 방식이 자리를 잡았다. 문학교육의 핵심이 문학을 즐기는 것, 그러니까 문학 향유에 바탕을 둔 문학 체험이라는 점에서, 크게 보아 문학교육의 현실태가 적절한 방향을 지향하고 있는 것으로 보아도 무방하다. 다만 문학 체험을 좀 더 의미 있게 이루어지도록 하기 위해 문학이론의 역능(役能)에 주목할 필요가 있다.

최근 문학 교육과정을 통해 문학이론이 어떻게 문학교육의 장에 수용되는지를 몇 가지 예를 들어 살펴보기로 하자.

[중학교 성취기준]

(3) 다양한 관점과 방법으로 작품을 해석한다.

(5) 작품의 세계가 누구의 눈을 통해 전달되는지 파악하며 작품을 수용한다.

(6) 사회·문화·역사적 상황을 바탕으로 작품의 의미를 파악한다.

(7) 작품의 창작 의도와 소통 맥락을 고려하며 작품을 수용한다.

(8) 자신의 주체적인 관점에서 작품을 평가한다.

[고등학교 성취기준]

－국어 I －

(14) 문학 갈래의 개념을 알고 각 갈래의 특징을 이해한다.

위에 인용한 것은 2011/2012년 국어과 교육과정에 반영된 문학 영역의 성취기준들이다. 초등학교 단계에서는 주로 이야기를 읽거나 동시를 노래하는 등의 활동 위주로 구성되어 있고, 상급학년으로 갈수록 문학의 고유한 속성과 가치를 익히고 깨닫는 활동으로 구성되어 있다. 중학교 이상의 단계에서 문학이론은 점차 중요성이 높아지는 것으로 확인된다. 다양한 관점으로 작품을 해석한다는 것은 문학을 보는 관점과 해석의 다양성을 익히는 것인데, 관점이라는 말이 뜻하듯이 일정한 해석의 기준이 필요함을 알고 그에 따라 작품의 의미를 능동적으로 읽어내는 활동을 상정하고 있다. 또 서사문학에서 시점의 중요성을 익히는 활동도 있는데, 서사이론이 개척한 성과를 통해 작품 읽기의 논리적 엄밀성을 높이고자 하는 시도로 볼 수 있다. 또한 반영이론이나 생산이론 그리고 수용이론을 함의하는 성취기준을 차례대로 확인할 수 있다. 그러나 하나의 단원에서 문학이론을 익히는 것이 아니고 문학활동의 몇 가지 방식으로 제시하고 있음도 지적할 수 있다.

> **■ 문학교육의 가치론적 본질**
> 문학은 인간 삶에 대한 새로운 인식을 갖게 하고, 재미나 즐거움 혹은 감동 등을 준다. 그리고 어떤 삶을 살아야 할 것인지에 대한 고민을 요구한다. 이같이 문학은 가치 지향적이기에, 이러한 문학을 가르치고 배우는 일 역시 가치 지향성을 지닌다. 그런 점에서 언어를 의사소통의 도구로만 보는 제한적인 관점에 따라 문학교육을 실천하는 것은 매우 잘못된 일이다. 문학의 가치론적 본질을 현동화하는 문학교육을 추구해야 한다. 문학교육의 위계화가 중요한 것도 그러한 문학의 가치론적 본질과 관련이 깊다.

위에 인용한 것으로도 짐작할 수 있듯이 최근 문학 교육과정에서 문학이론은 중학교 단계에서 가장 집약적으로 현동화되고 있다. 중학교 단계에서 문학이론의 기본기를 익힌 후 고등학교 단계에서는 문학의 사회적 가치를 익히고 문학 내·외부의 가치와 독자 자신의 삶의 의미를 성찰하는 방식으로 구성되어 있다. 이를 범박하게 정리하면, 오늘날 문학 교육과정이 다음처럼 위계화되어 있다고 규정할 수 있다.

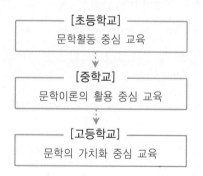

위의 단계는 김대행이 국어교육의 위계화를 논의하면서 제안한 다음 도식을 연상하게 한다. 즉 '수행 중심' → '분석 중심' → '평가 중심'이다.4) 현재

고등학교 단계에서 추구하는 문학활동이 자기와 타자의 관계 그리고 공동체의 전망 등에 주안을 두고 있음을 볼 때, 김대행의 주장과 상당 수준 맞닿아 있음을 볼 수 있다. 이처럼 문학이론은 중학교 단계에서 문학 텍스트를 분석하고 해석하는 데 중요한 도구로 자리 잡고 있음을 볼 수 있다. 하지만 문학이론이 초등학교 단계에서 무용한 것이 아니고, 고등학교 단계에서도 간과할 수 없는 중요성을 지닌다는 것은 경험적으로 보아도 당연하다. 다만 표면적으로 어디에 주안을 두느냐의 문제이고, 또 문학이론이 상급 학년으로 가면서 점차 문학 체험의 방법적 도구로 활용된다는 점을 주지하는 것이 필요할 것이다. 그리고 고등학교 단계 이상부터는 문학이론을 하나의 방법적 도구로 인식하는 것을 넘어 그 이론의 한계를 성찰적으로 인식할 수 있게 교육하는 것이 마땅하다. 이론의 한계를 안다는 것은 오히려 그 이론의 본질을 정확히 꿰뚫어볼 수 있는 안목이 생겨났음을 말해준다. 진정한 문학적 주체는 이론의 한계를 깨닫는 자이고, 새로운 논리를 스스로 찾아 나설 수 있는 자이다. 그런 점에서 고등학교 단계의 문학교육에서 이론의 한계를 인식하거나 깨닫는 것도 중요한 교육내용으로 삼을 필요가 있다.

앞에서 살펴본 교육과정에 따라 편찬된 교과서를 살펴보면, 가령 다음과 같은 사례를 확인할 수 있다. 다음은 하근찬의 「수난이대」를 제재로 삼아 구성한 교과서의 한 대목이다. 학습활동의 발문만 제시한다.[5]

> 3. 이 소설의 사회·문화적 배경을 바탕으로 작가의 창작 의도를 파악해 보자.
>> (1) 작품의 배경이 되는 역사적 사건과 관련지어 소설의 내용을 정리해 보자.

---

4) 김대행, 「국어교육의 위계화」, 『국어교육연구』 19, 서울대학교 국어교육연구소, 2007.
5) 민현식 외, 『중학교 국어④』(2012 교육과학기술부 검정), 좋은책신사고, 2013, 43면.

(2) (1)에서 정리한 내용을 바탕으로, 작가의 창작 의도가 무엇인지 파악
해보자.

(3) 이 소설이 창작 당시에 가졌던 의미를 알아보고, 현재에는 어떠한 의
미가 있을지 생각해 보자.

위에 인용한 교과서 학습활동은 앞의 교육과정 성취기준 "(7) 작품의 창작 의도와 소통 맥락을 고려하며 작품을 수용한다."를 교재로 구현한 것이다. 작품의 창작 의도를 파악한다는 것은 다소 무리를 범하는 활동일 수 있다. 신비평(new criticism)의 기본 입장인 '의도의 오류(intentional fallacy)'와 연관된 활동이기 때문이다. 의도의 오류란 문학 작품은 작가의 의도나 사상과는 독립하여 존재하는 것이라는 입장을 바탕으로 하는 것으로서, 작품의 의미를 작가의 의도와 일치하는 것으로 보아서는 안 된다는 개념이다. 이 개념은 '영향의 오류(affective fallacy)'와 함께 신비평을 특징짓는 고유한 개념으로 자리해왔다. 그러나 의도의 오류와 영향의 오류는 작가가 문학 작품을 만들고 독자가 작품을 만나는 삶의 역동성을 간과함으로써, 문학 작품에서 인간의 성취, 고뇌, 기쁨, 감동, 즐거움 등의 요소를 완전히 소거시키는 결과를 낳는다. 따라서 문학과 삶을 절연시키게 된다. 이는 문학이 줄 수 있는 가치를 주목하지 못하게 함으로써 문학의 비인간화를 낳게 된다.

오히려 교육의 장에서는 학습자가 가능한 수준에서 작가의 창작 의도를 파악해보는 활동이 중요하다. 그것은 학습자가 작품을 살아있는 인간의 창조물로 대하는 것을 가능하게 하고, 또 그것을 통해 학습자는 자신의 삶과 연관 지어 작품의 의미를 생산적으로 공유할 수 있게 한다. 다만 창작 의도를 추론하는 활동은 일정한 근거에 기반해야 할 터인데, 위의 인용에서 보듯이 사회·문화적 상황을 하나의 해석적 기준으로 삼을 수 있을 것이다. 이런 식

▣ 신비평과 꼼꼼히 읽기
신비평의 관점에서 문학 작품은 시공을 초월한 자율적이고 자족적인 언어적 완성물이다. 이에 따라 신비평에서는 작가의 의도나 독자의 수용 문제 등을 해석의 준거로 삼는 것을 극도로 경계했다. 문학 작품의 해석은 오로지 작품 자체의 유기적 세계에 대한 면밀한 독해를 통해 작품의 주제를 찾아가는 작업이라는 것이다. 따라서 신비평 이론가들은 문학 텍스트에 대한 '꼼꼼히 읽기(close reading)'를 강조했다.

으로 교과서에서 문학이론은 문학 해석의 생산적인 도구로 작용하고 있다. 앞서도 말한 바지만, 중요한 것은 특정 문학이론을 절대시하지 않는 태도이다. 학습자에게 다양한 관점에 따른 문학이론의 생성과정 및 그에 따른 각 이론의 한계와 새로운 시각의 가능성을 이해하도록 하는 것이 중요하다. 이론의 한계를 깨닫는 것은 자신의 논리를 절대시하는 도그마에 빠지지 않도록 하는 일이기도 하다. 버틀러(Butler, J.)의 말처럼, 윤리의 질문이 출현하는 곳은 다름 아닌 우리의 이해가능성이 갖는 도식의 한계를 발견하고 타자와의 공약불가능한 질문과 대화를 계속해나갈 수밖에 없음을 승인하게 되는 자리이다.[6] 그런 점에서 이론의 한계를 깨닫는 것은 문학이론 교육이 인간을 해방하는 데 기여하는 일이기도 하다는 점을 시사한다.

이상의 논리를 바탕으로 다음 글을 읽어보자.

> 이론의 학습이 필요한 근거를 여기서 찾을 수 있을 것이다. 이론은 오직 잠재적으로만 하나의 이론으로 정립될 수 있고 항상 이미 다른 이론들과의 논쟁적 대결을 벌이는 방식으로만 현상하기에, 이론을 공부하는 일은 각기 다른, 서로 양립 불가능해 보이는 이론들을 통약시키는 작업을 요청한다. 이는 다양한 이론들을 차례로 섭렵하는 일과 전혀 동일하지 않은데, 이론이 관계하는 문학 작품 내지는 현실이 항상 이미 이렇게 양립 불가능해 보이는 각기 다른 이론적 계기들을 동시에 내장하고 있기 때문이다. (중략) 이론 교육은 바로 이론들 간의 논쟁적 대결을 사유하는 비평적 훈련을 지향한다.[7]

위 인용은 대학원 이상의 영문학 교육에서 이루어지는 문학이론 교육을 상정하고 있지만, 그 내용과 철학은 문학교육 일반에 두루 적용될 만한 가치

---

6) Butler, J., 양효실 역, 『윤리적 폭력 비판─자기 자신을 설명하기』, 인간사랑, 2013, 41면.
7) 강우성, 「문학이론 교육의 한국적 수업모형 연구」, 『비평과 이론』 18(1), 한국비평이론학회, 2013, 9~11면.

를 지닌다. 문학이론은 문학 내·외적 범주를 넘나드는 힘을 지닌다. 이론은 상식에 대한 비판을 지향하기에 당연한 것으로 통용되는 개념을 과연 당연한 것인지 비판하는 사유를 요청한다. 그래서 이론은 근본적으로 반성적이고, 사고에 대한 사고이며, 인간이 사물을 이해하는 데 활용하는 데 쓰이는 도구가 된다.[8] 문학이론 교육에 대한 위의 주장도 그러한 맥락에서 도출된 것이다. 이런 논리로 보면, 문학교육의 장에서 이론이란 학습자를 당혹하게 만들며 그 당혹감의 원천이 무엇인지를 스스로 따져 묻도록 하는 힘을 지닌다. 그렇지 못하고 문학 작품에 대한 문학이론의 기계적인 적용과 효과를 익히는 수준에 머무는 것은 참다운 문학교육이 아니다.

다만 이제까지 살펴본 문학 교육과정과 교과서에서의 이론이 갖는 상황을 고려해볼 때, 고등학교 수준에서 문학이론의 탐색 자체가 하나의 교육목표 및 교육내용이 될 수 있으리라는 판단을 해볼 수 있다. 문학 향유는 문학교육의 이상이고, 그에 이론이 기여해야 한다는 점은 당연하다. 하지만 문학이론의 도구성만을 지나치게 강조하는 것은 문학교육의 학습자가 가져야 하는 문학 현상에 대한 메타적 인식과 판단의 능력을 기르는 데 제한성을 지닌다. 이론을 위한 이론은 부적합하지만 이론의 효용을 바탕으로 삼아 문학 현상에 대한 메타적 판단력을 기르기 위해 이론을 익히고 가설적 수준에서라도 이론화 과정을 경험하는 것은 필요하다. 문학을 포함한 문화 텍스트를 분석하고 그 속에서 의미 있는 법칙을 찾아내는 것은 이론 교육이 지향하는 근본적인 사명이다. 요컨대 이론의 실천적 힘을 느끼고 향유하는 문학교육으로 나아가야 하는 것이다.

---

8) Culler, J., 이은경·임옥희 역, 『문학이론』, 동문선, 1999, 31면.

4. 문학교육에서 비평이론의 의의

문학이 삶에 대한 예술적 언어화라면, 그러한 문학을 지적 사유의 대상으로 보는 것은 삶에 대한 인식과 사유하는 주체 자신에 대한 메타적 사유까지도 포함하는 작업이 된다. 문학이론이 문학교육에서 지향하는 가치는 지적 사유의 힘을 느끼고 발휘할 수 있는 능력을 갖게 하는 데 있다. 여기서 문학이론의 핵심인 비평이론에 주목할 필요가 있다. 물론 감성과 무관하지는 않지만, 비평은 근원적으로 문학을 합리적인 언어로 설명하고 문학이 지향할 바를 제안하는 역능을 갖고 있다. 그래서 비평은 문학을 좀 더 풍요롭게 만들어주면서도 당대 문학 현상에 대한 일반적 사유의 바로미터 역할을 해왔다. 비평은 문학 작품의 언어를 통해 자신의 언어를 끊임없이 재생산해나가면서 문화적 기준을 형성해나간다. 그리하여 모든 견고한 비평은 문학의 문화 속으로 사라진다. 이글턴(Eagleton, T.)의 말처럼 "비평의 목적은 텍스트 자체의 '자연스러움'을 이끌어내는 힘으로, 그 스스로가 매끄럽지 못한 자신의 '인위성'을 자연스럽게 만들면서 텍스트 앞에서 스스로가 소멸되는 것이다."[9]

그런 점에서 비평이란 무엇인가를 검토해볼 필요가 있다. 비평(批評)은 원래 손으로 치다, 밀다, 바로 잡다, 판정하다, 서로 잇다 등의 뜻을 지닌 '비(批)'와, 말을 공평하게 하다, 헤아리다, 공평하게 하다, 논평하다, 고치다, 바로잡다, 판정하다 등의 뜻을 지닌 '평(評)'을 합친 말이다. 그리고 영어권에서는 비평을 'criticism'이라고 하는데,[10] 고대 희랍어 krinein과 라틴어 crtitus에서 발생했다고 본다. krinein은 분할, 구분, 결정하다, 식별하다 등의 뜻을 갖고 있다. crtitus는 재판관, 감정가, 심사원이라는 뜻을 갖고 있다. 따라서 비

---

9) Eagleton, T., 윤희기 역, 앞의 책, 2012, 45면.
10) 독일어는 Kritik, 프랑스어는 critique이다.

평이란 대상을 판단하고 식별하여 평가하고 가치를 밝히는 활동이라고 정리할 수 있다.

한편 비평이 'crisis' 및 'criterion'이라는 용어에서부터 나왔다는 설도 있다. 위기라고 번역할 수 있는 crisis는 이런 맥락에서 풀이된다. 즉 새로운 문학 작품의 등장은 기존의 문학적 가치 체계에 새로운 도전으로 볼 수 있는데, 이것은 가치 규범의 혼란과 위기를 불러일으킨다. 이런 가치 규범의 위기에 대한 조정의 역할을 수행하는 것이 비평이라는 것이다. 또 기준이라고 번역할 수 있는 criterion은 이런 맥락에서 풀이된다. 즉 새로운 문학 작품의 등장은 새로운 가치에 대한 모색의 한 방식이라는 점에서 필연적으로 기존의 가치는 도전을 받게 된다. 이에 따라 발생하는 가치 규범의 혼란과 위기 속에서 분명한 가치의 '기준(criterion)'을 발굴하거나 제시하고 또 확립해가는 활동이 비평이라는 것이다. 결국 비평이란 작품을 잘 이해하기 위해 분석하고 설명하고 최종적으로 가치를 판단하는 활동을 뜻한다고 볼 수 있다.

비평 발생의 사회·문화적 배경도 살펴볼 필요가 있다. 근대로 접어들면서 영국과 프랑스의 커피하우스, 살롱 등 소통 공간의 탄생했고, 자본주의와 민주주의에 연동된 자유로운 소통과 담론 문화적 관련 담론이 풍요롭게 생성되었다. 이는 하버마스(Habermas, J.)의 '공론장의 발생' 논의,[11] 이글턴(Eagleton, T.)의 '비평의 발생' 논의[12] 등에서 구체적인 내용을 확인할 수 있다. 근대에 와서 비평이라는 특수한 제도가 생겨나는 데는 인식론적 역할의 분화가 크게 기여했다. 즉 칸트 식의 '진/선/미'의 구획화가 문학을 미를 추구하는 특수한 분야로 인식하게 하였고, 문학이 자율적 세계로서 '미(美, beauty)'를 다룬다는 관념이 형성되면서 비평 역시 그러한 문

🔢 하버마스의 공론장 이론
공론장이란 구성원 간의 합리적 토론을 바탕으로 운영되는 담론적 공간이다. 공론장에서 중요한 것은 사회적 합의를 이끌어내는 방식이다. 하버마스에 의하면 공론장에서는 인간 이성에 대한 신뢰에 바탕하여 다양한 의견이 합리적인 방식으로 소통되고 그 과정에서 도출된 합의는 사회적 정당성을 지니게 된다. 다만 그러한 공론장이 제 기능을 하기 위해서는 근대 시민사회의 구성원 각자의 합리적인 판단력과 능동적인 의사소통 능력이 전제되어야 한다. 공론장의 활성화를 위해서는 구성원 개개인이 스스로의 삶에 대한 주체가 되어야 하는 것이다.

---

11) Habermas, J., 한승완 역, 『공론장의 구조 변동』, 나남, 2001, 95~127면.
12) Eagleton, T., 유희석 역, 『비평의 기능』, 제3문학사, 1991, 15~81면.

학의 고유성을 추구하는 과정과 함께 발생했다는 것이다. 아울러 근대 교육의 영향으로 광범위한 독자층의 형성되고, 직업적 전문 작가의 사회적 지위가 확립되어가면서 비평 역시 그에 연동되어 하나의 제도로 자리를 잡아가게 된 것이다.

이러한 비평은 이론 지향성을 갖기에 스스로의 이론적 근거를 마련해나가면서 발전해왔다. 하지만 앞에서도 설명했듯이 이론은 언제나 자신의 한계 혹은 결여 부분을 지니게 마련이다. 그런 점에서 이론의 효용성에만 주목하는 것은 적절하지 못하다. 궁극적으로 비평이론은 갈등과 불일치의 위협적인 목소리를 통해 아무 일 없는 듯 살아가는 평온함과 단순함 그리고 공공의 합의를 깨뜨리는 데 목적이 있다.[13] 이러한 비평이론의 본질은 학습자의 참다운 문학 체험이란 무엇이라야 하는가에 대해 적지 않은 시사점을 준다. 즉 서로 다르거나 대립되는 이론들의 논쟁적인 대결을 경험하게 하기 위해, 그러한 양상을 문학교실의 장에서 활성화하려는 시도가 필요하다. 그 과정에서 자연히 각 이론의 장점과 단점이 고스란히 드러나며, 학습자는 이론에 대한 바람직한 식견을 갖게 될 수 있다.

이론의 힘을 구체적으로 확인하기 위해 여기서는 비평이론에 따른 문학교육의 실제를 구성하는 원리를 설명한다. 한국문학사에서 중요한 소설로 손꼽히는 김승옥의 소설 「무진기행」을 대상으로 수업을 진행한다고 가정하고, 다양한 비평이론에 따라 주제를 도출하는 활동의 실제를 제시한다. 이 작품은 문학교육에서 자주 다루어져온 작품이고 또 완결성이 높으면서 다양한 시각에서 해석할 수 있는 여지가 많다. 그래서 다양한 시각의 비평이론에 따른 문학교육을 구상하기에 적합하다.

▪ 김승옥과 산문시대
1941년 12월 23일 일본 오사카에서 출생하고, 1945년 귀국하여 전남 순천에서 성장하였다. 서울대학교 불어불문학과를 졸업하였다. 4·19세대의 대표적인 작가이다. 1962년 김현·최하림 등과 더불어 문학동인지 『산문시대』를 창간하고, 여기에 「건」, 「환상수첩」 등을 발표하며 본격적인 문단활동을 시작하였다. 1964년 「역사」, 「무진기행」 등을 발표하며 분단 이후 문학사에서 감수성의 혁명을 이룬 것으로 인정받았다.

13) Eagleton, T. 앞의 책, 2012, 26면.

김승옥의 「무진기행」은 1964년 『사상계』에 발표한 소설이다. 소설 속 무진(霧津)이라는 도시는 실재하지 않는 가상의 공간이다. 주 내용은 무진에서 이런 저런 시대적 이유로 불만스러운 성장기를 보낸 주인공 윤희중(작중 화자 '나')은 서울에 상경하여 대기업 회장의 딸과 결혼한다. 그리하여 출세가도를 달리던 윤희중은 회사 내부의 문제로 인해 고향인 무진에 내려간다. 그곳에서 세무서장을 하는 친구 조를 만나면서 그 자리에 동석한 하인숙이라는 여교사를 알게 된다. 하인숙은 무진을 벗어나 서울로 돌아가고 싶어 한다. 곧 윤희중은 그녀와 육체적 관계를 맺는데, 그 과정에서 진정한 사랑과 삶의 의미를 조금씩 알아가게 된다. 하지만 윤희중이 아내의 전보를 받자마자 서울로 돌아가게 되고, 하인숙은 다시 자신의 일상에 주저앉는다. 둘의 꿈은 일종의 환상으로만 남고 각자의 생활과 현실이 다시 전면으로 등장하게 되는 것이다. 서울로 돌아가는 윤희중은 스스로에 대한 부끄러움을 느끼면서도 자신의 삶을 긍정하기 위해 애쓴다.

체계적인 설명을 위해 앞서 거론했던 비평이론의 전통적인 네 가지 방법론인 생산이론, 구조이론, 반영이론, 수용이론에 따라 「무진기행」의 주제를 추론하고, 기타 비평이론에 따라 작품의 주체를 추론하는 사례를 들어보이고자 한다.[14]

(1) 생산이론

생산이론은 '표현론'과 통한다. 이 이론은 문학 작품을 작가의 체험, 사상, 창작 의도, 감정 등을 표현한 것으로 보는 비평의 관점이다. 문학 작품은 한

---

14) 피츠제럴드(Fitzgerald, F. S.)의 장편소설 『위대한 개츠비(The Great Gatsby)』를 핵심 텍스트로 삼아 다양한 비평이론을 적용하여 해석하면서 비평이론의 특징을 잘 보여준 다음 논저도 있다. 이 글과 함께 참고할 만하다. Tyson, L., 윤동구 역, 『비평이론의 모든 것 – 신비평부터 퀴어비평까지』, 앨피, 2012.

■ 골드만의 발생론적 구조주의
골드만은 문학연구에서 문학 작
품의 내용과 세계의 내용 사이의
유사성을 모색하는 방식을 비판
하면서, 중요한 것은 세계관의
구조와 작품의 구조와의 상동성
(homology)을 모색하는 일이라고
주장하였다. 그가 주장하는 문학
사회학의 방법은 크게 두 가지로
나누어진다. 우선 작품의 구조와
세계관의 구조를 파악하는 것인
데, 골드만은 이를 '이해(under-
standing)'라고 규정했다. 그리고
그 해석의 결과를 더 큰 구조에
연계시켜 재해석하는 방식을 '설
명(explanation)'이라고 규정했다.
그는 전자를 '구조 분석', 후자를
'발생 분석'이라고 했다.

개인의 창작이며, 그 속에는 작가의 개성이 반영되었다고 보는 관점이다. 이 이론은 전통적으로 작가를 두 층위의 존재로 인식해왔다. 개인으로서의 작가와 집단의 대표로서의 작가이다. 이 중 후자 차원에서 괄목할 만한 성과를 보여준 이론가로 골드만(Goldmann, L.)을 들 수 있다. 그의 발생론적 구조주의의 방법론이 그 성과를 대표적으로 보여준다. 이 이론은 개인과 사회라는 두 층위를 고려하고 문학 텍스트가 그 사이에서 매개하는 방법적 차원에 주목한다. 특히 텍스트에 반영된 작가의 세계관과 텍스트의 구조를 주요한 분석 대상으로 삼아 텍스트의 구조에 담긴 세계관을 읽어내고 그것을 보편적인 집단의 세계관으로 추론하여 문학 작품 발생의 과정을 탐색하는 것이 이 이론의 특징이다.

범박한 수준이지만, 골드만의 이론에 따라 여기서는 개인으로서의 작가와 사회적 주체로서의 작가로 구분해서 살펴보도록 한다. 이러한 구분은 항존적 의미를 지니기 때문에, 작품 해석에 적용하기에 용이하다. 생산이론에 따른 비평 방법은 작가의 개성 혹은 창조성 검토하기와 집단적 주체로서의 작가가 갖는 사회성 해석하기를 생각해볼 수 있다.

이를 「무진기행」에 적용해보면, 다음처럼 주제를 추론해볼 수 있다. 우선 작가 개인적 창작 배경을 살펴보자. 작가는 「무진기행」의 창작 동기를 밝힌 바 있는데, 학점 미달로 졸업이 보류되어 휴학계를 내고 고향인 순천에 내려와 우울한 생활을 할 무렵, 문득 "나는 왜 서울에서 실패하면 꼭 고향을 찾는가"라는 한 줄의 생각이 스쳤고, 이것이 작품의 창작 동기가 되었다고 했다.[15]

그리고 이 작품은 김승옥의 실제 체험이 반영된 작품이다. 작품 속에 등장

---

15) 이상우, 『현대소설의 기법 연구』, 월인, 2005, 7면.

하는 술집 작부의 자살은 실제 김승옥이 이 작품을 쓸 무렵인 1964년 6월 고향인 전남 순천에서 여성의 시체를 본 경험과 관련이 깊다. 또한 작품에 등장하는 '희(姬)'라는 여인은 실제 김승옥의 연인이었는데, 부친의 좌익전력으로 인해 집안의 반대가 심했다. 그리하여 두 사람은 끝내 이별하고 만다.

두 번째로 김승옥의 동인지 활동을 통해 그가 속한 문학 집단의 세대론적 특징을 살펴보자. 그는 한글세대 최초의 동인지 『산문시대』 동인으로 활동한 바 있는데, 언어적 자각과 실험 정신으로 충만한 문학활동을 펼쳤다. 주로 1960년대에 등단한 『산문시대』 동인들은 외부의 사건보다 주인공의 의식 속에 전개되는 사고나 감정을 서술하는 데 주력하였다. 예를 들어 김승옥, 서정인, 이청준 등이 그러한 경향을 대표한다. 아울러 이들은 전후문학의 수동적 인물을 넘어서고자 하는 능동적 주체 정립의 의지를 표상하는 데 주력했다. 김승옥 역시 그러한 맥락에 놓여있다. 그는 냉소와 비판적 거리를 통해 타자를 발견하고 그것을 통해 참다운 주체를 탐색하고자 하는 열망이 강했다.

이상의 창작 배경과 작품의 내용을 서로 관련지어 볼 때, 「무진기행」의 주제는 다음처럼 정리할 수 있다. 내적 갈등의 발생 원인에 대한 탐구와 그 해소의 과정, 혹은 전후 허무의식과의 결별과 능동적인 주체 정립의 의지가 이 작품의 주제이다.

이러한 방식의 주제 추론 학습을 위해 교사는 창작 주체, 즉 작가에 관련된 생애사적 자료와 창작 동기를 확인할 수 있는 자료를 풍부하게 마련하여 학습자에게 제공하거나 그러한 자료를 찾아볼 수 있도록 독려해야 한다. 그리고 작품에 대한 정확한 읽기를 통해 작품과 작가를 연결 짓는 활동을 기획해야 하며, 그에 바탕하여 학습자가 스스로 주제를 추론할 수 있도록 도와야 한다. 이러한 활동은 학습자 개인이 수행할 수도 있지만, 토론과 협력에 기반한 모둠활동을 할 경우 보다 능률적인 문학활동이 이루어질 수 있다.

(2) 구조이론

구조이론은 문학의 형식 및 구조에 대한 관심에 바탕을 둔 이론이다. 구조이론의 대표적인 형태로 러시아 형식주의, 신비평, 구조주의 비평 등을 들수 있는데, 문학의 고유한 특성을 해명하는 데 크게 기여하였고, 특히 문화연구나 학제 간 연구에 크게 기여하였다. 이 이론은 문학을 언어적 형식 또는 언어적 구조로 보고 작품에 내재한 문학의 속성, 즉 '문학다움(literariness)'을 밝히고 평가하는 비평적 관점이다. 문학 작품을 그 자체로 미적인 자율성의 세계라고 보는 관점이다. 즉 작품을 유기적 구조로 보고, 작가나 시대, 환경으로부터 독립시켜 이해한다.

이 이론에 따른 비평의 방법은 문학적 언어의 형식적 특성을 구체적인 작품을 대상으로 분석하는 것을 고려할 수 있다. 시 텍스트에 나타난 비유, 역설, 반어 등의 수사학적 특질을 발견하는 활동이 가능할 것이다. 운율의 특징과 같은 표현상의 특징을 발견하고 그 의미를 규정할 수 있다. 소설의 경우 플롯이나 시점, 화자 그리고 문체 등에 나타난 서사적 형식 혹은 구조적특징 검토하기 등을 고려할 수 있다. 그리고 시나 소설 모두 텍스트의 표면뿐만 아니라 의미의 심층 구조를 찾아내는 활동을 할 수 있다. 이러한 구조분석에 핵심적인 방법은 의미론적 차이에 주목하는 것이다.

구조이론에 따라 「무진기행」을 분석하면 다음과 같다. 우선 「무진기행」의구조를 살펴보자. 이 작품에는 순수와 속물의 이항대립 구조가 발견된다. 즉공간이나 시간 차원에서 그러한 대립 구조가 있고, 또 인물 사이의 관계에서도 면모가 확연히 나타난다. 작품 속에 나타나는 소재도 그러한 면모를 잘보여주는데, 특히 편지와 전보의 차이가 그러한 다음처럼 정리할 수 있다.

> 무진 ↔ 서울, 과거(현재) ↔ 현재(과거), 여행 ↔ 일상, 박 ↔ 조, 편지 ↔ 전보

아울러 길의 내적 형식, 즉 여로형 서사구조도 주목할 만하다. 무진이 고향이던 윤희중이 서울에서 대학을 나오고 출세가도를 달리다가 예기치 못한 문제가 발생한다. 그는 문제 상황을 피하면서 휴식을 취하기 위해 고향인 무진에 가는데, 그곳에서 하인숙을 만나 삶의 깨달음을 얻고 다시 서울로 돌아간다는 서사구조가 특징적이다. 즉 회귀 형식에 따른 여로형의 서사구조를 확인할 수 있다.

(무진→) 서울 → 무진 → 서울

다음으로 「무진기행」의 문체를 살펴보자. 이 작품에서 문체의 대립 구조도 특기할 만한데, 서두에 보이는 이 소설의 문체는 윤희중의 수동적인 태도를 나타내기에 적합한 문체를 갖고 있다. 예를 들어 작품의 앞부분에 나오는 "무진에서는 내가 무엇을 생각하고 어쩌고 하는 게 아니라 어떤 생각들이 나의 밖에서 제멋대로 이루어진 뒤 나의 머릿속으로 밀고 들어오는 듯했었다."를 들 수 있다. 하지만 결말 부분을 보면, "그러나 상처가 남는다고, 나는 고개를 저었다. 오랫동안 우리는 다투었다. 그래서 전보와 나는 타협안을 만들었다. 한 번만, 마지막으로 한 번만 이 무진을, 안개를, 외롭게 미쳐 가는 것을, 유행가를, 술집여자의 자살을, 배반을, 무책임을 긍정하기로 하자. 마지막으로 한 번만이다. 꼭 한 번만, 그리고 나는 내게 주어진 한정된 책임 속에서만 살기로 약속한다."라는 표현이 나온다.[16] 여기서 주인공의 좀 더 적극적인 태도를 읽어낼 수 있다. 물론 결말에 나타

■ 문학교육에서 문체와 수사학 비유적으로 말해 문체는 문학의 몸(body)이다. 예술의 하나인 문학이 갖는 독자성은 언어에 있고, 그 언어를 어떻게 꾸미는가 하는 문제는 단순히 사상을 포장하는 도구를 넘어서는 것으로서 수사학적 중요성을 지닌다. 흔히들 사람들이 문학 작품을 읽을 때나 문학교육의 장에서 작품의 내용에 주목하는 경향이 있다. 하지만 문학 읽기는 작품의 형상성을 읽는 일이다. 따라서 문학교육에서는 '내용형식'이라는 관점에서 문학 작품의 유기적 통일성을 읽어내는 것이 기본이 되어야 한다.

---

16) 「무진기행」의 문체 특징과 그것을 소설교육의 장에 적용하는 방법에 대한 깊이 있는 연구로 다음 논문을 참고할 수 있다. 김혜영, 「문체 중심 소설 읽기 교육의 방향－<무진기행>을 중심으로」, 『독서연구』 24, 한국독서학회, 2010.

난 주인공의 모습과 문체가 위선적인 것임을 부인하기 어렵지만, 서두와 확연히 다른 문체를 통해 이 작품이 문체 효과의 차이를 만들어내고 있다는 사실 자체는 부인하기 어렵다.

> 서두 ◄⋯⋯⋯⋯⋯⋯⋯► 결말
> (수동적 효과, 감성적 태도) ◄⋯► (능동적 효과, 합리적 태도)

이상의 구조이론의 방법론에 따라 「무진기행」의 주제를 추론하면, 감성적 세계 인식에서 합리적인 세계 인식으로의 이행 과정 및 성장이라고 정리할 수 있다. 이렇게 주제를 추론하는 활동을 위한 한 가지 수업 방법을 설명하면, 우선 교사는 작품에 대한 정독 이후, 학습자에게 구조이론의 주요 이론과 특성을 설명한다.[17] 그런 후 학습자가 작품을 다시 읽게 하고 의미 관계의 대립항을 찾도록 해야 한다. 작품의 형식적 특질을 정리한 후 그 결과에 대한 분석을 통해 의미론적 차이를 드러내는 방식으로 활동을 전개할 수 있다. 그러한 활동은 궁극적으로 작품에 나타난 형식과 구조의 특징이 작품의 주제와 어떻게 연관되는지에 대한 물음과 해명으로 이어져야 하는바, 이로써 문학이론 교육의 가치가 극대화된다. 덧붙여 다른 작품에도 해당 이론을 적용해보는 활동이 이루어져야 이론교육의 소임이 완수될 수 있다.

(3) 반영이론

이 이론은 문학 작품은 현실 세계의 반영이라는 시각을 바탕으로 한다. 모방론으로도 알려진 이 개념은 문학이 현실을 최대한 그럴 듯하게 담아낸다

---

17) 물론 작품에 가장 긴밀히 관련되는 이론을 찾아서 설명해야 하겠지만, 통념을 넘어서 새로운 이론의 적용이 가능한지도 미리 따져볼 필요가 있다.

는 이념을 기초로 한다. 예를 들어 마르크스주의 비평, 문학사회학적 비평, 역사주의 비평 등을 구체적인 이론 유형으로 들 수 있다. 문학 작품은 항상 인간이 살아가는 모습을 그 내용으로 하므로, 그것을 비평의 중심에 놓는다. 이 이론은 문학 작품과 그 내용이 대상으로 삼는 현실 세계 사이에 일정한 관계가 성립한다고 본다. 그리하여 이 이론은 마르크스(Marx, K.) 혹은 루카치(Lucás, G.) 등의 좁은 의미의 기계론적 반영론에서 아도르노(Adorno, T. W.) 식의 현실에 대한 부정적 인식 혹은 미학적 성찰의 반영론 등으로 전개되어 왔다.

비평의 방법은 작품이 대상으로 삼은 현실 세계 검토하기와 작품에 반영된 세계와 대상 세계 비교하기, 그리고 작품에 담긴 세계의 전망을 찾고 작품의 창작 의의 판단하기 등을 들 수 있다. 이 이론에 따른 비평에서 리얼리즘의 기초에 놓이는 현실을 파악하는 것이 가장 중요하다. 여기서 현실에 대한 인간 삶의 전형성(典型性)을 창조하는 것이 바로 리얼리즘이므로 전형적 상황과 전형적 인물을 읽어내는 것이 필요하다. 현실과 작품의 내용을 관련지으면서 현실을 작품이 어떻게 담아내고 있는가를 중심으로 읽어나가는 것이 이 이론에 따른 비평 방법이다.

「무진기행」에 반영된 역사 및 시대상을 중심으로 생각해보자. 이 작품은 1960년대는 전후(戰後)상황의 허무주의를 넘어 자유에 대한 이념적 지향을 보이고 있다. 또 급격한 도시화와 산업화로 인해 도시와 농촌 간의 심각한 격차가 발생하던 현실과 속물 자본주의가 사회 전반에 만연되기 시작하는 시대적 상황과도 관련이 깊다. 작품에 나타나는 배금주의, 출세주의, 도시지향성 등의 문제를 효과적으로 다루고 있는바, 당시 한국 사회의 특성을 잘 반영하고 있다. 주인공 윤희중의 삶은 말할 것도 없고, 하인숙과 세무사 조씨 등의 삶을 통해서 충분히 작품의 창작 당시 시대적 상황을 읽어낼 수 있다. 이러한 배경을 고려하면서 이 작품의 주제를 추론하면, 진정한 자유를 찾지 못하고 현실에 타협해버리는 현대인의 자기 성찰 혹은 산업화 혹은 도시화로 인해 훼손되어가는 60년대 현실에 대한 탐구 등으로 정리할 수 있을 것이다.

반영이론 교육은 앞서 살펴본 생산이론의 경우와 그 방법론은 비슷하다. 즉 문학교사가 작품과 관련된 실증적인 현실 자료를 찾고 보완하여 작품의 주제를 추론하는 데 하나의 참조 사항으로 활용할 수 있도록 한다. 다만 작품의 내용과 작품이 다루는 현실의 관계를 기계적으로 인식하는 것은 경계해야 한다. 문학 작품에서 다루는 현실이란 어떻게든 작가에 의해 굴절되는 것이라는 점에서 문학이 현실을 매개하는 원리를 신중하게 따져보도록 해야 한다. 요컨대 문학이 현실을 반영할 수도 있지만 문학이 현실에 능동적으로 참여하는 것이기도 하다는 점을 주지할 수 있도록 해야 하는바, 문학의 역할과 기능에 주목하도록 하는 것이 바람직하다.

(4) 수용이론

피시의 해석 공동체
피시는 해석 공동체란 의미를 생산하고 형식적 특징을 생성시키는 것이라고 정의하였다. 해석 공동체는 해석의 코드와 전략을 공유하는 독자들로 구성되는데, 이들은 문학 텍스트를 읽고 쓰며 그 텍스트의 속성을 스스로 구성하려는 능동성을 지닌다는 것이다. 피시의 작업은 독자의 능동적 역할과 문학 해석의 구체적 원리를 밝힘으로써 독자반응비평의 발전에 크게 기여하였다.

수용이론은 문학이란 독자에게 미적 쾌감, 교훈, 감동 등의 효과를 주기 위해 만들어진 것으로 보는 것으로 문학 현상의 중요한 축인 독자의 존재를 주목하면서 탄생한 이론이다. 효용론과 통한다. 수용이론의 기초를 다지고 발전시킨 이론가로서는 독일의 야우스(Jauß, H. R.)와 이저(Iser, W.)가 대표적이다. 철학의 한 분야인 해석학의 발전과도 연결되는 이 이론은 문학의 수용 문제를 중시하지 않았던 기존의 문예이론을 비판적으로 극복하고 독자의 존재와 독자의 문학 수용 원리를 밝히는 데 집중했다. 이 이론의 가장 대중적이고 구체적인 형태로 '독자반응비평(reader-response criticism)'을 거론할 수 있는데, 미국 쪽에서 피시(Fish, S.)가 독자의 '의미 체험(meaning experience)'과

'해석 공동체(interpretative community)'라는 비평이론의 구체적인 거점을 마련한 바 있다.18) 이후 홀랜드(Holland, N. N.)의 정체성 테마 등도 이어졌다.

수용이론은 기본적으로 텍스트(Text)와 작품(Werk)을 구별한다. 텍스트는 작가에 의해 구축된 하나의 구조물일 뿐, 독자의 능동적인 읽기를 기다리는 존재에 불과하다. 독자의 읽기는 텍스트의 여백을 채우는 작업으로서, 독자가 궁극적으로 텍스트를 문학 작품으로 완성하게 되는 것이다. 그러니까 문학 현상을 완성하는 주체는 수용자, 즉 독자라고 보는 관점이다. 이러한 논리대로 보면, 문학 텍스트는 수용자의 선이해와 기대지평에 따라 해석학적 굴절을 거쳐 수용된다. 문학 텍스트의 수용 과정은 심미적 경험을 거치게 되고, 이것이 작품의 예술성을 고양하는 기제가 된다.

수용이론에 따른 비평의 방법은 문학 텍스트에 대한 선이해와 기대지평의 점검하기, 문학 텍스트의 개괄적 읽기와 여백 찾기, 문학 텍스트의 여백 메우기와 의미 탐색하기, 문학 텍스트의 심미적 효과 구조 확인하기 등을 들 수 있다. 하지만 이 이론에서 중요한 것은 수용자와 텍스트의 상호 대화적 관계를 중시해야 한다는 점이다. 해석의 무정부적 상태를 초래하는 것이 수용이론의 특징은 결코 아니다. 피시(Fish, S.)의 말처럼, 보기에 따라서는 문학 독서란 문학 텍스트가 독자에게 행하는 것을 경험하는 일이기도 한 것이다.19)

수용이론에 따라 「무진기행」의 주제를 추론하는 방식을 살펴보자. 이 문제를 풀어가기 위해 홀랜드(Holland, N. N.)의 논리를 참고하고자 하는데,20) 그 까닭은 문학 작품을 읽어가면서 독자의 정체성이 형성되는 메커니즘에 홀랜드가 주목했고 「무진기행」의 주인공인 윤희중 역시 자기 정체성을 탐색해나

---

18) Fish, S., *Is There a Text in This Class? : the authority of interpretive communities*, Cambridge, Mass. : Harvard University Press, 1980, pp.14~15.

19) Eagleton, T., 김명환 외 역, 『문학이론입문』, 창작과비평사, 1989, 110면.

20) Holland, N. N., *The Dynamics of Literary Response*, New York : Norton, 1975.

가는 인물로 설정되어 있기 때문이다. 홀랜드에 따르면, 독자는 '정체성 주제(identity theme)'라는 문제로 작품을 읽어나간다. 문학 읽기란 마치 음악의 주제처럼 변화는 가능하지만 고정된 정체성의 중심 구조는 그대로 유지된다는 것이다. 즉 독자가 문학 텍스트를 읽을 때도 각자 자신의 정체성 주제를 그대로 혹은 약간 변형시켜 텍스트에 투사하면 읽어나가게 된다. 그러면서 독자는 자신의 정체성을 재창조하거나 재구성해나간다. 그런 점에서 해석을 통해 도출된 의미란 독자가 텍스트에 투사한 각종 감정이 낳은 결과물이기에 심리적 과정으로 점철된다고 할 수 있다.[21] 바로 이것이 홀랜드가 보는 문학독서의 과정이다.

홀랜드의 논리에 비추어 보면, 「무진기행」의 주제는 정체성 문제로 풀어낼 수 있다. 특히 「무진기행」의 서사 구조와 독서 체험의 관계로 풀어갈 수 있다. 서울과 무진 및 과거(현재)와 현재(과거)의 이항대립적 구조에 나타나는 자아 정체성의 혼란을 겪는다. 독자는 윤희중의 여행 과정과 내면세계를 따라가는 추체험적 읽기를 하게 된다. 「무진기행」은 주로 윤희중의 내면을 서술하는 데 집중하고 있다. 따라서 인물에 대한 독자(내포독자)의 감정이입을 활성화할 수 있는 장치가 된다. 자기 정체성을 찾아가는 인물(화자)의 행보와 그 내면세계는 곧 독자의 자기 정체성 탐색으로 전이될 수 있는 가능성을 높인다. 이런 점을 고려해볼 때, 「무진기행」의 주제는 자기 정체성의 모색과 정립을 위한 일상인의 비일상적 체험으로 정리할 수 있다.

수용이론의 교육은 결국 텍스트를 학습자가 능동적인 읽기를 통해 작품으로 승격시켜가는 과정의 즐거움을 느끼도록 하는 데 핵심이 있다. 즉 이 이론교육에서는 다른 이론에 비해 학습자 자신의 되돌아보기 활동이 가장 적극적으로 일어나야 한다. 다만 학습자 마음대로 읽는 것이 아니라 텍스트와

---

21) Tyson, L., 윤동구 역, 『비평이론의 모든 것—신비평부터 퀴어비평까지』, 앨피, 2012, 391~392면.

의 능동적인 대화를 바탕으로 바람직한 문학 해석의 주체성을 획득하도록 독려해야 한다. 요컨대 텍스트의 구조가 읽기에 미친 영향과 학습자 자신의 선입관이나 기대가 읽기에 미친 영향 등을 분석할 수 있도록 하는 데서 수용이론 교육의 승패가 갈릴 것이다.

(5) 기타 비평이론 : 정신분석 비평

앞에서 설명한 전통적인 이론 외에도 심화되고 발전해온 이론이 많이 있다. 여기서는 김승옥의 「무진기행」을 분석하는 데 적절한 또 다른 이론으로 정신분석 비평을 살펴보고자 한다. 이 이론은 프로이트(Freud, S.)의 정신분석학에 기원을 두고 있는데, 심리학적인 방법론을 문학의 연구나 비평의 방법으로 삼는 입장이다. 프로이트는 히스테리 분석에서부터 무의식의 영역을 발굴한 후, 일상생활에서 흔한 꿈, 말실수, 농담 등에서도 무의식의 상징적 표상을 읽어내었다. 문학 역시 그러한 무의식이 상징적으로 구조화되고 형상화된 것이라는 점에서 정신분석 비평의 주요 대상으로 자리를 잡았다.

프로이트 이후 라캉(Lacan, J.)은 언어에 더욱 주목하여, 무의식은 언어로 구조화되어 있다는 주장으로 등장했다. 프로이트의 논리를 심화하고 발전시킨 이론가로서, 그의 핵심 이론은 '상상계(imagery)', '상징계(symbolic)', '실재계(Real)'이다. 상상계는 언어 대신 이미지를 바탕으로 하는데, 유아가 온전한 전체로서의 자기 자신의 충만함 속에 놓여 있는 세계이다. 그래서 환상과 오인이 근본 바탕에 깔려있다. 상징계는 상징이라는 말이 함의하듯이 언어와 문화로 이루어진 보편적인 문화의 세계이다. 이때부터는 타인들과 분리되는 경험을 통해 자아가 형성되기 시작한다. 그리고 실재계는 진짜 현실로서 이념적인 성격을 지닌다. 그러나 실재는 존재의 해석 불가능한 차원으로서 경험적으로 만날 수 있는 세계는 아니다. 실재란 일상의 근거로서 작용하면서 우리를 견인하고 삶의 허구성을 폭로하는 공간이다. 실재계는 정치성을 지니며 이를 깨달음으로써 인간은 진정한 주체가 될 수 있다.[22] 장경렬의 표현을 빌 자면, 상상계는 '언어 이전'의 세계, 상징계는 '언어 안'의 세계, 실재계는 '언어 바깥'의 세계이다.[23]

「무진기행」을 정신분석학적으로 해석하기 위해 여기서는 프로이트의 방법 론을 적용해보기로 한다. 프로이트의 정신분석학의 핵심 개념은 흔히들 초 기와 후기로 나눈다. 초기는 '의식(conscious)', '전의식(preconscious)', '무의식 (unconscious)'의 세 단계 도식이다. 후기는 '이드(id)', '자아(ego)', '초자아 (superego)'의 도식 개념이다. 김승옥의 「무진기행」은 후기의 도식에 적합한 것 으로 판단된다. 프로이트의 후기 방법론에 따라 「무진기행」의 심리 구조를 살펴보면, 다음처럼 구조화할 수 있다.

> 서울 = 초자아 : 책임, 현실, 일상.
> 무진 = 이드 : 무책임, 욕망, 비일상.
> 여로 = 자아 : 서울과 무진 사이의 경계, 부끄러움(성찰), 거리두기.

■ 문학과 철학의 관계
문학이 미적 자율성이라는 근대 성의 테제에 따라 스스로의 자립 적 세계를 구축해온 것은 사실이 다. 하지만 문학이 역사나 철학 과 밀접한 관계를 지닐 수밖에 없는 것 역시 사실이다. 그런 점 에서 문학에 대한 이론적 식견에 는 역사와 철학이 일정 수준 관 여할 수밖에 없다. 특히 문학 이 해의 사상적 폭과 깊이를 위해 철학에 대한 기본적인 이해는 필 수적이다.

위의 정신분석학의 논리대로 본다면, 「무진기행」의 주제는 욕망 과 책임 사이의 심리적 갈등을 겪는 현대인의 자화상과 치유의 모 색이라고 정리할 수 있을 것이다. 이는 잠정적으로 제시한 것이지 항존적인 것이 아니라는 점도 중요하다. 문학이론의 적용에 따른 해석의 결과는 잠정적인 것으로서 항상 새로운 해석 앞에 놓여있 는 것이다. 따라서 해석의 결과를 절대화하려는 태도야말로 극복 해야 할 대상이다. 이 이론을 문학교육의 장에 적용할 때 유의할

22) Tyson, L., 윤동구 역, 앞의 책, 2012, 77~92면.
23) 장경렬, 『매혹과 저항 : 현대문학비평이론에 대한 비판적 이해를 위하여』, 서울대학교출판부, 2007, 30면.

점도 같은 맥락이다.

　한편, 지금까지 제시한 비평이론 외에도 다음과 같은 비평 유형도 있음을 부가적으로 제시한다. 비평의 대상에 따라 작품론적 비평, 작가론적 비평, 주제론적 비평 등이 있다. 작품론적 비평은 개별적인 작품을 대상으로 작품의 특징을 분석하고, 그 속에서 담긴 의미와 사상을 해석하고, 나아가 작품이 갖는 의의에 대한 평가까지 하는 것이다. 한 편의 작품도 대상이 될 수 있지만, 복수의 작품도 비평 대상될 수 있다. 다음으로 작가론적 비평은 작가가 쓴 작품을 중심으로 그의 문학적 활동이나 그 이면에 담긴 사상을 연구하고 비평하는 것을 말한다. 작가의 전기적 생애에 대한 관심으로까지 확대되어 작가 평전까지도 작가론적 비평으로 포함할 수 있다. 작가론적 비평의 범위는 대단히 넓은 편이다. 주제론적 비평은 문학적 주제를 중심으로 하는 비평이다. 구체적인 작품이나 특정 작가를 넘어 문학적 사상이나 핵심 개념 혹은 개념어를 중심으로 논의하는 특징을 지닌다. 문학과 철학이 가장 활발하게 만나고 소통할 수 있는 지점으로도 볼 수 있다.

5. 문학이론 교육이 나아갈 방향

　이 글에서는 문학 체험에 기반한 문학이론 교육을 강조했다. 그렇다면 문학 체험과 문학이론은 어떤 관계인가? 문학이론은 문학 체험의 방향을 잡아주거나 작품 해석의 효율성을 높이기 위한 방법으로 기능해야 한다. 그러니까 문학이론은 문학교육의 내용이기도 하면서 문학교육의 방법적 차원까지 견인하는 힘을 지니는 것이다. 문학이론의 역사가 다양한 관점에 따른 대결적 과정으로 점철되어왔음은 두루 아는 바이다. 마찬가지로 문학이론 교육 역시 그러한 문학이론의 생성과 전개과정을 주목할 필요가 있다. 즉 문학교실에서 문학이론은 어떤 특정 이론의 틀을 고집하지 않고 다양한 문학관이 나름의 타당한 근거를 바탕으로 소통하는 활동을 지향해야 하는 것이다. 이는 인간 해방의 가능성을 모색하는 일이며, 나와 다른 입장과 해석을 비판하면서도 타당한 해석에 대해서는 승인할 줄 아는 윤리적 태도를 기르는 일이라 할 수 있다.

문학교육 일반이 그러하지만 문학이론 교육 역시 문학 능력의 성장을 추구한다. 문학 능력이란 무엇인가? 범박하게 말하면 문학 능력이란 문학에 대한 지식을 알고 문학적 활동을 수행할 수 있고 문학에 대한 바람직한 안목과 태도를 갖고 있는 상태라고 할 수 있다. 그런 점에서 문학 능력의 신장을 위해 이론은 중요한 역할을 한다. 물론 '독서백편의자현(讀書百遍義自見)'의 가치는 없다고 할 수는 없지만, 그럼에도 문학교육에서 이론의 효용성은 매우 크다. 문제는 이론을 어떻게 볼 것인가 하는 문제이다. 이론적 지식을 일방적으로 주입하는 것이 문제라는 점에 대해서는 문학교육 관련 주체들의 의견 일치가 있는 듯하지만, 그 이론을 어떻게 다룰 것인가에 대해서는 분명한 합의에 이른 것은 아니라고 판단된다. 부족한 상황이지만 나름대로의 정리는 해야 할 필요가 있다.

범박하게 말해, 문학 능력이란 문학을 향유할 수 있는 능력이다. 이는 문학 작품을 잘 읽고 해석하며 비판적으로 판단할 수 있는 능력, 그리고 그에 필요한 지식을 활용할 수 있는 능력 등을 생각해볼 수 있다. 그리고 그러한 지식을 알고 이해하는 능력도 문학 능력이라 하겠다. 그러니까 문학 현상을 둘러싼 각종 지식의 습득 여부는 문학 능력의 깊이와 양에 큰 영향을 미친다. 또한 문학을 긍정적인 마음으로 대할 수 있는 태도 역시 문학 능력이다. 문학 작품을 잘 분석하지만, 그것과 별개로 문학이 갖는 가치를 긍정하지 못한다면 근원적인 하자(瑕疵)가 있는 상황이기 때문이다.

따라서 문학 능력은 문학에 관련된 각종 지식과 문학적 수행 능력 그리고 문학에 대한 바람직한 태도 등으로 구성된다고 보아야 한다. 그런 점에서 문학이론 교육이 추구하는 문학 능력이란 이론적 한계를 깨닫고 스스로의 입장을 성찰할 수 있는 숙고의 자세를 지닌 주체, 즉 사려 깊은 주체의 능력을 의미하는 것이다. 문학과 삶에 대한 지혜를 갖춘 주체가 바로 문학이론 교육이 추구하는 인간상이다. 자연 및 타자와의 소통이 점점 어려워져가는 이 삭막한 현대사회에서 인문학적 가치를 기반으로 하고 또 그러한 가치를 모색해나가는 문학교육이 취해야 할 바는 응당 그러한 방향이다.

✅ (   )에 알맞은 말을 써 넣으면서 주요 개념을 정리합니다.

1 문학이론과 문학교육의 관계는 초점의 대상을 무엇으로 삼느냐에 따라
   (   )의 교육과 문학교육의 (   )으로 나누어진다.

2 문학교육의 본질은 문학에 대한 (   ) 교육, 문학을 (   ) 교육
   등이 아니라 문학(   ) 교육이다. 이는 (   )에 문학교육의 핵
   심을 둔다는 의미이다.

3 문학 능력이란 문학에 대한 (   )을 알고 문학적 활동을 (   )
   할 수 있고 문학에 대한 바람직한 (   )를 갖고 있는 상태이다.

✅ 지시에 따라 서술하면서 문학이론과 문학교육의 관계를 이해합니다.

1 비평의 발생과 근대적 주체성이 지니는 관계를 설명하시오.

2 문학교육의 대상인 문학 현상이란 무엇을 의미하는지 설명하시오.

3 문학이론 교육이 궁극적으로 윤리적 태도를 지닌 주체의 형성에 기여할 수 있는 근거를 설명하시오.

✅ 지시에 따라 주요 개념을 적용하면서 실천적 능력을 기릅니다.

1 다양한 관점에 따라 작품 해석하기라는 학습목표에 따라 「공무도하가(公無渡河歌)」의 수업을 설계할 경우, 교사가 미리 준비해야 하는 학습활동 요목을 세 가지 정도 제시하시오.

2 다양한 비평적 관점에 따라 작품 해석하기가 갖는 문학교육적 의의를 말해 보고, 바람직한 문학비평의 태도에 대해 토의해보시오.

3 앞에서 살펴본 다양한 비평이론에 따라 황순원 소설 「소나기」의 주제를 해석하고, 그 해석의 결과를 다른 동료들과 소통해보시오. 그리고 설득력이 높은 해석이 있으면 어떤 측면에서 그러한지 논의해보시오.

제4장

문학사 : 문학교육의 시작과 끝

　작가의 역량과 작품이 만들어지고 향유된 시대 상황이 함께 작용함으로써 문학 작품의 고유한 색깔, 즉 정체성이 만들어진다. 그 정체성은 역사적 특수성과 관련되며 작품의 존재 가치가 되고, 작품을 감상하고 배우는 근거이자 내용이 된다. 문학 수업 시간에 학생들은 여러 작품들의 고유한 정체성을 발견하고 이해하는 경험을 주로 한다. 그러나 저마다의 존재 가치가 있다고 해서 모든 작품을 가르칠 수는 없다. 교육의 목적과 경험의 다양성 및 교육의 효율성 등을 고려하여 광범위한 양의 후보군들 중에서 특정 작품을 선택하여 가르칠 목록을 만들고 선택한 작품을 특정 학년에 배치하는 과정을 거칠 수밖에 없다. 그리고 그 과정에서 다른 작품들과의 비교가 불가피해지고 그렇게 작품의 상대적 위상과 가치에 대한 평가가 이루어진다.

　문학의 역사를 통틀어 갈래를 나누고 각각의 갈래에 속하는 개별 작품을 선택하고 배치하는, 선택과 배치의 관점이자 논리이자 내용이 곧 문학사이다. 우리가 교실에서 만나는 개별 문학 작품은 모두 이러한 문학사적 기획의 산물이다. 그리고 학교교육을 마친 독자라면 체계적으로 혹은 어렴풋하게라도 자신만의 문학사를 구성하기에 이른다. 우리 문학교육은 과연 어떤 문학사에 바탕을 두고 설계된 것일까. 어떤 시대, 어떤 갈래의, 어떤 작품들을 선택하여, 그 작품의 무엇을 어떻게 가르치고 있는 것일까. 문학교육의 관점에서 문학사의 관여 및 활용 양상을 살펴보고, 나아가 문학의 갈래와 역사에 대한 이해로부터 문학교육을 풍요롭게 할 관점과 내용 및 방법에 대한 시사점을 찾아보자.

1. 문학사에 대한 접근

문학사란 어느 한 시점에서 이루어진 과거 문학에 대한 서술이다. '어느 한 시점'에 이루어진 서술이란, 문학사 서술이 특정한 시공간에 위치한 누군가에 의해 구성된 결과임을 뜻한다. 그런데 특정한 시공간에 위치한 그 누군가가 '과거의 문학'에 대해 서술하는 것은 그리 간단한 문제가 아니다. 지나간 모든 시간을 범칭(汎稱)하는 말이 '과거'이고 그 '누군가'가 서 있는 지점이란 고작해야 한시적인 찰나로서의 '현재'이기 때문이다. 문학사 서술의 어려움과 위대함은 바로 이 점, 현재라는 제한된 시점에서 과거, 즉 시원(始原)을 알기 어려운 때로부터 지금에 이르기까지의 시간대를 다룬다는 사실로 인해 비롯된다. 이러한 구도는 '지금─여기'의 시점에서 과거의 문학을 교육하는, 문학교육의 구도와 본질적으로 다르지 않다.

구체적으로 문학사는 개별 작품과 역사적 갈래에 대한 이해를 전제로 한다. 무엇이 문학인지조차 분명하지 않았던 시기로부터 어떤 작품들 혹은 갈래들이 출현하여 향유되다가 다른 작품 혹은 갈래들이 생겨나 경쟁하고 소멸하고 다시 생겨나고 그렇게 경쟁과 소멸을 거듭하며 내려온 문학에 대한 설명이자 의미 부여이며 평가이기 때문이다. 어느 한 사람이 감당할 수 없는, 방대한 양의 앎과 탐구를 전제로 하며, 그런 이유로 문학사는 한 사람에 의해 서술되었다 하더라도, 서술 주체로서의 그 누군가가 당대의 연구 성과를 새로운 관점과 논리로 집약하고 질서화한 결과로 보아야 한다. 그런가 하면 인류의 역사가 지속되는 한, 문학의 역사 또한 지속될 것이고 '현재'의 관점에서 문학사 역시 늘 다시 구성될 것이다.

요약하자면, 문학사란 당대 축적된 학문 전통에 바탕을 두고 있다는 점에서는 역사성을 지니지만 어느 한 시기에 완료될 수 없고 늘 새롭게 구성될 수 있다는 점에서는 과정성 내지 가변성을 지닌다. 여러 연구자들의 협업에 의해 구축된 역사이자 잠정적인 결론이며 늘 생성 중인 서사가 바로 문학사인 것이다.

문학교육이 현재의 기획이자 실천이되, 과거의 문학 작품을 그 자양분으로 삼아 미래를 준비하는 일이라는 점에서 문학사 서술의 상황과 크게 다르지 않다. 교수학적 변환의 과정을 거치거나 새롭게 구성되기도 하지만, 문학사의 내용과 지식 상당수가 그 자체로 교육의 장에서 유용한 가치를 지니는 것도 모두 이 때문이다. 사실상 우리가 문학 작품과 문학 현상에 대해 알아낸 모든 것이 문학사에 포함되어 있다는 점에서 문학교육의 내용이 '문학사'를 넘어서기는 어려워 보인다.

그러나 문학사교육이 곧 문학교육은 아니다. 문학의 역사를 재구하는 것이 문학교육의 목표는 아니기 때문이다. 그보다는 학습자의 성장과 성숙, 사회적 통합 및 우리 사회의 문화 역량을 강화하는 것이 문학교육의 목표이다. 따라서 한국문학사에 대해 기술한 글을 수록하고 말거나 문학사의 성과를 여과 없이 소개하는 차원을 넘어서, 교육적 필요와 학습자의 상황에 따라 문학사의 연구 성과를 선택하고 재구성하고 창안할 필요가 있다. 이를 위해서는 문학교육의 관점에서 문학사라는 자원을 어떻게 활용할 것인가에 대해 진지하게 묻고 탐구해야 한다. 탐구와 질문의 범위가 비단 문학사적 접근의 과정과 그 결과에만 놓이는 것이 아니라 접근의 관점과 시각에까지 이르러야 함은 물론이다.

문학사적 접근이나 방법으로부터 교육 연구자와 교사, 학생들이 배워야 할 점은 각각 무엇일까. 어떤 시사점과 의의를 이끌어낼 수 있을까. 문학사 연구 및 연구 성과가 학습자 개인의 성장이나 문학 능력의 신장에 어떤 실질적인 도움을 줄 수 있을까. 도움을 줄 수 있다면 어떤 국면에서 어떻게 도움을

■ 문학교육의 목표
국어과 교육과정에서는 문학 작품을 수용하고 생산하는 능력을 함양하겠다는 목표를 표방하고 있다. 문학 능력, 나아가 언어 능력의 신장을 표방하고 있는데, 이와 더불어 '개인의 성장'이나 '공동체의 발전', '문화유산의 계승과 발전', '성장 후의 실용', '문화 비판 능력의 신장' 등 다양한 목표를 염두에 두고 문학교육을 설계하고 실천해야 한다. 문학 작품이 사람과 사람살이에 대한 고민과 통찰을 담고 있는 언어구조물이기 때문이다.

줄 수 있을까. 문제점이 생겨나지는 않을까. 나아가 문학사에 기반한 문학교육이 우리 사회에 어떤 문화적·실천적 의미를 지니는 것일까.

우리는 나름대로 이러한 질문들에 대한 답을 가지고 문학사적 구도에 입각하여 문학교육을 설계하고 문학사적 내용이나 지식을 가르쳐왔다. 그럼에도 불구하고 이상의 질문들은 여전히 유효하다. 문학사가 완료될 수 없는, 늘 새로 구성되어야 할 미완의 서술인 것처럼, 문학교육 역시 현재의 시점에서 늘 새롭게 구성되어야 하기 때문이다. 그리고 아직은 문학사에 대한 인식과 논의가 충분하지 않아, 문학교육의 장에서 문학사의 활용 가능성과 필요성을 새롭게 제기하고 그 방향을 타진하는 차원에 머물고 있기 때문이다.

한국문학사 연구의 성과가 축적되고 한국문학사 서술의 관점 및 논리 자체가 성찰의 대상이 되고 있는 지금,[1] 문학교육의 장에서 한국문학사(혹은 한국문학사 연구)가 줄 수 있는 혜택이 무엇인지 보다 구체적이면서도 체계적으로 살펴볼 필요가 있다.

2. 문학사적 안목과 구도 : 제도 교육의 시작

(1) 구성과 실천의 상상력

사전에서는 문학사를, '문학이 발생하여 변천하여 온 역사'라고 짧게 정의하고 있다.[2] '문학'과 '역사'가 핵심어인데, '역사'는 서술의 관점이나 방법과

---

1) 근대적 기획으로서의 기존의 문학사에 대해 비판적으로 성찰하는 한편, 새로운 문학사 서술을 위한 토론과 협의, 공동 작업을 시작한지 벌써 여러 해가 지나갔다. 그러한 정황과 제기된 쟁점은 다음 책을 참고할 수 있다. 토지문화재단, 『한국문학사 어떻게 쓸 것인가』, 한길사, 2001.
2) 국립국어원의 표준국어대사전에 나오는 개념 규정이다.

관련된 말이고 서술의 대상이 되는 것은 '문학', 곧 문학 작품이다. 사실상 문학사 서술이나 문학사적 인식은 개별 문학 작품에 대한 이해, 구체적으로 그 작품이 지닌 역사적 특수성에 대한 탐구로부터 시작된다. 그리고 그러한 특수성을 지니는 작품의 통시적 혹은 문학 지정학적 위상을 정하는 것으로 일단락된다. 작품의 지정학적인 위치나 통시적 가치에 대한 판단은 한국문학 전반의 구도 속에서 개별 작품의 고유성 내지 특수성을 평가하는 일로, 전대 및 후대의 작품들 및 갈래들과의 관련성 속에서, 그리고 당시의 사회문화적 맥락 속에서 판단될 수밖에 없다.

이처럼 '문학의 역사에 대한 지적 탐구이자 결과로서 문학사는 이제까지 탄생했던 모든 문학에 대한 총체적 이해와 개별 문학 작품에 대한 풍부한 이해를 추구한다. 전체를 통해 개별을 이해하고, 개별과 전체, 개별과 개별 사이의 관련을 추적함으로써 전체의 윤곽을 그려보고자'[3] 한다. 이렇게 볼 때 문학사적 안목이나 구도란, 통시적인 흐름 속에서 개별 작품이 지닌 고유한 특징을 간파할 수 있는 비평의 눈이자 개별 작품을 문학사라는 전체 안에서 바라볼 수 있는 넓은 시야를 뜻한다. 동시에 작품을 문맥화[4]할 수 있는 능력, 즉 하나의 작품을 또 다른 작품이나 사회와 연결 지어 관계망 속에서 바라볼 수 있는 능력을 뜻한다. 보편과 특수, 전체와 부분을 아우르고 관련 지어 사고할 수 있는 시각 내지 접근이 바로 문학사적 안목과 구도인 것이다.

제도교육으로서의 문학교육은 한국문학 전반에 대한 이해와 개별 작품에 대한 이해를 동시에 지향한다. 따라서 문학 교육과정을 설계할 때나 교육과정에 따라 문학을 가르치는 수업의 국면에서도 문학사적 안목과 구도가 필요하고 또 개입할 수밖에 없다. 문학 교육과정 개발자나 실천가가 의식하든

---

3) 조하연, 「문학사적 안목 형성을 위한 문학사교육의 내용 전개 방향 연구」, 『새국어교육』 97, 2013, 한국국어교육학회, 512면.
4) 조하연, 위의 논문, 530면.

의식하지 않든 간에, 또는 의도하든 의도하지 않든 간에 문학사적 구도와 안목이 개입하게 된다. 국민공통기간이나 학교급별 혹은 학기별 등으로 구획되는, 일정한 기간 동안의 전체 문학 경험의 지향과 윤곽을 그리되, 구체적으로 연계성과 단계성을 지니는 개별 문학 활동들로 세부를 채우는 일이 바로 문학 교육과정을 설계하는 일이기 때문이다. 그리고 개별 문학 작품에 대해 가르치되, 교사 자신의 수업 행위가 전체 문학교육의 틀 안에서 어떤 위치에 있으며 어떻게 이전 혹은 이후 수업에서의 문학 경험과 연계되는지 인식해야만 하는 것이, 제도적 실천으로서의 수업 행위이기 때문이다.

한국문학사에 대한 정확하고도 깊이 있는 이해를 바탕으로 한 문학사적 구도와 안목은, 교육 연구자이자 실천가들에게 구성과 실천의 상상력으로 작동한다. 잘 알려진 작품들을 재배치하는 차원을 벗어나 문학의 전(全)역사를 자유롭게 오르내리면서 다양한 갈래에 속하는 여러 작품들을 어렵지 않게 떠올린 후 교육 목표에 딱 맞는 작품을 골라내 다양한 학습 경험으로 구성할 수 있는 상상력으로, 그리고 교과서에 얽매이거나 수업의 관행에 머물지 않고 새로운 작품과 그 작품에 대한 새로운 접근 방법을 꿈꾸고 실천할 수 있게 하는 상상력으로 작동한다. 아는 것만큼 볼 수 있고 상상할 수 있고 실천할 수 있다는 점에서 학습자들의 문학 경험의 폭과 깊이가, 어쩌면 문학 교육과정을 만들고 실천하는 사람들의 문학사적 구도와 안목에 달려 있다고 해도 과언이 아니다.

한편 문학사적 구도와 안목은 일종의 상상력으로 교육적 필요에 적절한 작품이나 문학 현상 등을 다양하게 선택하여 배치하고 가르칠 수 있게 하는 이점만 제공하는 것은 아니다. 더 나아가 그러한 선택의 결과로서의 교육적 효과에 대해 정확하게 예측하게 한다. 그리고 수업의 국면에서는 교육적인 문제 사태에 유연하게 대처하도록 하는 한편 작품에 대한 심화된 경험을 제공해주는 데도 기여할 수 있다. 교육과정 구성 및 실천의 과정과 결과에 대해 메타적으로 인식할 수 있게 함으로써 거시적 차원에서 그리고 유연하게 문학교육을 설계하고 실천하는 것을 가능하게 하는 것이다.

이렇게 볼 때 문학사적 구도와 안목은 문학교육 설계 및 실천의 출발점이 되고 문학교육의 다양성과 풍성함을 결정하는 중요한 변인이 된다고 하겠다. 문학교육 연구자나 교사에게 문학사, 즉 내용학으로서의 국문학에 대한 배움과 탐구가 필요한 까닭이 여기에 있다.

(2) 선택과 배제의 논리

문학교육의 장에서 문학사적 안목이 문학 교육과정을 구성하고 실천하게 하는 안목이자 앎으로 작동하기도 하지만, 특정 관점에 따른 선택과 배제의 논리이자 하나의 권위로 개입하기도 한다. 특정한 관점에 따라 구성된 결과라는 점에서 문학사는 그 자체로 정치적·윤리적·미학적으로 커다란 문제를 내포하고 있으며[5] 장차 교육을 통해 특정 관점이 확대·재생산되고 그 권위 또한 더욱 공고해질 가능성마저 있어 더욱 주의를 요한다. 우리에게 요구되는 문학사적 안목과 구도가, 문학사의 이러한 또 다른 본질에 대한 앎을 바탕으로 하는, 문학사에 대한 비판적 태도와 성찰을 수반하는 것이어야 함은 물론이다.

역사학계에서도 역사 서술은 언제나 관점에 따른 해석을 포함할 수밖에 없으며 역사교육에서 교사와 학생의 인식 패러다임은 객관성과 실증성보다는 관점과 해석에 더 무게를 두어야 한다고 말한다.[6] 문학사 역시 역사의 일종으로, 누군가의 관점에 따른 해석의 결과이다. 해석을 통한 문학사 구성의 과정을 소상하게 살펴보면,[7] 문학사는 우선 여러 종류의 글들 가운데서 문학

---

5) 정재찬, 「문학사교육의 현상과 인식」, 『민족문학사연구』 43, 민족문학사학회, 2010, 33면.
6) 양호환, 「사회 변화와 역사교육의 방향」, 『역사교육논집』 26, 역사교육학회, 2000, 105면.

과 비문학을 구별하고, 시간과 공간의 경계를 설정하며, 이어서 작가와 작품을 선별하여 정전의 목록을 작성하여, 그 내부에서 가치에 따라 다시 우열화를 시도한다. 또한 그 목록을 그대로 나열하는 것이 아니라 시대, 장르별과 같은 범주에 따라 분류하고 묶어 제시하며, 모든 문학적 현상들에 대하여 타당하고 객관적인 해설을 첨부한다. 그리고 마지막으로 도출된 문학적 사실들을 시간적 연속 속에 재배열한다. 요약하자면 문학사란 차별, 가치, 분류, 설명으로 이루어진 통시 체계라고 할 수 있다.

■■ 상상의 공동체
앤더슨(Anderson, B.)은 '민족'이 근대 이후 '구성'된 문화적이고 역사적인 개념으로, 우연히 동시대에 있던 사람들이 동질성을 갖는 것으로 상상한 공동체(imagined community)라고 했다. 이에 대해 '민족'이 동일한 지역·문화·역사 등을 공동으로 하여 오랜 기간 동안 생활하는 가운데 형성된 구체적 명칭까지 가진 실재의 인간 공동체라는 반박도 있었다. 분명한 것은 한국 현대사를 돌아볼 때 근대라는 특정한 시기에 '민족'이라는 공동체가 호명되고 특정 작품들이 '민족문학'이라는 가치를 부여받았다는 사실이다.

　　문학사가 선택하고 배제하고 특권을 부여함으로써 구성된다는 사실에 대한 인식과 그러한 인식에 바탕을 둔 비판적 태도가 전제되어야만, 문학사의 접근 방법과 성과를 활용하여 정치적·윤리적 정당성과 미학적 다양성을 확보할 수 있는 문학교육을 설계하고 실천하는 것이 가능해진다.

　　이와 관련하여 우리는 한국 문학사가 근대적 기획의 일환으로, 민족이나 국가라는 상상의 공동체를 구성하는 차원에서 기술되기 시작했다는 사실을 기억해야 한다.[8] 안확이 일찍이 '일국민(一國民)의 심적 현상(心的現象)의 변천 발달(變遷發達)'에 주목한 것이나 조윤제가 문학사를 민족의 흥망성쇠와 연결 지어 본 것 등이 바로 초기 문학사의 이러한 지향을 잘 보여준다. 이러한 초기 문학사는 '국문문학'을 일약 민족문학으로 '발견'하였다. 이후 한문학을 문학사 서술의 대상으로 포섭하여 중세 문학 전반에 대한 재평가를 시도하는 한편 민중문화로서 구비문학을 발견함으로써 한국문학사의 서술의 대상을 확장하는 성과가 있었다.[9] 서술 대상의 확장뿐만 아니라 그 과정에서 한국문학사 서술의 관점과

---

7) 이어지는 문학사 구성의 과정에 대한 서술은 김정숙의 다음 글에서 발췌한 내용이다. 김정숙, 「문학사 교육, 어떻게 할 것인가(2)」, 『프랑스어문교육』 14, 프랑스어문교육학회, 2002, 3~5면.
8) 임형택 외, 『전통-근대가 만들어낸 또 하나의 권력』, 인물과 사상사, 2010 참고.
9) 조동일, 『한국문학통사 1~6』(제4판), 지식산업사, 2005 참고. 강상순, 「<한국문학통사> 다시

방법 등에 대한 진전된 제안이 있었고 결과적으로 한국문학사 서술의 방법론과 방향에 대한 논의가 풍성해진 것이 사실이다. 최근에는 포스트모더니즘의 영향을 받아 한국문학사가 '주로 이질적이고 복잡한 대상을 작품, 장르, 시대, 민족 등과 같은 동질적 단위로 단순화하고 통합시키는 것을 목표로 삼았음'[10]을 반성하면서 그러한 동질화의 과정에서 삭제되거나 밀려난 것에 대해 다시금 주목하기에 이르렀다.

이렇게 문학사 연구의 패러다임에 변화가 있었고 초기 문학사를 극복하는 대안 또한 제안되었지만, 그럼에도 불구하고 국문학 연구나 교육이 초기 문학사의 영향력으로부터 완전히 벗어났다고 보기는 어렵다. 적어도 문학교육의 장에서 가치 있다고 판단되는 작품이나 그 작품에 대한 가치 평가 및 접근 방법은 초기 문학사의 자장에서 자유롭지 않은 것이 사실이다.

대부분의 문학사가 아직까지도 '민족적인 것, 장르적 분류 체계'를 바탕으로 '시대정신을 대표하는 작품' 중심으로 기술되고 있는 것이 사실이고, 이에 따라 각 시대를 대표하는 특정 작품들이 문학사적으로 가치가 있는 작품으로 호명되어 교과서에 수록되고 '민족문학'으로 교육되고 있는 현실이다.

문제는 어떤 작품이 민족문학인지 혹은 문학사적으로 가치가 있는 작품인지에 대한 대답이 문학을 보는 관점에 따라 달라질 수 있다는 사실이다. 그런 점에서 판단과 선택의 관점에 대한 논의와 공론화 및 교육적 합의의 과정도 없이, 일찍이 누군가가 문학사적으로 가치가 있다고 판단한, 극소수의 작품이 교육과정과 비평의 관심을 독점하는 '초정전화(hypercanonization)' 현상이 발생한 것은 문제가 아닐 수 없다. 초정전화의 과정은 특정한 작품들을 구체적인 독자와 특정의 역사적 사건 속에서 설명하는 것이 아니라 선과 악, 빛

읽기」, 『고전문학연구』 28, 한국고전문학학회, 2005, 12~13면.
10) 라영균, 「포르트모더니즘의 역사적 기술과 문학사 기술」, 『외국문학연구』 37, 한국외대 외국문학연구소, 2010, 124면.

과 어둠과 같은 형이상학적 개념으로 설명하는 방식으로,[11] 일체의 비판을 허용하지 않은 채 선택된 작품은 선하며 미적으로 아름답고 선택되지 못한 작품은 그렇지 못하다는 인식을 심어줄 수 있기 때문이다. 이는 학생들의 다양한 문학 경험을 제한하는 한편 학생들의 실제 문학 경험과 유리될 수 있다는 점에서도 문제가 되지만, 우리 사회에 문학을 보는 특정 관점을 확대 · 재생산할 수 있다는 점에서도 문제가 된다. 이는 다양한 문학 작품을 접함으로써 인간 삶의 다양성과 인간 내면의 복잡성에 대해 인식하는 것을 교육 경험의 본질로 삼는 문학교육의 방향과도 근본적으로 상치된다.

문학교육의 장에서 정전의 구성 및 해체에 대한 논의가 활발했던 것[12]도 이러한 초정전화 현상에 대한 반성적 성찰과 무관하지 않다. 또한 '민족'과 '장르'를 중심에 두고 서술되었던 문학사의 연구 성과를 그대로 반영함으로써, 문학 교육과정 초창기로부터 오늘에 이르기까지 특정 작품들을 선택하여, 별반 다르지 않은 방법으로 계속 가르쳐온 관행에 대한 반성과도 무관하지 않다. 문학교육의 장에서 요구되는 문학사적 구도와 안목은 교과서라는 제도를 통해 구축되고 강화되고 있는 정전 목록(초정전화 현상)과 그로 인해 확대 · 재생산되고 있는 문학을 보는 관점과 논리에 대한 비판을 동반하는 것이어야 한다.

지금까지의 논의를 정리하면, 우선 교육연구자나 실천가에게 요구되는 문학사적 구도와 안목은 문학에 대한 깊고 정확한 이해에 바탕을 두고 있어야 한다. 문학에 대한 깊고 정확한 이해에 바탕을 둔 문학사적 안목과 구도는

---

11) Pease, D. E., "National Identities, Postmodern Artifacts, and Postnational Narratives", *Boundary* 2 19(1), Duke University Press, 1992, p.10.
12) 현대시를 대상으로 하여 특정한 이데올로기적 성격을 지닌 학술 담론이 문학교육의 지배적 담론으로 자리 잡으면서 정전의 목록과 읽기 방법론을 한정 짓고 있다고 비판한 정재찬의 논의가 대표적이다. 정재찬, 「현대시 교육의 지배적 담론에 관한 연구」, 서울대학교 박사학위논문, 1996.

문학 교육과정을 설계하고 실천하는 데 하나의 상상력이자 앎으로 작동한다. 그러나 우리는 그러한 긍정적인 작용력뿐만 아니라 우리의 문학사적 구도와 안목이, 선택과 배제의 논리이자 이데올로기로 작동하기도 한다는 사실을 또한 명확하게 인식해야 한다.13)

3. 문학사 지식 : 문학교육의 내용이자 방법

(1) 작품 및 작품 해석의 맥락 제공

'과거의 시간 속에 집적되어 있는 방대한 양의 문학 작품들을 일정한 입장과 논리에 따라 체계적이고 일관성 있게 정리한 지식 보급의 한 형식'14)이 바로 문학사라는 점에서 문학교육의 장에서 문학사의 연구 성과는 중요한 참조물이 된다. 문학에 대한 메타적 설명으로서의 문학사는, 정서적 감응의 대상이 아니라 지적 탐구의 성격이 압도적으로 강하다.15) 지적 탐구의 결과로서의 메타적 설명이란 대개 "이 작품이 어느 시대 어떤 사회적·장르적 맥락 속에서 나왔으며 그로 인해 어떤 특징을 지니게 되었고 이후 어떤 영향을 미쳤다"는 식의 설명이다. 이러한 설명은 작품에 대한 정보이자, 탐구 즉 작품 해석의 과정에서 작동하고 작품 해석의 결과로서 알게 된 정보 내지 지식에 다름 아니다. 학교에서는 이러한 정보 혹은 지식을 작품에 대한 사전 정보나 작품 해석의 결과로, '배경 지식'이라 부르며 작품 및 작품 해석에 도

---

13) 문학사 서술을 위해 연구자들이 제기한 근본 문제 역시 (한국)문학이 무엇인지에 대한 성찰을 요구한다는 점에서 문학사적 안목과도 관련되지만, 그 자체로 문학교육의 내용으로 포함하여 가르칠 내용이 된다고 할 수 있다. 따라서 이에 대해서는 다음 장에서 언급하고자 한다.

14) 김정숙, 앞의 논문, 2002, 3면.

15) 류수열, 「문학사 교육의 위상과 성격」, 『고전문학과 교육』 1, 청관고전문학회, 1999, 52면.

움이 되는 지식으로 가르치고 있다.

문학사가 작품의 수용 및 창작 활동에 유용하다는 점에 대해서는 어느 정도 암묵적인 합의가 있었다고도 볼 수 있는데, 합의의 구체적인 내용인즉, 문학사가 작품의 이해 및 감상과 생산에 도움이 되는 '배경 지식', 즉 작품 해석 및 창작시 필요하거나 유용한, 정보로서의 가치를 지닌다는 것이다.

■ 맥락적 지식
맥락적 지식(contextual knowledge)은 작품을 둘러싼 맥락 전반과 관련된 지식을 뜻한다. 작품 자체를 해독(decoding)하는 데 필요한 지식을 텍스트적 지식이라고 할 때, 작품의 창작 및 향유, 연행 및 전승과 관련된 지식이 바로 맥락적 지식이며 문학사적 지식의 상당수에 맥락적 지식에 해당한다.

문학교육의 장에서 문학사의 위상과 역할에 대한 연구가 본격화되면서[16] '배경 지식'이라는 모호한 용어가 '맥락적 지식'이라는 용어로 바뀌었다. 그에 따라 문학사가 작품 감상과 창작의 맥락으로 작용한다는 점을 더욱 분명하게 인식하게 되었고 문학사가 문학 능력의 신장에 기여한다는 점 또한 별다른 이견 없이 받아들여지게 되었다. 그러나 맥락적 지식으로서의 문학사 혹은 문학사적 지식의 특성이나 구조, 작용 양상에 대해서는 진전된 논의가 별반 없었다. 그로 인해 교실에서 문학사 혹은 문학사 지식이 다뤄지는 방식 또한 변화가 거의 없었다. 선행 연구에서 여러 번 지적된 것처럼, 문학사 지식이 교육적 필요에 따라 선택되고 적절한 문학 감상 및 창작 활동으로 재구성되지 않은 채, 여전히 국문학계의 연구 성과를 그대로 수용하여 작품과 관련된 잡다한 정보로 한꺼번에 제시되고 말았다.

「혜성가」를 가르치는 상황을 예로 살펴보자. 「혜성가」는 신라 시대를 대표하는 '민족시가'이자 역사적 갈래인 향가를 대표하는 작품으로 선택되어 가르쳐지고 있다. 대표 작품으로 선정된 까닭에, 당시의 상황―『삼국유사』 「감통」에 기록된 창작 및 향유 상황―에 대한 정보를 맥락 지식으로 소개하고, 「혜성가」의 형식적 특징에 주목하여 역사적 갈래인 향가에 대해 설명하

---

16) 1990년대 문학사교육에 대한 논의가 폭발적으로 증가했는데, 조하연은 문학교육학의 학문적 정체성에 대한 고민이 본격화되면서 국문학계의 연구 성과인 문학사 지식을 그대로 수용하여 전달하는 식의 교육 관행에 대한 반성과 대안 모색의 차원에서 문학사교육에 대한 논의가 활발하게 전개되었던 것으로 보았다. 조하연, 앞의 논문, 2013 참고.

는 식으로 수업이 전개되고 있다. 물론 그 수업의 결과 「혜성가」의 창작 맥락에 대한 이해와 향가라는 역사적 갈래에 대한 이해가 조금은 깊어질 것이다. 그러나 관계망 속에 확고하게 자리하지 못한, 「혜성가」와 관련된 여러 정보와 개별 지식들은, 머릿속을 떠다니다가 곧 휘발되어 버리고 만다. 「혜성가」를 설명하는 '나의 언어'가 되지 못하고 다른 향가 작품을 해석하는 도구도 되지 못한 채, 시험을 통해 소비되어 버리고 마는 것이다. 그 결과 학습자들에겐 「혜성가」를 배운 기억만이 어렴풋하게 남게 된다.

사실 「혜성가」는 한국문학사를 통틀어 살펴볼 때 언어가 믿음을 만들어내고 실재를 만들어내는 방식에 대한 이해를 깊게 할 수 있는, 독보적인 작품이다.17) 따라서 언어가 실재와 믿음을 만들어내는 과정을 경험할 수 있도록 교육 활동이 구안되어야 한다. 그리고 창작 상황이나 장르(향가)적 특성과 관련된 여러 정보나 지식들은 그러한 활동을 구성하는 데 동원되어야 한다. 사실 창작 맥락과 관련된 정보와 갈래에 대한 지식을 나열하듯이 소개하는 지금과 같은 상황에서는, 문학 외적 맥락과 문학과의 관계가 왜곡되어 마치 문학 고유의 사실들이 외적 맥락의 결과처럼 축소되고 말거나 작가와 작품에 관한 맥락 지식이 기계화되고 고정화되어 학습자들에게 오히려 탈맥락적인 경험을 하게 만들 수도 있다.18) 맥락적 지식이 오히려 탈맥락화된 경험을 제공하고 해석의 역동성과 복잡성을 단순화해버리는, 의도하지 않은 상황이 연출될 수 있는 것이다.

이러한 상황은 맥락 지식으로 제공되는 정보나 지식의 양이 많을 때 발생할 가능성이 더 높다. 사실 어떤 대상에 '관하여 많이' 아는 것이 어떤 대상을 '잘' 아는데 유용할 때도 있지만 양적으로 많은 것을 알고 있다는 것이

---

17) 염은열, 「향가의 실재와 믿음 형성에 대한 고찰−<도솔가>, <제망매가>, <혜성가>를 중심으로」, 『문학교육학』 40, 한국문학교육학회, 2013, 291~331면.
18) 정재찬, 앞의 논문, 2010, 36면.

곧 질적으로 훌륭한 앎의 상태는 아닐 수 있다.[19] 해석 활동에 도움이 되는 정보만을 선별하여 구조화했을 때 맥락적 지식으로서의 효과를 발휘할 수도 있는 것이다. 내적 연관성이 없거나 때로 양립할 수 없는 정보나 지식들을 한꺼번에 제시하게 되면 문학사를 위한 작품 해석, 즉 지식 습득을 위한 작품 해석으로 흐를 가능성이 높다. 그렇게 본말이 전도되어 작품의 미학적 특징을 시대와 맥락 혹은 문학사적 지식으로 환원해버리는 우를 범할 수 있다. 그렇게 되면 작품이 문학사 지식을 전달하는 도구로 전락하고 만다.

「혜성가」를 해석하는 과정과 그 결과로 언어의 주술성과 향가의 미학을 경험하도록 하는 것이 아니라, 「혜성가」가 주술성을 확인하기 위한 자료이자 10구체 향가의 형식을 확인하기 위한 자료가 되고 마는 것이다. 이러한 본말전도 현상으로 인해 문학사 지식이 암기의 부담만 되고 문학 능력의 향상에 도움이 되지 않는다는 비판을 받았던 것은 아닌지 진지하게 반성할 필요가 있다.

문학사적 지식은 개별 정보가 아니라 작품에 대한 탐구의 결과로서 도출된 일종의 구조화된 지식이자 '내러티브화된 지식'[20]이다. 이는 문학사적 지식이 단순한 정보나 지엽적인 지식이 아니라, 일련의 탐구 과정을 통해 구성된, 다른 정보나 지식들과 밀접하게 엮어진 형태의, 체계화된 지식 혹은 지식의 체계임을 뜻한다. 작품 해석에 이른, 일련의 읽기 혹은 탐구 과정을 담지한 지식의 체계라는 말이다.

이러한 문학사 지식은 일방적으로 전수해야 할 내용이 아니라 텍스트 수용과 생산에 기여하는 과정적이고 창의적인 지식으로 제공되어야 한다.[21] 이

---

19) 김정우, 「문학사교육에서 지식의 문제」, 『국어교육연구』 6, 서울대학교 국어교육연구소, 1999, 311~312면.
20) 정채찬, 앞의 논문, 2010, 43면.
21) 김성진은 문학사를 '갈등적 지식'으로 파악함으로써 문학사 교육이 '정보로서의 지식'이 아니라 작품과 삶을 바라보는 '지혜'를 얻는 것을 목표로 한다는 점을 분명히 하기도 하였다. 김성

런 관점에서 보면 결과로서의 지식 자체보다는 그 지식에 도달하는 과정이 중요해진다. 그리고 지식에 도달하는 탐구 과정이 곧 지식을 습득하기 위한 과정이자 방법이라는 점에서 문학사 지식을 교육 내용과 방법으로 가르는 것 자체가 무의미해진다. 교육 내용으로서의 지식과 그것을 배우는 방법이 따로 있는 것이 아니라, 문학사 지식의 속성 속에 지식을 학습하기 위한 방법이나 과정 또한 내포되어 있는 것으로 보아야 한다.

이러한 문학사 지식의 성격에 대한 인식은, 교육의 장에서 유용한 문학사 지식이 무엇인지에 대한 탐구가, 문학사 지식에 도달하기 위한 탐구의 과정으로서의 교육 방법에 대한 논의와 연동됨을 시사해준다.

(2) 작품 해석과 창작의 방법 내포

좋은 문학 수업이란 작품에 대한 다양한 해석을 보장해야 하고, 이를 위해 학생들을 다양한— 서로 갈등하는— 이론에 빠뜨려 갈등을 유발하고 스스로 자신만의 해석에 도달하도록 이끌어야 한다.22) 문학사 지식이나 문학사적 평가를 이끌어내는 과정 자체도 그러하거니와 그 결과로서의 지식 또한 늘 갈등과 논쟁의 중심에 있다는 점에서 문학사 지식은 그 자체로 갈등을 유발하고 학습자들로 하여금 그들만의 해석에 도달하도록·이끄는 데 유용할 수 있다. 물론 갈등에 빠뜨리는 것이 교육적으로 필요하다고 하여 학생들에게 문학 연구자들이 제안한 여러 이론들이나 문학사적 지식들을 그대로 제시할 수는 없는 일이다. 훈련된 연구자들이 작품 내·외적 정보를 단서로 삼아 추리해나간 경로를 학습자들이 따라갈 수도 없거니와 설혹 그 과정을 따라간

진, 「지식교육으로서의 문학사 교육에 관한 연구」, 『국어교육』 100, 한국국어교육연구회, 565~589면.

22) Richter, D. H., *Falling into theory—Conflicting views on reading literature*, Boston : Bedford Books of St. Martin's Press, 1994.

다 하더라도 연구자들이 그랬던 것처럼 그 결과로써 어떤 생산적인 결론에 도달하기는 어려울 수도 있다. 여러 이론이나 견해들을 한꺼번에 제시하게 되면 오히려 자칫 암기할 정보의 양만 늘리는 결과를 초래할 수도 있다.

그렇다면 어떻게 해석의 과정을 구조화된 지식의 형태로, 일종의 서사적 과정으로 구성할 것인가가 중요한 탐구 과제가 된다. 「정읍사」를 예로 문학사 지식을 맥락적 지식으로 활용하여 작품을 해석하는 방법에 대한 시사점을 찾아보고자 한다.[23]

「정읍사」는 백제의 노래이자 고려의 노래로 가르쳐지고 있다. 그러나 교과서와 수업을 보면 「정읍사」에 붙여진 '백제의 노래' 혹은 '고려의 노래'라는 표지가 작품을 해석하고 이해하는 데 크게 기여하지 못하고 있음을 어렵지 않게 확인할 수 있다. 작품에 붙여진 이름과 그 이름이 지시하는 시가 작품과의 인과성이 간과되고 이름은 단지 기술이나 설명을 위한 전 단계로서의 의미만[24]을 지닐 뿐이다.

사정이 그리되고 보니 백제의 노래로 규정하든, 고려속요로 규정하든 간에 가르쳐지는 내용과 방법은 대동소이할 수밖에 없다. 거의 모든 수업이 「정읍사」가 백제에서 유래한 고려의 속악 가사임을 간단히 언급한 후, 『고려사(高麗史)』「악지(樂志)」「삼국속악조」 등에 나오는 「정읍사」 관련 기록과, 망부석 설화 등 관련 정보, 그리고 문학사적 평가나 해석 내용을 소개한 후, 바로 작품에 대한

⏚「정읍사」의 시대 귀속 문제
「정읍사」에 대한 최초의 기록 "井邑 全州屬縣 縣人爲行商久不之 其妻登山石以望之 恐其夫夜行犯害 托泥水之汚以歌之 世傳有登岾望夫 石云"은 『고려사』에 나온다. 그런데 『고려사』는 세종의 교지를 받은 정인지 등에 의해 조선 초인 문종 1년(1451)에 완성되었다. 그리고 「정읍사」의 노랫말을 확인할 수 있는 것은 성종 24년(1493)에 완성된 『樂學軌範』에 이르러서이다. 기록으로 볼 때, 「정읍사」는 백제가 망한 660년 이전에 창작되어 통일신라를 거쳐 고려 궁중에서 주로 향유되다가, 적어도 800년이 지난 15세기 말에 정착된 작품임을 알 수 있는데, 사정이 이러하다 보니 작품의 시대 귀속 문제가 생겨날 수밖에 없다.

---

23) 「정읍사」를 예로 문학사에서 중시하는 시대 귀속의 문제가 작품 해석의 방향과 관련된다는 점과, 작품에 대한 시대 규정이 하나의 표지로 해석 서사를 이끌어내는 구조화된 지식이 될 수 있음을 살펴본 바 있다. 자세한 논의는 다음 논문을 참고할 수 있다. 염은열, 「교육의 관점에서 본 고전시가 해석의 다양성」, 『공감의 미학 고려속요를 말하다』, 역락, 2013.

24) 이봉재, 「이름과 지시─인과적 이름 이론을 중심으로」, 『哲學論究』 17, 서울대 철학과, 1989, 92~93면.

분석으로 나아가는 식이다. (가사가 현존하는 유일한) 백제 노래라는 기록을 존중하여 백제의 노래임을 언급하고 고려 전(全) 시대를 통틀어 향유되었다는 점에서 고려속요라고도 소개하지만, 정작 교육의 초점은 노랫말 자체에 대한 비평적 분석에 놓이고, 필요할 때 연구사의 성과를 편의적·자의적·피상적으로 활용하는 식이다. 지고지순한 아내의 기다림을 노래한 작품이라는 평가와 한때 '음사(淫辭)'로 교체 논란이 대상이 되었다는 사실이 별다른 설명이나 연결고리 없이 나란히 소개되기도 한다. 관계망 속에 엮이지 않은 까닭에, 그리고 작품 해석에 긴요한 맥락으로 활용되지도 않는 까닭에, 맥락과 관련하여 제공하는 많은 지식들이 고립된 정보로, 그저 시험을 위해 암기해야 할 지식으로 전락하고 만다.

사실 백제의 노래라고 보았을 때와 고려의 노래라고 보았을 때 작품에 대한 접근은 달라야 한다.[25] 어떤 표지를 선택했는지에 따라 동원되는 맥락 지식과 상호텍스트성을 지닌 작품들, 그리고 통시적 탐구의 방향 등이 모두 다르게 설정되어야 한다.

「정읍사」를 백제의 노래라고 규정했을 때를 예로 들어 설명해보자. 「정읍사」를 백제의 노래로 규정했다면, 우선 『고려사』 「악지(樂志)」 「삼국속악조」의 기록을 관련 정보로 제시하고, 같은 책에 실려 있는 「명주」 등 고구려 및 신라 속악가사들과의 공통점과 차이점을 따지는 한편 「무등산」 등 백제의 다른 노래들과의 관련성 속에서 「정읍사」가 지닌 작품으로서의 가치를 탐구해야 한다. 그리고 '정읍'의 노래인 「정읍사」와 그 노래에 얽힌 사연 속의 망부석이 망부석 설화와도 관련되며 일종의 문학적 명명 행위로써, 고려 시대에서 조선 시대에 이르기까지 정읍이라는 지역의 정체성 형성에 깊숙이 관여하고 있음을 확인해야 한다. 나아가 지금까지도 '정읍사 공원', 망부석,

---

25) 윤영옥, 「望夫石說話와 [井邑詞]」, 『고려가요 – 악장 연구』(국어국문학회 편), 태학사, 1997, 213~237면.

「정읍사」 시비(詩碑)가 있고 '정읍사'를 앞세운 간판들이 즐비한 '정읍'이라는 지역에 대한 정체성 형성에 대한 논의로 확산되어야 한다.

이 모든 과정은 '백제의 노래'라는 문학사적 위상이 하나의 커다란 우산이 되고 그 우산 아래 관련된 정보와 텍스트 등이 포함되어, 학습자들이 스스로 백제 노래로서의 해석 서사를 구성해가도록 의도된 것이다. 그리고 그 과정은 연구자가 백제의 노래임을 확인 혹은 발견한 과정, 즉 탐구의 과정과 닮아 있다. 연구자들이 그랬던 것처럼 학습자들 역시, 탐구가 꼬리에 꼬리를 물고 이어질 때 깊이 있는 해석에 도달할 수 있으며 정합성을 지니는 일관된 해석을 만들어가는 즐거움 또한 느낄 수 있게 된다.

이상으로 문학사 지식의 하나인 작품의 시대 귀속에 대한 정보 혹은 지식이 구조화된 지식으로 작품 해석의 과정을 안내하는 한편 그 해석의 결과로 구성되는 과정을 보여주고자 하였다. 문학사 지식이 교육 내용이나 단순한 배경 지식이 아니라 구조화된 지식이자 내러티브화된 지식임을, 작품에 대한 해석의 과정을 안내하고 동시에 해석의 결과로 구성되어야 하는 지식임을 보여주고자 한 것이다.

그런데 이렇게 문학사 지식이 교육 내용이자 방법으로 기능하려면 학습자가 문학 경험의 주체로서, 즉 문학사 지식을 활용하고 구성하는 주체로서 참여해야 한다. 연구자들이 백제의 노래라는 문학사적 명명에 이르는 과정을, 학습자들 역시 비슷하게 경험해야 하는 것이다. 그리고 그 과정에서 학습자들 역시 백제 노래로서의 해석 서사를 스스로 구성할 수 있어야 한다. 교사가 백제의 노래라는 표지 아래 관련 정보와 상호텍스트성을 지니는 텍스트들을 제공해주면, 학습자가 활동의 주체가 되어 제공된 정보를 동원하거나 활용하여 작품 해석을 시도해보고 관련 텍스트들과 비교 대조해보면서 백제 노래로서의 역사적 특수성과 의미 작용을 발견함으로써 결국에는 '백제의 노래'라는 문학사적 명명이 이르러야 한다.

학습자가 스스로 발견하였거나 구성한 지식이 아니라면 그 지식들은 모두 외부의 지식일 뿐이다. 외부의 지식은 내 것이 되지 못해 그저 공허한 지식일 뿐이다. 연구자처럼 일련의 탐구 과정을 거쳐 스스로 어떤 지식을 구성하거나 앎에 도달했을 때만 그 지식이나 앎은 학습자에게 살아 있는 당사자적 지식이 된다.[26] 그런데 일정한 시간이 투여되고 학습자의 적극적인 참여가 요구된다는 점에서 탐구를 통해 당사자적 지식을 획득하기 위해서는 '최소한의 읽기'[27]가 필요하다. 문학교사는 작품에 대한 모든 것을 가르칠 것이 아니라 잡다한 정보 중에서 작품 해석에 필요한 것을 골라내 구조화함으로써 학습자가 탐구의 주체로서 최소한의, 그러나 효율적인 읽기를 할 수 있도록 도와야 한다. 최소한의 작품 읽기를 통해 '문학사에 젖고 거기에 빠지고, 그러다 다시 나오는'[28] 경험, 즉 배경 지식을 활용하여 작품을 해석해보는 '온전한' 경험을 할 수 있도록 해야 한다.

한편 상호텍스트성에 입각한 방법은 이러한 탐구의 과정에서 유용한 방법이자 그 자체로 문학교육 방법이 될 수 있다. 상호텍스트성을 활용한 방법, 즉 동시대 혹은 다른 시대의 작품들과 비교·대조함으로써 작품의 고유한 특징과 한국문학으로서의 보편적 특징에 대해 파악하는 방법은 그 자체로 문학사적이다. 문학 작품을 공시적·통시적 관계망 속에서 해석하고 평가하는 것이 바로 문학사적 접근이기 때문이다.

상식적으로 생각해볼 때도 하나의 개별 작품을 독립적으로 이해하고 감상

■당사자적 지식
(personal knowledge)
개인의 고유한 경험과 관찰에 의해 체득된 '개인의' 지식을 일컫는 말로, 폴라니(Polanyi, M.)가 쓴 책의 제목이자 폴라니 지식론의 핵심 개념이다. 폴라니는 지식이 누군가의 설명을 통해 전달되는 것이 아니라 학습자 개인의 관찰과 경험을 통해서만 실천적인 능력이자 앎이 될 수 있다고 보았다. 그 어떤 지식도 구체적인 실천의 맥락에서 반성과 연습을 통해 '체득'되며 언어화가 불가능한 차원에 자리하는 묵지 혹은 암묵지(tacit dimension)와 결부되었을 때 실천적 의미를 획득하기 때문이라고 하였다. 이 견해를 받아들인다면, 문학 해석 및 창작 활동의 주체는 학습자이어야 하며, 문학 수업은 인식 및 지식 구성 주체로서의 학습자가 개별적인 작품에 조회하면서 지식을 구성해 가는 과정과 이러한 구성의 결과를 해석공동체에 조회하고 조정하는 과정, 그리고 그 과정을 통해 새롭게 지식을 발견하거나 구성하는 과정을 조력하는 것이 되어야 한다.

---

26) 외부의 지식과 당사자적 지식에 대해서는 다음 논문을 참조할 수 있다. 염은열, 「문학능력의 신장을 위한 문학교육 지식론의 방향 탐색」, 『문학교육학』 28, 한국문학교육학회, 2009.
27) 김정숙, 앞의 논문, 2002, 12면.
28) 정재찬, 앞의 논문, 2010, 54면.

하는 것보다 동시대의 다른 작품과 비교하고 또 다른 시대의 작품과 대조하는 과정에서 훨씬 폭넓고 깊이 있는 이해와 가치 평가가 이루어질 수 있다.[29] 그리고 학습자들이 상호텍스트성에 입각하여 작품을 이해하고 가치 평가를 내리는 과정에 기꺼이 동참하다 보면, 간혹 단순한 비교·대조를 넘어서 특정한 시대에 존재했던 작품들이 어떠한 양식적 특징을 가지고 있으며 왜 그러했는가, 그리고 왜 소멸했는가에 대한 의문이나 질문으로 발전할 수도 있다. 그 질문이 여러 작품들 사이의 관계와 의미를 추적하는 '활동'으로 이어지고, 학습자들이 작품과 작품, 즉 작품의 안과 밖을 자유롭게 연결해가며 작품을 이해하고 즐기는 단계로 나아갈 수도 있다.[30] 구체적인 작품들로부터 쉽게 단순화될 수 없는 다양한 방향성을 포착해 내고, 여러 모순된 지향들이 공존하는 시대 내부의 복잡성을 인식하며, 이로부터 후대로의 문학사적 변화의 조짐을 읽어내는 데[31]까지 나아갈 수 있게 된다. 이것이 바로 우리가 상정해볼 수 있는 이상적인 학습 상황이자, 우리가 지향해야 할 높은 수준의 문학사 학습 활동의 단계 혹은 수준이 될 수 있다.

결국 문학사 지식은 문학교육의 내용이자, 탐구의 주체인 학습자가 문학 연구자가 했던 것과 유사한 방법을 통해, 즉 관련 맥락 정보를 활용하고 공시적·통시적으로 관련된 텍스트들과 비교·대조하는 방법을 통해 스스로 발견하고 구성해내야 하는 지식이라 하겠다.

---

29) 류수열, 앞의 논문, 1999, 60~61면.
30) 김정우, 「학습자 중심의 문학사교육 연구」, 『국어국문학』 142, 국어국문학회, 2006, 399~430면.
31) 김서윤, 「문학사교육의 내용과 방법에 대한 재검토」, 『문학교육학』 42, 한국문학교육학회, 2013, 159면.

(3) 문학의 본질과 갈래에 대한 성찰

문학교육의 내용과 방법 제공 외에 문학사가 줄 수 있는 혜택은, 문학사가 문학의 본질에 대해 근본적인 성찰을 요구하고 그 이해를 깊게 한다는 점이다. 문학사 서술의 과정에서 제기된 쟁점들에 주목함으로써, 우리는 우리에게 문학이란 무엇이며 한국문학이란 또 어떤 의미가 있는지 등 본질적인 물음에 대한 교육적 답을 마련할 수 있다. 이는 문학을 배우면서도 정작 문학이 무엇인지에 대해서는 고민할 겨를이 없는, 그로 인해 문학이 무엇인지에 대한 자기 나름의 답을 찾지 못하고 있는, 문학교육의 장에 시사하는 바 크다.

문학사는 '문학이 무엇인가' 라는 물음에 대해 인간이 무엇을 문학이라고 하였는지 보여줌으로써 답을 해왔다. 지금까지 문학사는 문학이라는 것이 고정된 실체로 존재하는 것이 아니라 유동적이며 따라서 철저하게 시대의 산물이라고 말해온 셈이다. 사실상 시, 소설, 희곡 등 우리가 잘 아는 문학의 분류 역시 근대 이후의 문학 관습에 따른 갈래 구분일 뿐이다.

그런데 '문학'이 이렇듯 역사와 시대에 따라 달리 규정되는 개념이라면 과거로부터 오늘에 이르는 '문학'의 역사를 서술하는 것이 어떻게 가능할까 하는 본질적인 질문에 직면하게 된다.[32] 이 질문을 달리 말하면 내포와 외연이 동일하지 않은 근대 이전의 문학과 근대 이후의 문학을 어떻게 통합적으로 파악할 수 있을까[33] 하는 문제이다. 이 문제는 문학사 서술의 장, 즉 문학 연구의 장뿐만 아니라, '문학'이

> 📖 문학사 서술과 관련된 쟁점 쟁점들은 대체적으로 다음 질문에 대한 대답의 차이에서 비롯되었다. 첫째, 문학이 무엇인가, 둘째 문학과 역사의 관계를 어떻게 볼 것인가, 셋째 시대 구분을 어떻게 할 것인가, 넷째 문학의 역사를 어떻게 바라볼 것인가 등이 바로 그것이다. 이러한 질문들은 문학사 서술의 국면에서 제기된 물음들이지만, 문학이라는 보편 예술과 한국문학이라는 역사적 산물에 대한 근본적인 성찰을 요구한다는 점에서 문학을 가르치고 배우는 장에서도 중요한 물음이다.

---

32) 한국문학사 편찬 논의에 동참한 연구자들 모두 직접적 혹은 암시적으로 이 문제에 대해 언급하고 나름의 견해를 피력하고 있다. 토지문화재단, 앞의 책, 2001 참고.
33) 강상순은 이런 이유에서 보면 문학사를, 개별 작품들의 총합이라기보다는 갈래들의 생성과 변형, 습합과 소멸의 과정으로 묘사하는 것이 일면 타당하다고 하였다. 강상순, 앞의 논문, 2005, 21면.

라는 말로 근대 이전의 문학과 근대 이후의 문학을 포괄하여 가르치고 있는 문학교육의 장에서도 어떤 식으로든 답을 마련해야 하는 질문이다. 사실상 근대 이전과 근대 이후의 문학이 지닌 차이 혹은 역사적 특수성을 인정하면서도 이 둘을 포괄하는 보편성을 동시에 추구하는 갈래론과, 고전문학과 현대문학의 단절과 연속의 문제를 다루는 전통론이 이 질문에 대한 대답이자 문학교육의 중요한 내용이자 관점으로 포함되어 있다. 그러나 미리 말하면 전자, 즉 갈래론이 문학 행위에 대한 이해를 깊게 해주고 문학 창작 및 생산의 원리를 제공해주지는 못하고 있으며, 후자, 즉 한국문학의 연속성에 대한 인식이 오늘날 우리에게 과거의 문학이 무엇이며 어떤 의미를 지니는지에 대한 해답의 실마리를 제공해주지는 못하고 있는 상황이다.

문학교육의 장에서 갈래는 그 자체로 중요한 교육 내용이다. 작품 읽기는 으레 작품이 속한 갈래에 대한 정보를 소개하는 것으로 시작된다. 서정, 서사, 극, 교술 등 큰 갈래(보편 갈래, Gattung)와 향가, 고려속요 등 작은 갈래인 역사적 갈래(갈래종, Art)에 대한 정보를 작품의 맥락 지식으로 중요하게 소개하고 있다. 그러나 이러한 장르 규정이나 귀속이 작품 해석에 활용되거나 문학 창작 및 수용의 보편적 원리와 역사적 관습에 대한 이해로 발전하는 경우는 거의 없다. 그보다는 작품의 형식적 특징을 갈래적 특성으로 환원해버리는 경우가 더 많다. 이런 상황에서 학습자들은 갈래 구분이 왜 필요하며 갈래를 아는 것이 어떤 이로움을 주는지 전혀 알 길이 없게 된다.

사실 갈래론은 '분류에 그칠 수 없고 문학이 왜 문학인가 하는 물음에 대한 대답의 하나'[34]이며, 따라서 '단지 형식의 문제나 질서화를 위한 난해한 지적 유희가 아니라 문학 작품의 형식과 내용 그리고 인간의 문제를 총체적으로 다루는 진정한 시학으로 거듭나야 한다.'[35] 큰 갈래와 작은 갈래를 나

---

34) 조동일, 「자아와 세계의 소설적 대결에 관한 시론」, 『한국소설의 이론』, 지식산업사, 1997, 83면.

누고 작품을 갈래에 귀속시키는 행위는 분류를 위한 분류나 지적 유희에 그치는 행위가 아니라, 작품들 간의 차이를 넘어서 문학의 보편적 형식(보편 갈래, 큰 갈래)이 무엇인지 탐구하고 시대와 역사가 문학에 개입하는 특수한 양상(작은 갈래, 역사적 장르종)을 따지는 탐구 행위여야 한다.

　보편 장르가 실재하는지 자체가 논쟁거리이고, 보편 장르가 실재한다고 했을 때 어떤 원리에 따라 몇 개의 큰 갈래로 나눌 것인지가 또한 논쟁거리이다.36) 논쟁에 동참하기보다, 여기서는 다만 문학교육의 장에서 보편 장르라는 개념이 여타 예술 양식과 구별되는 문학 고유의 형식이나 지향에 대한 이해에 유용한 개념이라는 점을 확인하고자 한다. 제시 방식에 따라 서정, 서사, 극으로 3분을 하든, 세계와 자아라는 개념을 끌어와 서정, 서사, 극, 교술로 4분을 하든 간에, 보편 갈래는 인간의 문학 행위에 대해 설명하고 있으며 문학적 표현 및 수용의 보편적 방법에 대해서도 시사하는 바 크다. 가령, 논란의 여지가 있지만, 문학 작품을 해석하거나 창작하려고 할 때 다음과 같이 활용될 수 있다. 작가가 독자에게 이야기하는 방식인 서사와 더불어 작가가 숨고 인물 상호간에 말하는 방식이 극임을 설명함으로써 학생들은 동일한 사건이나 일을 문학적으로 제시 혹은 재현하는 두 가지 방식을 알게 되고, 오늘 하루 있었던 일을 누군가에게 이야기하는 서사적 표현과 인물 상호간의 말로 재현하는, 극적 표현을 생산할 수도 있게 된다.

　그런가 하면 역사적 갈래 또한 문학교육의 장에서 유용한 개념이다. 역사적 갈래에 속하는 작품을 해석할 때는 물론이고 오늘날의 문학적 관습과는 다른 관습에 근거하여 문학적 표현을 시도해볼 수도 있으며, 시대와 역사가 문학에 관여하는 역동적인 양상을 이해할 수 있기 때문이다. 강상순은 개별 작품이 참조하는 문학적 관습이란 일종의 습속처럼 문학의 창작과 수용 과

---

35) 김창현, 『한국의 장르론과 장르 보편성』, 지식산업사, 2005, 19면.
36) 논쟁의 역사와 쟁점에 대해서는 다음 책을 참고할 수 있다. 김창현, 위의 책.

정에 일정한 구속력을 행사하며 한 시대의 문학담당층에게 그와 같은 관습의 힘이 작용하는 한 갈래는 유지·재생산된다고 말한다.37) 이와 관련하여 작품이 향가라는 역사적 갈래를 속한다는 사실을 안다는 것은, 단순히 어떤 갈래에 속하는지 분류하는 차원을 넘어서, 신라 시대 작가들의 창작 과정에 개입했던 관습의 힘을 이해하고 향가 작품에 대한 해석을 깊게 하는 계기가 되어야 한다.

다음으로 고전문학과 현대문학의 단절과 연속에 대한 논의에 대해 살펴보자. 문학 교육과정에서는 고전문학과 현대문학을 문학이라는 단일 범주로 묶고 있다. 그러나 연구 및 교육 제도 및 현실 안에서는 고전문학과 현대문학의 구분의식과 구분이 엄연하게 존재한다.

예컨대 현대시와 견주어볼 때 고전시가는 여러 모로 달라 보이고 사실상 다른 관습과 제도의 산물이다. 현대'시'와 대비되는 고전'시가'라는 명칭에서도 드러나듯이 고전시가는 '가(歌)', 즉 '노래'라는 점이 특징적이다. 권위를 갖고 있는 저자가 있고 그 저자의 문필 행위의 결과인 현대시라는 양식과 달리, 고전시가는 공개적인 자리에서 노래로 불렸거나 적어도 구술 행위로서의 연행을 염두에 둔 양식이라는 특징이 있다. 독서물로서의 성격이 강한 현대시와는 달리 고전시가는 가창이나 음영을 염두에 둔 갈래라고 하겠다. 작가(作家)가 글을 쓴다는 의식을 가지고 생산한 것이 아니라 어떤 작자(作者)가 노래의 가사로 혹은 율동감 있게 말하려는 의식을 가지고 만들어 유통되고 향유된 문학이다. 이러한 고전시가는 고전국문문학 일반이 그러하듯이 '근대' 이후 '발견'되고 의미가 부여되어38) 문학교육의 장에 자리를 잡게 된 이력을

---

37) 강상순, 앞의 논문, 2005, 30면.
38) 임형택의 말처럼 "근대적 문학 개념에 의거한 학문으로서 국문학이라는 신종 학문이 성립되고 국문학사가 출현하였으며, 그 학적 공작의 과정에서 그 이전에 오래도록 문학으로 향유하고 우대받았던 한문학은 퇴출당하고 문학으로 인정받지 못했던 '언문' 자료들의 발굴, 문학의 정전(正典) 지위에 오르게 되었다." 임형택 외, 앞의 책, 2010, 19면.

가지고 있다.

문학교육의 장에서는 이러한 차이를 인정하기보다는 공통점이나 유사성을 발견하는 데 관심을 기울여왔다. 줄긋기식 전통론이 대표적인데, 고려속요 「가시리」와 현대시 「진달래꽃」의 유사성에 주목하여 이 둘을 통시적으로 연결지음으로써 이별 시가의 전통을 '고안'해내기도 하였다.[39] 이러한 줄긋기나 문학사적 평가는 차이를 무화시키고 두 작품의 풍부한 질을 단순화한다는 점에서 바람직하지 않다. 덧붙여, 차이를 인정하지 않고 오늘날 교실에서처럼 구술적 전통에서 나온 고전시가를, 문어적 전통에 입각한 현대시를 보는 관점과 방법으로 재단하여 가르치게 되면, 고전시가는 함량 미달의 문학으로 간주될 가능성마저 생겨난다. 차이를 존중할 때 고전문학의 고유한 가치를 인식하게 됨으로써 현대 학습자들의 인식의 지평이 넓어질 수 있다.

그런 점에서 고전문학과 현대문학의 차이를 인정하고 존중하되, 보다 내밀한 차원에서의 연속성을 상정할 필요가 있다. 차이를 인정함으로써 다양한 문학 경험을 할 수 있도록 하고, 연속성에 대한 강박으로부터 자유로워질 필요가 있다. 사실 현재의 문학과 우리의 국어활동에는, 여러 시대 국어활동의 지층들과 그것들 간의 단속이나 연쇄 및 섞임이, 다시 말해 통시적 전개의 흔적이 각인되어 있다. 연속성을 지니는 역사 속에서 '생성'이나 '향유', '소멸' 역시도 칼로 무 자르듯 종결되는 사건이 아닐 것이다.

갈래의 소멸을 예로 들자면, 소멸이란 돌연한 후퇴나 물러남이 아니라 특정 시기에 특정 맥락 속에서 지배적으로 양식으로 기능하다가 서서히 그 지

줄긋기식 전통론
외형적 유사성이나 소재나 주제 차원의 동질성을 찾는 전통론을 일컫는다. 전통론은 국문학 논쟁사에서 가장 해묵은 논쟁 중의 하나로, 임화의 이식문학론이나 이광수의 민족개조론 등에서 시작하여 70~80년대 이르기까지 많은 논의가 있었다. 우리는 전통 문학이기 때문에 가르쳐야 한다는 당위론에 입각하여 고전문학을 관행에 따라 가르쳐온 면이 없지 않았다. 현대문학의 뿌리가 되거나 오늘날의 문학과 이어지는 전통문학임을 입증하기 위하여 초기에는 외면적인 동질성이나 유사성을 찾았고 점차 인과적 연관성 및 구조적 유사성을 찾는 방향으로 나아왔다. 그러나 현대문학과 고전문학의 유사성을 찾으려는 노력과 더불어 고전문학이 낯선 타자이기 때문에 문화적 다양성과 역사적 정체성의 형성하는 데 유익한 자료라는 점 또한 명확하게 인식할 필요가 있다.

---

39) 줄긋기식 전통론 등 고전문학과 현대문학의 연속성에 대한 강박이나 당위적 접근에 대해서는 이미 여러 차례 논의한 바 있어 상술하지 않는다.

배적 위상에서 물러나 다른 양식으로 녹아들어갔거나 잠행성(潛行性) 유산으로 자리하게 되는 과정으로 볼 수 있다. 이런 관점에 따르면 개별 역사적 장르에 대한 이해는, 과거 특정 시기의 문학을 인식하는 문제를 넘어서 현재의 문학 및 언어활동을 인식하는 문제가 된다.

　이상에서 살핀 것처럼 문학사 연구의 과제 중에서 갈래 및 한국문학의 연속성에 대한 논의와 그 성과들은, 학습자들에게 한국문학이란 무엇이며 어떤 의미가 있는지에 대한 이해를 깊게 해주고 문학 작품 생산 및 이해의 방법에 대한 시사점을 제공해준다.

4. 학습자 개인의 문학사 구성 : 교육의 도달점

(1) 문학에 대한 설명과 해석의 서사

　학습자들에게 문학사적 안목과 구도를 길러주는 것은 그 자체로 문학교육의 도달점이 된다. 사실상 일정 기간 진행된, 제도적 실천으로서의 문학교육을 마친 학습자라면 자기 자신도 모르게 어느 정도는 문학사 지식이나 문학사적 구도를 내면화하게 된다. 정확하지 않을 수도 있고 수준의 차이도 있겠지만 한국문학의 흐름 속에서 특정 작품의 위상을 대략적으로 알게 되고 문학사 지식을 활용하여 작품을 해석하거나 설명하려고 시도하게 된다. 자신이 한 일이나 경험한 것에서 흥미를 찾고자 하고 의미를 부여하고자 하는 것이 인간의 본성이고 어떤 식으로든 자신의 경험들을 자기 나름의 인식 체계 안에 받아들여 정리해둘 수밖에 없기 때문이다.

　사실 읽기 작업에 통합적 관점이 주어지지 않으면 분산되고 단편적 지식에 머물게 되며 무의미하고 흥미 없는 지식이 될 수밖에 있다.[40] 문학적 사실들이나 개별 지식들은 '일정한 질서 속에 편입될 때만이 타당하고' 흥미로운 것이 되기 때문에, 우리는 늘 우리들의 학습 경험을 일정한 질서나 체계 속에 편입하여 질서화하려는 의지를 지니게 된다. 그 과정에서 어떤 식으로든 학습자 개인의 문학사가 구성되기에 이른다.

그런데 한 작품에 대한 학습 경험은, 그 자체로 듀이가 말하는 하나의 경험(An Experience)로서의 연속성과 완결성을 지닌다. 가령, 고려속요 「가시리」를 배운다고 했을 때, 학습자들이 지금까지처럼 중세시가 「가시리」가 현대시 「진달래꽃」에 이르는 이별시가의 전통 속에 있다는 것을 먼저 알 필요는 없다. '가시리 가시리잇고', 이별을 통고받았을 때의 놀람과 슬픔에서 시작하여 '가시는 듯 다시 오소서'라는 소망의 말을 던짐으로써 스스로를 위로하는, 현명한 화자의 심리 및 정서 변화를 경험할 수 있으면 그것으로 족하다. 그런데 그러한 감상 경험은 일련의 하위 경험들의 연쇄로 구성되지만 「가시리」 이해 및 감상 경험으로서의 완결성 또한 지닌다.

수업 시간에 이루어지는 개별 문학 작품에 대한 학습은, 이처럼 완결성을 지니는 경험으로서의 독자성을 지닌다. 그러나 그런 독자적인 경험 자체가 문학사적 구도에 따라 기획된 것임은 물론이다. 교사와 달리 대개의 학습자들은 그러한 기획 의도를 알아채지 못할 뿐이다. 문학 교육과정을 설계할 때나 교과서를 만들 때는 문학사적 안목에 따라 다양하고 풍성한 문학 작품을 배치해야 하지만, 학습자들이 그 사실을 알 필요는 없다. 그렇게 배치된 식탁에서 즐겁고 유익한 식사를 하면 그만이고, 그 식사를 통해 양분을 얻고

> **하나의 경험**
> '경험'을 유기체와 환경 사이의 상호작용으로 보고 '교육'을 경험의 확장과 해방으로 정의하는 듀이(Dewey, J.)의 '경험' 개념을 지칭하는 용어이다. 듀이의 교육론은 경험의 연속성과 진정성에 대한 인정과 실천적인 지성에 대한 낙관, 구성원들의 다양성과 그것을 보장해주는 민주주의라는 토대 등을 핵심 개념으로 한다. 경험의 진정성과 완결성, 연속성 및 연계성을 표현하기 위하여 '온전한 경험'이라고 번역하기도 한다. 교실에서의 문학 작품에 대한 감상 역시 온전한 하나의 경험을 지향해야 한다.

---

40) 김정숙, 앞의 책, 2002, 6면.

음식의 진정한 맛을 경험하면 그만이다. 문학 교실에서는 작품에 대한 다양한 이해나 풍성한 감상이 일어나면 그만인 것이다.

그러나 즐겁게 식사를 하다 보면, 이러한 개별 작품이나 문학 현상에 대한 학습의 경험들이 축적되어감에 따라, 자연스럽게 학습자들은 한국문학의 보편성과 특수성에 대한 감(sense)을 잡게 되고 한국문학사에 대해 어렴풋하게나마 개괄적으로 이해하기에 이른다. 개별 작품에 대한 감상 경험이 어느 정도 축적된 고등학교 단계에서 우리는 한국문학사를 기술하고 있는 짧은 글을 수록하여, 이전의 경험을 문학사적 구도 속에서 조망하고 체계화하도록 돕고 있다. 그러나 교과서에 수록된 글의 도움을 받지 않고서도, 잠재적 교육과정으로 학생들 각자 자신만의 문학사를 구성하고 문학사적 안목을 형성해간다고 보아야 한다. 한국문학사 혹은 한국문학과 한국문학으로서의 개별 작품에 대한 설명 및 해석의 서사를 만들어가는 것이다.

그런데 교사뿐만 아니라 학습자 역시 학습 과정을 거쳐 '설명의 주체'[41]가 되어 작품에 대해 자신만의 경험이나 해석 내용을 말할 수 있어야 한다. 이러한 설명 혹은 해석의 서사는, '누군가'의 문학사에 입각하여 선택된 문학 작품과 교육 내용에 대해 비판적으로 성찰하고 자신의 고유한 경험과 가치관 등을 감안하여 학습자가 새로 쓴 자신만의 문학사에 다름 아니다. 그러나 제도교육으로서의 문학교육의 목표가 학습자들로 하여금 이러한 문학사를 구성하도록 하는 것 자체에 놓여 있는 것은 아니다. 문학을 통해 인간으로서의 자신에 대한 이해와 세상살이 및 사람에 대한 이해를 깊게 하는 과정에서, 잠재적 교육과정으로 문학사를 구성하게 되면 그것으로 족하다.

우리가 분명하게 인식해야 할 것은 학습자라면 누구나 자기 나름의 문학사를 구성한다는 사실이다. 그리고 장차 학습자들이 자기 나름의 문학사적

---

41) 김정우, 앞의 논문, 2006, 409~410면.

구도에 입각하여 개별 작품이나 문학 현상을 해석하거나 설명하며 살아간다는 점이다. 제도교육으로서의 문학교육을 설계하고 실천한 '누군가'의 문학사적 구도와 안목이, 결국에는 학습자에게 이르러 문학 현상이나 작품에 대한 접근의 방법이자 설명과 해석의 서사로 재구성된다는 사실이다. 우리가 오늘날의 학습자들이 문학교육의 결과로 어떤 문학사를 형성하는지에 대해 늘 살피고 장차 학습자들로 하여금 어떤 문학사를 구성하도록 할 것인가에 대해 깊이 있게 고민해야 하는 까닭이 바로 여기에 있다.

(2) 개인의 취향과 사회적 교양의 형성

모든 것은 이미 역사에서 주어진 것들이며, 예술적 가치든 역사적 가치든, 과거의 것이든 현재의 것이든 고급문화이든 대중문화이든 그 구별은 그다지 중요하지 않고, 중요한 것은 이를 통해 자신만의 박물관을 갖게 되는 것이라고 한다.[42] 그럴 때 그 소장품들이 학생들에게 의미를 갖고 빛을 발하며, 학생들은 필요에 따라 자신의 소장품 목록을 늘려나갈 것이고, 큐레이터로서 수시로 그 배열을 바꾸게 될 것이며, 그렇게 문학사교육과 문학교육이 행복한 결합이 이루어진다는 것이다.

향가 중에서도 「제망매가」를 우선으로 꼽고, 고려 가요 중에서 「청산별곡」을 먼저 기억하며, 허다한 가사 작품 중 「관동별곡」을 최고로 여기는 문학 활동, 그리고 김소월과 윤동주를 가장 좋아하는 시인으로 꼽고, 「서시」를 자신의 애송시로 간주하는 문학 활동은, 학습자가 이미 스스로 문학사를 쓰고 있는 일종의 학습 활동으로 볼 수 있다. 물론 특정 작품에 대한 선호가 외부적인 조건에 의해 강요된 결과라 하더라도, 학습자 개인이 이를 기억하

---

42) 정재찬, 앞의 논문, 2010, 58면.

고 재현한다는 것은 포괄적인 의미에서 문학사적 실천이라고 말할 수 있다.[43] 자신만의 문학사를 구성했다는 증거도 된다.

이렇게 자신만의 문학사를 구성하는 일은 학습자들의 문학에 대한 접근 방법 혹은 관점을 형성하는 일이라는 점에서도 중요하고, 좋아하는 작품의 목록을 만들고 그 과정에서 학습자 자신의 문학 취향을 형성한다는 점에서 개인적 의미와 의의를 지닌다. 나아가 문학 취향의 형성이라는 개인적인 의의를 넘어서, 우리 사회의 교양을 형성한다는 사회적 기능 또한 지닌다는 점에서 주목을 요한다. 문학 작품이 문화유산으로서의 가치를 지니며, 문화유산인 문학 작품에 대한 목록을 공유하고 그러한 문학 작품에 대한 접근의 방법이자 도구로서의 문학사 지식을 후속 세대들에게 전수하는 측면이 분명하게 존재하기 때문이다. 학습자 자신만의 문학사를 구축하는 일이 이처럼 공동체의 구성원으로서 공동의 앎을 공유함으로써 '내적인 정체성'을 갖도록 하는 데[44]까지 이르는 것이다.

이로써 문학교육의 장에서 문학사를 어떻게 바라볼 것인가, 문학사의 어떤 연구 성과를 활용하여 교육 내용과 방법을 어떻게 구성할 것인가의 문제가 개인은 물론이고 우리 사회 전반에 중요한 의미를 지닌다는 점을 알 수 있다. 개인의 문학적 취향은 물론이고 우리 사회의 지배적 문학관이나 교양의 형성에도 깊숙하게 관여한다는 점에서, 문학교육의 장에서 문학사에 대한 정확한 이해와 비판적 태도가 절실하게 요구된다고 하겠다.

---

43) 류수열, 앞의 논문, 1999, 68~69면.
44) 조하연, 앞의 논문, 2013, 526면.

✅ (　　)에 알맞은 말을 써 넣으면서 주요 개념을 정리합니다.

1 (　　　　)는 문학의 역사에 대한 '누군가'의 서술로, 축적된 학문 전통에 바탕을 두되 늘 다시 서술될 가능성이 있는 잠재적인 결론이다.

2 제도교육으로서의 문학교육의 시작은 교육 연구자 및 교사들의 (　　　　) 에서 비롯되며, 문학사 지식이나 내용은 문학교육의 내용이자 방법으로 그리고 문학의 본질에 대한 대답으로 문학교육의 장에서 적극 수용되고 활용되며, 문학교육을 통해 학습자들은 자신만의 문학사를 구성하게 된다.

3 문학사적 안목이나 구도란 통시적인 흐름 속에서 개별 작품이 지닌 고유한 특징을 간파할 수 있는 비평의 눈이자 하나의 작품을 (　　　　) 속에서 바라볼 수 있는 능력으로, 보편과 특수, 전체와 부분을 아우르고 관련 지어 사고할 수 있는 능력이다.

4 문학사적 안목과 구도는 문학 교육과정 구성과 문학교육 실천의 (　　　　) 으로 작동함과 동시에 (　　　　)의 논리이자 이데올로기로 작동한다. 이 두 가지 작용에 대해 정확하게 알고 비판적 태도를 취할 때 정치적·윤리적 정당성과 미학적 다양성을 확보할 수 있는 문학교육을 설계하고 실천하는 것이 가능하다.

5 문학교육의 내용으로서의 문학사 지식은 개별 정보나 단순 지식이 아니라 작품에 대한 탐구의 결과로 도출된, (　　　　)이자 내러티브화된 지식이라는 특징이 있다.

6 문학사적 평가나 문학사 지식은 문학 연구자들이 탐구의 과정을 거쳐 도달한 결과이다. 학습자들 역시 그러한 탐구의 과정을 경험함으로써 스스로 문학사 지식을 구성해야 한다. 학습자가 활동의 주체이자 탐구의 주체가 되어, 관련 정보나 지식을 적용해보는 한편 (   )을 지니는 여러 작품들과 비교·대조함으로써 작품에 대한 문학사적 평가나 문학사 지식에 도달하도록 해야 한다.

7 문학사는 문학과 한국문학에 대한 본질적인 질문을 던진다는 점에서 교육적 가치를 지닌다. (   )의 본질에 대해 생각해보게 함으로써 작품 창작 및 수용에 일정한 구속력을 행사하는 문학적 관습에 대한 이해를 깊게 해주고 문학의 흐름 속에서 고전문학과 현대문학의 연속과 단절의 문제에 대해 성찰하게 하고 고전문학의 현재적 가치에 대해 인식하게 한다.

8 제도교육의 전 과정을 통해 학습자들 각자는 자신만의 문학사를 구성하게 된다. 이러한 문학사 구성은 (   )을 형성한다는 점에서 개인적인 의미를 지니며 그러한 개인들로 이루어진 우리 사회의 문학 문화와 사회적 교양을 형성한다는 점에서는 사회적 의미 또한 지닌다.

✅ 지시에 따라 서술하면서 문학교육의 장에서 문학사가 어떤 유용함 혹은 의미가 있는지, 나아가 어떻게 바라봐야 할 것인지 생각해 봅니다.

1 문학사란 무엇인지 자신의 말로 정의하시오.

2 문학사에 대한 정의를 바탕으로, 문학사가 문학 교육과정을 설계하거나 문학 수업을 실천하려고 할 때 어떤 이로움을 주며 어떻게 작동하는지 서술하시오.

3 제도교육으로서의 문학교육은 일정 정도 문학사를 바탕으로 기획되고 실행된다. 그 점에 주목하여 우리 문학교육의 문제점에 대해 서술하고 그 개선 방향에 대해서도 서술하시오.

✓ 지시에 따라 주요 개념을 적용하면서 실천적 능력을 기릅니다.

1 문학사적 지식은 교육 내용이자 방법이다. 문학사 지식의 성격에 주목하여 그 까닭을 서술하시오.

2   <보기>의 내용은 박인로의 「누항사」에 대한 문학사적 평가이다. 이 평가 혹은 지식을 활용하여 어떻게 「누항사」를 가르칠 것인지 수업 개요를 작성하시오. (단, 문학사적 지식을 「누항사」해석의 도구로 활용할 것.)

보기	전쟁으로 인해 달라진 강호에서의 삶을 실감나게 보여주고 있는, 조선 전기에서 후기로 넘어가는 과도기의 가사

제5장

문화 : 문학교육의 문화론적 관점과 실제

문학과 역사, 문학과 철학, 인류학과 문학, 심리학과 문학, 예술과 문학 등 학문 간의 경계 허물기가 이루어지고 있다. 문학 연구가 인접 학문과 연계되면서 여러 가지 새로운 방법론들이 생겨났고, 인문학의 다양한 영역들이 문화와 관련되는 양상이 나타난다. 문학 연구는 문학 그 자체의 탐구보다는 '문화 연구'라는 새로운 인문학의 연구 방식을 요한다. 뿐만 아니라 삶의 영역에서도 '문화'는 우리에게 통합적 인식을 준다는 차원에서 문학교육의 문화론적 시각이 요구된다. 문학교육에서 문화를 강조하는 것은 '문화'가 문학을 학생들의 삶과 통합시키는 가장 효과적인 방법이기 때문일 것이다.

이 장에서는 문학의 인접 학문을 살펴보고, 이들의 통합적 인식이 왜 필요한지 논의할 것이다. 그간 문학교육에서 문화와 관련된 논의가 어떻게 이루어져 왔는지 살펴보고, 문학교육에서 추구해야 할 문화 현상, 문화 연구, 문화와 관련된 과제를 사례와 실천 중심으로 공부해 보자.

1. 문학과 인접 학문의 통합적 인식

문학의 인접 학문으로 역사와 철학을 들 수 있다. 우리는 흔히 문학, 역사, 철학을 '인문학'이라 말한다. 인문학은 일차적으로 학제적 분류 개념들 가운데 하나이다. 그리스 시대에서는 '기초 교양 교육'이라고 하여 문법, 웅변술, 논리학, 수사학, 변증술을 가르쳤다. 그후 '자유학예(liberal arts)'라고 하여 문법, 논리, 수사학, 변증론, 수학, 기하학, 음악, 천문학이 널리 유포 되었다. 1세기경 로마시대 키케로(Cicero, M. T.)는 자유학예를 '인간에 관한 연구'라고 불렀는데 여기에서 인문학이라는 말이 나오게 되었다.

인문학을 대표하는 학문인 '문학', '역사', '철학'은 앎의 대상이 기호 혹은 기호로 보인 현상이라는 점에서 유사하다. 문학의 대상은 문자적 기호로서의 문학 작품이고, 역사학의 대상은 문자적 기호로서의 역사적 기록 혹은 기호로 볼 수 있는 역사적 유물·유적이다. 또한 철학의 대상은 문자적 기호로서의 철학 텍스트 혹은 기호로 볼 수 있는 철학적 사유 활동이다.[1] 인문학은 앎의 대상이 기호이며, 기호는 해석의 대상이 되는데, 이 해석 과정을 통해 의미를 탐구해 나간다.

작가는 상상을 통해 자연적·사회적 모습 혹은 인간의 지적·미학적·도덕적 삶의 모습이나 의미를 문학 작품으로 표현한다. 학문으로서의 문학은 문학 작품이 표상하는, 인간 세계와 이러한 세계에 대한 정서적·지적 반응을 읽어내는데 있다. 문학 작품 해석을 통해 우리는 세계, 사회, 인간의 문제를 새로운 각도에서 바라보고, 생각하고, 느끼며 인간의 삶에 관한 시야를 넓힐 기회를 갖게 된다.[2] 문학은 독자적인 학문을 추구해 나가기도 하지만 최근에는 학제적 통합 연구 방향으로 접근하기도 한다. 이는 '문학'이 '역사'

---

1) 박이문, 『통합의 인문학—둥지 철학을 향하여』, 지와 사랑, 2009, 18~20면.
2) 박이문, 위의 책, 20~21면.

나 '철학'과 경계가 모호한 지점이 있으며, 학문 사이의 유사한 특성이 있기 때문이다.

역사는 시간의 축에서 인간이 거쳐 온 모습이나 인간의 행위로 일어난 사실, 또는 그 사실에 대한 기록을 말한다. 우리는 역사를 통해 인간의 집단 인식과 삶의 의미를 발견하였다. 예전에는 문학과 역사를 과학적으로 연구할 수 있다는 믿음 아래, 역사가와 문학 연구가들은 각자의 분야에서 독자적인 연구를 해왔다. 그러나 두 학문의 연구에서 역사와 문학의 경계가 그렇게 명확한 것은 아니다. 객관적 사실과 문학적 진실, 또는 단순히 사실과 허구라는 식으로 역사와 문학을 나누는 일은 앞으로 점점 어려워질 것이다. 사실과 허구라는 단순한 구분만으로는 이런 문제를 제대로 설명할 수 없는데, 이를 해결하기 위해서는 '이야기'라는 문학과 역사의 오랜 전통을 불러올 필요가 있다.[3]

더불어 우리는 철학적 기호, 혹은 텍스트 해석을 통해 과거 위대한 철학자들이 파악한 세계관을 이해하고 배운다. 철학은 인간의 경험을 포괄적·동시적·체계적으로 설명한다. 결국 철학과 문학은 인간의 세계관에 결부되어 있으며, 주어진 대상의 인식 과정에서, 형상화 과정에서, 또한 창작된 것의 이해 과정에서, 인식을 위한 언어를 도구로 한다는 점에서 접합점을 지니고 있다.[4]

최근에는 학문 간의 경계가 불분명해지고 그 정체성이 희미해지고 있다. 학문의 통합·통섭·융합의 문제도 이러한 학문의 변천과 밀접하게 관계된다. 이러한 추세에 힘입어 문학은 심리 연구, 인류학, 예술 분야에서도 통합적인 관점을 가진다.

---

3) 이윤석, 「이야기, 문학, 역사」, 『열상고전연구』 33, 열상고전연구회, 2011, 95~96면.
4) 차봉희, 「문학 작품의 학제적 연구─문학적 인식의 본질을 중심으로」, 『한신논문집』 6, 한신대학교, 1989, 137면.

문학해석이나 비평과 연계된 심리분석 연구자들은 문학 작품을 '심리적인 갈등구조의 표현'이라고 규정한다. 자연과 사회, 충동적인 욕망과 사회적인 가치규범 사이의 모순적인 갈등이 개별적으로 체험되고, 이러한 주관적인 고통이 심리분석의 연구대상이면서 동시에 문학에서 형상화되는 것이다.[5] 예를 들어, 『춘향전』을 융의 '분석심리학'의 관점에서 바라보자. 『춘향전』은 춘향이 힘든 제의 과정을 겪어 내고 완전한 자기 실현을 이루는 과정을 다룬 이야기가 되며, 독자는 춘향의 일을 마치 자신의 일처럼 감정이입하여 봄으로써 독자 자신이 자기 실현에 한 걸음 더 가까이 가고 있다고 느끼게 된다.[6]

문학이 작가의 상상력을 통해 현실에서 일어날 개연성 있는 존재와 삶의 문제들을 탐구하여 일정한 글 형식에 담아내는 것이라면, 인류학은 현지조사를 통해 특정한 인간 집단의 문화, 곧 삶의 방식들을 관찰하고 그것들을 민족지(ethnography)의 형태로 재현한다. 전통적으로 민족지는 관찰한 사실들을 있는 그대로 나열한 기록으로 인식되었다. 그러나 최근에는 민족지의 성격에 대한 성찰적 비판이 이루어지고 있다. 자료수집 과정에서부터 민족지 쓰기에 이르기까지 주체적 입장을 가진 인류학자에 의해 사실의 선별과 재구성이 이뤄질 수밖에 없다는 점이다. 이런 점을 감안할 때 인류학과 문학에서 이루어지는 작업은 상당한 유사성을 가지며, 그렇게 때문에 양자간에 '경계선 넘나들기'가 일어날 수 있는 가능성은 훨씬 더 높아졌다.[7]

문화

문화 개념은 복잡하고, 어떤 단일한 정의가 불가능하다. 그럼에도 불구하고 문화는 일상에서 학계에서 광범위하게 통용되고 있으며, 그 의미는 실제적이기도 하다. 크리스 젠크스(Jenks, C.)는 철학과 문학의 전통에서 '문화' 개념을 네 가지 유형으로 제시하고 있다. 첫째, 인식 범주로서의 문화로 정신의 일반적인 상태이다. 둘째, 구체적이고 집합적인 개념의 문화로 사회의 지적·도덕적 발달 상태를 의미한다. 셋째, 기술적·구체적 범주의 문화로 한 사회의 예술 및 지적 작업의 총체로 간주한다. 넷째, 사회적 범주로서의 문화로서 한 종적의 전체 생활 방식으로 간주한다.

민족지(ethnography)

현장조사에 바탕을 둔 여러 민족의 사회조직이나 생활양식 전반에 관한 내용을 체계적으로 기술하고 분석한 결과를 의미한다. 민족지는 단순히 현장을 바라보는 데서 끝나는 것이 아니라 현지인들의 생활 속에 깊이 들어가 그들의 문화에 대한 해석을 포함하는 매우 복합적이고 중층적인 과정이다.

---

5) 김이섭, 「문학과 심리학의 상호연계성에 관한 연구」, 『독일문학』 42(3), 한국독어독문학회, 2001, 325면.
6) 이선미·천성문·이영순, 「춘향전의 자기실현화 과정에 대한 분석심리학적 접근」, 『상담학연구』 11(1), 2010, 125~137면.
7) 장수현, 「인류학과 문화적 상상력」, 『새한영어영문학』 42(2), 새한영어영문학회, 2000, 320면.

예술 연구와 문학 연구도 학제적 연구를 요한다. 한 작가의 이중 재능은 우리 한문학사나 예술사의 전통에서는 많이 나타난다. 이 경우, 한 작가의 시서화(詩書畵)에 대한 긴밀한 상관관계를 밝혀 궁극적으로 한 작가의 총체적인 예술적 특성과 면모를 드러낼 필요가 있다. 예를 들어, 화가인 동시에 시인인 황지우의 시세계에 나타난 시각적이면서 회화적인 요소 등에 대한 탐구는 예술의 상호침투 연구에 유익하다. 또한 그림이 문학 작품의 주요한 모티프나 구성요소, 주제를 구현하는 경우, 예술과 문학의 상호 연구를 통하여 작품의 구조적 접근이나 미학성, 철학성을 함께 고찰할 수 있다. 문학 작품의 제목 자체가 그림의 표제로 되어 있는 일련의 작품들 ― 예를 들어, 김동리의 「무녀도」, 이외수의 「벽오금학도」 등 ― 도 마찬가지이다. 이효석의 「메밀꽃 필 무렵」의 경우, 미술적 은유나 방법을 적극적으로 활용한 회화성, 시각적 특성, 공간성을 구현하는 문학 작품 연구가 필요하다. 단편적인 영향의 수수관계뿐만 아니라 작품의 본질적인 의미 규명과 미학적인 탐구를 수반하여야 할 것이다.[8]

위에서 살펴본 바와 같이, 문학 이론에서는 여러 가설들이 다양한 방식으로 구현되고 있다. 인간 무의식의 여러 형상들이 문학에 반영되는 것은 문학이 만들어낸 인간의 심리 속에 그러한 형상들이 존재하기 때문이라는 심리주의적 가설, 인류학적 지식들이 문학에 반영되는 것은 문학이 인류학적 환경 속에서 만들어졌기 때문이라는 인류학적 가설, 문학에서 역사적 사실이나 의미들을 찾을 수 있는 것은 문학 자체가 역사적 산물이기 때문이라는 역사주의적 가설이 그것이다.[9]

최근에는 '인문학'이라는 학문의 영역에서뿐만 아니라, 인간의 미시적이고

---

8) 최숙인, 「문학과 미술의 상호 조명」, 『비교문학』 24, 한국비교문학회, 1999, 109~110면.
9) 송효섭, 「문학 연구의 문화론적 지평」, 『현대문학이론연구』 27, 현대문학이론학회, 2006, 10~11면.

경험적인 삶의 영역에서도 '문화'는 하나의 화두가 되어 가고 있다. '문화 읽기'는 이 시대의 삶을 관찰하기 위해 활용되는 가장 보편적인 전략이 되고 있다. 문화는 우리 삶과 관련된 종합적이거나 통합적인 인식과 관련되어 있기 때문이다.10)

2. 문학교육에서 '문화'의 논의

(1) 문학교육의 문화론적 인식

문학교육을 문화론적 관점으로 접근해야 한다는 인식은 1990년대 후반부터 제기되었다.11) 이러한 관점은 문학 자체가 문화 행위이며, 문학을 가르치는 문학교육도 문화 행위의 실천태로 보고 있는데, 문학교육에 문화론적 관점이 적극 고려되어야 한다는 당위론적 논의를 담고 있다. 이 논의에는 문학을 최고의 언어예술 자체로만 보지 말고 언어 활동의 전방위에서 문학이 실현되고 의미가 구현된다는 시각을 전제로 삼고 있다. 결국 문학교육에서 문학 행위를 확대해서 보자는 것이고, 이는 문화론적 시각과 밀접한 관계를 가지게 된다.

문학교육을 문화론적 시각에서 검토12)하기 위해서는, 문학은 문화의 한 양상이라는 점이 정당히 수용되어야 한다. 언어문화 가운데 '언어예술문화' 영역에 속하는 것이 문학이고, 그러면 문학이 문화의 한 양상이라는 데에는 의문의 여지가 없다. 마찬가지로 문학교육 또한 문화, 교육문화의 한 양상이다.

---

10) 송효섭, 앞의 논문, 2006, 5~22면.
11) 우한용, 『문학교육과 문화론』, 서울대학교출판부, 1997.
12) 우한용, 『문학교육의 문화론적 관점에 대하여』, 2013.

그렇다면, 문학 자체가 문화 행위이며, 문학을 가르치는 문학교육도 문화 행위의 실천태이다. 이런 점에서 문학교육은 다중적인 의미의 문화 행위, 문화적 실천인 것이다.

문학교육은 사회 내에서 이루어지는 상징활동이라는 점에서 문화와 사회의 개념은 맞물려 있다. 이러한 인식을 바탕으로 문학교육을 문학의 생산, 해석, 수용 등 문화론적 측면에서 검토할 수 있다.

문학의 생산적 의미는 교육 차원에서 구체화된다. 문학교육은 일종의 문학적인 거래를 조성하는 과정과 결과이다. 문학적 거래는 '작가-작품-중개자-독자'의 기본 요소를 바탕으로 이루어진다. 이러한 요소는 다시 문학 생산, 문학 전달, 문학 수용, 문학 가공작업이라는 순환적 구조 안에서 구체화된다.13) 이는 '텍스트와 행위'라는 텍스트 행동을 문학의 실체로 보는 입장이다. 우리들의 논의 속에서는 문화론적 실천이라고 명명되는 사항이다.

문학 해석은 일종의 문화 작용이다. 독자는 자신을 둘러싸고 있는 문화환경 속에서 작품을 읽는다. 작가의 문화환경과 독자의 문화환경 사이에는 문화적인 교섭이 이루어진다. 그리고 이러한 교섭은 작가가 주목하는 문화현상과 독자가 주목하는 문화현상 사이에서 이루어지기도 한다. 이처럼 문화적 환경의 차이를 전제한 문화적 교섭의 구도는 문학교육을 문화론적으로 바라보는 데에 중요한 역할을 한다.

문학 수용은 독자의 독서를 통해 이루어진다. 누가 문학을 읽는가, 어떤 작품이 읽히는가, 어떤 목적으로 문학을 읽는가, 읽은 결과는 어떻게 재생산하고 전파하는가, 그리고 문학 작품 수용의 주기(週期)는 어떻게 형성되는가 등은 문화적으로 검토되어야 할 문제이다.

문학이 문화의 한 양상인 것처럼 문학교육은 문학이 문화양태로 구체화되

---

13) Schmidt, S. J., & Hauptmeier, H., 차봉희 역, 『구성주의 문예학』, 민음사, 1995, 38면.

는 실천태이다. 따라서 문학교육을 문화적 측면에서 검토하는 일은 문학이 문화적 실천태로 작용하는 구조와 원리를 탐구하는 작업이 된다. 이에 문학의 생산, 해석, 수용을 문화 재생산의 관점에서 바라볼 필요가 있다. 결국 '언어문화－문학문학－교육문화'의 상호 연관 속에서 문학교육은 문화론적 연관성을 지니며 문화적 실천태로 의미부여가 이루어진다.

(2) 언어문화와 언어문화교육

언어는 공동체의 산물로서 사회를 반영하므로 언어는 곧 문화라 할 수 있다. 언어문화는 '언어'나 '문화' 중 어느 하나를 강조하거나 단순한 결합으로 보는 피상적인 관점을 벗어나, '언어'와 '문화'를 상호성의 관점에서 보고, 이들이 서로 융합하여 존재하는 현상을 규명하고자 하는 관점이다.

언어문화는 언어가 공동체의 삶의 양태와 상호작용함으로서, 공동체 구성원들의 언어 사용에서 생겨나는 공동체적 법칙성과 의미를 지니는 언어 현상으로 볼 수 있다. 언어문화는 언어형식(텍스트 또는 장르) 차원, 언어 사용의 방식 차원, 언어 사용에 대한 상위인식 차원으로 나누어지며, 이들은 모두 문화현상의 일부가 될 수 있다. 따라서 언어문화는 언어현상이면서 동시에 문화현상의 모습을 지닌다.[14]

'언어문화'에 주목하여 국어교육을 살피면, 문학교육은 언어문화교육이 된다.[15] 언어문화는 '사실'(fact)을 이룬다. 실제로 일어나는 일이고, 인지되고 설명될 수 있는 대상이며, 그런 점에서 구체적이다. 또한 언어문화는 '의미'(meaning)로 작용한다. 의미가 무엇인가를 설명하는 일은 결코 단순하지 않지만, 언어문화는 뜻을 지니고 있기에 우리 삶에 그 의미로서 작용하게 된다.

---

14) 박인기·박창균, 『한국인의 말, 한국인의 문화』, 학지사, 2010, 13~53면.
15) 김대행, 「언어교육과 문화인식」, 『한국언어문화학』 5, 국제한국언어문화학회, 2008, 30~31면.

그런가 하면 언어문화는 '과제'(task)로서 활동에 관여한다. 우리는 그 과제를 해결하는 과정으로서 언어활동을 한다. 마지막으로 언어문화는 '정체성'(identity)의 실현이다. 정체성의 실현이기에 공동체 문화의 정체성에 따르기도 하고 자기만의 정체성으로 활동하기도 한다. 이 네 요소를 교육내용의 용어로 바꾸면 사실로서의 언어문화는 '지식'(knowledge)이고, 의미로서의 언어문화는 '경험'(experience)이며, 과제로서의 언어문화는 '수행'(performance)이 되고, 정체성으로서의 언어문화는 '태도'(attitude)이다. 언어문화교육은 이 네 국면을 교육의 내용으로 포함하여 활동이 가능한 교육을 지향할 수 있다.

언어문화교육에서는 언어 활동을 중시한다. 언어 활동을 크게 범주화하면 사고, 이해/표현, 반응의 세 요소로 볼 수 있는데 이는 문화와 관련된다. 사고는 언어 활동의 주체가 관여하는 작용인데, 이는 공동체의 삶의 방식과 밀접한 관계를 맺고 있으며 문화가 된다. 이해/표현 활동이나 반응의 활동은 문화적이다. 언어공동체의 방식대로 말하고 듣고, 읽고 쓴다. 또 그것에 대해 반응을 결정하는 것도 문화에 따라 수행된다. 언어 활동은 문화를 인식하고 실천하는 과정이 되는 것이다.

(3) 문화적 문식성의 재개념화

문화적 문식성(cultural literacy)은 개인이 사회 문화적 소통에 참여하는데 필요한 기본적인 문화 지식으로 널리 인식된다. 개인의 전통에 대한 인식, 문화적 유산(cultural heritage)과 그 가치에 대한 인식, 전통으로부터 무엇인가를 배울 수 있는 능력, 어떤 문화의 장단점을 이해할 수 있는 능력으로 구체화된다.16) 그러나 최근 문화

■ 문식성(literacy)
전통적으로 문식성은 읽기와 쓰기 능력으로 간주되면서 국어과 교육의 주요 내용이 되었다. 그러나 문식성의 개념이 크게 변화·확장되면서 다양한 문식성을 필요로 한다. 최근에는 비판적 문식성, 매체 문식성, 복합 양식 문식성, 문화적 문식성 등이 폭넓게 논의되고 있다.

---

16) Purves, A. C., Papa, L., & Jondan. S., *Encyclopedia of English Studies and Language Arts(Vol. 1)*, New York : Scholastic, 1994.(박인기, 「문화적 문식성의 국어교육적 재개념화」, 『국어교육학연

재개념화
재개념화는 교육과 관련해서 어떤 탐구 영역이 새로운 해석의 코드를 새로운 맥락에서 모색하는 일련의 과정이다.

적 문식성의 개념은 사회 환경의 변화에 따라 새로운 파생과 전이의 양상을 보이는 유동적 진행성을 특성으로 가진다. 이는 우리 사회에서 문식성은 무엇을 의미해야 하는가의 문제와도 관련된다. 국어교육에서 문화적 문식성은 어떠해야 하는가? 문화적 문식성에 대한 재개념화를 통해 국어 교육[17]과의 연결 코드를 살피면 아래와 같이 범주화할 수 있다.[18]

1. 문화의 존재 양태 : 문화적 문식성의 범주
   1.1 문화의 통시적 양태 : 언어문화의 규범성
   1.2 문화의 공시적 양태 : 학생들의 현재적 삶에 개입되어 있는 문화 현상

2. 문화 인지의 효과 : 문식성의 작용 효과
   2.2 기능적 소통 작용 : 일상적 의사소통 기술
   2.3 비판적 소통 효과 : 일상적 소통 속에 은폐된 진정성 비판

3. 문식성의 활용 차원 : 문식성의 교육과정 내용화
   3.1 지식 차원 활용 : 언어문화적 사실에 해당하는 지식의 내용화
   3.2 전략 차원 활용 : 문학을 통한 일반 교육 목표 달성

문화적 문식성을 국어교육적으로 재개념화하기 위해서는 문화 현상을 교육 현상의 맥락으로 보는 관점이 요구된다. 그리고 문화의 내용과 현상을 언어 소통의 맥락에서 의미화하는 과정을 가져야 한다. 결국 문식성이 복합적

구』15, 국어교육학회, 2002, 27면에서 재인용함.)

17) 문화적 문식성을 교육과 관계 맺음에 있어서 '언어문화'를 전제로 삼는다. 이는 국어교육을 염두에 둔 재개념화 논의를 펼치고 있으나 문학교육과 문화의 관련성에 대한 논지로도 함께 적용될 수 있다.

18) 박인기, 「문화적 문식성의 국어교육적 재개념화」, 『국어교육학연구』15, 국어교육학회, 2002, 23~54면.

으로 확장된 전형으로 문화적 문식성이 올 수 있다. 문화적 문식성은 문화를 현상으로 보는 데서 생겨나는 복합 문식성 개념이며, 어떤 방식으로든 다른 유형의 문식성과 관계를 맺는 구조를 가진다.[19]

우선, 문화 현상을 전통적인 문화 개념으로 보면, 문화는 어떤 가시적 소산물로서 파악할 수 있다. 예를 들면, 문화재에 대한 미적 감식의 가치를 인지하고 그 가치를 계몽적으로 소통하는 것으로 학교 교육에서 예술적 명작을 배우고 감상하고 그 가치를 주입받는 것이다.

둘째, 방식으로의 문화로 본다면, 문화는 특정의 커뮤니티가 공유하는 삶의 방식이 된다. 방식의 형식적 요소를 아는 것, 방식의 생성 맥락을 이해하는 것, 방식을 실행하는 주체가 되는 것 등에는 필연적으로 문식성이 개입하고 작용한다.

셋째, 문화를 '이데올로기의 현상'으로 보는 관점은 사람의 행위나 의식에 끼치는 영향력을 문화의 자질로 파악하는 관점이다. 어떤 주체에게 문화를 읽고 문화의 형질과 가치를 해석 판단하고 어떤 문화에 역사·사회적으로 어떤 지배 이데올로기가 내재하는지를 파악하는 것이다.

넷째, 문화를 '소통의 현상'으로 보려는 관점은 문화를 형성하는 기제를 소통으로 파악하는 것이다. 문화를 설명하는 핵심어로 소통이 중요한 자리를 점하게 된 데에는 오늘날의 소통 기술과 소통 환경이 질적으로 발전 확충되어서, 소통을 배제하고서는 현대 사회 체제와 문화적 형질이 성립할 수 없게 되었으며, 현대인의 삶은 소통의 코드로 구성된다는 데에 있다. 소통의 형식 또한 다양하게 변화하고 있으며 이러한 변화가 문화의 양태로 나타나게 됨으로써 문화적 문식성의 내용과 기능을 변이시키는 작용을 한다.

문화적 문식성은 '문자를 읽고 쓰는 능력'이 중핵으로 내포된다. 여기에

---

19) 박인기, 「문화와 문식성의 관계 맺기」, 『문식성교육연구』, 한국문화사, 2008, 78~98면.

더하여 다른 사람에게 소통시킬 때는 내가 언어로 말하거나 읽거나 듣거나 쓰거나 하여 해석을 소통시킨다. 문화 예술 작품을 감상하거나 창작하는 데 필요한 문식성도 관여하는데 작품의 맥락을 아는 것, 작품의 예술적 형식을 이해하는 것, 미적 전통을 이해하는 것 등이 모두 문화적 문식성에 해당한다. 문화적 문식성은 다양한 문화 현상과 문화 텍스트를 해석하는 능력을 포함하고 해석의 결과를 공유하는 소통의 능력도 포함한다. 앞으로 문화적 문식성은 생태학적 문식성의 자질을 더 많이 반영할 것이며, 그럴수록 복합 문식성의 성격이 강해질 것이다. 이는 모두 문화적 문식성의 기능이나 성격이 확장 변이된다는 것을 의미한다.

(4) 문학 문화와 문화교육

문학교육에서 문화를 어떻게 볼 것인가에 초점을 두고 '문학 문화'의 개념과 범주를 설정한 논의[20]가 있다. 문학 문화를 '문학 소통의 기반이 되는 경험과 규약의 체계'라고 정의하고, 문화의 최소 조건을 고려하여 문학 문화를 다음과 같이 개념화한다.

① 문학적으로 구성된 / 구성되는 체계다 : 문학 문화는 문학 주체의 의지와 노력의 산물이자, 그 자체의 논리로 유지, 변화해 가는 어떤 것이다.
② 축적된 문학 경험이다 : 문학 문화는 문학 공동체의 세계관과 역사, 문학 의식을 반영하며, 이미 구성된 문화적 경험들이 서로 영향을 주고받으며 축적되어 이루어진다.
③ 문학에 관한 관습과 규약이다 : 문학 문화는 어떤 것을 문학으로 인정하는 기준, 문학을 문학 아닌 것들과 구별하는 기준, 좋은 / 위대한 문학과

---

20) 김창원, 「문학 문화의 개념과 문학교육」, 『문학교육학』 25, 한국문학교육학회, 2008, 513~544면.

그렇지 않은 문학을 판별하는 기준 등에 관한 준거를 제공한다.

④ 문학 활동을 통해 구성되고 학습된다 : 문학 문화는 구체적으로 문학을 생산, 유통·중개, 수용하는 과정에서 형성되고 그러한 과정으로 드러난다.

⑤ 문학과 문화를 총체적으로 지지한다 : 문학을 문화만으로 설명할 수는 없으나 문학 문화에 대한 의식과 관심이 문학의 총체성을 보장하는 한 조건이 된다.

위의 논의는 문학 문화가 고유한 개념역을 지니고 있고, 다른 문화와 개념적으로 구별되며, 의도적으로 가르칠 수 있다는 것을 암시한다. 곧, 문학 문화를 가르치기 위한 요소들을 추출할 수 있고(①), 그 내용을 통시적·공시적으로 제한할 수 있으며(②, ③), 문학 활동으로부터 그 방법을 이끌어낼 수 있다는 것이다(④). 그리고 이를 통하여 문학과 문화의 발전을 기대할 수 있다(⑤). 문학 문화를 통시성과 공시성으로 범주화하면 아래 그림과 같다.

■ 상황의 문화
문학 소통의 맥락은 상황에 따라 달라진다. 학교의 문학과 학교 밖의 문학을 비교하면 쉽게 이해된다. 작가와 비평가가 학교의 문학 수업을 비판해도 개선되지 않는 이유는 문단과 학교, 두 영역의 문화가 다르기 때문이다. 이와 관련된 문화를 상황의 문화라고 할 수 있다. 어떤 상황이든 거기에는 고유한 문학 문화가 있으며, 문학교육은 이러한 상황의 문화에 관한 능력을 길러주어야 한다.

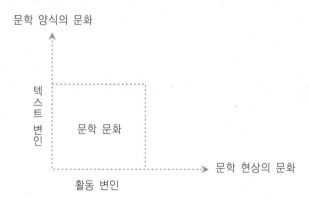

[문학 문화의 범주 : 통시성과 공시성 범주]

통시적으로 '문학 양식의 문화'로, 공시적으로 '문학 현상의 문화'로 설정하였다.

통시적으로 양식화되는 문화는 의미 작용 중심의 텍스트 문화이며, 발상의 문화, 갈래의 문화, 표현의 문화로 하위 범주화할 수 있다. 공시적으로 현상화되는 문화는 전달 작용 중심의 활동 문화라 할 수 있는데, 소통의 문화, 매체의 문화, 상황의 문화로 하위 범주화가 가능하다.

문학 문화에 대한 개념 설정과 범주화 작업은 최종적으로 문화 개념에 기반을 둔 문학교육의 지향점과 접근 방법을 탐색하여, 문화 지향 문학교육의 개념을 명료화해 나갈 수 있게 한다. 문학교육에서 문화를 강조하는 것은 비단 이론화 작업을 위한 것만은 아니다. 결국 '문화'가 문학을 학생들의 삶과 통합시키는 가장 효과적인 방법이기 때문이다.

3. 문학교육에서의 문화적 실천

(1) 언어문화의 이해

문화에 대한 고려야말로 언어 활동의 실상에 부합되는 것이며, 언어문화 교육에서 언어학습은 삶의 방식을 습득하는 일이다. 언어를 공부하는 것은 문화 학습이자 실천이 된다. 서정주의 「자화상」을 중심으로 문학에 언어문화가 어떻게 관여되는지를 살펴보자.[21] "애비는 종이었다. 밤이 깊어도 오지 않았다."는 시구를 가지고 이 안에 내포된 언어문화를 논의해 보자.

왜 '애비'라고 하였을까? 이는 삶의 방식으로 '아비'라는 호칭에 관한 문화

---

21) 김대행, 앞의 논문, 2008.

적 설명, '아버지'를 굳이 '아비'라고 말하는 방식, '아비'를 '애비'라고 말하는 방식에 대한 설명을 필요로 한다. '아비'는 아버지의 낮춤말에 해당할 것이다. 그런데 왜 자신의 아버지를 굳이 그렇게 낮추어 말하는가는 삶의 방식이며, 그 실천이 어떤 의미를 가지는가는 문화의 문제가 된다. '아비'를 굳이 '애비'라고 했을까 하는 질문 역시 삶의 방식과 관련된다. 문법적 설명으로 'ㅣ 모음동화'라고도 볼 수 있지만 문화로 보게 되면, '노랑이'보다 '노랭이'로, '바람'보다는 '바램'이라는 표현이 맞춤법에 어긋남에도 불구하고 실생활적인 용법이라는 점을 발견하게 된다. 언어는 일상적 실천이라는 점에서 문화를 외면할 수 없기 때문에 중요해진다.

'밤이 깊어도'의 '깊다'는 이 시에서 '시간이 오래다'를 의미하고 있음을 알아야 한다. 이것은 은유에 의한 의미의 전이이며, 이러한 은유적 용법은 한국어의 맥락적 의미를 결정짓는 삶의 방식이라는 점을 이해해야 한다.

언어문화는 경험되어야 한다. '애비는 종'인 세계가 경험되어야 하고, 그런 처지에 있는 사람의 마음이 경험되어야 하며, 그 말을 맨앞에 꺼내 놓는 사람의 마음도 경험되어야 하고, '밤이 깊어도 오지 않는' 아버지의 아들이 되어 보아야 한다. '종'은 남에게 얽매이어 그 명령에 따라 움직이는 사람을 비유적으로 이르는 말인데, 이 말을 통해 독자는 사람을 '상전/종'으로 체계화하여 인식하는 삶의 방식을 알게 되며, 이는 문화적 경험이다. '밤이 깊어도 오지 않았다' 또한 경험으로 의미를 받아들일 수 있다. 저녁에는 모든 가족이 집으로 돌아오는 삶의 방식을 경험할 수도 있고, 식구가 밤 늦도록 돌아오지 않을 때 가족들이 갖게 되는 심리 상태를 경험으로 추리할 수도 있다.

'자화상'이라는 제목과 걸맞지 않게 '애비' 이야기부터 꺼내는 담화구조는 정체성을 확인하는 한국 언어문화의 한 특징이기도 하다. 또한 지연, 친족, 혈연을 중시하는 한국적 삶의 경험을 이러한 형식으로 은유화한 것이기도 한다. 이는 경험을 통해 의미를 터득해야 하는 것이다.

▣ 언어문화 현상의 범주화
「한국인의 말, 한국인의 문화」에
서는 언어문화가 잘 드러나는 소
통의 상황 사례를 수집하여, 언
어문화 현상을 범주화하는 귀납
적 접근 방식을 취하고 있다. 상
황 사례에서 공통적인 언어문화
자질을 추출하여 이를 포괄하는
12가지의 언어 범주로 설정하였
다. 감성, 신중, 겸양, 경애, 허용,
친교, 유대, 논쟁, 체면, 인정, 해
학, 풍속의 범주가 그것이다.

말을 배운다는 것은 한국어의 기능적 의미를 배우는 것은 물론
이고, 한국어 사용의 맥락과 기제 속에 내분비되는 문화적 요소를
배우는 것까지 포함한다. 즉, 한국어 사용의 맥락에 겉으로는 안
보이게 묻어나는 한국 사람으로서의 가치, 규범, 관습, 인습, 관행,
습속, 사고방식, 행위 양식, 의식 구조, 기질, 문화 코드 등을 은연
중에 배우게 되는 것을 의미한다. 예를 들어 '겸양'을 드러내는 언
어문화 현상을 살펴보자.[22]

겸양의 범주
• 넘치는 것을 모자람으로 표현하는 언어문화 : 차린 것 없지만 많이 드
세요.
• 자신의 부족함을 강조하는 언어문화 : 좀 더 생각해 보겠습니다.
• 내 덕도 남의 덕으로 표현하는 언어문화 : 덕분에
• 지나치게 자신을 낮추는 언어문화 : 저희 나라
• 공적인 자리에서 자신을 낮추는 언어문화 : 아무 것도 모르는 저 같은 사
람을

언어문화에 대한 이해는 한국어교육뿐만 아니라 문학교육에서도 관심을
가지고 연구해야 할 분야이다. 문학 작품뿐만 아니라 일상의 언어 생활에서
드러나는 문화적 인식과 실천이야말로 미래 지향적 문학교육이 추구해야 할
방향이다.

---

22) 박인기·박창균, 『다문화교육 시대에 되짚어 보는 한국인의 말, 한국인의 문화』, 학지사,
2010, 67면.

(2) 문화론적 소설 연구 접근[23]

문화론을 표방하는 문학연구의 경향은 문학 내적인 관점에서의 해석과 문학제도와의 관련성[24]을 들 수 있다. 문학 내적인 관점에서의 해석을 보면, 소설 속에 재현된 일상생활이 '세태소설'이라는 소박한 재현을 넘어서 이를 재생산하는 사회적 조건들과 제도 등에 대한 문화적 해석의 기표가 됨을 보여주는 경우이다. 이런 관점에서의 문화는 학문, 예술, 종교 등을 총칭하는 상식적인 의미를 넘어서 어떤 특정 사회에 살고 있는 인간들의 삶의 방식, 신념, 태도를 결정하는 그 사회 특유의 의미체계로 이해된다.

> ■ 세태소설
> 어떤 특정한 시기의 풍속이나 세태의 한 단면을 묘사하는 것을 목적으로 하는 소설양식을 말한다. 당대 사회의 모순이나 부조리 등을 있는 그대로 묘사하여 숨김없는 저항 수단으로 삼기도 하였다. 대표적인 소설로는 박태원의 「천변풍경」, 채만식의 「탁류」 등이 있다.

문화론적 소설 연구의 실제를 살펴보자. 1930년대 금광 열기에 대한 연구는 「영월영감」, 「미담」, 「소년행」, 「금따는 콩밭」, 「노다지」, 「소설가 구보씨의 일일」, 「장덕대」, 「설」 등의 작품에 등장하는 금광 신화의 분석으로 이어진다.[25] 동경유학을 다녀온 당대 최고의 엘리트들이 금광으로 몰려가는 역설적인 풍경을 드러내 보이면서, 금광열기를 자본주의적 욕망의 형성이라는 관점에서 살피고 있다. 그러면서 사상 전향의 문화를 이념의 영역만이 아닌 황금광시대라는 문화적인 주제로 접근하고 있다.

문화론적 소설 연구의 성과는 근대성의 미시적 영역과 문화적 표상에 주의함으로써 주제론의 다양성을 가져왔다. 예컨대 도시, 패션, 금광, 다방, 여학생, 건축, 전화, 법의식, 질병, 백화점, 연애, 가족, 사랑 등의 주제를 다룬

---

23) 정찬영, 「문화론적 시각에서 본 소설 읽기의 경향과 전망」, 『현대문학이론연구』 25, 현대문학이론학회, 2005, 49~66면을 발췌 인용함.
24) 외부적인 관점으로 문학제도와의 관련성이다. 문화주의를 표방하는 경우로 대중문학에 대한 논의의 정당성에서부터 문학 일반, 나아가 영화, 드라마, 만화 등으로 그 영역을 넓히고 있으며, 또한 매체의 변화에 따른 소설 장르의 변화 등도 연구 대상으로 하고 있다. 이와 관련해서는 11장과 12장에서 본격적으로 다룬다.
25) 전봉관, 「1930년대 금광 풍경과 '황금광시대'의 문학」, 『한국현대문학연구』 7, 한국현대문학회, 1999.

다. 또한 문화론적 소설 연구는 해석의 고정화 또는 해석의 정전화를 해소해 주기도 한다. 작가나 작품 단위의 문화사적인 연구와는 달리 텍스트를 연구의 기본단위로 하는 주제적 연구의 성격을 지니기 때문이다. 예컨대 여학생이라는 주제에 주목함으로써 춘원의 「무정」, 박태원의 「소설가 구보씨의 일일」, 이상의 「실화」 등을 아우를 수 있다. 또한 카프 전향론자인 김팔봉의 소설 「장덕대」와 카프의 최고 작가 중 한 사람인 이기영의 「설」 그리고 카프와는 별다른 관계가 없었던 김유정의 「금따는 콩밭」과 이태준의 「영월영감」이 하나의 주제와 관련해 상호 관련을 맺으면서 새로운 해석의 공간을 창출해 낸다.

문화론적 소설 연구는 문화사나 풍속사의 관점에서 논의하는 문학 외적인 연구라는 문제를 지적할 수 있다. 문학연구가 지엽적인 소재주의나 말초적 감각을 자극하는 주제들의 나열에 그칠 수 있다는 우려이다.

그럼에도 불구하고 문화론적 소설 연구는 문학교육에서 다음과 같은 의미를 지닌다. 첫째, 문화론적 연구는 근대성의 표상에 대해 관심을 집중하고 있다. 이 과정에서 그동안 주목받지 못했던 주제들을 다룸으로써 연구영역의 확대를 가져오고 있다. 둘째, 주제론을 통시적으로 확대함으로써 문학사 서술의 풍요로움을 가져올 수 있다. 셋째, 사회사, 문화사, 역사 등 인접학문과의 경계를 넘나들면서 학제간 연구의 가능성을 높일 수 있다. 넷째, 그동안 주목받지 못했던 대중문학과 수기, 자서전, 논설, 기록문학 등의 텍스트를 수용할 뿐만 아니라 영화와 디지털 기술 등의 수용으로 창작방법의 다양성과 함께 장르 확대를 도모한다.

(3) 문화적 문식성과 고전 문학

고전 문학은 현대를 사는 우리에게 어떤 의미를 지니는가? 우리는 왜 고전

문학을 가르치고, 배우는가? 이 문제를 문화의 당대성과 통시성을 동시에 고려하는, 즉 고전과 현대의 문화를 통합적으로 바라볼 수 있는 능력으로서의 '문화적 문식성'으로 다룰 수 있다. 고전 문화에 대한 문식성이 현대의 문화 속에서 살아가는 데에도 필요한 문식성이 될 수 있다는 관점이다.

문화 모형 관점에서 보면, 문학은 인류의 가장 의미 있는 사고와 감성들을 표현한 것이고, 문학을 가르침으로써 학생들은 특정한 역사적 시기를 초월하는 일련의 표현, 보편적인 가치와 타당성을 접할 수 있다. 따라서 문화 모형으로 문학을 가르치는 것은, 학생들로 하여금 다른 시공간의 문화와 이념을 이해하고 감상하게 하며, 그러한 문화적 유산에 내포된 사상과 감정, 예술적 형식들의 전통을 알게 하는 데 초점을 둔다.[26]

예를 들어, 판소리를 '왜' 가르치는가 동시에 판소리의 '무엇'을 가르칠 것인가의 문제를 살펴보자. 학습자에게 판소리는 공감하고 자기화할 수 있는 하나의 텍스트이면서 동시에 현대 문화 속에서 살아가면서 새로운 텍스트를 생산할 수 있는 능력, 즉 문화적 문식성이 될 수 있다. 문화적 문식성 획득을 위한 교육 내용은 학습자가 판소리에 공감하는 과정, 그리고 공감한 내용을 바탕으로 자기화한 결과를 새로운 서사쓰기에 적용하는 것이 된다.

이청준이 「남도사람」 연작을 통해 공감적 자기화 결과로서 판소리를 재창조, 재구성하였다면 판소리에 대한 문식성은 「남도사람」 연작과 같은 소설을 이해하고 감상할 수 있는 기반이 되고, 현대에 들어서도 지속적으로 연행되고 있는 판소리를 향유하는 능력이 된다. 이러한 판소리에 대한 문화적 문식성을 갖춘 학습자는 독자로서 이청준의 「남도사람」 연작을 감상하는 수준이 달라질 수 있는 것이다. 학습자는 「남도사람」 연작을 감상할 때 인용되고 거론된 판소리 작품과 대목에 대해 왜 그러한 판소리가 인용되었을지 서사

---

26) 류수열, 「판소리에 대한 국어교육적 접근—<흥보가>를 중심으로」, 『판소리연구』 9, 판소리학회, 1998, 100면.

적 맥락 속에서 깊이 있는 이해를 할 수 있다. 또한 인용된 판소리 대목이 원래의 작품 안에서 어떠한 서사적 위치에 있는지, 그리고 그 안에서 환기하는 정서나 음악적 특징이 무엇인지를 안다면 「남도사람」 연작을 읽는 동안 원래의 판소리 대목이 갖고 있는 특질이 「남도사람」 감상 과정에 스며들게 된다.[27)

전통문화의 요체는 유산으로 전해내려 오는 가시화된 실체가 아니라 그 속에 담긴 정신적 가치라 할 수 있다. 그리고 그 가치가 현재와 소통하는 양상은 물음과 응답이라는 대화적 구조를 가진다. 이러한 관점에서 「심청전」을 보면, 실체화된 가치로서 효를 전수하는 것뿐만 아니라 고전이 제기하고 있는 삶의 문제를 현대의 문제로서, 자기의 문제로서 받아들이게 하는, 문제 자체의 이월이 될 것이다. 이런 차원에서 고전의 영상변용물의 의미를 재구성해 볼 필요가 있다.[28) 그간 영화 <장화, 홍련>에 대한 해석에서는 '고전과 영화의 무관함', '고전의 재해석', '고전이 갖고 있는 이데올로기의 재생산'이라는 관점에서 설명되었다. 그러나 영화 <장화, 홍련>과 「장화홍련전」은 인간의 보편적인 관심사인 '부모와 자식 간의 애정과 갈등'이란 문제에 대해서 각각 어떤 응답을 취하고 있는지 다룬다. 고전문학이 영상물로 변용된 텍스트에서 주목해야 할 것은 과거의 텍스트가 몰두하였던 삶의 문제가 어떻게 지속되었는지, 그리고 원텍스트가 가진 주제를 어떻게 수용하여 과거 텍스트와 어떤 의미 연관을 형성하였는가 하는 것이다. 이런 입장에서 영화 <장화, 홍련>은 「장화홍련전」의 새로운 의미 영역을 발견하게 해 주고, 해석적 지평을 확장시켜 주는

■ 영화 <장화, 홍련>
김지운 감독, 2003년 개봉작품. 수미는 죽은 엄마를 대신해 아버지 무현과 늘 겁에 질려 있는 동생 수연을 손수 챙기려든다. 이 때문에 신경이 예민해진 새 엄마 은주는 그런 두 자매와 번번이 부딪치게 되고 아버지 무현은 그들의 불화를 무기력하게 바라본다. 정서불안 증세를 보이기 시작한 새 엄마는 집안을 공포 분위기로 몰아가고 수미는 동생 수연을 지키기 위해 이에 맞선다. 집안 곳곳에서 괴상한 일들이 잇달아 일어나고 감춰졌던 가족의 비밀이 그 진상을 드러내기 시작한다. 영화 <장화, 홍련>은 자신이 동생을 지켜주지 못해서 동생이 죽었다고 생각하는 언니의 죄책감이 빚은 상상력의 산물이다.

---

27) 서유경, 「판소리를 통한 문화적 문식성 교육 연구─이청준 <남도사람> 연작을 중심으로」, 『판소리연구』 28, 판소리학회, 2009, 171~196면.
28) 황혜진, 「문화적 문식성 교육을 위한 고전소설과 영상변용물의 비교 연구─<장화홍련전>과 영화 <장화, 홍련>을 대상으로」, 『국어교육』 116, 한국어교육학회, 2005, 375~407면.

해석학적인 대화의 산물이 될 수 있다. 영화 생산자들이 만든 고전의 변용물에서 수용자가 발견한 의미로 고전을 되비칠 때, 오히려 고전을 이해하는 해석적 지평이 확장되며, 그로 인해 자기 이해의 폭이 넓어지고 고전 자체의 의미도 풍요로워질 수 있다는 것이다.

(4) 축제 문화의 이해[29)]

우리 현대 사회에서 축제는 어떤 의미가 있는가. 하비 콕스(cox, H.)는 축제는 억압되고 간과되었던 감정 표현을 사회적으로 허용하는 기회이며 삶을 근본적으로 긍정하게 하고 일상생활과는 판이하게 다르게 하는 적극성을 가진다고 정의한다. 하지만 과연 축제는 우리에게 그러한 기능을 하고 있는가. 현대 축제의 신화적 의미를 '남원 춘향제'와 '효석 문화제'를 중심으로 논의해 보겠다.

호이징아(Huizinga, H.)는 인간의 유희적 본성이 문화적으로 표현된 것을 축제라고 부른다. 축제는 계절·풍습·전통·수확·역사 등 다양한 동인으로 생성되고 발전하고 소멸하는 과정을 거치며, 현대인의 삶의 문화, 구체적으로는 놀이 문화의 한 양상이 되고 있다. 축제는 근본적으로 신화성이 바탕이 되며, 우리의 문학은 축제의 중요한 모티브가 되고 있다.

'남원 춘향제'가 시작되면 남원은 도시 전체가 춘향놀이 테마파크와 같은 놀이 공간의 상상력을 준다. 남원 춘향제는 축제를 활성화시킬 수 있는 문화 콘텐츠가 그 어떤 축제보다 풍부하다. 문학 작품으로는 서정주의 「추천사」, 「춘향유문」, 박재삼의 「춘향이

■ 남원 춘향제
춘향제는 1931년 춘향사당을 짓고, 단오에 처음 제사를 지낸 것에서부터 출발하여 2014년에는 84회를 맞았다. 광한루원, 춘향묘, 사랑의 광장, 춘향테마파크, 국립민속국악원, 야외공연장, 요천둔치 등 다양한 장소에서 축제가 펼쳐진다. 그 안에는 춘향제향, 춘향 그네뛰기, 춘향 일대기 재현, 창극 춘향전, 춘향 선발제 등의 행사가 펼쳐지고 있다. 콘텐츠의 대부분은 춘향 이야기에서 비롯된다.

---

29) 표정옥, 『놀이와 축제의 신화성』, 서강대학교 출판부, 2010의 관점을 바탕으로 하고, 문학교육과의 관련성을 논의하기 위해 '남원 춘향제'와 '효석 문화제'의 사례를 인용하였음.

마음」, 최인훈의 「춘향뎐」 등이 있고, 제작된 영화도 스무 편에 달한다. 이밖에도 '춘향'은 드라마와 뮤지컬, 애니메이션 「성춘향전」과 「신암행어사」 등 다양한 문화상품으로 제작되고 있다.

남원 춘향의 이야기는 단지 설화가 아니라 실존 인물들의 이야기였다는 조사가 벌어지기도 했는데 그 단서는 '광한루' 사당 한쪽에 세워진 '성안의'라는 조선조 남원부사의 비문이다. 봉화 출신인 성안의 부사에게는 당시 10대 중반이었던 '성의성'이라는 아들이 있었는데 아버지가 다른 고을로 부임령을 받자 함께 남원을 떠났다. 그의 나이 17세 때 남원을 떠나 대가에 합격해서 암행어사를 네 번이나 지냈다고 한다. 이몽룡이 바로 성의성이라고 단언할 수는 없지만 실제로 이몽룡의 모델이 되는 인물이 생존했었다는 것이다.30) 이와 같이 설화는 역사적인 개연성에서 생성되고 변형되고 재창작되고 있기 때문에 역사와 신화 사이에서 놀이를 유도한다. 축제는 역사와 설화가 겹치는 심리적 지점에서 풍기는 낭만적 향수를 활용하는 것이다.

'효석 문화제'는 문학과 우주적 신화 상상력과 꽃의 생태적 상상력이 결합된 축제 중 하나이다. 이효석에게 자연은 글쓰기의 대상이었다. 그의 식물 상상력과 동물 상상력은 독특한 신화 상상력을 보여준다고 할 수 있다. 「메밀꽃 필 무렵」에서는 허생원이 당나귀를 자신의 분신처럼 느끼는 것을 보게 된다. '효석 문화제'와 함께 하는 '메밀꽃 축제'에서 메밀꽃은 먹을 수 있는 꽃의 상상력이다. 「세경본풀이」의 자청비는 곡식을 가지고 하강할 때 깜박 잊고 메밀을 가져오지 못했다고 한다. 그래서 다시 가서 메밀을 가져와 심었는데 그것이 메밀의 수확 시기가 가장 느린 이유라고 한다. '메밀꽃 축제'에는 꽃이라는 상상력도 있지만 문학 상상력과 음식 상상력이 연결되어 있다. '메밀꽃'은 이효석의 작품 배경을 이루는 중요한 상징적 테마이며 장돌뱅이

---

30) KBS 역사 스페셜, <이몽룡은 실존인물이었다>, 1999.12.4.

허생원의 삶의 동반자와 같은 꽃이다. 이러한 문학 상상력이 축제의 공간을 그대로 채우고 있는데, 작품에 등장하는 특별한 로맨스의 장소인 '물레방앗간'이 메밀꽃 사이에 만들어져 있다. 그곳에서 장돌뱅이 허생원은 처음이자 마지막 로맨스를 경험한다. 그리고 이효석 생가 터를 향해 가다보면 가산공원에는 당시 장돌뱅이들의 휴식공간인 '청주집'이라는 주막이 등장한다. 축제에 참가한 사람들은 일시적으로 허생원과 같은 장돌뱅이가 되어 그곳에서 쉴 수 있는 낭만을 즐길 수 있다. 이처럼 축제는 현대인들에게 소설의 공간, 시의 공간을 제공해 준다.

의미 있고 지속적인 축제는 단순히 한 지역 사회의 일회적 문화 행사에 국한되지 않는다. 축제는 역사와 설화 사이에서 시공간을 재현해주고, 놀이를 제공해준다. 축제는 텍스트 상에 존재하는 문학을 삶의 텍스트로 변형하고, 그 속에서 향유하게 한다는 차원에서 문학교육에서 긍정적으로 접근하고 연구해야 할 문화 현상 중의 하나이다.

(5) 청소년 문화의 이해

청소년 문화에 대한 이해는 문학교육의 실천에서 고려해야 할 우선 과제이다. 모든 교육이 그러하듯이 학습자에 대한 이해 없이는 교육이 이루어지기 어렵다. 청소년 문화가 어떤 특성을 가지고 있고, 이것이 문학교육에 함의하는 바가 무엇인지를 살펴볼 필요가 있다.

청소년에 대한 연구는 비단 청소년 지도에 국한되지 않고, 청소년의 심리, 문화, 문제, 상담, 복지, 인권 등 다학문적 접근으로 청소년에 대한 이론과 실천을 확립해 나가고 있다. 우리나라 청소년 문화에 대한 이해[31]는 문학교육

---

31) 홍봉선·남미애, 『청소년복지론』, 공동체, 2007, 201~203면.

에서 관심을 가지고 학제간 연구를 해야 할 대목이다.

첫째, 청소년은 대중문화에 대한 의존성이 매우 크다. 청소년의 문화적 정체성을 형성하는 데 있어 대중매체가 제공하는 대중문화는 가장 중요한 도구가 된다. 대중문화는 중요한 문화 환경이며, 청소년들이 스스로의 정체성을 형성하고 표현하는 중요한 기제이다.

둘째, 청소년은 문화생산자로 존재한다. 인터넷을 통해 다양한 문화활동을 펼치고 있고, 대중음악, 영상제작, 만화창작 등 문화현장에 참여하고 있다. 청소년에게 문화는 소비와 수용의 대상만이 아닌 생산과 참여의 대상이 된 것이다.

셋째, 청소년은 문화적 자율성을 펼칠 수 있는 능동적 주체이면서 문화적 검열을 받는 억압적인 주체이다. 영상미디어 문화의 발달과 함께 청소년들의 영상제작 활동이 학교 안과 밖에서 활발하게 진행되고 있고, 이들을 위한 각종 영상제가 개최되기도 하며, 인터넷의 다양한 문화커뮤니티가 활성화되고 청소년 스스로 인터넷 안에서 방송과 영상 제작을 담당하고 있다. 그러나 여전히 청소년들에 대한 문화적인 검열이 범죄 예방, 도덕적인 규율의 맥락에서 진행되고 있다는 실정이다.

넷째, 청소년의 스마트폰 문화의 특성을 들 수 있다. 청소년에게 있어 스마트폰은 자기 표현의 매체이자 또래 문화 형성의 역할을 한다. 청소년들은 나만의 것, 나만의 공간, 나만의 방식, 나만의 취향을 추구하려는 강한 욕구를 가지고 있는데 스마트폰은 자기 표현 욕구를 충족시키는 유용한 도구가 되고 있다. 청소년에게 스마트폰은 정보검색, 카메라, MP3, 게임, 인터넷, TV 수신, 채팅, 구매 등 청소년 문화의 핵심이 되기도 한다.[32] 또한 청소년들이 좋아하는 행위 양식들을 생산하고 자신들이 공유하는 감정을 교환하는 문화

---

32) 성열준 외, 『청소년 문화론』, 양서원, 2011, 195~197면.

적 생산도구로서의 역할을 하고 있다. 카톡이나 밴드의 구성은 청소년문화의 도구가 되기도 한다.

청소년 문화에 대한 이해를 바탕으로 문학교육을 살펴보면, 상업적이고 통속적이라는 이유로 외면 받았던 대중문학의 상상력을 재평가할 수 있다. 또한 문화론적 관점은 매체언어 교육과의 접점을 교육적으로 해석하면서 탈경계 문화 속에서 문학교육을 보완해 나갈 수 있는 근거를 제공한다.

지금까지 문학교육은 인터넷 상에서 10대가 주도하고 있는 팬픽이나 무협 소설, 판타지 소설 등의 창작 활동을 방관 또는 무시해 왔다. 그러나 그것들이 학습자들이 체감하는 문학 문화 속에서 차지하는 비중을 감안할 때, 학습자들과 문학 교실의 거리를 좁히기 위해서는 학습자들의 문학적 실천을 존중해야 한다. 그들이 무엇을, 왜 쓰고 즐기는지에 대한 교육적 고려가 필요하다.

한편 매체 환경의 변화는 문학 작품의 소통 방식을 바꾸어 놓았을 뿐 아니라 문학 작품의 형식 또한 변화시켰다. 디지털 매체는 문자언어에 절대적으로 의존했던 기존의 문학 작품과는 달리 그림이나 사진은 물론 음악이나 동영상 등을 포함하는 문학 작품을 등장시켰다. 이는 창작교육의 방법도 변화해야 함을 시사한다.[33] 청소년 문화에 대한 이해는 문학교육이 학생들과 괴리되지 않고, 학생들의 삶을 교육과 통합시키는 것을 가능하게 해 준다. 이는 청소년의 문학을 통한 문화 실천, 다시 말하면 문학의 생활화로 연결할 수 있는 코드가 된다.

---

33) 김미혜, 「문학 문화의 지형 변화와 문학교육－대중문학 수용을 중심으로」, 『국어교육연구』 46, 국어교육학회, 2010, 31~60면.

✓ ( )에 알맞은 말을 써 넣으면서 주요 개념을 정리합니다.

1 ( )는 언어가 공동체의 삶의 양태와 상호작용함으로써, 공동체 구성원들의 언어 사용에서 생겨나는 공동체적 법칙성과 의미를 지니는 언어 현상으로 볼 수 있다.

2 ( )은 개인이 사회 문화적 소통에 참여하는데 필요한 기본적인 문화 지식으로 널리 인식된다. 최근에는 사회 환경의 변화에 따라 새로운 파생과 전이의 양상을 보이는 유동적 진행성을 특성을 가진다. 고전 문학이 현대를 사는 우리에게 어떤 의미를 지니는가에 대한 관점을 제공해 주기도 한다.

3 문학교육에서 문화를 어떻게 볼 것인가에 초점을 두고 ( )의 개념을 설정할 수 있다. 문학 소통의 기반이 되는 경험과 규약의 체계로서 이 개념에 기반하여 문학교육의 지향점과 접근 방법을 탐색할 수 있다.

✓ 지시에 따라 서술하면서 문학과 문화의 관계를 이해합니다.

1 문학과 역사의 유사한 속성을 말해 보고, 통합적 인식이 필요한 이유를 설명하시오.

2 문학교육은 사회 내에서 이루어지는 상징활동이라는 점에서 문화와 사회의 개념과 맞물려 있다. 이러한 인식을 바탕으로 문학의 생산, 문학의 해석, 문학의 수용을 문학교육의 문화론적 관점에서 설명해 보시오.

✓ 지시에 따라 활동하면서 문학교육의 문화론적 접근에 대한 실천적 능력을 기릅니다.

1 시를 한 편 선택하고, 시의 일부분을 언어문화 관점에서 해석해 보시오.

2 문학교육에서 고려해야 할 청소년 문화 사례를 들고, 청소년 문화에 대한 이해가 문학교육에서 필요한 이유를 논의해 보시오.

문학교육의 체계

제6장

교육과정론

　한 사회에서 교육이 어떻게 이루어지고 있는지 잘 알 수 있는 가장 중요한 자료가 바로 교육과정이다. 교육과정은 학교 교육의 근간으로 작용한다. 교육과정이 새로 고시되면 그 교육과정에 맞추어 학교교육은 전면적으로 재조정된다. 새로 고시된 교육과정의 편제에 따라 과목, 시간 수 등의 변화가 생기며 새로운 교육 내용을 담은 교과서가 적용되고 교수·학습 방법, 평가에서도 변화가 생긴다. 문학 교육과정 역시 문학교육의 방향과 틀을 결정하는 데 매우 중요한 역할을 한다. 그 동안 문학교육이 어떻게 이루어져 왔는지, 현재 어떻게 이루어지고 있는지 알기 위해서는, 그리고 앞으로 어떻게 개선해야할지 고민하기 위해서는 그러한 문학 교육과정에 대한 이해가 필수적이다.

　이 장에서는 문학 교육과정이란 무엇을 의미하는지, 문학 교육과정은 어떤 변화를 거쳐 왔는지, 문학 교육과정 내용을 구조화하는 원리에는 무엇이 있는지, 문학 교육과정의 교육 내용을 구성하는 관점에는 어떤 것들이 있는지 살펴보게 될 것이다. 이러한 학습을 통해 문학 교육과정을 성찰하는 '눈'을 기를 수 있으며, 또한 의미 있는 문학 교육과정을 만들기 위한 고민에 함께 참여할 수 있을 것이다.

1. 문학 교육과정이란 무엇인가

(1) 교육과정의 개념

우리 삶에서 교육은 여러 형태로 이루어진다. 학교교육뿐만 아니라 가정에서 이루어지는 교육도 있고 직장에서 이루어지는 교육도 있으며 여러 사회기관이나 시설에서 이루어지는 각종 교육도 있다. 어떤 형태이든 교육을 생각할 때 일반적으로 가장 중요하게 떠올리는 것은 '무엇을 가르칠 것인가', 즉 교육 내용에 대한 고민이다. 교육 내용에 대한 이런 고민이 바로 교육과정에 대한 질문의 출발점이다.

'무엇을' 가르쳐야 하는가의 문제는 한편으로는 '왜' 그것을 가르쳐야 하는가의 문제와 관련되고, 다른 한편으로는 '어떻게' 가르쳐야 하는가의 문제와 긴밀하게 관련되어 있다. 따라서 교육에서 '무엇을'의 문제는 '왜'와 '어떻게'의 문제와 떼려야 뗄 수 없는 관계를 맺고 있다. 교육에서 이처럼 '무엇을, 왜, 어떻게 가르쳐야 하느냐'의 문제가 바로 교육과정이라는 영역이다.[1]

교육과정은 영어 커리큘럼(curriculum)의 번역어이다. 커리큘럼은 원래 라틴어인 쿠레레(currere)에서 유래한 것으로 '경마장에서 말이 뛰는 길(course of race)'을 뜻한다. 경마장에서 말이 뛰는 길은 정해져 있으며, 다른 길로 뛰는 것은 허용되지 않는다. 이러한 어원을 고려하여 교육과정은 공부하는 학생들이 '마땅히 따라가야 할 길 또는 코스'라는 의미로 사용되고 있다.[2]

협의의 개념으로 볼 때 교육과정은 '단위과정에서 이수해야 할 내용의 목록'이라는 의미를 지닌다. 하지만 그보다는 학습자가 배울 내용과 교육행위의 과정, 결과 전체를 아우를 수 있는 광의의 개념으로 받아들이는 것이 일

---

1) 김재춘, 『교육과정』, 교육과학사, 2012, 39~40면.
2) 김재춘 외, 『교육과정과 교육평가』, 교육과학사, 2000, 17면 참조.

반적이며 학교교육에서 교육과정을 이해할 때는 광의의 개념으로 접근할 필요가 있다. 이러한 광의의 개념에 따를 때 교육과정은 "일정한 프로그램 아래 교육의 전(全)과정을 마칠 때까지 학습해야 할 목표와 내용, 그 학습을 위한 연한(年限)과 시간 배당, 그리고 교수와 평가 방법 등을 포함한 교육의 전체적인 계획"[3]이라 할 수 있다.

한 사회에서 교육과정은 마치 살아있는 유기체와도 같다. 사회의 변화와 요구에 따라, 학문의 발전에 따라, 교육과정은 끊임없이 변화한다. 교육이 추구하는 인간상이 달라지고 교육에서 중요하게 다루어야 할 지식의 성격이나 교육 내용도 변한다. 교육과정은 그러한 변화의 온축을 담아내는 것이다.

21세기 지식 정보 사회가 요구하는 창의적인 인재 양성을 위해 수준별 교육과정을 도입했던 제7차 교육과정, 사회적으로 문제가 되었던 인성교육 실현을 위해 2011 개정 교육과정을 수정·보완하여 고시한 2012 개정 교육과정, 창의 융합형 인재 양성이라는 사회적 요구에 따른 '문·이과 통합형 교육과정 개정' 등의 작업이 바로 그러한 예라 할 수 있다.

교육의 변화 속에서 문학 교육과정도 많은 변화를 겪어왔다. 이 글에서는 문학 교육과정이 어떤 변화를 거쳤으며 교육 내용 구성은 어떤 원리에 따라 이루어지는지, 그리고 교육과정의 핵심이라 할 수 있는 교육 내용 구성의 관점은 어떤 것인지 등에 대해 살펴보고자 한다.

◼ 2012 개정 국어과 교육과정
2011년에 개정한 국어과 교육과정에 '인성 교육 요소'를 강조하여 2012년 7월 9일에 부분 수정 고시한 교육과정을 말한다. 2011 개정 국어과 교육과정과 2012 개정 국어과 교육과정의 기본틀과 교육 내용은 거의 동일하나 성취기준이나 성취기준 해설 내용에 인성 교육 요소를 부분 추가하여 보완하는 형태로 수정되었다.

◼ 문·이과 통합형 교육과정
문·이과 칸막이 없는 교육과정 개발을 통해 모든 학생이 인문·사회·과학에 관한 기초 소양을 갖출 수 있도록 하기 위한 교육과정이다. 이를 토대로 창의 융합형 인재, 인문학적 상상력과 과학 기술 창조력을 갖춘 인재 양성을 목표로 하고 있다.

---

3) 서울대국어교육연구소, 『국어교육학사전』, 대교출판, 1999.

(2) 문학교육에서의 교육과정

국어과 교육과정 내에 '문학 교육과정'이 따로 존재하는 것은 아니다. 그럼에도 국어과 교육과정에 반영된 문학교육의 특성을 살피기 위해 문학교육 관련 내용을 묶어서 '문학 교육과정'이라는 용어로 표현하고자 한다. 이런 점을 전제로 할 때 일반적으로 '문학 교육과정'이란 '공통 교육과정'의 '문학' 영역과 '선택 교육과정'인 '문학' 과목 교육과정을 포괄하는 의미로 볼 수 있다. 다만 '2012 개정 국어과 교육과정'에 따른 과목을 전제로 할 경우, '문학 교육과정'은 공통 교육과정의 '문학' 영역과 '선택 교육과정'인 '국어 I', '국어 II' 과목의 문학 영역, 그리고 '문학' 과목 교육과정을 포괄한다. 이러한 내용을 표로 나타내면 다음과 같다.

교육과정	과목	영역
공통 교육과정	1. 국어	듣기·말하기, 읽기, 쓰기, 문법, <u>문학</u>
선택 교육과정	1. 국어 I	화법, 독서, 작문, 문법, <u>문학</u>
	2. 국어 II	화법, 독서, 작문, 문법, <u>문학</u>
	3. 화법과 작문 4. 독서와 문법 5. <u>문학</u> 6. 고전	생략

* 밑줄 친 부분이 문학 교육과정과 관련 있는 부분이다.

여기서 공통 교육과정의 '문학' 영역과 고등학교 선택 과목의 문학 관련 교육과정은 구분하여 생각할 필요가 있다. 공통 교육과정에 속하는 '국어' 과목은 의무 교육 기간에 해당하는 초등학교 1학년부터 중학교 3학년까지의 모든 학생들이 이수해야 하는 과목이다. 따라서 모든 학생들이 배워야 할 필

수 과목에 반영된 교육 내용이라는 점, 성장 속도가 빠른 학생들을 대상으로 한다는 점, 국어과 교육과정의 다른 영역 내용과의 관련도 필요하다는 점을 전제로 하여 접근할 필요가 있다.

'국어Ⅰ'과 '국어 Ⅱ'4)는 공통 교육과정의 국어과 내용을 고등학교 수준에서 종합한 과목으로, '화법', '독서', '작문', '문법', '문학' 영역의 내용을 포괄적이고 종합적으로 다루고 있다. '문학' 과목은 공통 교육과정의 '문학' 영역과 '국어Ⅰ', '국어 Ⅱ' 교육과정의 '문학' 영역을 전문적으로 심화·발전시킨 과목이다. 이러한 과목의 특성을 고려하여 문학 교육과정을 이해할 필요가 있다.

2. 문학교육의 변천과 교육과정

여기에서는 오늘의 문학교육에 이르기까지 각 교육과정 시기별로 문학 교육과정이 어떤 변화를 겪었는지 대략 살펴보고자 한다. 과거 문학 교육과정을 오늘의 관점에서 되돌아보는 것은 단순히 '과거의 것'을 다시 한 번 반추하기 위한 것이 아니다. 과거 교육과정에 대한 검토와 성찰을 통해 현재의 문학 교육과정을 제대로 이해할 수 있으며 나아가 미래의 교육과정을 어떻게 구성해야 하는지 고민하는 데에도 도움을 얻을 수 있기 때문이다.

(1) 교수요목기~제3차 국어과 교육과정

해방 직후인 1946년에 미군정청 학무국에서 새로운 교과 편제와 시간 배당표 그리고 각 교과에서 가르쳐야 할 '교수요목'을 발표했는데, 이 교수요

---

4) 2012 개정 국어과 교육과정에서 '국어 Ⅱ'는 '국어Ⅰ'의 연계 과목이다.

목의 적용 기간을 교수요목기라 부른다. '(三) 교수 사항'에서 초등학교는 '읽기', '말하기', '듣기', '짓기', '쓰기', 중학교는 '읽기', '말하기', '짓기', '쓰기', '문법', '국문학사'로 나누어 가르쳐야 할 내용을 매우 간단하게 제시하고 있는데, 단순 항목만을 나열한 수준이라 교수요목의 특징을 자세하게 파악하기는 어렵다. 참고로 중학교의 '국문학사'에서는 "국문학의 사적 발달의 대요를 가르쳐, 국민의 특성과 고유문화의 유래를 밝혀, 문화사상에의 우리 고전(古典)의 지위와 가치"를 가르쳐야 할 사항으로 제시하고 있다. 교수요목에 '국문학사'를 설정한 것은 "고전 독해의 중요성을 강조"[5]하기 위한 것으로 보인다.

▣ 경험 중심 교육과정
교육이 현실 생활에 실질적으로 도움이 되는 것들로 구성되어야 한다는 관점. 교육과정을 "학교의 계획 하에서 얻어지는 학생 경험의 총체"로 정의한다.

제1차~제3차 국어과 교육과정은 경험 중심 교육과정에 바탕을 두고 있어 지금의 교육과정과는 다른 모습을 보이고 있다. 제1차 국어과 교육과정과 제2차 국어과 교육과정에 명시된 '지도 내용'은 매우 유사하다. 중학교 교육과정을 예로 들어 문학교육 내용을 살펴보면, 한두 항목의 차이만 있을 뿐 거의 같은 내용이다.

제1차와 제2차 중학교 국어과 교육과정에서는 학년별로 다루어야 하는 내용(혹은 목표)은 '말하기', '듣기', '읽기', '쓰기'로 나누어 제시하였는데, 그 바탕이 되는 '지도 내용'은 '1. 기초적인 언어 능력', '2. 언어 사용의 기술', '3. 언어문화의 체험과 창조' 셋으로 나누어 제시하였다. 그 중에서 문학교육 내용은 '1. 기초적인 언어 능력'과 '3. 언어문화의 체험과 창조' 부분에서 다루고 있는데, 특히 후자에서 자세하게 다루고 있다.[6]

---

5) 최지현, 『문학교육과정론』, 역락, 2006, 93~94면 참조.
6) 학년별 지도 내용(혹은 목표)에서 문학교육 내용은 '말하기', '듣기', '읽기', '쓰기'에 분산시켰는데 주로 '읽기'에 많이 배치하였다. 제1차와 제2차 고등학교 국어과 교육과정의 경우에도 '말하기', '듣기', '읽기', '쓰기'로 나누어 지도 내용을 제시하되 문학교육 관련 내용은 주로 '읽기'에서 중요하게 다루고 있으며 '쓰기'에서 문학 창작을 다루고 있다. 가끔 '말하기'에서 문학 작품 낭독 관련 내용을 다루기도 했다.

제3차 국어과 교육과정은 이전의 교육과정에 비해 매우 간략하다. 학년별 '지도 내용'은 '말하기', '듣기', '읽기', '쓰기'로 나누었는데 문학교육 내용은 주로 '읽기'와 '쓰기'에서 다루고 있다. '지도 사항'의 '읽기'와 '쓰기'에 문학과 직접적으로 관련된 내용은 없다. 하지만 다루어야 할 제재의 유형을 제시한 '주요 형식'에서 '기행문, 설화, 시, 시조, 수필, 소설, 극' 등을 제시했으며, '쓰기'의 경우 '기행문, 시, 시조, 문집'을 제시하고 있다.

이 시기 문학 교육과정의 대표적인 예로 제2차 중학교 국어과 교육과정의 '지도 내용' 중 문학교육 관련 내용을 살펴보면 다음과 같다.

교육과정	'문학교육' 관련 '지도 내용'
제2차 국어과 교육과정 (중학교)	3. 언어 문화의 체험과 창조 (1) 문화 및 예술 ㄱ. 시가류 • 운문의 리듬을 알게 된다. • 문학 작품을 감명 깊게 낭독할 수 있다. • 시적 표현을 감상한다. • 자기가 좋아하는 형식으로 시를 짓는다. • 우리나라의 대표적 운문을 감상한다. ㄴ. 소설류 • 이야기나 소설의 줄거리를 잡는다. • 긴 소설을 짧게 요약하여 본다. • 이야기나 소설에 작자의 견해가 어떻게 나타났는가를 생각하며 읽는다. • 문학 작품을 읽고, 독후감을 서로 이야기하여 본다. • 창작에 흥미를 가지고 개성적인 글로 간단한 창작을 할 수 있다. ㄷ. 일기, 전기, 기록(이하 세부 내용 생략) ㄹ. 수필류 ㅁ. 논설류 ㅂ. 희곡 및 극영화 ㅅ. 현대문학(세계 문학) ㅇ. 고전 문학

이 내용에서 알 수 있듯 초기의 문학 교육과정은 주로 문학 지식 학습, 문학 작품 낭독, 줄거리 파악, 문학 작품 감상, 문학 창작 등을 중심으로 내용을 구성하고 있다. 특히 창작 교육을 중시하여 '쓰기'에서 문학 창작을 자주 다루고 있다. 문학 지식을 지도 내용으로 다루고 있기는 하지만 즐겁게 문학 작품을 낭독하고, 감동받고, 또 문학 창작을 하는 교육을 강조했던 것은 경험 중심 교육과정과 관련을 맺는 부분으로 볼 수 있을 것이다. 초기 단계의 교육과정이어서 교육 내용이 세밀하게 구조화되어 있지는 않지만, 이 시기의 문학 교육과정은 문학 경험 중심 교육과정의 한 면을 보여준다는 점에서 일정 정도 의미가 있을 것이다.

(2) 제4차 국어과 교육과정

교수요목기부터 문학교육은 지속적으로 이루어져 왔지만, "공식 문서로서 문학 교육과정을 이야기할 수 있게 된 것은 제4차 교육과정 때부터"[7]라 할 수 있다. 제4차 국어과 교육과정은 국어과의 정체성 확립을 위해 국어과 고유한 교육 내용을 교육과정에 담고자 했으며[8] 이를 위해 전통적으로 국어교육의 중요한 교육 내용 요소였던 '문학교육'과 '어학교육', 그리고 제1차부터 제3차까지 계속 강조해왔던 '언어 기능'을 중심으로 '표현·이해', '언어', '문학'이라는 3개 영역을 구성했다. 교육과정에 명시된 '지도 및 평가상의 유

---

7) 김창원, 『문학교육론— 제도화와 탈제도화』, 한국문화사, 2011, 375면.
8) 제4차 국어과 교육과정 개발 책임자의 회고에 따르면 제4차 이전의 교육과정, 특히 제2차와 제3차 국어과 교육과정은 당시 일본의 국어과 교육과정을 참고하여 개발된 것이라고 한다. 교육과정 개발 참가자 대부분이 일제 강점기에 태어나 교육을 받았기 때문에 일본어를 유창하게 사용할 수 있었고 자연스럽게 일본의 교육과정을 참조하게 되었다는 것이다. 이에 비해 제4차 국어과 교육과정은 연구에 기초를 둔 최초의 교육과정이라고 한다. 이에 대한 자세한 내용은 다음을 참조할 것. 양정실·김창원·박영민, 『국어과 교육 내용 개선 방안 연구』, 한국교육과정평가원, 2009, 137~152면 참조.

의점'을 보면 '표현·이해'는 국어 사용 기능을, '언어'는 언어의 본질과 특질에 관한 지식을, '문학'은 작품을 감상하기 위한 지식을 지도하되 상호 관련되도록 하라고 명시하고 있다.

특히 제4차 국어과 교육과정은 학문 중심 교육과정의 영향을 받아 '표현·이해'는 수사학을, '언어'는 언어학을 배경학문으로 하였으며, '문학'은 문학(학)을 배경 학문으로 설정함으로써 문학(학) 지식이 주요한 교육 내용으로 자리 잡게 되었다.

제4차 국어과 교육과정의 구체적인 예로 중학교 교육과정 '문학' 영역의 1학년 내용을 살펴보면 다음과 같다.

> **■ 학문 중심 교육과정**
> 교육과정은 학문의 구조(지식의 구조)를 기초로 해서 설계되어야 한다는 관점. 학자들이 연구한 학문의 결과인 지식의 기본 개념, 원리, 법칙을 학교 교육의 중심 지도 내용으로 삼아야 한다고 주장했다.[9] 이 관점에 의하면 교육과정의 교육 내용은 각 학문에 내재한 구조화된 지식의 체계이다.

---

2. 내용
다) 문 학
(1) 역사나 실화 등을 허구화한 소설을 통하여, 이야깃거리와 소설적 구성이 다름을 안다.
(2) 낭만적 소설이나 모험적 소설을 즐기며, 거기에 등장하는 인물들의 유형을 파악한다.
(3) 소설에서 시간적, 공간적 배경을 파악한다.
(4) 소설에서 작자와 작중 화자를 구별하여 이해한다.
(5) 희곡은 본질적으로 작자의 개입 없이, 인물들의 말과 행위만으로 표현된다는 것을 안다.
(6) 희곡의 대사는 인물들의 속성에 각각 어울리는 억양이나 말투로 이루어져 있음을 안다.
(7) 시의 율격을 이루는 요소들을 이해하고, 시의 음악적 효과를 즐긴다.
(8) 시에서 시인과, 시 속에서 노래하는 사람을 구별하여 이해한다.
(9) 문학적 산문의 내재율적 속성을 느낀다.
(10) 사람과 사람 사이의 관계를 주제로 한 문학에 흥미를 느낀다.

제4차 국어과 교육과정의 '문학' 영역 교육 내용을 보면 '즐기며', '흥미를 느낀다'라는 표현이 있기는 하지만 이전 교육과정에 비해 문학 지식 내용이 눈에 띄게 많아졌음을 알 수 있다. 대략 살펴보면, 중학교 1학년에서는 '소설

---

9) 이홍우, 『교육과정연구』, 박영사, 1992, 150면.

의 구성, 인물 유형, 소설의 시간적·공간적 배경, 작가와 작중 화자의 구별, 희곡의 특성, 시의 율격, 시의 화자, 내재율'을 다루고 있음을 알 수 있다. 이 외에도 중학교 2학년에서는 '사건 전개 방식, 인물 유형, 시의 심상, 시의 내재율', 중학교 3학년에서는 '갈등, 등장인물의 성격, 희곡의 대화·독백·방백, 비유와 상징' 등을 다루도록 하고 있다. 또한 고등학교 '국어 I' 과목의 경우에도 '인물의 성격, 소설의 시점, 시의 음악성과 암시성, 시의 화자 등'을 제시하고 있다.

그리고 이러한 지식이 '안다', '파악한다', '이해한다' 등과 결합함으로써 지식을 바탕으로 작품을 이해하고 감상하는 능력보다는 지식 자체를 아는 것을 중시하고 있음을, 그리하여 문학 교육과정에서 지식 교육의 비중이 매우 커졌음을 알 수 있다.10) 하지만 학교에서 이러한 지식 교육은 문학 작품의 이해와 감상을 위한 방법이나 원리로서의 역할을 하지 못하고 단편적인 지식 교육에 그침으로써 이후 많은 비판을 받게 되었다.

(3) 제5차~제7차 국어과 교육과정

기능 중심 국어교육관을 표방한 제5차 국어과 교육과정은 언어 사용 기능 교육을 강화하기 위해 '표현·이해' 영역을 4영역으로 세분하여 모두 6영역 ('말하기', '듣기', '읽기', '쓰기', '언어', '문학') 체제를 취하게 되었다.11)

제5차와 제6차 국어과 교육과정의 '문학' 영역은 문학에 대한 지식, 문학

---

10) 교육과정의 '지도' 부분에서는 작품 감상을 위한 기초적인 지식을 지도하라고 하고, '평가' 부분에서는 작품의 이해와 감상을 중심으로 하여 평가하라고 했지만 실질적으로 교육 내용이 지식 중심으로 제시됨으로써 작품의 이해와 감상 중심의 평가가 제대로 실현되기는 어려운 상황이었다.

11) 이런 영역 구분의 틀은 이후의 교육과정에서 약간의 변화를 거치면서 유지되고 있으며, 2012 개정 교육과정에서는 '말하기'와 '듣기' 영역을 '듣기·말하기'로 통합하였다.

작품의 이해와 감상 중심으로 내용을 구성하고 있다. 제5차 교육과정의 문학 교육 관련 '목표' 진술을 보면, 문학에 대한 지식을 갖추고 '작품 감상력과 상상력'(중학교), '창조적인 체험을 함으로써 미적 감수성'(고등학교)을 기르며, '인간 삶의 총체적 이해'(고등학교)를 강조하고 있다.

제6차 국어과 교육과정도 '목표'에서 문학 지식 교육을 문학 작품 감상의 기초 역할로 규정함으로써 지식교육보다는 문학 작품의 이해와 감상 교육에 좀 더 초점을 두고자 했다. 이는 그 동안 이루어진 문학교육이 문학 감상 능력의 신장보다는 문학에 관한 지식 그 자체의 전달에 치우친 경향이 강했다는 비판을 토대로 한 것이었다.[12]

제5차와 제6차 국어과 교육과정의 '목표' 진술에서 단순 지식 중심의 문학 교육으로부터 벗어나 문학 작품의 이해와 감상 중심의 교육을 지향하고자 했지만 교육 내용에서 그러한 변화가 뚜렷하게 드러나지는 않았다.

미약하기는 했지만 제6차 국어과 교육과정에서부터 중요한 변화가 나타났는데 그 중 하나가 바로 '독자에 대한 새로운 인식'이었다. 수용 미학과 독자 반응 이론의 영향으로 독자를 수동적인 존재가 아니라 작품 수용의 능동적 주체로 인식하기 시작한 것이다. 이는 작가와 작품에만 관심을 집중하던 기존의 방식에서 벗어나 '독자'라는 새로운 축을 인정했다는 점에서 문학 교육과정의 측면에서 의미 있는 변화라 할 수 있다.[13] 제7차 국어과 교육과정도 독자에 대한 그러한 관점을 이어받아 교육 내용으로 구체화했으며 이후 문학 교육과정의 기본 관점이 되었다.

참고로 제6차와 제7차 국어과 교육과정에 반영된 독자 관련 교육 내용의 예를 살펴보면 다음과 같다.

---

12) 교육부, 『교육부 고시 제 1992-11호('92.6.30.)에 따른 중학교 국어과 교육 과정 해설』, 1994, 41면 참조.
13) 최미숙, 「기호·해석·독자의 문제와 문학교육학」, 『문학교육학』 38, 한국문학교육학회, 2012, 133~134면.

교육과정	'독자' 관련 교육 내용
제6차 국어과 교육과정	• 하나의 문학 작품에 대하여 생각하거나 느낀 점을 서로 이야기하여 보고, 읽는 이에 따라 감상이 다를 수 있음을 안다.(중학교 '2학년' '문학' 영역) • 작가와 작품과 독자의 관계에 대하여 알고, 능동적으로 작품을 이해하고 감상한다.(고등학교 '국어') • 작품은 수용자의 상황에 따라 다양하게 해석될 수 있음을 안다.(고등학교 '문학')
제7차 국어과 교육과정	• 문학은 읽는 이에 따라 수용이 다를 수 있음을 안다.(5학년 '문학' 영역) • 작품 세계를 창조적으로 수용하려는 태도를 지닌다.(9학년 '문학' 영역) • 작가, 작품, 독자의 관계를 알고, 이를 작품 수용에 능동적으로 수용한다.(고등학교 '국어' 과목)

한편, 제7차 국어과 교육과정에서 새롭게 강조한 내용 중 하나는 바로 창작 교육의 도입이다. 제3차 교육과정까지는 교육 내용에 포함되어 있었지만 제4차 국어과 교육과정에서 단절되었던 창작 교육을 본격적으로 도입하여 문학교육의 내용 범주를 확장한 것이다. 이로써 문학 교육과정은 문학 작품을 이해하고 감상하는 수용자로서의 역할뿐만 아니라 문학적인 글을 표현하는 생산자로서의 역할도 강조하게 되었으며 이는 이후 문학 교육과정의 내용 범주를 구성하는 기본 틀이 되었다.

(4) 2007 개정 국어과 교육과정~2012 개정 국어과 교육과정

🔳 성취 기준
성취 기준이란 학습자가 국어 수업을 통해 도달해야 할 국어 능력의 내적·외적 특성을 의미한다. 학습자가 국어 수업을 통해 도달해야 할 능력을 구체적으로 드러내기에는 기존의 국어과 교육과정에서 사용하던 '내용'이라는 용어보다 '성취 기준'이 적합하다고 판단했기 때문이라고 한다.

2007 개정 국어과 교육과정부터 '교육 내용'은 국어교육에서 무엇을 가르치고 무엇을 배울 것인지에 대한 명료한 지침을 제공하기 위해 '성취 기준'의 형식으로 제시되었다.

2007 개정 국어과 교육과정부터 문학교육은 본격적으로 주체적이고 능동적인 독자, 근거 있는 작품 해석, 문학의 생활화를 지속

적으로 강조하기 시작한다. 다음은 2007 개정 국어과 교육과정과 2012 개정 국어과 교육과정에 명시된 '주체적인 독자', '근거 있는 작품 해석' 관련 교육 내용이다.

교육과정	'독자', '근거 있는 해석' 관련 성취 기준
2007 개정 국어과 교육과정	• 문학 작품에 대한 다양한 해석을 비교한다.(9학년 '문학' 영역) • 문학 작품 해석의 근거에 유의하여 비평문을 읽는다.(9학년 '문학' 영역) • 문학 작품에 대한 비평적 안목을 갖춘다.(10학년 '문학' 영역)
2012 개정 국어과 교육과정	• 자신이 좋아하는 문학 작품을 들고 그 이유를 말한다.([5–6학년군]) • 다양한 관점과 방법으로 작품을 해석한다.([중1–3학년군] '문학' 영역) • 자신의 주체적인 관점에서 작품을 평가한다.([중1–3학년군] '문학' 영역) • 작품을 비판적·창의적으로 수용하고 이를 발표하여 서로 평가한다.(고등학교 '문학' 과목)

참고로 2007 개정 국어과 교육과정의 『문학』 과목 교육과정에서는 '문학의 생활화'와 관련하여 다음 내용을 제시하고 있다.

① 문학 활동을 생활화하여 수준 높은 국어 생활을 영위한다.
② 문학 활동을 생활화하여 풍요롭고 가치 있는 삶을 영위한다.
③ 문학 활동을 생활화하여 공동체의 문화 발전에 능동적으로 이바지한다.

그런데 '문학의 생활화'를 교육 내용의 차원에서 제시하기보다는 항상적으로 또한 궁극적으로 문학교육이 추구해야 할 상위의 차원에서 접근해야 한다는 명분 아래 2012 개정 국어과 교육과정에서는 성취 기준이 아니라 내용체계의 '태도' 범주 중 하나로 '문학의 생활화' 항목을 제시하였다. 이는 '문학' 영역의 모든 성취 기준이 실은 문학의 생활화라는 태도 차원에서 구현될 때 비로소 의미가 있는 것임을 강조하기 위한 것[14]으로 볼 수 있다. 다음 표는 2012 개정 국어과 교육과정의 '문학' 영역 내용 체계이다.

실제
• 다양한 갈래의 문학
− 시(시가), 소설(이야기), 극, 수필, 비평
• 다양한 매체와 문학

지식	수용과 생산	태도
• 문학의 본질과 속성	• 작품 이해와 해석	• 문학의 가치와 중요성
• 문학의 갈래	• 작품 감상	• 문학에 대한 흥미
• 문학 작품의 맥락	• 작품 비평과 소통	• 문학의 생활화
	• 작품 창작	

2012 개정 국어과 교육과정의 공통 교육과정에서는 성취 기준을 학년군별로 제시하는 변화를 보였다. 공통 교육과정 기간 9년을 모두 4개의 학년군([1-2학년군], [3-4학년군], [5-6학년군], [중1-3학년군])으로 나누어 교육 내용을 제시한 것이다. 다음은 2012 개정 국어과 교육과정의 학년군별 '영역 성취 기준', '내용 성취 기준', '국어 자료의 예 중 문학 작품 부분'을 표로 정리한 것이다.

학년군	영역 성취 기준	내용 성취 기준	'국어 자료의 예' 중 문학 작품 부분
1-2 학년군	발상과 표현이 재미있는 작품을 다양하게 접하면서 문학이 주는 즐거움	(1) 동시를 낭송하거나 노래, 짧은 이야기를 들려준다. (2) 말의 재미를 느끼고 재미를 주는 요소를 활용하여 자신의 경험을 표현한다. (3) 이야기의 시작, 중간, 끝을 파악하며	• 창의적 발상이나 재미있는 표현이 담긴 동시나 노래 • 환상적인 세계를 배경으로 하는 (옛)이야기나 동화 • 의인화된 사물 혹은 동·식

14) 최미숙 외, 『국어교육의 이해』, 사회평론, 2012, 327면 참조.

	을 경험하고, 일상생활의 경험을 문학적으로 표현한다.	작품을 이해한다. (4) 작품 속 인물의 마음, 모습, 행동을 상상한다. (5) 글이나 말을 그림, 동영상 등과 관련지으며 작품을 수용한다. (6) 일상생활에서 겪은 일을 동시나 노래, 이야기로 표현한다.	물이나 영웅이 나오는 이야기 • 학생의 일상을 배경으로 하는 동시나 동화 • 상상력이 돋보이는 만화나 애니메이션
3-4 학 년 군	문학의 구성 요소가 잘 드러나는 작품을 대상으로 하여 그 구성 요소에 초점을 맞추어 문학 작품을 자신의 말로 해석하고, 해석한 내용을 다양한 방식으로 표현한다.	(1) 짧은 시나 노래를 암송하거나 이야기를 구연한다. (2) 재미있거나 감동적인 부분에 유의하며 작품을 이해한다. (3) 이야기의 흐름을 파악하여 내용을 간추린다. (4) 작품 속 인물, 사건, 배경에 대해 설명한다. (5) 작품 속의 세계와 현실 세계의 공통점과 차이점을 안다. (6) 작품을 듣거나 읽거나 보고 느낀 점을 다양한 방식으로 표현한다.	• 운율과 이미지가 돋보이는 동시나 노래 • 영웅이나 위인이 등장하는 (옛)이야기나 극 • 환상의 세계를 배경으로 한 (옛)이야기 • 일상의 고민이나 문제를 다룬 동시나 동화 • 감성이 돋보이거나 재미가 있는 만화 혹은 애니메이션
5-6 학 년 군	문학 작품에 대한 해석의 근거를 찾아 구체화하고, 작품의 일부나 전체를 재구성하는 활동을 통해 작품 수용과 표현의 수준을 높인다.	(1) 자신이 좋아하는 문학 작품을 들고 그 이유를 말한다. (2) 작품에서 말하고 있는 사람의 관점을 이해한다. (3) 작품에 나타난 비유적 표현의 특징과 효과를 이해한다. (4) 작품 속 인물, 사건, 배경의 관계를 파악한다. (5) 작품 속 인물의 생각과 행동을 나와 견주어 이해하고 평가한다. (6) 작품의 일부를 바꾸어 쓰거나 다른 갈래로 바꾸어 쓴다. (7) 자신의 성장과 삶에 영향을 미치는 작품을 즐겨 읽는 태도를 지닌다.	• 다양한 형식과 표현이 드러나는 시나 노래 • 성장 과정의 고민과 갈등을 소재로 한 작품 • 한국 문학의 전통이 잘 드러난 작품 • 다양한 가치와 문화에 대한 성찰을 담고 있는 작품 • 상상력이 돋보이는 다양한 매체 자료 • 또래 집단의 형성과 구성원 사이의 관계를 다룬 작품

중 1-3 학 년 군	문학의 다양한 특성에 대한 이해를 바탕으로, 다양한 관점과 방법으로 작품을 해석하고 평가하며 자신의 일상적인 삶을 작품으로 표현한다.	(1) 비유, 운율, 상징 등의 표현 방식을 바탕으로 작품을 이해하고 표현한다. (2) 갈등의 진행과 해결 과정을 파악하며 작품을 이해한다. (3) 다양한 관점과 방법으로 작품을 해석한다. (4) 표현에 드러나는 작가의 태도에 주목하며 작품을 이해하고 표현한다. (5) 작품의 세계가 누구의 눈을 통해 전달되는지 파악하며 작품을 수용한다. (6) 사회·문화·역사적 상황을 바탕으로 작품의 의미를 파악한다. (7) 작품의 창작 의도와 소통 맥락을 고려하며 작품을 수용한다. (8) 자신의 주체적인 관점에서 작품을 평가한다. (9) 자신의 일상에서 의미 있는 경험을 찾아 다양한 작품으로 표현한다. (10) 문학이 인간의 삶에 어떤 가치를 지니는지 이해한다.	• 인물의 내면세계, 사고방식, 느낌과 정서 등이 잘 드러난 작품 • 바람직하고 가치 있는 삶에 대한 탐구와 성찰을 담고 있는 작품 • 보편적인 정서와 다양한 경험이 잘 드러난 한국·외국 작품 • 사회·문화·역사적 상황이 잘 드러난 작품 • 한국의 대표적인 문학 작품 • 비평적 안목이 뛰어난 비평문 • 삶에 대한 고민이나 성찰을 담고 있는 다양한 매체 자료

이상으로 교수요목기부터 2012 개정 국어과 교육과정에 이르기까지 문학 교육과정의 변화를 대략적으로 살펴보았다. 제도적 차원의 국어교육이 이루어지기 이전부터 문학은 언어생활뿐만 아니라 세상 이치를 이해하고 삶을 다스리는 데 기본 원리로 작용해 왔다. 또한 본격적인 제도 교육이 이루어진 이후에도 문학교육은 그러한 문학의 특성을 살려 국어교육에서 중요한 역할을 해 왔다.

시대적 변화와 사회적·학문적 요구에 발맞추어 문학 교육과정은 좀 더 의미 있는 문학교육을 위하여 끊임없이 노력해 왔다. 제1차 국어과 교육과정에서부터 2012년 개정 국어과 교육과정에 이르기까지 문학 교육과정은 문학 지식에 대한 이해를 바탕으로 문학 작품을 이해하고 문학적으로 표현하는 능력뿐만 아니라 언어 능력의 고양, 당대 삶이 요구하는 문학의 역할 등에 대한 고민을 바탕으로 교육 내용을 구성해 왔다. 문학 교육과정은 아직 '과정 중'에 있다. 현재의 교육과정을 토대로 앞으로 더욱 의미 있는 교육과정을 만들기 위한 모색이 필요하다.

3. 문학 교육과정 내용 조직의 원리

교육과정에서 가장 핵심적인 항목은 바로 '무엇을 가르칠 것인가'이며, 이것이 교육과정에 제시된 '교육 내용'에 해당한다. 그런데 교육 내용에 못지않게 중요한 것이 바로 교육 내용을 어떻게 조직할 것인가이며, 이에 대한 질문과 대답은 오랫동안 교육과정 개발의 중요 쟁점 중 하나였다.

교육과정의 '교육 내용'을 조직하는 원리에 대해서는 논자에 따라 다양한 견해가 제시되었다. '계속성, 계열성, 통합성'을 제시하는가 하면, '계속성, 나선성, 일관성, 통합성'을 제시하기도 했으며 '수직적 구조, 위계적 구조, 평면적 구조' 등 여러 원리를 두고 논의하여 왔다.[15] 여기에서는 가장 일반적으로 논의되는 계속성, 계열성, 통합성의 원리와 함께 국어과 교육과정 논의에서 자주 언급되는 위계성에 대해 알아보고자 한다.

(1) 계속성

계속성이란 교육 내용 요소를 수직적으로 반복하는 것, 즉 내용의 여러 요

---

15) 이에 대한 논의는 다음을 참조할 것. 이경섭, 『교육과정 쟁점 연구』, 교육과학사, 1999, 274면.

소를 종적으로 반복하여 제시해야 한다는 원리이다. 이는 교육에서 다루어야 할 "중요한 개념, 원리, 사실 등을 어느 정도 계속해서 반복 학습할 수 있도록 하기 위한 것"[16]이다. 이를 위해 교육 내용을 조직할 때 중요한 개념, 원리, 사실 등을 동일 학년에 반복하여 제시할 수도 있으며 몇 개의 학년 혹은 학년군에 반복하여 제시하는 방식을 취할 수도 있다.

예를 들면, 문학교육에서 주요하게 다루는 운율, 상징, 인물, 플롯 등과 같은 문학 지식은 한 번만 다룰 경우 그러한 지식을 이해하거나 혹은 지식을 바탕으로 작품을 이해하고 감상하는 데 어려움을 겪을 수 있다. 이럴 경우, 다양한 문학 작품을 통해 "장기간의 학습 상황에서 몇 번이고 계속해서 반복 학습이 되도록 함으로써 학습자로 하여금 심성화하고, 내면화하도록 하자는 것"[17]이 바로 계속성의 원리다.

다음은 제7차 국어과 교육과정에 제시된 '작품에 반영된 사회 · 문화적 양상' 관련 교육 내용이다. 8학년부터 10학년까지 '작품에 반영된 사회 · 문화적 양상'이라는 동일한 내용 요소를 학년에 따라 내용을 약간씩 달리하면서 반복 학습할 수 있도록 조직했음을 알 수 있다.

학년	8학년	9학년	10학년
작품에 반영된 사회 · 문화적 양상	(1) 작품이 사회적, 문화적, 역사적 상황을 바탕으로 창조된 세계임을 알기 (5) 작가의 세계관과 그 시대의 사회 · 문화적 상황을 관련지어 이해하기	(5) 작품에 드러난 사회 · 문화적 상황과 작품 창작 동기를 관련지어 이해하기	(5) 작품에 드러난 사회 · 문화적 상황을 파악하고 이를 작품 수용에 능동적으로 활용하기

---

16) 우한용 외, 『문학교육과정론』, 삼지원, 1997, 154면.
17) 우한용 외, 위의 책, 155면.

(2) 계열성

계열성은 교육 내용 조직의 수직적(종적) 관계에 관한 것이라는 점에서 계속성과 같은 특성을 공유하고 있다. 그러나 계속성이 중요한 개념, 원리, 사실 등의 반복에 관한 원리라면 계열성은 "선행 경험의 배경에 토대하여 후속 경험을 계획하는 것"[18]이며, 이를 통해 궁극적으로 "질적인 심화성과 양적인 확대성의 원리"[19]를 구현하는 것이다. 따라서 계열성에 따라 교육 내용을 조직할 때에는 학년별 혹은 학년군별로 학습경험의 폭과 깊이가 점차 높거나 심화될 수 있도록 조직해야 한다.

맥닐(McNeil, J. D.)은 계열성의 원리로 다음 세 가지를 소개했다.[20] 우선 '단순한 것에서 복잡한 것으로' 나아가는 것이다. 이는 많은 요소가 포함된 학습 활동을 하기 전에 몇몇 요소만 포함된 활동을 먼저 소개하는 것을 의미하는데 부분에서 전체로, 총체적인 것에서 보다 세부적인 것으로 나아간다는 것을 의미한다. 다음은 '친숙한 것에서 친숙하지 않은 것으로' 나아가는 것이다. 이것은 학습자가 완전히 새로운 활동을 하기에 앞서 이미 알고 있는 활동을 바탕으로 할 수 있도록 해야 한다는 것이다. 마지막으로 학습자들에게 언어화하고 유목화하도록 요청하기 전에 어떤 현상에 대해서 보고, 만지고, 맛보고, 듣고, 냄새맡는 기회를 제공하는 것과 같이 '구체적인 것에서 추상적인 것으로' 나아가게 해야 한다는 것이다.

2012 개정 국어과 교육과정에서도 이러한 계열성을 고려하여 성취 기준을 조직했음을 알 수 있는데, 교육과정 개발 보고서에 서술된 다음 내용이 그것을 말해준다.

---

18) 우한용 외, 앞의 책, 1997, 155면.
19) 우한용 외, 위의 책, 155면.
20) McNeil, J. D., 전성연·이흔정 공역, 『교육과정의 이해』, 학지사, 2001, 196~197면 참조.

학습의 단계를 고려했다는 말은 학습 내용의 선후관계를 따져 교육 내용을 배열했다는 뜻이다. '체험적 구체성에서 개념적 추상성으로', '평면적 혹은 선조적 단순성에서 입체적 복합성으로' 진행되어야 한다거나, '쉬운 것에서 어려운 것으로', '개인적인 것에서 사회적인 것으로', '흥미 유발에서 인식으로 인식에서 다시 조절로' 순으로 학습해야 한다는 식의 일반론이 바로 학습의 단계와 관련된다.[21)]

다음은 2007 개정 국어과 교육과정, 2012 개정 국어과 교육과정에서 계열성이 드러난 성취 기준의 예를 제시해 본 것이다.

교육과정	항목	성취 기준		
2007 개정 국어과 교육과정	근거를 들어 작품 비평하기	• 문학 작품 해석의 근거에 유의하여 비평문을 읽는다.(9학년) 〈내용 요소의 예〉 • 작품 해석이 다양함을 알기 • 해석에는 전제와 근거가 있음을 이해하기 • 해석의 근거와 타당성을 평가하기	• 문학 작품에 대한 비평적 안목을 갖춘다.(10학년) 〈내용 요소의 예〉 • 비평은 작품에 대한 주체적인 판단임을 이해하기 • 작품에 대한 판단의 근거를 마련하기 • 적절한 근거를 제시하며 비평문 쓰기	
2012 개정 국어과 교육과정	인물, 사건, 배경 이해하기	[1-2학년군] • 작품 속 인물의 마음, 모습, 행동을 상상한다.	[3-4학년군] • 작품 속 인물, 사건, 배경에 대해 설명한다.	[5-6학년군] • 작품 속 인물, 사건, 배경의 관계를 파악한다.

2007 개정 국어과 교육과정의 경우 '근거를 들어 작품 비평하기' 내용을 9학년~10학년에 걸쳐 학년별로 계열화했으며, 2012 개정 국어과 교육과정에서는 '인물, 사건, 배경의 이해' 내용을 [1-2학년군]~[5-6학년군]에 걸쳐 계

---

21) 민현식 외, 『2011 국어과 교육과정 개정을 위한 시안 개발 연구』, 교육과학기술부, 2011, 148면.

열화했음을 알 수 있다. 전자의 경우 9학년에서는 해석의 전제, 근거와 타당성 중심으로 비평문을 읽는 능력을 기른 후 10학년에서는 문학 작품에 대한 비평적 안목을 갖추도록 하고 있다. 특히 10학년 성취 기준의 '내용 요소의 예'를 참고하면 비평적 안목을 갖추고 또 비평문을 쓰는 활동을 하도록 하고 있는데, 비평문을 읽는 활동을 하는 9학년 성취 기준보다 좀 더 심화된 수준이라 할 수 있다.

후자의 경우 작품 속 인물의 마음, 모습, 행동을 '상상'하는 단계([1-2학년군])에서 작품 속 인물, 사건, 배경에 대해 객관적으로 '설명'하는 단계([3-4학년군])를 거쳐 작품 속 인물, 사건, 배경의 관계를 '파악'하는 단계([5-6학년군])로 나아가는 것은 '친숙한 것에서 친숙하지 않은 것으로' 혹은 '구체적인 것에서 추상적인 것으로' 계열화한 것이라 할 수 있다.

(3) 통합성

계열성이 내용의 수직적 조직이라면, 통합성은 내용의 수평적 조직에 해당한다.[22] 통합성은 어느 한 영역에 제시된 경험, 능력 등의 교육 내용을 다른 영역의 그것들과 어떻게 상호 관련시키느냐 하는 문제이다.[23] 통합은 둘 이상의 장르 사이에서 이루어질 수도 있으며 특정 능력과 다른 능력 사이에서도 이루어질 수 있다.

예를 들면, 한 장르 속의 요소와 관련되는 개념을 다른 장르 속의 요소와 관련짓는 학습을 들 수 있다. 먼저 시에서 시의 화자에 대한 시점을 학습한 후에 소설에서 소설의 시점을 학습한다거나, 소설에서 인물의 성격을 학습한 후에 희곡에서 인물의 성격을 다시 학습하면 상호 긴밀한 연계성을 가지게

---

22) 이경섭, 앞의 책, 1999, 277면.
23) 우한용 외, 앞의 책, 1997, 156면 참조.

될 것이다.[24)]

다른 영역 간 통합성을 엿볼 수 있는 예로, 2007 개정 국어과 교육과정 10학년의 '문학' 영역 성취 기준과 '쓰기' 영역의 성취 기준을 들 수 있다.

학년 (영역)	글/문학의 수준과 범위	성취 기준	내용 요소의 예
10학년 (문학)	• 비평적 안목이 뛰어나거나 문학사적 가치가 높은 비평문	• 문학 작품에 대한 비평적 안목을 갖춘다.	• 비평은 작품에 대한 주체적인 판단임을 이해하기 • 작품에 대한 판단의 근거를 마련하기 • 적절한 근거를 제시하며 비평문 쓰기
10학년 (쓰기)	• 예술 작품에 대한 심미적 경험을 드러내는 비평문	• 예술 작품에 대한 심미적 경험을 드러내는 비평문을 쓴다.	• 예술 작품을 평가하는 글의 일반적 특성 이해하기 • 예술 작품에 대한 심미적 경험 떠올리기 • 예증의 방법을 통해 논지 전개하기 • 비평문이 생산되고 소비되는 맥락 이해하기

■ 속성 중심 문학교육, 실체 중심 문학교육
속성 중심의 문학교육이란 문학을 문학답게 하는 자질이나 속성에 관심을 두고, 문학의 요소나 맥락을 분석함으로써 문학에 접근하는 방법이다. 이에 반해, 실체 중심의 문학교육은 문학을 가시적인 어떤 대상, 즉 실체로 보고 그 실체의 존재와 가치에 대해 설명함으로써 문학에 접근하는 방법이다.

두 성취 기준과 '내용 요소의 예'를 보면, '문학' 영역의 문학 작품에 대한 비평적 안목을 갖추기 위한 교육과 '쓰기' 영역의 예술 작품에 대한 비평문을 쓰는 교육을 통합하여 지도할 수 있도록 조직되어 있음을 알 수 있으며, 이는 두 영역 간의 수평적 조직을 고려한 것이라 할 수 있다. 일상적인 언어생활이 주로 통합적으로 이루어진다는 점을 고려할 때 통합성을 고려한 교육 내용 조직은 효율성이라는 측면에서 의미 있는 방식이라 할 수 있을 것이다.

---

24) 우한용 외, 앞의 책, 1997, 156면.

(4) 위계성

일반적으로 "계열성이 선행/후행 개념에 입각한 원칙이라면 위계성은 상위/하위 개념에 의존"[25]한다. 여기서 위계성에서의 상위/하위 기준은 일반적으로 '문학 능력의 발달'을 전제로 하는 경우가 많다.[26] "계열성이 선행 학습 내용과 후행 학습 내용이 하나의 일관된 계선을 이루어 체계적으로 제시되어야 한다는 뜻"[27]이라면 위계성은 문학 능력 발달 단계를 기준으로 하여 상위인가 하위인가 하는 차원에서 접근해야 한다는 의미이다. 이런 점 때문에 위계성은 학년별로 적용하기보다는 몇 개의 학년을 묶은 학년군 단위나 학교급 단위를 전제로 논의하는 경우가 많다. 예를 들면 학교급별 위계성을 고려할 경우 초·중·고등학교의 문학 교육과정을 "수행 중심 → 분석 중심 → 평가 중심"[28]으로 위계화하는 것도 의미 있는 방안이 될 수 있다.

2012 개정 국어과 교육과정에서는 위계성을 고려하여 성취 기준을 조직하였음을 밝히고 있다. 교육과정 개발 보고서에 따르면, '문학 학습 능력의 발달'을 고려하여 '속성에서 실체로', '주관적 참여에서 객관적 소통으로', '장르 발달을 중심으로' 위계화하였음을 밝히고 있다.[29]

---

25) 김창원, 앞의 책, 2011, 125면 참조.
26) 한편, 국어교육 논의에서 계열성과 위계성을 유사한 의미로 사용하는 경우도 있다. 그 이유는 아마도 교육 내용을 조직할 때 '선행/후행'의 방식이 학년별이나 학년군별 혹은 학교급별로 배치되었을 경우 동시에 '상위/하위'의 모습을 띠는 경우가 많기 때문일 것이다. 실제 동일한 교육 내용에서 계열성과 위계성이 동시에 구현되었거나 그 차이를 가리기 어려운 경우가 존재하는 것이 사실이다. 앞에서 계열성의 예로 소개한 '인물, 사건, 배경에 대한 이해' 관련 성취 기준도 역시 위계성의 예로 볼 수도 있다. 그럼에도 둘 간의 개념 차이가 존재하는 만큼 그러한 차이를 전제로 하여 위계성을 서술하고자 한다.
27) 김창원, 위의 책, 125면 참조.
28) 이 위계화 방안은 국어교육의 위계화 방안으로 제시된 것인데, 문학교육의 경우에도 적용 가능하다고 보았다. 이 위계화 방안에 대한 자세한 논의는 다음을 참조할 것. 김대행, 「국어교육의 위계화」, 『국어교육연구』 19, 서울대 국어교육연구소, 2007.
29) 민현식 외, 앞의 책, 2011, 148~150면 참조. 이하 '속성에서 실체로', '주관적 참여에서 객관적 소통으로', '장르 발달을 중심으로'라는 세 가지 방향에 대한 내용은 동 보고서를 참조하여 수

우선 '속성에서 실체로'에 대해 살펴보자. 2012 개정 국어과 교육과정은 문학을 문학답게 하는 속성을 먼저 배운 후 여러 요소 혹은 속성들이 유기적으로 작동하는 문학 작품이라는 실체로 나아갈 수 있도록 교육 내용을 위계화하였다고 밝히고 있다.[30] 다음에서 '속성에서 실체로'를 구현한 예 몇 가지를 제시해 보았다.

학년군/과목	성취 기준
[1-2/3-4/5-6 학년군]	• 작품에 나타난 비유적 표현의 특징과 효과를 이해한다.([5-6학년군]) • 작품 속 인물, 사건, 배경에 대해 설명한다.([3-4학년군]) • 말의 재미를 느끼고 재미를 주는 요소를 활용하여 자신의 경험을 표현한다.([1-2학년군])
[중1-3학년군]	• 사회・문화・역사적 상황을 바탕으로 작품의 의미를 파악한다.([중1-3학년군]) • 비유, 운율, 상징 등의 표현 방식을 바탕으로 작품을 이해하고 표현한다.([중1-3학년군]
국어 I	• 문학 갈래의 개념을 알고 각 갈래의 특징을 이해한다.
국어 II	• 전승 과정에 유의하여 한국 문학의 흐름을 이해한다.
문학	• 대표적인 작품을 통해 한국 문학에 나타난 전통과 특질을 이해한다

초등학교 단계에서는 속성 관련 성취 기준이 상대적으로 많이 등장하고 있다. 중학교 단계에서 실체 관련 성취 기준이 등장하기 시작하며('사회・문화・역사적 상황을 바탕으로 작품의 의미를 파악한다.') '고등학교 '국어 I', '국어 II' 과목에서 본격적인 실체 관련 성취 기준이 등장하며, 위계성의 측면에서

___

정・보완한 것임을 미리 밝혀둔다.

30) 보고서에 따르면 속성 중심에서 실체 중심으로 나아가도록 교육 내용을 구별하여 배치하였지만, 성취 기준 해설의 곳곳에서 이 두 가지 접근 방법이 통합적으로 실현되어야 한다고 강조하고 있다. 속성에 주목하여 접근한다 하더라도 실체에 대한 이해로 수렴될 수 있으며, 실체에 대한 접근도 속성으로부터 출발하는 것이 효과적이기 때문이다.

볼 때 가장 상위 과목인 고등학교 '문학' 과목에서는 실체 관련 성취 기준이 많이 등장하고 있다.

다음은 '주관적 참여에서 객관적 소통으로'에 대해 살펴보자. 2012 개정 국어과 교육과정은 '느끼고 즐기는 활동에서 자신의 느낌과 판단을 객관화하고 공유하는 활동'으로 나아갈 수 있도록 교육 내용을 조직하였다. 다음은 2012 개정 국어과 교육과정의 학년군별 '문학' 영역 성취 기준이다.

학년군	'문학' 영역 성취 기준
1-2학년군	발상과 표현이 재미있는 작품을 다양하게 접하면서 문학이 주는 즐거움을 경험하고, 일상생활의 경험을 문학적으로 표현한다.
3-4학년군	문학의 구성 요소가 잘 드러나는 작품을 대상으로 하여 그 구성 요소에 초점을 맞추어 문학 작품을 자신의 말로 해석하고, 해석한 내용을 다양한 방식으로 표현한다.
5-6학년군	문학 작품에 대한 해석의 근거를 찾아 구체화하고, 작품의 일부나 전체를 재구성하는 활동을 통해 작품 수용과 표현의 수준을 높인다.
중1-3학년군	문학의 다양한 특성에 대한 이해를 바탕으로, 다양한 관점과 방법으로 작품을 해석하고 평가하며 자신의 일상적인 삶을 작품으로 표현한다.

동시를 낭송하거나 작품을 읽고 그 내용을 상상하거나 다른 사람에게 자신의 체험을 들려주는 등의 주관적인 이해 활동에서 출발하지만, 공통 교육과정을 마치는 단계에 이르러서는 자신이 이해한 바를 근거를 갖춰 설명하는 한편 다양한 관점에서 작품을 해석하고 다양한 방법으로 표현하는 수준에 이르도록 하고 있다.

마지막으로 '장르 발달을 중심으로'에 대한 내용을 살펴보자. 2012 개정 국어과 교육과정은 학생들의 성장 단계에 맞는 장르 혹은 문학 작품의 유형을 고려하여 성취 기준과 '국어 자료의 예' 중 문학 작품 부분에 제시하였다.

참고로, 다음은 2012 개정 국어과 교육과정에 제시된 '국어 자료의 예' 중 문학 작품 부분이다.

학년군	'국어 자료의 예' 중 문학 작품 부분
1-2학년군	• 창의적 발상이나 재미있는 표현이 담긴 동시나 노래 • 환상적인 세계를 배경으로 하는 (옛)이야기나 동화 • 의인화된 사물 혹은 동·식물이나 영웅이 나오는 이야기 • 학생의 일상을 배경으로 하는 동시나 동화 • 상상력이 돋보이는 만화나 애니메이션
3-4학년군	• 운율과 이미지가 돋보이는 동시나 노래 • 영웅이나 위인이 등장하는 (옛)이야기나 극 • 환상의 세계를 배경으로 한 (옛)이야기 • 일상의 고민이나 문제를 다룬 동시나 동화 • 감성이 돋보이거나 재미가 있는 만화 혹은 애니메이션
5-6학년군	• 다양한 형식과 표현이 드러나는 시나 노래 • 성장 과정의 고민과 갈등을 소재로 한 작품 • 한국 문학의 전통이 잘 드러난 작품 • 다양한 가치와 문화에 대한 성찰을 담고 있는 작품 • 상상력이 돋보이는 다양한 매체 자료 • 또래 집단의 형성과 구성원 사이의 관계를 다룬 작품
중 1-3학년군	• 인물의 내면세계, 사고방식, 느낌과 정서 등이 잘 드러난 작품 • 바람직하고 가치 있는 삶에 대한 탐구와 성찰을 담고 있는 작품 • 보편적인 정서와 다양한 경험이 잘 드러난 한국·외국 작품 • 사회·문화·역사적 상황이 잘 드러난 작품 • 한국의 대표적인 문학 작품 • 비평적 안목이 뛰어난 비평문 • 삶에 대한 고민이나 성찰을 담고 있는 다양한 매체 자료

'1-2학년군'과 '3-4학년군'에서는 동시, 노래, 옛이야기, 동화, 영웅 이야기, 만화나 애니메이션 등 아동문학 장르를 고려하였으며 '5-6학년군'을 거치면서 성장기의 고민을 다룬 청소년 문학 등을 경험할 수 있도록 하였다.

'중1-3학년군'에 이르러서는 본격적인 소설과 시, 전통문학 작품 등을 접할 수 있도록 하였다.

4. 문학 교육과정 내용 구성의 관점과 과제

이 장에서는 최근 문학 교육과정 내용 구성에서 주목할 만한 내용 항목 몇 가지에 대해 살펴보고자 한다. 교육은 완결형이 아니라 항상 진행형이다. 현재의 문학 교육과정은 이전의 문학 교육과정에 대한 비판과 성찰을 통해 이루어진 것이지만, 역시 현재를 발판으로 삼아 바람직한 교육과정을 위해 끊임없이 노력해야 하는 과정에 있다. 이 장의 내용 대부분이 이미 이전의 문학 교육과정에 반영되었거나 2012 개정 국어과 교육과정에 반영된 경우가 많지만 앞으로도 지속적인 노력을 통해 개선해야 할 부분을 중심으로 몇 가지 살펴보고자 한다.[31]

(1) 문학의 생활화

문학의 생활화는 2000년대 중반 이후 문학교육에서 중요한 화두가 되었고 앞으로도 문학 교육과정에서 지속적으로 추구해야 할 내용이다. "문학을 생활화한다는 말은 일상의 삶을 문학과 함께 영위한다는 뜻"[32]으로 "제도적으로 이루어지는 문학보다는 생활 속에서 영위되는 문학을 강조하는 관점"[33]이다. 여기에는 문학교육이 문학 전문가들의 문학이 아니라 일상생활 속에서

---

31) 이하 내용과 관련 있는 부분을 최미숙 외(『국어교육의 이해』)에서도 참조할 수 있다.
32) 김대행, 「문학 생활화의 패러다임」, 『문학교육학』 7, 한국문학교육학회, 2001, 9면.
33) 최미숙, 「성인의 문학생활화 방안」, 『문학교육학』 10, 한국문학교육학회, 2002, 31면.

이루어지는 문학 활동을 지향해야 한다는 의미가 전제되어 있다.

　문학을 '생활화'라는 시각에서 본다는 것은 일상생활에서 문학 작품을 읽고 감상하는 활동뿐만 아니라 더 나아가 문학적으로 이해하고 문학적으로 말하고 쓰는 활동을 강조하자는 것이며, 시인이 되기 위해 시를 쓰는 것이 아니라 자신의 생각이나 느낌을 전달하기 위해 시를 쓰는 것이며 문학적인 표현 방식을 활용하여 말하고 글을 쓰자는 것이다.[34]

　이런 의미에서 본다면 문학 교육과정은 단순히 제도 교육으로서의 학교교육만을 전제로 하는 것이 아니라 고등학교를 졸업한 이후 전개되는 성인의 문학적 삶도 고려하여 개발해야 할 것이다. 문학이 초·중·고등학교 시절 학교에서 배워야 하는 과목이기 때문에 공부하는 것이 아니라 일상적 삶을 문학과 함께 영위하기 위해 배우는 것이라는 전제를 다시금 강조할 필요가 있는 것이다.

　이런 관점에서 볼 때, 문학 교육과정이 구현해야 할 "문학 생활화는 한 사람 한 사람의 전 생애를 전제해서 고려되고 기획될 필요"[35]가 있다. 이를 위해 문학 활동의 기초로서의 지식과 원리는 전이력을 가진 것이어야 하며 다양한 문학 활동과 문학 경험은 성인이 되어서도 자신의 문학 능력을 스스로 신장시킬 수 있는 기본 능력을 갖출 수 있도록 구성할 필요가 있다.

(2) 주체적인 문학 향유 능력의 신장

　단편적인 지식 중심의 교육, 분석적 작품 읽기, 작가·작품 중심 해석, 수동적인 독자 등의 문제는 오랫동안 문학 교육과정이 해결하고자 했던 핵심 과제였다. 이를 위해 문학교육은 수동적 독자가 아니라 능동적 독자를 강조하

---

34) 최미숙, 앞의 논문, 2002, 31면 참조.
35) 김대행, 앞의 논문, 2001, 15면.

면서 '다양한 해석', '독자 나름의 해석'을 강조했지만 그것은 곧 '해석의 무정부주의', '독자의 임의적 해석'이라는 문제와 마주쳤다. 이내 문학 교육과정은 독자 나름의 해석이 독자 마음대로 해석할 권한을 주는 것은 아니라는 점을 확인하면서 독자의 임의적이고 자의적인 해석 문제를 해결하기 위해 '작품에 대한 독자의 주체적인 판단', '근거 있는 작품 해석', '작품 해석의 근거와 타당성' 등을 강조하게 되었다. 주체적인 문학 능력을 강조하게 된 것이다.

문학의 수용과 생산에서 주체적인 문학 활동이 가능해야 '문학의 향유'가 가능해지고 또한 문학을 향유할 수 있어야 비로소 주체적인 문학 능력도 신장시킬 수 있다. 문학을 주체적으로 즐기기 위해서는 "문학 지식이나 작품 이해와 표현의 원리를 실제 문학 활동 과정에 스스로 적용할 수 있는 능력이 있어야 하며, 그러한 능력은 문학 작품을 이해하거나 생산하는 활동에 즐거우면서도 능동적으로 참여함으로써 기를 수"[36] 있는 것이다. 이렇듯 주체적인 문학의 '향유'를 강조하는 데에는 일상생활에서 문학을 즐기면서 생활화하기를 바라는 관점이 전제되어 있다.

2012 개정 국어과 교육과정에서도 [중1-3학년군]에 "자신의 주체적인 관점에서 작품을 평가한다"라는 성취 기준을 명시했으며, 그 해설에서도 독자가 자신의 주체적인 관점에서 작품을 해석하고 평가하되 적절한 근거를 들면서 해석하고 평가할 것을 강조하고 있다.

하지만 아직 과제는 남아있다. 문학 교육과정은 학생들에게 주체적이고 능동적인 문학 경험을 제공하되 타당한 해석에 대한 구체적이면서도 다양한 방법을 제공할 필요가 있다. 또한 문학 작품 수용의 측면만이 아니라 문학 표현 능력, 즉 창작 교육이나 문학적인 글의 표현 교육에서도 역시 구체적인 방법이 필요하다. 예를 들면, 독자 중심의 작품 수용을 강조하고, 자의적 해

---

36) 최미숙 외, 앞의 책, 2012, 329면 참조.

석을 경계하기 위해 '텍스트를 근거로 한 타당한 해석'을 강조하고는 있지만 원론적인 차원에서 강조하는 데 그치고 있다는 점을 고민해볼 필요가 있다.

(3) 문학의 환경 변화와 문학교육

미디어 중심의 사회가 되면서 문학의 수용과 생산 그리고 유통 방식은 많은 변화를 겪고 있다. 글이나 책 속에서 문자로만 존재하던 문학이 그림, 음성, 소리, 이미지, 동영상 등과 결합하면서 그 존재 방식을 다양한 형태로 변화시키고 있는 것이다. 우리는 예전과는 다른 새로운 형태의 문학 텍스트를 생산하고 향유할 수 있게 되었으며, 현대 사회는 그러한 텍스트를 읽고 쓰고 즐길 수 있는 문학 능력을 우리에게 요구하고 있다.[37]

또한 인터넷의 발달은 독자들이 작가와 작품에 대해 새로운 방식으로 소통할 수 있는 길을 열어 주었다. 작가들의 인터넷 홈페이지에 독자들이 참여하면서 적극적인 문학 소통의 장을 만들어내고 있으며, 또 몇몇 작가들은 자신의 블로그(blog)에 소설을 연재함으로써 창작 과정에서부터 독자와 적극적으로 소통하기도 한다. 또한 매체가 발달하면서 종이책 형태인 책을 통해서만 만날 수 있었던 문학 작품이 오디오북, 플래시 동영상 낭송시집 등 다양한 방식으로 독자들과 만나고 있다.[38] 최근에는 작품을 소개하거나 원문을 읽어주는 팟캐스트(pod cast)가 다수 등장하여 일상적으로 작품을 듣는 생활도 가능해졌다.

국어교육에서는 미디어의 발달로 인한 언어생활의 변화를 담아내기 위해 '매체언어 교육'에 대한 논의를 활성화했다. 문학교육에서도 매체언어 교육은 제7차 국어과 교육과정부터 시작되었으며, 2007년 개정 국어과 교육과정

---

37) 최미숙, 「디지털 시대, 시 향유 방식과 시교육의 방향」, 『국어교육연구』 19, 서울대학교 국어교육연구소, 2007, 70~71면 참조.
38) 최미숙 외, 앞의 책, 2012, 328면 참조.

에서 매체언어 교육을 대폭 수용함으로써 더욱 중요한 과제가 되었고, 2012 개정 국어과 교육과정에서도 그러한 내용을 계승하고 있다. 2012 개정 국어과 교육과정의 공통 교육과정 '문학' 영역에서는 매체언어 관련 성취기준을 직접적으로 제시하지 않았는데 그것은 어떤 성취 기준이든 매체언어와 관련된 내용을 담을 수 있도록 고려한 것이다.[39] '국어 자료의 예'의 '문학 작품' 부분에 학년군별로 매체언어 관련 자료를 제시함으로써 학년별 교육 내용을 고려하여 어떤 성취기준이든 매체언어 관련 내용을 담을 수 있도록 하였다. 공통 교육과정의 '문학' 영역에 제시된 매체언어 관련 자료와 고등학교 '문학' 과목 교육과정에 제시된 매체언어 관련 교육 내용은 다음과 같다.

교육과정		'국어 자료의 예'의 '문학 작품' 부분 중 매체언어 관련 자료 / 성취 기준
공통 교육 과정	1-2학년군	• 상상력이 돋보이는 만화나 애니메이션
	3-4학년군	• 감성이 돋보이거나 재미가 있는 만화 혹은 애니메이션
	5-6학년군	• 상상력이 돋보이는 다양한 매체 자료
	중1-3학년군	• 삶에 대한 고민이나 성찰을 담고 있는 다양한 매체 자료
선택 교육 과정	'문학' 과목	• 다양한 매체로 구현된 작품의 창의적 표현 방식과 심미적 가치를 문학적 관점에서 이해하고 수용한다. • 다양한 시각과 방법으로 작품을 재구성하거나 창작한다.(*매체를 통한 재구성과 창작 내용을 포함하고 있음-인용자)

문학의 수용과 생산 그리고 유통 방식에서 보이는 이러한 변화는 문학의 생활화 측면에서도 매우 중요하다. 그야말로 미디어가 발달하면서 문학을 생

---

39) 최미숙 외, 앞의 책, 2012, 328면 참조.

활화하는 방식 또한 변화하고 있기 때문이다. 앞으로 미디어는 어떤 방식으로 발전할지 예측하기 어렵다. 종이 위의 글자로, 종이책으로 유통되던 문학 작품이 미디어의 발달에 따라 지금보다 훨씬 다양한 형태로 존재하게 될 것이다. 문학 생활화의 관점에서 미디어와 함께 능동적으로 문학을 즐길 수 있는 다양한 방법을 모색할 필요가 있을 것이다.

(4) 공동체와 문학의 역할

문학에는 한 민족, 한 시대, 역사가 공동으로 지니고 있는 삶의 방식과 고민이 잘 드러나 있다. 이런 점에서 문학교육은 그 자체로 문학을 통하여 공동체의 삶의 방식과 가치관을 사유할 수 있도록 하는 한편 새로운 삶의 방식과 가치관을 모색해보는 경험의 연속이라고도 할 수 있다. 다문화·세계화 시대가 진전됨에 따라 자신이 속한 공동체의 가치관이나 삶의 방식을 인식하고 동참하는 것과 우리와는 다른 다양한 문화와 삶의 방식 그리고 가치관을 인정하는 것이 둘 다 중요한 과제로 떠오르게 되었다.40)

문학 교육과정은 자신이 속한 공동체가 직면해 있는 다양한 문제들에 대해 같이 사유하고 그 해결 방안을 모색하기 위해 타인과 소통하고 참여하는 능력을 중요하게 다루고 있다. 환경 문제, 다문화 문제, 사회적 약자의 문제 등 우리 사회가 마주하고 있는 다양한 문제뿐만 아니라 자신이 속한 지역과 민족이 형성하고 있는 공동체에 대한 사유 또한 강조하고 있다.

2009 개정 고등학교 국어과 교육과정의 '문학Ⅱ' 과목에서 지역 문학과 한민족 문학을 강조했던 것이 그러한 예라 할 수 있다. 각 지역은 역사적으로 형성되어 온 생활 공동체로서 이를 바탕으로 각 지역의 문학이 전개되어

---

40) 민현식 외, 앞의 책, 2011, 146면 참조.

왔으며, 학습자 역시 지역 공동체의 일원으로서 지역 문학의 존재와 가치를 이해할 필요가 있다는 것이다. 또한 한민족이라는 차원에서 분단 이후의 북한 문학과 근대 전환기 이래 해외로 이주한 재외 국민과 동포가 한국어로 생산해 온 문학 역시 한민족 문학의 범주로 포괄하여 교육의 필요성을 제기한 바 있다.[41)]

한편, 다문화·세계화 시대를 맞이하여 자신이 속해 있는 공동체의 문화뿐만 아니라 서로 다른 이질적인 문화와도 공존하면서 살아가는 능력이 중요한 과제로 대두되었다. 이러한 사회적 요구에 대하여 문학 교육과정은 문학을 통해 공동체의 문제의식을 공유하고 소통하며 그 해결에 참여할 수 있는 능력의 신장, 또 다양한 문화를 서로 존중하고 배려하면서 살아가는 태도의 형성을 중시하고 있다.

다음은 2012 개정 국어과 교육과정의 '문학' 과목에 제시된 공동체 관련 성취 기준이다.

> (14) 문학 활동을 통하여 우리 사회의 다양한 공동체와 문제의식을 공유하고 소통한다.
> (15) 문학 활동을 통하여 삶의 질을 높이고 공동체의 문화 발전에 참여하는 태도를 기른다.

앞으로의 사회는 지금보다 훨씬 빠른 속도로 공동체의 재편이 이루어질 것이다. "민족 정체성을 명확히 하는 한편 다양한 공동체의 가치관과 삶의 방식을 이해하고, 나아가 세계 시민으로서의 보편성과 연대감"[42)]을 형성하기 위한 교육은 앞으로도 문학 교육과정의 중요한 과제가 될 것이다.

---

41) 이에 대해서는 다음을 참조할 것. 교육과학기술부, 『교육과학기술부 2009-41호에 따른 고등학교 교육과정 해설 : 국어』, 2009, 272면 참조.
42) 민현식 외, 앞의 책, 2011, 146면.

✅ (   )에 알맞은 말을 써 넣으면서 주요 개념을 정리합니다.

1 (   )이란 주요 교육 내용 요소를 수직적으로 반복하는 것, 즉 내용의 여러 요소를 종적으로 반복하여 제시해야 한다는 원리이다. 이는 중요한 개념, 원리, 사실 등을 어느 정도 계속해서 반복학습할 수 있도록 하기 위한 것이다.

2 (   )은 교육내용 조직의 종적 관계에 관한 것이라는 점에서 계속성과 같은 특성을 공유하고 있다. 그러나 (   )이 개념, 원리, 사실 등을 단순히 반복하는 것에 관한 원리지만 (   )은 질적인 심화성과 양적인 확대성의 원리이다.

3 계열성이 내용의 수직적 조직이라면, (   )은 내용의 수평적 조직에 해당한다.

✅ 지시에 따라 서술하면서 문학 교육과정을 이해합니다.

1 2012 개정 국어과 교육과정의 공통 교육과정에 반영된 '문학' 영역 내용의 특성을 '독자 중심 문학교육'의 측면에서 설명하시오.

2 2012 개정 국어과 교육과정에 반영된 문학 교육과정 내용 중에서 '계열성'에
　관련된 교육 내용을 찾아보시오.

✓ 지시에 따라 활동하면서 문학 교육과정의 실천 능력을 기릅니다.

1 약 10년 후에 국어과 교육과정을 개정한다고 가정한 후, [중학교 1-3학년군]
　'문학' 영역의 성취 기준을 5~7개 개발하시오. 그리고 개발한 성취 기준 선
　정의 이유도 쓰시오.

　　■ 선정 기준

　　■ 성취 기준

2 앞으로 문학 교육과정에서 새롭게 담아야 할 내용 1가지를 선정하여 말해보
　시오.

　　■ 내용

　　■ 이유

제7장

교수·학습론

여러분이 꿈꾸는 문학 수업이란 어떤 모습인가? 어떻게 하면 좋은 문학 수업을 만들 수 있을까? 문학 수업은 학습자가 문학의 인지적, 정의적, 심동적 쾌락을 향유하는 교육의 장이자 문학적인 소통을 제도적으로 보장하는 문학 체험의 장이 되어야 한다. 그러나 문학교육 연구를 시작한 이래 문학 수업을 질적으로 개선하기 위한 연구들은 다양하게 제출되어 왔지만 문학 수업에 관한 이론적 연구와 실제 수업의 거리는 쉽사리 좁혀지지 않고 있다.

이 장은 문학 수업이 견지하여야 할 성격과 바람직한 문학 수업이 갖추어야 할 요소, 좋은 문학 수업을 설계하기 위한 방법 등을 살피고 있다. 학습자가 다양한 문학 작품과 소통하여 문학에 대한 소양을 기르고 공동체의 문학 문화 향상에 기여하는 체험을 누리게 하기 위해서 여러분이라면 어떠한 문학 수업을 창조할 수 있을지를 고민해 보면서 이 장에 들어서기로 하자.

1. 문학교육의 관점과 문학 수업

일반적으로 문학 수업은 현대 문학교육을 형성해 온 관점들 중 특히 텍스트 중심 문학교육과 학습자 중심 문학교육 중에서 어느 입장을 취하느냐에 따라 각기 다른 양상으로 구체화된다.[1] 먼저 텍스트 중심 문학 수업은 신비평과 텍스트 해석 이론을 기조로 하는 텍스트 중심 문학교육을 이론적인 배경으로 삼는 수업 유형이다. 이 수업은 문학 텍스트를 자족적이고 절대적인 유기체로 상정하고 문학 텍스트를 정확하게 분석하는 능력을 기르는 데 목표를 둔다. 문학교육의 역사에서는 우리나라에 신비평을 소개한 백철의 「문학의 이해와 비평」이 1차 교육과정 말기 국어 교과서에 수록되면서 텍스트 중심 문학교육이 시작된 것으로 본다. 이후 4차 교육과정까지 텍스트 중심 문학교육의 영향을 받은 것으로 보고 있지만 문학 수업에서 텍스트 분석의 비중은 2012 교육과정이 적용되는 현재까지도 여전히 강력하다. 텍스트 중심 문학 수업은 문학 텍스트의 구조와 요소를 세밀하게 분석하여 작품의 의미와 가치를 파악하고자 한다. 수업 중 활동 역시 교사는 주로 텍스트의 요소와 구조에 대한 설명이나 질문을, 학습자는 교사의 설명이나 질문을 바탕으로 텍스트에 관한 지식을 습득하는 활동이 중심이다. 따라서 문학 작품을 꼼꼼히 읽고 정확하게 분석하는 능력은 향상될 수 있는 반면에 문학 수업을 단순 지식 수업으로 전락시킬 우려가 있다. 뿐만 아니라 학습자의 능동적이고 주체적인 해석 능력 대신에 수동적이고 기계적인 적용이나 분석 기

▣ 현대 교육의 패러다임 양상
'반응의 강화'를 기본 관점으로 하는 '행동주의' 패러다임, '지식의 획득'을 지향하는 '인지주의' 패러다임, '지식의 구성'을 추구하는 '구성주의' 패러다임 등.

▣ 문학교육의 패러다임 양상
전통적인 '가치관 중심 문학교육', 신비평을 바탕으로 한 '텍스트 중심 문학교육', 학습자를 강조하는 '학습자 중심 문학교육' 등.

---

[1] 고정희, 「텍스트 중심 문학교육의 이론적 기반과 읽기 방법」, 『문학교육학』 40, 한국문학교육학회, 2013; 김창원, 「'문학 능력'의 관점에서 본 학습자 중심 문학교육학의 철학과 방법」, 『문학교육학』 40, 한국문학교육학회, 2013; 이상구, 「문학교육 패러다임에 따른 교육 방법 변천 양상」, 『문학교육학』 41, 한국문학교육학회, 2013 등.

술을 습득하는 결과를 초래할 수 있다.

반면 학습자 중심의 문학 수업은 5차 교육과정 무렵 문학 작품의 가치는 독자의 읽기를 통해서 밝혀지고 완성된다는 학습자 중심 문학교육을 배경으로 강조된 수업 유형이다. 학습자 중심 문학교육은 문학 쪽에서는 수용미학과 독자 반응이론을, 교육 쪽에서는 인간주의 교육 철학을 배경으로 하며 이전까지 문학 수업을 지배해 왔던 텍스트 중심 문학교육에 대한 비판으로 대두되었다. 따라서 수업 역시 텍스트에 대한 교사의 설명이나 전달 중심이 아닌 텍스트와 학습자의 소통이나 학습자의 참여를 강조하는 활동을 강조한다. 교사는 학습자의 활동을 안내하고 조력하며 학습자는 교사의 격려와 도움으로 텍스트를 능동적으로 해석하고 감상하는 활동을 수행한다. 그러나 학습자의 활동 중심으로 수업을 구성하다 보니 텍스트 자체의 미적 특질이나 가치를 감상하기가 어렵고 학습 목표와 무관하게 수업이 흐를 가능성도 있다.

■ 경험 중심 교육과정
학습자를 교육의 중심으로 보는 입장으로 교육과정의 내용을 학습자가 수행해야 할 경험을 중심으로 구성하는 교육과정

[텍스트 중심 문학 수업과 학습자 중심 문학 수업]

	텍스트 중심 문학 수업	학습자 중심 문학 수업
배경 이론	텍스트 중심 문학교육 : 신비평, 형식주의, 텍스트 중심 해석학 등	학습자 중심 문학교육 : 독자 반응이론, 인간 중심 교육 이론 등
관련 교육과정	학문 · 교과 중심 교육과정	인간 · 경험 중심 교육과정
수업 모형	제재 중심 수업 모형, 제재별 절차 모형 등	반응 중심 수업 모형, 대화 중심 수업 모형, 구성주의 수업 모형 등
수업의 중심	텍스트의 체계와 구조	학습자의 이해와 감상
학습자	텍스트의 이해자	해석과 감상의 참여자
교사	지식의 전수자	학습자의 조력자, 안내자
수업 방식	교사의 설명, 질문, 전달 중심	학습자의 활동, 대화, 교섭 강조

이처럼 문학 교사가 문학교육에 대한 철학이나 관점을 어떻게 가지느냐에 따라 문학 수업은 성격과 내용, 방법, 평가 등은 물론 교사와 학습자의 위상과 역할 등에서 상이한 모습으로 전개된다. 그러나 문학 교사들 각자가 문학교육에 대한 서로 다른 철학이나 관점을 지니고 있다고 하더라도 학습자의 문학 능력을 함양하게 하려는 공동의 합의와 목표를 실현하기 위해 좋은 문학 수업을 구성하려는 의지와 열정은 공통적이라 할 수 있다.

2. 문학 수업에 대한 관점과 문학 수업의 성격

(1) 수업을 바라보는 두 가지 입장
: 과학으로서의 수업과 예술로서의 수업

1990년대 중반부터 시행된 교육 정보화 정책이나 ICT 활용 교육은 학습자의 학습 형태와 학습 자원의 다양화는 물론 교사의 수업 방식에도 많은 변화를 가져왔다. 교육 환경, 학습 자원, 학습자 등의 급속한 변화는 수업 방식과 수업에서의 교사의 역할과 위상에 대한 새로운 조명을 요구하고 있다.[2] 뿐만 아니라 1990년대까지만 해도 학교 교육 개혁의 중심 과제를 교육 외적 환경이나 교육과정, 교과서 및 평가제도 등 교과 정책 차원에서 설정했으나 최근에는 '교실 수업 살리기'라는 목표 아래 교과 수업을 비판적으로 성찰하고 질적으로 개선하기 위한 미시적인 접근에 주목하고 있다.

교과 수업에 대한 지배적인 관점 중 하나는 과학주의에 입각하여 수업을 이해하는 것이다. 과학주의적 관점은 수업을 학습자가 학습 목표에 도달하게

---

2) 진영은·함영기, 「수업 전문성 재개념화 연구 동향 및 과제」, 『열린교육연구』 17, 한국열린교육학회, 2009, 49면.

하기 위해 설계하고 개발한 요소들을 조직화한 체제로서 이해한다. 이러한 체제로서의 수업은 수업 요소의 투입과 수업 결과의 산출이라는 과정에 따라 설계되고 실행된다. 따라서 수업에 대한 평가 역시 미리 만들어진 검사 항목지(check list)에 따라 개별 수업이 교육과정과 교재, 교수·학습 활동 등의 투입·산출이라는 표준적인 공정을 잘 거치고 있는가에 주목한다. 수업에 대한 과학적인 관점은 좋은 수업을 보여주는 보편적인 원리를 통해 바람직한 결과를 예견하고 통제하여 수업에 대한 표준적인 공식들을 산출함으로써 수업을 객관적으로 평가할 수 있는 기준을 제공해 준다는 의의를 지닌다. 그리고 공통적이고 표준적인 기준을 적용하여 수업을 평가하고 수업의 질도 어느 정도 개선할 수 있다고 믿는다. 그 결과 수업에 대한 과학주의적 접근은 교수·학습에 대한 보편 타당한 지식을 생성해 왔고 교사와 수업을 장학하는 데도 효과적으로 활용되어 왔다.

그러나 수업에 대한 계량적이고 표준화된 접근만으로 다변적이고 맥락적인 수업의 특성을 포괄하기는 어렵다. 다양한 요인이 복합적으로 작용하는 수업을 객관적인 체크리스트만으로 평가하기가 어려울 뿐만 아니라 교사와 학습자가 상호 교섭하며 의미를 구성하는 수업의 과정을 명확하게 해명할 수도 없기 때문이다. 수업에 대한 과학주의적 접근의 한계를 비판하는 예술주의적 관점은 수업을 역동적이고 예술적인 실천 행위로 이해한다. 특히 수업의 의도가 결정되어 있지 않고, 언어적, 음악적, 미술적, 신체적 등 다양한 예술적 표상으로 수업이 구체화되며, 수업 과정에서 미적 체험을 인식하고 느낄 수 있다는 점에서 수업이 예술 텍스트의 성격을 지닌다는 것이다. 수업에 대한 예술주의적 시각은 수업을 교사와 학습자의 즉흥이나 직관이 개입하여 학습자의 인식적, 미적, 정의적 체험을 형성하는 예술 텍스트로 인식

■ 수업
교육과정의 계획에 따라 시간, 공간, 교재, 환경 등 다양한 자원을 동원하여 학습이 잘 이루어지도록 하기 위한 일련의 과정을 의미한다. 넓은 의미로 교수와 학습 현상을 포괄하기도 하며, 좁은 의미로는 의도적이고 계획적인 활동만을 가리킨다.

■ 수업 모형
수업의 주요 특징을 간추린 개념이나 원리를 체계적으로 기술한 것으로 수업 현상을 기술하거나 설명해주는 역할을 한다.

■ 교수·학습 방법
교수자가 수업을 전개하기 위해 수업 모형이나 기법 등을 적용하여 구성한 구체적인 수업 계획을 의미한다.

한다.

최근에는 수업의 과학성과 예술성을 독자적이고 배타적으로 볼 것이 아니라 상호 보완적인 관계로 읽어야 한다는 견해도 주목받고 있다.[3] 이 견해는 수업 안에 존재하는 명시적이고 규칙적인 속성을 인정하지 않으려는 주장은 바람직하지 않을 뿐만 아니라 수업에 드러나는 창의적이고 예술적인 실천을 읽지 않으려는 주장 역시 옳지 않다고 본다. 이 관점에 따르면 수업에 대한 과학적인 연구는 훌륭한 수업 실천을 위한 토대를 제공할 수 있으며 수업에 대한 예술적인 시각은 저자이자 예술가로서의 교사가 자신의 상상력과 미학적 감성을 발휘하여 수업을 창의적으로 생산하고 구성할 수 있다.

특히 문학 수업의 경우 작품이 지니고 있는 문학적 속성에 대한 과학주의적 시각과 미적 개성을 강조하는 예술주의적 시각을 배타적인 관계가 아닌 상호 보완적인 관계로 이해하는 편이 바람직하다. 문학 수업은 문학 문화를 형성해 온 장르의 관습과 작가의 개성적인 상상이 복합적으로 작용하여 산출된 문학 작품이 수업의 핵심 기제로 기능하기 때문이다. 문학 수업이 작품 자체의 소통 맥락은 물론 작가와 독자의 소통, 교사와 학습자의 소통이 복합적으로 활성화되는 문학 소통의 장이기 때문에 문학 수업에 대해 단일하고 표준적인 기준을 적용하는 것은 무리가 있다. 문학 수업은 과학적 텍스트의 성격과 예술적 텍스트의 성격, 그리고 서로 다른 문학 문화와 교육적 가치, 문학적 안목을 지닌 교사와 학습자가 상호 교섭하며 의미를 구성해 가는 심미적인 소통 텍스트의 성격을 동시에 지닌다고 할 수 있다.

---

3) 이혁규 외, 「수업의 과학성과 예술성 논의와 수업 비평」, 『열린교육연구』 20(2), 한국열린교육학회, 2012, 313~315면.

(2) 좋은 문학 수업의 성격

문학 교사가 수업을 잘하기 위해서는 문학 수업에 대한 심미적이고 전문적인 안목을 갖는 것이 중요하다. 다른 교과 수업과 달리 문학 수업이 지니는 독자적인 성격은 무엇일까? 먼저 2012 국어과 교육과정에서 규정하고 있는 문학교육의 '목표'를 살펴보기로 하자.

가. 문학에 대한 지식과 경험을 바탕으로 문학에 대한 체계적 이해를 갖추고 능동적으로 문학 활동을 한다.
나. 문학 수용과 생산 활동을 통하여 언어에 대한 통찰력을 기르고, 창의적으로 사고하고 소통하는 능력을 기른다.
다. 문학을 통하여 인간과 세계를 총체적으로 이해하고, 문학의 가치와 아름다움을 향유하며, 심미적 안목을 높인다.
라. 한국 문학의 보편성과 특수성을 이해하고, 우리 공동체의 문학 문화 발전에 적극적으로 참여한다.[4]

현행 2012 문학 교육과정(고등학교 선택 과정)은 문학교육의 목표를 '문학에 대한 지식과 경험'을 바탕으로 '문학 수용과 생산 활동'을 주축으로 삼아 '창의적인 사고 능력과 소통 능력'을 길러 궁극적으로 '인간과 세계'를 이해하고 나아가 '공동체의 문학 문화 발전'에 기여하는 데 두고 있다. 문학의 수용과 생산 활동을 통해 문학이 소통되는 다양한 사회 문화적 맥락을 이해하고 그 과정에서 인간의 삶과 공동체적 가치를 인식하도록 강조하고 있는 것이다. 따라서 문학 수업은 교실에서 향유하는 문학적 체험이 교실 바깥으로 확장되어 인간의 삶과 세계에 대한 인식 그리고 문학 문화적인 실천과 도야로 발전될 수 있는 소통의 장이 될 필요가 있다. 이를 바탕으로 좋은 문학 수업

---

4) 교육과학기술부, 「국어과 교육과정」, 2012, 134면.

이 지녀야 할 성격을 정리하면 다음과 같다.

첫째, 문학 수업은 좋은 문학 작품을 바탕으로 문학 문화의 형성과 발전에 기여할 수 있어야 한다.[5] 좋은 문학 작품이 무엇인가에 대해서는 작품 자체의 특성, 작품과 작가와 독자 그리고 시대와의 상관성에 따라 상이하겠지만 대체로 작품의 미학적 가치가 언어적, 예술적으로 잘 형상화된 작품이라는 데 일치하는 편이다. 이때의 문학 작품이 기존의 문학사나 문학교육에 의해 보수적이고 배타적인 권위를 형성해 온 정전 목록을 가리키는 것은 아니다. 정전이라는 개념 자체가 역사와 사회, 문화의 맥락에 따라 변용되는 가변적 실체라는 점에서 문학 수업은 문학 작품을 시대와 상황에 따라 읽을 수 있도록 능동적인 읽기를 모색할 필요가 있다.

둘째, 문학 수업은 다양한 층위의 문학적 소통을 역동적으로 활성화해야 한다. 문학을 소통적 관점에서 바라보는 것은 문학 작품을 정태적인 산물로 보지 않고 작가-작품-독자의 역동적 구조를 지니는 작용태로 이해한다는 것이다. 소통적 수업에서 학습자는 고형화(固形化)된 지식으로 문학 작품을 이해하는 시간이 아닌 다양한 층위의 문학적 소통이 일어나는 장으로 문학 수업을 체험하게 된다. 문학 수업에서 작품 속 작중 인물 간에 일어나는 소통, 작품을 중심으로 작가와 독자 사이의 소통, 그리고 문학 작품에 대한 교사와 학습자 사이의 메타적 소통 등이 서로 교섭하며 문학적 소통을 활성화할 필요가 있다.

셋째, 문학 수업은 학습의 인지적 영역과 정의적 영역을 효과적으로 통합하여 학습자의 전인적인 문학 능력 향상에 기여할 수 있어야 한다. 그간 문학 수업은 주로 문학 지식 중심의 인지적 영역의 학습에 치중하여 학습자와의 정서적 소통을 간과해 왔거나 혹은 문학에 대한 심미적 감상을 강조하여

---

5) 구인환 외, 『문학교육원론』(제6판), 삼지원, 2012, 80면.

문화적 산물인 문학 작품에 대한 인지적 인식을 소홀히 하는 등의 편향된 모습을 보여 온 경향이 있다. 따라서 문학 수업은 학습자의 인지적 영역과 정의적 영역의 조화로운 통합을 모색하는 수업을 설계하여 문학교육의 목표에 도달할 수 있도록 해야 한다.

넷째, 문학 수업은 다매체, 다문화 환경과 적극적으로 교섭할 필요가 있다. 인터넷과 디지털 문화의 발달에 따라 문학을 둘러싼 외부 환경은 급속도로 변화하고 있다. 문학 외적인 환경의 변화로는 신문, 방송, 인터넷 등 매체 통로의 다변화와 세분화, 만화나 축약된 텍스트, 영화나 애니메이션 등 매체 변용을 통한 텍스트의 변화 등을 들 수 있다. 문학은 태생 시기부터 사회 문화적 환경과 교섭하며 형성되어 왔기 때문에 문학 수업은 문학 환경의 변화를 적극적으로 읽고 문학 현상의 양상을 인식할 필요가 있다. 그 과정에서 요약본 읽기로 전락된 문학 독서의 현실, 디지털 영상화로 변용되는 과정에서 원전 텍스트의 왜곡과 훼손 문제 등 문학 환경의 변화로 인해 생겨난 부정적인 현상들에 대해서 학습자가 스스로 인식하고 비판할 수 있는 안목을 갖출 수 있도록 모색하는 것도 바람직하다.

지금까지 언급한 좋은 문학 수업이 지녀야 할 요건들을 모두 갖춘다고 해서 곧바로 좋은 수업이 창출되는 것은 아니다. 그러나 좋은 문학 수업을 의식하고 끊임없이 고민하는 교사와 그렇지 않은 교사의 수업은 다를 수밖에 없다. 따라서 문학 수업을 꿈꾸는 교사라면 좋은 문학 수업의 성격을 잘 고려하여 창의적이고 생산적인 문학 소통이 일어날 수 있도록 교실 분위기를 마련할 필요가 있다. 다음은 전국의 국어 교사 90명을 대상으로 '훌륭한 문학 교사의 요건, 좋은 문학 수업의 요건, 문학 교사의 전문성 신장을 위해 해야 할 활동'을 설문 조사하여 문학 교사의 전문성과 문학 수업에 대한 평가 기준 모형을 제시한 것이다.

[문학 교사의 전문성과 문학 수업의 평가 기준][6)]

대영역	중영역	세부 기준
문학 교사의 지식과 능력	문학 교육과정에 대한 지식	1. 문학교육 내용에 대한 지식
		2. 문학교육 방법에 대한 지식
		3. 문학교육 평가 방법에 대한 지식
	학생의 문학적 능력에 대한 이해와 평가 능력	1. 학생들의 문학적 문화에 대한 이해 능력
		2. 학생들의 문학 학습 과정에 대한 이해 능력
		3. 학생들의 문학적 산물에 대한 평가 능력
	문학적 지식과 태도	1. 문학적 지식
		2. 문학적 언어 능력
		3. 문학에 대한 열정
좋은 문학 수업	문학 수업의 환경 특성	1. 문학 수업을 위한 교실 환경 특성
		2. 문학교사 학습자 간의 상호 관계 특성
	문학 수업의 실행 특성	1. 선행지식 활성화와 동기 유발
		2. 학습 목표와 학습 활동의 적절성
		3. 다양하고 적절한 학습 전략 제공
		4. 적절한 학습 자료와 매체 제공
		5. 문학적 소통 활동의 활성화
		6. 적절한 피드백 제공
		7. 문학 수업을 위한 적절한 교수화법
문학교사의 전문성 신장 활동	좋은 문학 수업 준비 활동	1. 적절한 학습 목표와 내용 선정을 위한 준비
		2. 교수·학습 모형과 절차 구안을 위한 준비

---

6) 남민우, 「문학교사의 전문성과 문학 수업에 대한 평가기준 연구」, 『새국어교육』 78, 한국국어
교육학회, 2007, 171~172면.

		3. 학습 활동과 학습 전략 제공을 위한 준비
		4. 교수·학습 자료와 매체 제공을 위한 준비
		5. 적절한 평가 활동을 위한 준비
	자기 계발 활동	1. 문학 수업에 대한 자기 반성
		2. 온오프라인을 통한 동료 교사와의 협력
		3. 학생들의 문학적 문화 탐구 활동
		4. 문학적 지식과 문학교육학적 지식 심화를 위한 활동

　문학 교사의 전문성과 문학 수업에 대한 평가 기준 모형은 크게 문학 교사의 지식과 능력, 좋은 문학 수업, 문학교사의 전문성 신장 활동의 세 가지 요소를 기준으로 재구성하였다. 문학 교사로서의 정체성과 전문성, 문학 소통의 장으로서 문학 수업을 이해하고 있어 문학 수업의 특성과 의의를 잘 살려낸 기준이라는 점에서 좋은 문학 수업을 설계할 때 참조할 필요가 있다. 다만, 이와 같은 평가 기준을 고려하여 수업을 설계, 실행, 평가할 때 수업이 표준화, 정형화되지 않도록 유의하는 것이 필요하다. 평가 기준에 적합하도록 구성된 수업이 안정적이고 표준적인 수업으로 구체화될 수는 있겠지만 창의적이고 개성적인 수업은 기대하기 다소 어려울 수도 있기 때문이다. 그 결과 "그것('수업의 표준화된 형식')이 평가의 기준으로 작동하게 되면, 교사로서는 융통성이나 창의성, 개별성과 독창성을 발휘하기보다는 주어진 목표 실현을 위한 효율적인 교수 전략만 추구할 수밖에 없게"[7] 될 수 있다.

　그런 점에서 문학 수업은 수업의 분석적, 구조적 요소들의 물리적인 합이 아닌 입시 제도와 물리적 환경의 제약 속에서도 문학 텍스트와 교육과정에

---

7) 정재찬, 「수업 비평적 관점을 통한 중등 국어 수업 사례 연구」, 『국어교육학연구』 23, 국어교육학회, 2010, 470면.

대한 해석의 자율성이 발휘되어 새로운 모습으로 탄생할 수 있는 '빈 텍스트'로 이해될 필요가 있다. 수업의 빈틈은 문학 텍스트 자체와 텍스트를 중심으로 하여 작가와 독자의 소통, 교실 공간에서 교사와 학습자의 소통 등이 복합적으로 기능하며 자유롭게 채워질 수 있도록 말이다.

3. 문학 수업 전문성과 문학 수업 설계

(1) 문학 수업 전문성과 문학 수업의 변인

■■ 교사 전문성
학교 현장에서 교사가 교육 활동을 수행하는 데 요구되는 전문적인 능력

문학 수업의 전문성은 수업의 전문성과 문학에 대한 전문적 안목이 함께 작용할 때 발휘될 수 있다. 일반적으로 수업 전문성은 교사 전문성의 한 부분으로서 교사에게 요구되는 다양한 전문적 활동 중에서 가장 핵심적인 활동에 해당하는 수업에 대해 요구되는 전문적인 능력을 의미한다. 대체로 수업 전문성을 갖춘 교사는 공통적으로 교과 내용에 대한 깊이 있는 지식을 갖고 있을 뿐만 아니라 학생들의 수준이나 교실 상황에 따라 자신의 수업을 적합한 형태로 변형할 줄 알고 적절한 교수법을 적용할 수 있다. 문학의 전문성은 교사가 문학에 대한 전문가적 소양과 비평적 안목을 잘 갖추고 있는가와 관련이 된다. 문학 교사는 특정한 문학 텍스트나 작가에 대한 다각적인 이해와 정전화된 해석의 근원들을 탐색할 수 있는 전문적인 안목을 갖출 필요가 있다.

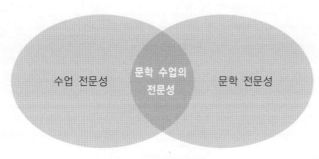

[문학 수업의 전문성]

　따라서 문학 수업의 전문성은 수업 전문가로서의 교사와 문학 전문가로서의 교사의 역할이 복합적으로 작용하여 발휘된다고 할 수 있다. 문학 교사는 수업을 구성하는 요소들을 분석하여 수업 목표에 적합하도록 구조화하는 한편 문학 작품에 대한 비평적 안목을 발휘하여 텍스트를 창의적으로 수용할 수 있도록 계획하는 것이 중요하다. 문학 수업의 전문성은 교사가 공학적 체제로서의 수업의 원리에 국한되지 않고 텍스트의 심미적 요소와 예술적 창의가 조화를 이루며 발현될 수 있도록 수업을 구성할 때 드러날 수 있다. 다음은 문학 수업의 전문성을 염두에 두고 문학 수업을 설계할 때 고려해야 할 요인들이다.

　먼저 첫 번째 요인은 문학 작품이다. 문학 작품은 문학 수업을 다른 교과 수업과 구별 짓는 가장 핵심적인 요인이다. 교실에서 가르치는 문학 작품에 대한 논의는 작품 선정 주체의 신뢰성, 선정 기준의 타당성, 선정 과정의 타당성, 선정 결과의 공정성 등에서 교실에서 학습자가 배울 만한 문학 작품이란 무엇인가라는 교육 정전(화)의 문제와 관계가 깊다.

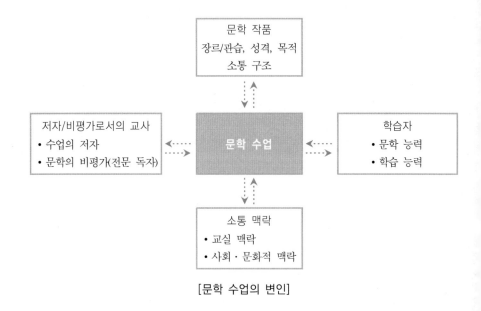

[문학 수업의 변인]

　교사는 이러한 사실을 염두에 두고 문학 작품에 대한 충실한 이해부터 문학 수업을 시작할 필요가 있다. 가르쳐야 할 문학 작품의 갈래(시, 소설, 드라마, 비평 등)가 무엇인가를 비롯하여 작품이 서정적인가 서사적인가, 허구적인가 사실적인가, 읽히기 위한 것인가 공연을 전제로 하는 것인가 등 작품의 성격이나 목적 등에 따라 문학 수업의 내용과 방법은 달라지기 때문이다. 나아가 작품의 소통 구조와 그것과 관계하는 사회 문화적 맥락을 파악하는 활동을 통해 작품의 현재적 의미와 교육적 가치를 찾아내야 한다.

　두 번째 요인은 교사 측면이다. 문학 수업을 하는 교사는 수업의 저자로서 그리고 문학 작품에 대한 전문적 독자, 즉 비평가로서의 역할을 동시에 수행할 필요가 있다. 먼저 교사를 수업의 저자로 이해하는 것은 교사가 교육과정과 교과 내용을 자신의 관점으로 해석하고 구현하는 과정에서 수업에 대한 교사의 작가 의식이 드러난다고 보기 때문이다. 교사는 수업에서 자신의 의도를 창의적으로 드러내기 위해서 교과 내용에 대한 심오한 이해를 바탕으로 수업 내용을 재구성하게 되고 이때 교사의 관점이나 신념이 드러나게 된다.[8] 문학 교사가 스스로를 수업의 저자로 인식할 때 수업은 제3자에게 해석되고 평가될 수 있는 창의적이고 심미적인 텍스트가 된다.

또한 문학 교사는 문학에 대한 전문적인 독자이자 비평가로서 자신의 위상을 정립할 필요가 있다. 문학 교사는 문학 작품의 일차적인 수용자이면서 안내자의 역할을 담당하는 존재이기 때문이다.[9] 교사 자신이 문학 독자의 한 사람으로서 문학적 소양을 지녀야 할 뿐 아니라 문학 수업에서 학습자를 해석과 가치 판단의 주체적 경험으로 안내할 수 있어야 한다. 특히 문학 작품과 그 작품에 대한 비평문을 조회하면서 비평의 해석과 가치 판단 과정을 판단하고 이를 교육적으로 질문하고 성찰하도록 안내하는 것이 중요하다.

셋째, 문학학과 문학교육학을 구별할 수 있는 근거 중 하나는 문학교육학이 학습자를 대상으로 하는 학문이라는 점이다. 문학 수업의 학습자는 교육이 상상하는 대상이기도 하지만 명백히 실재하는 존재이기도 하다. 올해의 학습자가 지난해의 학습자와 다르고 이 교실에 앉아 있는 학습자가 앞선 교실의 학습자와 다르다. 개별 학습자의 수업 참여도나 과제 집중도, 발문 이해도 등의 학습 능력도 다르다. 특히 문학 수업에서 학습자는 서로 다른 문학적 경험과 흥미, 그리고 서로 다른 문학적 능력을 지닌 존재이기도 하다.

문학 수업에서 학습자 변인을 적극적으로 고려해야 하는 것은 아무리 문학사적으로 의의가 있는 작품이라고 하더라도 소재나 표현, 사건이나 인물 등이 초등이나 중등 학습자의 인지적, 정의적 발달 수준에 부합하지 않는다면 배제될 수밖에 없기 때문이다. 문학 작품의 선정에서부터 수업의 내용, 방법, 평가에 이르기까지 학습자는 문학 수업의 중요한 변인으로 작용한다. 물론 이러한 관점은 학습자를 문학 작품의 수동적인 수용자가 아닌 능동적

---

8) 류현종, 「사회과 수업 비평 : 예술 비평적 접근」, 한국교원대학교 박사학위논문, 2004, 48면.
9) 구인환 외, 앞의 책, 2012, 203면.

인 참여자, 새로운 의미의 구성자이자 새로운 텍스트의 생산자로서 이해하는 것이다.

넷째, 문학교육은 학습자의 문학 체험이 학습자가 살아가는 세계에 대한 관심으로 확장되어 개별 문학 체험이 공동체의 문화적 실천으로 확장되고 심화될 수 있도록 지향한다. 이것은 문학 작품의 의미가 작품 자체가 아닌 작품이 처해 있는 맥락을 통해 결정된다는 것을 의미한다. 따라서 문학 수업을 설계할 때 문학 작품의 맥락과 소통적 환경을 충분히 파악하는 것이 필요하다.

이때의 맥락은 이전의 교육에서 지식의 형태로 제시해 온 시대적, 사회적 배경이나 작품 속에 반영된 사상 등 개별적이고 단편적인 요소와는 다르다. 소통 맥락은 텍스트 내적 맥락과 외적 맥락이 다층적으로 교섭하고(다층성), 텍스트의 소통 가치가 변하지 않으며(소통 가치의 불변성) 텍스트의 내적 맥락이 구조적으로 텍스트 외적인 삶의 맥락과 닮아 있다(구조적 동일성). 또한 문학 소통은 같은 문학 작품을 반복적으로 읽더라도 그때마다 새로운 의미를 발견할 수 있게 하며(의미 구성의 개방성), 소통 주체의 사회 문화적 맥락이 확장되도록 하는(소통 맥락의 다면적 확장성) 특성을 지닌다.[10] 따라서 문학 수업에서 소통 맥락을 고려하는 것은 텍스트의 소통 맥락을 파악하여 텍스트의 의미를 주체적으로 구성하도록 하고, 그 과정에서 텍스트를 매개로 작가, 독자, 교사, 학습자, 사회 등이 구성하는 사회 문화적 소통 맥락을 이해할 수 있기 때문이다.

---

10) 진선희, 「문학 소통 '맥락'의 교육적 탐색」, 『문학교육학』 26, 한국문학교육학회, 2008, 229~238면.

(2) 문학 수업 설계의 요소

교사의 수업 전문성이 강조되면서 교사의 수업 설계 능력에 대한 요구도 증대되고 있다. 그러나 대부분의 교사들은 학교 현장에서 수업 설계의 중요성을 인식하면서도 정작 계획적인 수업 설계를 기반으로 하여 수업 실행을 하는 것에 대해서는 소극적인 편이다. 이러한 현상의 요인으로는 수업 방법의 측면보다는 교과 내용에 대한 전문적인 지식만으로도 효과적인 지도가 가능하다는 교사양성기관의 관습적인 패러다임, 가르칠 교과에 대한 구체적이고 체계적인 계획보다는 체험적, 관습적으로 습득한 내용으로 수업을 실시하고 실제 수업 상황에서 나타나는 학생들의 반응에 적절하게 대처하는 '진행자' 역할을 중시하는 교사의 인식 등을 들 수 있다.[11]

문학 교사의 수업 행위는 단순히 교실 안에서 수업을 진행하는 데 국한되지 않는다. 수업 행위는 사전에 수업을 계획하고 실행하며 수업을 실행한 후 평가하고 개선하는 일련의 전체 수업 과정과 관련된 교사의 전문적인 지식이나 경험, 태도를 총체적으로 포괄한다. 수업에 대한 교사의 역할을 수업 설계자, 수업 실행자, 수업 평가자로 지칭하는 것도 이 때문이다. 이 중에서 교사의 수업 행위는 대체로 수업 설계 행위(designing)에서 결정된다. 수업 설계는 수업 내용을 선정하고 준비하는 과정에서 제시, 평가, 실행 후 수정 과정에 이르는 광범위한 계획이기 때문에 교사가 수업을 설계하는 일은 교사의 가장 전문적인 활동이라 할 수 있다.[12]

> ■ 수업 설계
> 어떤 수업 목표를 학습자들에게 효율적으로 성취시키기 위하여 수행해야 할 제반 활동과 요소를 계획하는 활동으로서 수업을 효과적으로 실시하기 위한 사전 계획과 전략 또는 청사진을 말한다.

11) 한춘희·정한호, 「학교 현장의 수업 설계 실태에 대한 생태학적 탐색」, 『초등교육연구』 23(4), 한국초등교육학회, 2010, 255면.

12) Young, A. C., Reiser, R. A. & Dick, W., Do Superior teachers employ systematic instructional planning procedures? A desuriptive study, Educational Technology Research & Development 46(2)(조자경·박기용·강이철, 「교사의 인식론적 신념과 수업설계 행위와의 관련성 탐색」, 『교육공학연구』 25(3), 한국교육공학회, 2009, 2면 재인용).

문학 교사는 수업을 보다 보편적이고 과학적인 토대 위에서 계획해야 한다는 측면과 문학 텍스트를 중심으로 하는 다양하고 적극적인 소통의 장을 유도해야 한다는 측면을 고려하여 수업을 계획해야 한다. 문학 교사가 수업을 설계해야 하는 필요성을 정리하면 다음과 같다. 첫째, 수업은 교사의 창의적인 텍스트라는 점이다. 따라서 문학 교사는 설계 단계에서 문학 교육과정과 교과서를 주체적으로 재해석하고 판단하여 문학 수업을 교사의 독창적인 텍스트로 생산하는 것이 필요하다. 둘째, 교사는 문학 설계를 통해 문학 텍스트에 대한 학습자의 다양한 반응을 예측하고 준비할 수 있다. 학습자들은 저마다 문학적 경험과 지식, 안목이 다양하기 때문에 문학 텍스트에 대한 반응 역시 다를 수 있다. 문학 교사는 수업 설계를 통해 문학 교실의 소통 맥락을 잘 구성하고, 학습자의 창의적인 반응과 다양한 대화를 유도할 수 있는 수업 환경을 구축할 수 있다. 셋째, 문학 교사는 수업 설계를 통해 텍스트의 전문적 독자(비평가)로서 자신의 위상을 확인하고 보완할 수 있다. 설계 과정에서 교사는 문학 작품의 소통 구조를 심도 있게 이해하고 심미적, 언어적, 사회 문화적 가치를 모색하여 학습자와 활발한 문학 소통을 할 수 있는 기반을 마련할 수 있다. 넷째, 문학 수업을 설계함으로써 교사는 개별 차시의 문학 수업뿐만 아니라 학기별, 학년별, 학급별 문학 수업을 기획할 수 있다. 따라서 개별 학습자의 문학적 경험에 대한 전체적인 틀을 마련하고 교사 자신의 문학적 이력을 구축하고 조회할 수도 있다.

문학 교사는 이와 같은 문학 설계의 필요성을 염두에 두고 문학교육 목표에 원활하게 도달하기 위하여 문학 작품을 바탕으로 문학교육의 목표, 문학교육과 관련된 지식과 경험, 문학의 소통 맥락을 고려한 활동 등을 체계적으로 구성하여 수업을 설계할 필요가 있다. 일반적으로 수업을 설계할 때 고려할 요소로 ① 설정(학습자, 학습 주제), ② 분석(학습 내용 분석, 학습자 분석, 학습 환경 분석), ③ 설계(학습 목표 진술, 교수·학습 모형과 전략 선정, 평가 계획 수립, 수업 운영 계획 수립), ④ 개발(수업 자료 개발과 수집 및 보완, 평가 자료 개발과 수입 및 보완), ⑤ 실행(수업 전, 중, 후의 수업 행위) 등을 들 수 있다.[13] 이를 바탕으로 문학 수업을 설계할 때 고려해야 할 요소를 세 단계로 정리하면 다음과 같다.

[1단계 수업 변인 분석]

수업
변인
분석

- 학습 내용 : 문학 작품, 장르적 관습, 소통 구조, 언어적 특성, 학습 목표
- 교수자 : 문학 능력(문학적 경험 및 문학 지식), 교수 능력
- 학습자 : 학습 능력(문학적 경험 및 문학 지식), 학습 능력
- 학습 환경 : 교실의 물리적 환경, 심리적 환경 등

1단계는 문학 수업의 변인, 이를테면 학습 내용, 학습자와 교사 변인, 교실 환경 등에 관한 정보를 수집하고 분석하는 단계이다. 변인 분석에서 문학 작품을 중심으로 하는 학습 내용 분석은 문학 수업이 다른 교과 수업과 구분되는 가장 큰 특징이 문학 작품이라는 점에 근거한다. 문학 작품의 장르적 관습이나 소통 구조, 언어적 특성 등 물론 문학 작품을 이해하는 데 필요한 문학 지식과 학습 목표를 분석한다. 교수자 및 학습자 변인 분석은 문학 작품이 다른 객관적, 과학적 읽기 텍스트와는 달리 독자의 경험이나 관심, 가치관 등에 따라 다양하게 반응되고 상상되며 해석되는 심미적 텍스트라는 점에 근거한다. 문학 수업은 독자로서 교사와 학습자의 대화적 소통이 중요하게 다루어지고 활성화되어야 한다. 주로 수업 실행 과정에서 발현되는 문학 작품에 대한 독자의 직관이나 안목, 상상력, 미적 체험 등은 수업에 대한 과학적 접근만으로는 해명하지 못하는 영역이다. 따라서 설계 단계에서 교수자

---

13) 김인식 · 최호성 · 최병옥 편, 『수업 설계의 원리와 모형 적용』, 교육과학사, 2000, 73~87면.

와 학습자의 문학 능력과 교수 능력 및 학습 능력을 수집할 필요가 있다. 학습 환경 분석은 교실의 물리적 환경은 물론 교사와 학습자의 신뢰나 관심, 수업 태도 등의 심리적 환경이 변인으로서 수업에 미칠 영향을 미리 확인하고 점검하는 활동이다. 문학 작품과 학습자, 학습자와 학습자, 교사와 학습자, 수업 환경 등과의 다양한 교섭은 문학 수업 실행에서 주체들에게 교육적 상상력을 자극하고 감동과 공감을 불러일으키게 된다.

[2단계 수업 전략 선정]

수업 전략 선정	·내용 구조화 : 학습 내용 선정 및 계열화 ·교수·학습 방법 선정 : 문학 텍스트와 목표에 적절한 교수·학습 방법 선정 ·수업 교재 및 매체 활용 ·수업 운영 계획 : 학습 구성 조직, 시간 및 장소, 수업 기자재

이 단계는 문학 수업의 전략을 개발하고 결정하는 단계이다. 전 단계에서 분석한 변인들을 고려하여 교육 내용을 어떻게 선정하고 배열할 것인가, 적절한 교수·학습 방법은 무엇이며 매체 활용은 어떻게 할 것인가 등 수업의 세부 전략을 결정하고 상세화한다. 아울러 학습자 구성원의 조직과 시간과 장소 등의 교실 환경을 구체적으로 검토하고 반영하여 수업의 구체적인 운영을 계획한다. 이 단계에서 유의할 것은 수업에 적합한 전략을 검토하고 결정하는 활동이 단순히 학습 목표를 위한 최적의 교수·학습 방법을 마련하는 데 초점이 있지 않다는 점이다. 학습자가 문학 텍스트는 물론 다른 학습자, 그리고 교사 등과 적극적으로 교섭하고 소통하면서 지식을 구성할 수 있는 수업 전략을 개발하는 데 효율적으로 기능해야 한다.

[3단계 평가 및 보완]

수업 평가	• 평가 계획 : 평가 목표 및 내용, 방식 선정 • 평가 도구 개발 : 수업 자료 개발, 수집에 대한 평가 자료 및 도구 개발 • 평가 결과 분석 : 다음 수업 보완을 위한 자료

3단계는 계획한 수업이 제대로 실행되었는지를 평가하고 다음 수업을 보완하기 위한 자료를 수집하기 위해 필요한 과정이다. 문학 작품의 수용은 대개 특정하고 단일한 의미로의 환원이 어렵고 각자의 문학적 경험에 따라 다의적으로 해석될 가능성이 높으며 무엇보다도 정서적 반응이 모호할 뿐만 아니라 위계화하기도 쉽지 않다. 따라서 문학 수업 설계 단계에서 평가 대상이나 목표에 적합한 평가 내용과 방식을 선정하고 평가 도구나 기준을 개발하는 것이 필요하다. 그리고 평가 도구나 기준을 개발할 때 평가 준거, 즉 학습자들이 도달해야 할 지점을 분명하고 상세하게 기술하여 학습자들이 자신의 현재 상태를 파악하고, 앞으로 보완하거나 발전시켜야 하는 부분을 구체적으로 인식하는 데 도움을 주는 것이 중요하다. 평가 결과는 교사가 다음 수업을 설계할 때의 출발점을 설정할 때 유의미한 자료로 활용할 수 있도록 설계 단계에서부터 고려할 필요가 있다.

특히 문학 수업의 평가는 사전에 명시된 성취 목표에 대한 양적 평가만을 대상으로 하는 것은 바람직하지 않다. 문학 수업은 학습자가 다층적인 문학적 소통을 통해 수업 이전에는 경험하지 못했던 새로운 인지적, 정의적 지식에 대한 구성적 능력이나 문학 텍스트의 수용과 생산 과정에 대한 질적 평가를 함께 고려해야 한다. 이를 위해서는 문학 수업을 설계할 때 문학 수업의 평가에 대한 교사의 관점을 명확히 세우는 것이 필요하다. 문학 평가는 학습자가 지니고 있던 문학적 경험이나 지식의 질적 성장을 활성화되고 바람직

한 변화를 유도하는 데 필요한 정보를 제공해 주는 역할을 담당할 수 있어야
한다.

4. 문학 수업을 위한 주요 교수·학습 방법

문학 수업을 설계하기 위해서는 문학 수업의 교수·학습 모형과 절차를
이해할 필요가 있다. 문학 교수·학습 방법이나 수업 전략에 관한 연구는 그
자체로 문학교육의 본질을 구현하기 위한 중요한 기반이 되기 때문이다. 특
히 매체의 발달로 인한 문학 환경의 변화는 보다 고차원적인 비판적 사고력
이나 융합적 창의력을 요구해 왔으며 전통적인 강의 중심의 교육 방법만으
로 그러한 요구를 수용하는 것은 한계가 있다고 지적되어 왔다. 이를 반영하
여 국어과에서는 제6차 교육과정부터 '직접 교수법'을 시작으로 7차 교육과
정, 2007 개정 교육과정에 이르기까지 다양한 교수·학습 모형을 교사용 지
도서에 제시해 왔다. 그러나 문학 수업에 특화된 교수·학습 방법에 대한 연
구는 보다 최근에 이르러서 특화되기 시작했다. 무엇보다도 문학 교수·학
습 모형은 문학교육에 대한 교사의 철학이나 문학 작품에 대한 비평적 안목,
교사와 학습자의 문학적 소양 등을 강조한다.

현재까지 잘 알려져 있는 문학 교수·학습 모형으로는 교과교육 전반을
포괄하는 수업 모형을 문학 수업이 갖는 특수성에 따라 변용하고 조절한 모
형과 문학교육의 본질과 정체성에 적합한 형태로 개발한 모형 등이 있다. 전
자는 다시 수업의 일반적인 절차를 바탕으로 한 [문학 제재 수업 절차 모형]
과 어떤 고유한 교육적 상황이나 교육 목표를 중심으로 수업을 모형화한 [목
표별 수업 모형]으로 나눌 수 있다.[14]

문학 제재 수업 일반 절차 모형은 한국교육개발원(1981)의 5단계 수업 절차 모형을 근거로 구인환 외(1988, 2012)에서 문학교육에 적합하게 변용하여 제시한 모형이다. 한국교육개발원의 수업 절차 모형은 글레이저(R. Glaser : 1921~)의 4단계 절차 모형(① 수업 목표, ② 투입 행동 진단, ③ 학습 지도, ④, 학습 성과 평가)과 이전까지 학교 현장에서 적용하던 3단계 절차 모형(계획→ 지도→ 평가)을 변형한 것으로 수업의 일반적인 운영 절차를 중심으로 <계획→ 진단 → 지도→ 발전→ 평가>로 정립시킨 모형이다.

그러나 문학교육은 문학 작품의 이해와 감상이 본질적인 목표이고, 나아가 학습자의 인격적 성숙과 변화를 기대하는 내면화가 문학 수업에서 지속적으로 강조될 필요가 있다. 이러한 점을 고려한 결과가 '문학 제재 수업 절차 모형'이며 절차는 다음과 같다.

[문학 제재 수업 절차 모형]

목표별 모형은 학습 과제를 학습하는 데 요구되는 학습 조건 또는 학습 과정의 차이에 따라 그 수업의 고유한 목표를 설정하고 이를 모형화한 것이다. 문학 수업의 목표는 학습 과제가 갖는 조건과 과정에 따라 다층적으로 설정될 수 있다. 다음은 문학 수업의 목표별 수업 모형을 범주화 한 것이다.

---

14) 구인환 외, 앞의 책, 2012, 225면.

[문학 수업의 목표별 수업 모형]15)

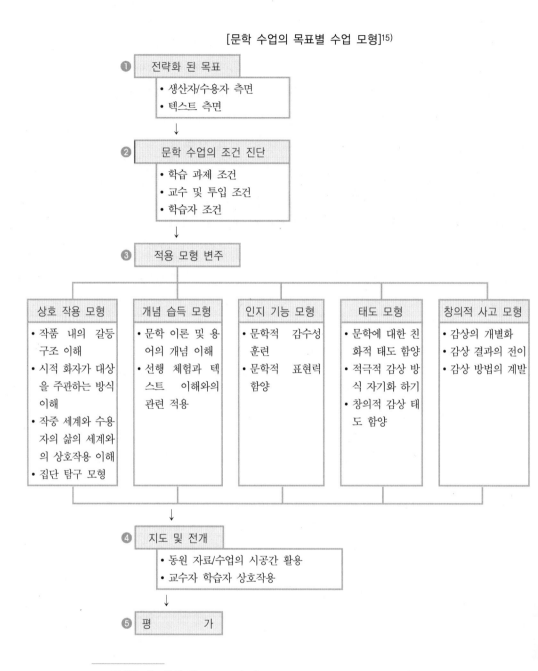

❶ 전략화 된 목표
- 생산자/수용자 측면
- 텍스트 측면

❷ 문학 수업의 조건 진단
- 학습 과제 조건
- 교수 및 투입 조건
- 학습자 조건

❸ 적용 모형 변주

상호 작용 모형
- 작품 내의 갈등 구조 이해
- 시적 화자가 대상을 주관하는 방식 이해
- 작중 세계와 수용자의 삶의 세계와의 상호작용 이해
- 집단 탐구 모형

개념 습득 모형
- 문학 이론 및 용어의 개념 이해
- 선행 체험과 텍스트 이해와의 관련 적용

인지 기능 모형
- 문학적 감수성 훈련
- 문학적 표현력 함양

태도 모형
- 문학에 대한 친화적 태도 함양
- 적극적 감상 방식 자기화 하기
- 창의적 감상 태도 함양

창의적 사고 모형
- 감상의 개별화
- 감상 결과의 전이
- 감상 방법의 계발

❹ 지도 및 전개
- 동원 자료/수업의 시공간 활용
- 교수자 학습자 상호작용

❺ 평   가

---

15) 구인환 외, 앞의 책, 2012, 240면.

이 두 모형이 주로 문학 수업이 갖는 특수성에 따라 수업 모형을 변용하고 조절한 결과라면 앞으로 살펴 볼 모형은 비교적 최근에 문학교육의 본질과 정체성을 고려하여 문학 수업에 특화된 형태로 개발된 것들이다. 이른바 속성 중심 문학 수업과 반응 중심 문학 수업, 대화 중심 문학 수업으로 불리는 이들 모형은 이미 다른 지면들을 통해 알려진 바 있다. 먼저 속성 중심 문학 수업은 문학 수업과 다른 교과 수업의 본질적 차이가 문학이라는 점에 근거하여 문학의 속성을 강조하는 수업이며 '반응'과 '대화' 중심의 문학 수업 방법은 작품의 해석 내용을 일방적으로 전달하는 수업에 대한 회의와 비판의 대안적 양상으로 주체로서의 독자를 양성하기 위한 문학 수업을 위해 제안된 방법들이다.16)

(1) 속성 중심 문학 수업17)

속성 중심 문학 수업은 문학을 설명하는 중점을 문학의 특수한 성질에 두는 속성 중심의 문학관을 바탕으로 하는 수업이다. 개개의 작품 또는 그 집합보다 문학을 이루는 본질에 대하여 주목하며, 그렇게 함으로써 문학 일반이라는 총체적인 대상을 설명하고자 하는 관점이다. 문학의 속성을 통해 문

---

16) 문학 교수 학습 방법에 관한 보다 상세한 논의는 다음 자료들을 참조할 수 있다. 김대행 외, 『문학교육원론』, 서울대학교출판부, 2000; 김성진, 「문학 교수·학습 방법론 연구」, 『국어교육학연구』 21, 국어교육학회, 2004; 최지현 외, 『국어과 교수학습 방법』, 역락, 2007; 최미숙 외, 『국어교육의 이해』, 사회평론, 2007; 윤여탁 외, 『현대시교육론』, 사회평론, 2012; 이상구, 「문학교육 패러다임에 따른 교육방법 변천 양상」, 『문학교육학』 41, 한국문학교육학회, 2013 등. 가령 김대행은 문학 교수 학습 방법을 '실체 중심의 문학 교수·학습 모델, 속성 중심의 문학 교수 학습 모델, 활동 중심의 문학 교수·학습 모델'로 구분하고 있으며, 김성진은 '인상 중심 교수학습, 설명 중심 교수학습, 사회역사적 가치 탐구 중심 교수학습' 방법을 제시하였다.

17) 여기서는 한국교육과정평가원 교수학습개발센터(http://www.classroom.re.kr)에 탑재된 내용을 바탕으로 한 것임. 이 교수·학습 방법에 대한 보다 자세한 참조는 김대행 외, 위의 책, 2000.

학과 비문학을 구별하여 문학의 본질을 이해하는 데 중점을 둔다. 속성 중심 문학 교수·학습을 이해하기 위해 개념과 방법, 장점과 한계 그리고 절차를 살피기로 한다.

속성 중심 문학 교수·학습은 문학 작품이 갖고 있는 속성을 익히는 것을 중심으로 하는 문학 교수·학습이라고 할 수 있다. 속성이란 어떠한 사상(事象)이 가지고 있는 근본적인 특성을 말한다. 따라서 문학을 속성 중심으로 가르친다는 것은 문학이 가진 가장 근본적인 특성을 교수·학습의 대상으로 삼는다는 의미이다. 따라서 속성을 중심으로 하는 문학 교수·학습은 비유나 율격, 구성 등과 같은 문학적인 속성을 대상으로 하여 학습자의 문학적 능력을 함양시키는 방법이다.

속성 중심으로 문학을 설명하는 방법 가운데 가장 기본적인 방법은 어원(語源)을 중심으로 문학의 근원적 본질을 살피는 것이다. 어원은 문학이라는 개념의 처음 모습을 보여주기 때문에 문학의 기원적 본질이나 정체성을 살필 수 있게 해 준다. 문학의 범위와 속성을 드러내고 그러한 개념이 역사의 흐름과 삶의 조건에 따라 어떻게 변모해 왔는가를 보이는 것은 문학의 역사적 실상을 통해 실재했던 속성을 이해하게 해 주고 통시적 변화의 다양성에 대한 통찰까지도 가능하게 하는 장점이 있다.

속성 중심으로 문학을 설명하는 또 다른 방식으로는 문학의 요소나 맥락을 분석하는 방법이다. 시를 시답게 하는 요소로 율격이나 이미지를 설명한다든지 이야기가 갖추어야 할 요소로 인물, 사건, 플롯 등을 풀이하는 것은 요소 분석에 해당한다. 문학이 어떤 요인에 의해서 생성되는가, 문학의 생성과 향수에 어떤 요인들이 관여하는가, 문학에서 우리가 보아야 하고 알아내야 할 것은 무엇인가를 설명하는 것은 맥락 분석에 해당한다. 이광수의 「무정(無情)」에서 어떤 삶을 볼 수 있으며 박지원의 「허생전」에서 인간이 더불어 살아가는 사회의 어떤 진리를 깨달을 수 있는가를 살피는 것은 문학이 근원적으로 인간의 일이라는 점에서 인간 이해와 가치의 탐구에 이르고자 하는 속성의 설명이 된다.

따라서 속성 중심 문학관에 기반을 두어 문학을 교육하면 문학과 문학 아닌 것의 구분을 가능하게 해 주고, 문학을 문학답게 하는 자질이 무엇인가를 분명하게 해 주는 장점이 있다. 문학의 이해 또는 표현과 관련하여 심화되고 체계적인 지식으로 작용함으로써 대상을 보다 깊이 있게 천착할 수 있게 해 주는 장점이 있고, 그렇게 함으로써 수준 높은 교양인으로서 사회생활을 영위할 수 있게 해 준다. 또한 문학의 속성을 일상의 언어생활에 활용하는가 하면, 그와 반대로 일상의 언어에서 문학적 요소를 발견하여 문학적으로 활용할 수 있는 능력을 기를 수도 있다.

그러나 문학다움에 대한 고정관념에 빠지거나 부질없는 가치 평가에만 매달리는 편벽된 시각을 갖게 함으로써 문학을 지나치게 도식적으로 파악하는 결과를 낳는 문제점도 지니고 있다. 속성 하나 하나에 치우쳐 바라봄으로써 문학 작품에 대한 무의미한 분석 작업에 그칠 수 있다. 또 '문학은 이래야 한다'거나 문학의 속성을 문학만이 지닌 특별하고 우월한 것으로 이해하여 문학을 삶과 유리된 것으로 여길 수도 있다. 이처럼 속성 중심 문학교육은 문학의 속성만을 강조함으로써 문학이 인간의 가치나 성장에는 무관한 예술인 것처럼 오인하게 만들기 쉽다. 그 결과 진실이나 의미의 추구보다는 기교에만 매달리는 문학관을 낳게 만들기도 하고, 문학은 일상인의 능력과는 무관한 특별한 예술적 재능에 속할 따름이라는 식의 오해를 불러일으킬 우려가 있다.

속성 중심의 문학 교수·학습 방법은 '대상의 발견 → 속성의 제시 → 연상물 발견 → 연상물의 속성 발견 → 연상물의 속성에 대한 판단 → 비유의 창조'라는 세분화된 단계를 통해 실행할 수 있다. 각 절차와 절차별 특성을 도식화하여 제시하면 다음과 같다.

[속성 중심 문학 교수 · 학습 절차]

[속성 중심 문학 교수 · 학습 방법의 절차와 주요 활동]

과정	주요 활동

대상의 발견	• 대상을 새로운 시각으로 관찰하기
	    − 대상에 대한 관조
	    − 보편적이면서도 독특한 시각
	    − 개성적 접근 태도

속성의 제시	• 대상이 지니고 있는 속성 파악하기 • 파악한 대상의 속성 제시하기
연상물의 발견	• 대상이 지니고 있는 속성과 관련 있는 다른 사물 연상하기 • 적절한 연상물 제시하기
연상물의 속성 발견	• 연상물의 속성 떠올리기 • 연상물의 속성 중 적절한 것 제시하기
연상물의 속성에 대한 판단	• 떠올린 연상물의 속성 중 가장 적절한 것 찾기 • 학생들의 의견 교환을 통해 판단하기 • 적절한 연상물의 속성에 대한 이유나 근거 제시하기
비유의 창조	• 특정 대상을 비유적으로 표현하는 말 만들기 • 개인별 · 모둠별로 새롭게 창조한 비유적 표현을 발표하기 • 개인별 · 모둠별 발표 내용 평가하기

(2) 반응 중심 문학 수업

반응 중심 문학 수업은 학습자들이 문학 경험에 대한 자신의 반응과 감정을 자유롭게 표현하는 것을 중시하는 수업이다.[18] 반응 중심 문학 수업은 로

젠블렛(Rosenblatt, L. M.)의 반응 중심 문학 이론에 이론적 토대를 둔다. 이 이론의 핵심 개념 중 하나인 '반응'의 의미는 다음과 같다.

① 반응은 '텍스트에 의해 구조화된 경험'으로서 독자와 텍스트와의 심미적 거래에서 형성된 환기를 통해 유발되고 환기와 구별된다.
② 반응은 텍스트의 중요성을 배제하지 않고 독자의 위치를 부상시킨다.
③ 반응은 독서과정과 후의 전 과정을 포함시킬 정도로 확대된다.
④ 반응은 개인적이면서 사회적·문화적인 행위이다.
⑤ 반응은 정의적 사고뿐만 아니라 인지적 사고 범주를 포함한다.[19]

반응은 읽기 전, 중, 후를 포괄하는 전체 과정의 어디에서나 일어나며 반드시 텍스트에 기반해야 한다. 또한 반응은 개인적, 사회적·문화적인 행위이자 정의적, 인지적 범주를 모두 포괄하는 폭넓은 개념이다. 그러나 독자가 체험해 온 문학적 경험이나 배경 지식, 소통 방식이나 맥락 등에 따라 텍스트에 대한 다양한 반응이 일어나는 것이다.

이 이론의 또 다른 핵심 개념은 '거래(transaction)'이다. 이 용어는 로젠블랫과 독자반응 이론가들이 텍스트와 독자가 만나 서로 교류하는 상황으로 즐겨 사용하는 'transaction'을 경규진(1993)이 번역한 것이며 연구자에 따라 '교섭'이나 '상호 교통' 등으로 부르기도 한다. 로젠블랫은 '거래'를 구성 요소 또는 요인의 한 쪽이 다른 쪽에 의해 규정되고 또 규정하는 전체 상황에 대한 양상이라고 말할 수 있는 진행 중인 과정으로 설명한다.[20] '거래'라는 개념을 적용할 경우 텍스트와 텍스트 읽기, 그리고 독자는 다음과 같은 관련을 맺는다.

---

18) 최미숙 외, 앞의 책, 2007, 343면.
19) 김선배, 「반응중심학습법의 현장 적용에 대한 비판적 고찰」, 『문학교육학』 21, 한국문학교육학회, 2006, 197~198면.
20) Rosenblatt, L. M., 김혜리·엄해영 공역, 『독자, 텍스트, 시』, 한국문화사, 2008, 29~30면.

① 문학의 의미는 텍스트에 있는 것이 아니라 독자가 구성하는 것이다

② 문학의 의미는 텍스트와 독자의 거래를 통한 생산물이다.

③ 텍스트의 의미란 개개 독자의 생산 또는 창조이며, 텍스트의 언어적 부분에서 단 하나의 정확한 예술적 의미란 있을 수 없다.

④ 독자 반응을 형성하는 일차적 요인인 텍스트에 객관적으로 주어진 것과 개개 독자의 주관적 반응은 대등한 위상을 갖는다.

⑤ 텍스트와 독자의 거래를 통해 형성된 반응은 인지적, 정의적 차원의 범주를 포함한다.

⑥ 거래는 텍스트와 독자의 거래를 통해 형성된 반응은 인지적, 정의적 차원의 범주를 포함한다.

⑦ 독서 행위는 사회적 문화적 배경에서 특수하고 특별한 독자와 텍스트의 역동적인 거래 과정이다.

⑧ 텍스트와 거래하는 독자는 수동적인 내포 독자가 아닌 적극적인 실제 독자의 위상을 갖는다.

다음은 2007 국어과 교육과정 교사용 지도서에 소개된 반응 중심 수업의 절차와 사례이다.

[반응 중심 문학 교수·학습 절차][21]

| 반응
준비하기 | ····▶ | 반응
형성하기 | ····▶ | 반응
명료화하기 | ····▶ | 반응
심화하기 |

---

21) 교육과학기술부, 『초등학교 국어과 교사용 지도서』(3-1), 교육과학기술부, 2009. 반응 중심 수업의 단계는 3단계 혹은 4단계의 모습을 취한다. 예컨대 경규진(1993)에서는 '반응의 형성—반응의 명료화—반응의 심화', 7차 초등학교 교사용 지도서(1997)에서는 '반응의 형성—반응의 명료화—반응의 심화—반응의 일반화'로, 2007 초등학교 교사용 지도서(2007)에서는 '반응 준비하기—반응 형성하기—반응 명료화하기—반응 심화하기'로 제시하고 있다.

[반응 중심 문학 교수·학습 방법의 단계, 주요 활동과 사례]

과정	주요 활동	사례 〈동백꽃〉 읽기
반응 준비하기	• 동기 유발 • 학습 문제 확인 • 학습의 필요성 또는 중요성 확인 • 배경 지식 활성화	• 작품과 관련된 동기 유발이나 배경 지식 활성화
반응 형성하기	• 작품 읽기 • 작품에 대한 개인 반응 정리	• 작품 읽고 감상 발표하기
반응 명료화하기	• 작품에 대한 개인 반응 공유 및 상호 작용 • 자신의 반응 정교화 및 재정리	• 점순이가 주는 감자를 '나'는 왜 거절했을까? • 점순이는 왜 '나'의 씨암탉을 마구 때렸을까? • 점순이는 왜 닭싸움을 붙였을까? • '나'는 왜 닭에게 고추장을 먹였을까? • '나'가 닭을 죽인 사실을 점순이는 왜 감추어준다고 했을까? • 점순이는 왜 '나'의 편을 들어 주었을까?
반응 심화하기	• 다른 작품과 관련 짓기 • 일반화	• 유년기의 사랑을 다룬 다른 텍스트(예 : 「소나기」)와 비교하기 • 두 작품이 유사한 부분과 다른 부분에 관해 토의하기 • 「소나기」를 통해 「동백꽃」의 결말 방식 이해하기 • 「동백꽃」 결말 이어쓰기 활동(뒷 이야기 상상하기)

앞에서 설명한 핵심 개념들을 바탕으로 반응 중심 수업은 문학교육에 두 가지 관점의 변화를 유도했다는 의미를 지닌다. 먼저 문학교육은 그 관심을 '텍스트'에서 '독자'로 이동하여 '학습자' 중심 교육을 지향해야 한다. 텍스트 중심 문학교육이 텍스트의 의미를 '정확하게' 해석하는 것에 중점을 둔다면, 반응 중심 교육은 학습자가 자신의 배경 지식을 바탕으로 텍스트에 접근하게 하는 데 초점을 둔 것이다. 그리고 텍스트 중심 교육이 '결과' 중심 교육의 성격을 지닌다면 반응 중심 교육은 텍스트와 독자의 소통 과정에 초점

을 두는 '과정' 중심 교육을 지향한다. 이러한 관점에 따라 반응 중심 학습 모형의 목적은 학습자 개개인의 반응을 중시하고 스스로 자신의 반응을 성찰할 수 있도록 하는 것22)에 있다.

둘째, 반응 중심 교수·학습 모형을 중심으로 진행되는 문학 수업은 학생들에게 문학적 지식을 가르치고 분석하는 대신에 텍스트를 직접 읽으면서 반응을 형성하고, 다른 학생(및 교사)과의 토의와 반응 쓰기 등을 통해 반응을 명료화하고, 또 다른 텍스트를 읽으면서 심화하는 활동을 주로 하게 된다. 신비평 이론의 관점에서 하나의 텍스트에 대해 교사가 분석 해석하여 일방적으로 설명하는 방식이 아니라, 학습자에게 자신의 반응을 꺼내게 하여 동료 학습자들과 조회하고 공유하면서 작품에 대한 심미적 반응을 촉진하게 하여 문학 능력을 기르도록 하는 데 의의가 있다.

그러나 학습자의 반응이 지나치게 다양하고 개별화될 소지가 있으며 반응이 단순한 생각과 느낌 위주의 반응에 머무를 가능성이 높다. 그리고 반응이 텍스트의 특정 장면이나 요소에 주로 한정되어 일어나 텍스트 전체에 대한 감상이 소홀해지는 경우도 있다. 또한 학습자의 반응을 강조하다 보니 수업의 초점이 흐려져 학습 목표와 거리가 먼 교수·학습 활동이 전개되거나 혹은 학습 목표에 도달하기가 쉽지 않다는 문제도 이 방법이 해결해야 할 과제이다.

반응 중심 수업이 이와 같은 한계를 극복하고 문학 수업에서 효과적으로 실행되기 위해서는 무엇보다 학습자의 반응과 학습 목표의 관계를 유기적으로 연결하는 것이 중요하다. 즉 반응을 형성하고 명료화하는 일련의 활동이 구체적으로 어떠한 문학 능력을 기르려고 하는 것인지에 대해 교사와 학습자가 교수·학습의 전 과정에서 인식하도록 해야 한다.

22) 교육과학기술부, 『2007 국어과 교육과정 해설서』, 2009, 415~416면.

(3) 대화 중심 문학 수업

대화 중심 문학 수업은 문학 작품을 중심으로 이루어지는 다양한 형태의 '대화'를 중시하는 교수·학습 방법이다.[23] 대화 중심 문학 수업은 반응 중심 문학 수업과 마찬가지로 독자의 해석과 감상 능력을 신장하는 데 초점을 둔다. 그러나 반응 중심 수업이 해석의 무정부주의, 반응의 가치 평가 문제, 그리고 학습자의 반응을 강조한 나머지 학습 목표와 무관한 교수·학습 활동 등의 한계를 보인다면 대화 중심 문학 수업은 학습자의 감상을 중시하되 텍스트에 근거한 해석을 강조하고 학습 목표의 도달과 관계있는 문학적 대화를 강조한다는 점에서 차이를 보인다.

이 교육 방법의 핵심 개념은 '대화'이다. '대화'란 두 주체 사이에 단순히 말을 주고받는다는 의미가 아니라 다른 관점 혹은 타인과의 만남을 통해 자신의 시적 사유 방식을 성찰할 수 있으며, 새로운 시적 사유를 추동시킬 수 있는 상호 소통 형태의 대화를 의미한다.[24] 여기서 대화는 다양한 목소리들의 대화를 통해 목소리의 차이, 관점의 차이를 인정하면서 좀더 타당한 목소리를 찾아가는 '과정'을 중시하는 개념이다. 따라서 이 교육 방법은 직접적으로 표방하지는 않지만 바흐친(Bakhtin, M. M.)의 '대화' 이론이나 컬러(Culler, J.)의 '독자의 해석'이론과 상통하는 면이 있다.

대화 중심 문학 수업에서 대화는 세 층위로 이루어진다. 첫 번째 '대화'는 문학 작품을 읽으면서 독자 개인의 내면에서 이루어지는 내적 대화(<대화 1> : 독자 개인의 내면에서 이루어지는 내적 대화)이며, 두 번째 '대화'는 독자와

---

23) 최미숙 외, 앞의 책, 2012, 345면. 이 방법에 대해서는 최미숙, 앞의 논문, 2006; 최지현 외, 앞의 책, 2007; 윤여탁 외, 앞의 책, 2012; 이상구, 앞의 논문, 2013을 바탕으로 한 것임. 보다 자세한 논의는 이들 자료들을 참조 바람.
24) 최미숙, 「대화 중심의 현대시 교수학습 방법」, 『국어교육학연구』 26, 국어교육학회, 2006, 230~231면.

독자 사이에 이루어지는 횡적 대화(<대화2> : 현실적 독자 사이에서 이루어지는 횡적 대화)이고, 세 번째 '대화'는 전문가와 독자 사이에 이루어지는 종적 대화(<대화3> : 이상적 독자와 현실적 독자 사이에서 이루어지는 종적 대화)이다.

다음은 대화 중심 문학 수업의 절차와 주요 활동, 사례를 차례로 제시한 것이다.

[대화 중심 문학 교수 · 학습 절차]

[대화 중심 문학 교수 · 학습을 위한 주요 활동]

절차	주요 학습 활동의 예
시를 이해하는 데 필요한 지식 이해하기	• 해당 시와 관련 있는 문학적 지식 이해하기 • 대화 중심 읽기 방식에 대한 안내
시 낭송하기 <대화1> 독자 개인의 내적 대화	• 시의 분위기나 어조 파악하기 • 낭독자의 목소리를 선택하여 시에 맞게 낭송하기 • 시의 의미 예측하기 • 시 텍스트에 근거하여 시 이해에 필요한 질문을 스스로 생성하고 답하기 • 상호 경쟁적인 읽기 중 스스로 가장 타당한 근거를 제시할 수 있는 읽기(지배적 읽기)를 선택하기 • 독서스토리 작성하기
<대화2> 독자와 독자들 간의 대화	• 타당한 근거를 내세울 수 있는 시의 해석과 다른 독자의 근거를 비교하며 대화 나누기 • 타당한 근거와 관련 있는 내용 찾아보기 • 애매한 내용을 명료화하고 각 근거의 설득력을 비교하여 타당한 해석 내용 판단하기

〈대화3〉
교사(전문가)와
독자의 대화
	• 그 동안의 대화 과정에서 제시되지 않은 새로운 관점 제시하기
	  (교사)
	• '대화2'에서 오독이 발생한 경우 수정하기
	• 여러 관점 간의 경쟁적 대화를 통해 좀 더 근거 있는 해석의 가능
	  역 설정하기

시의 의미 정리하기	• 가장 타당하다고 생각되는 시의 의미 정리하기 • 모작, 개작, 모방 시 창작하기 • 독서스토리 완성하기

[대화 중심 방법을 적용하여 시 「낡은 집」 읽기][25)]

■ 대화1
- 이 시는 어떤 사람들에 대한 이야기일까?
- 이 시에 등장하는 인물들은 왜 가난할까?
- 이 시는 일제 강점기에 가난하게 살았던 농민들의 모습을 왜 드러내고자 했을까?
- 소년이 지닌 도토리의 꿈은 실현될 수 없는 것일까?
- 왜 이 시기에 비극적 유이민이 생기게 되었는가?
- 털보네의 삶이 그렇게 된 궁극적인 원인은 무엇인가?

■ 대화2 : 학습자 간 대화
- <낡은 집>의 창작 시기인 '1938년'의 의미에 대해 생각하기
- <낡은 집>의 배경이 된 북방 지역이 전통적으로 우리 역사에서 소외된 지역이었다는 사실 깨닫기
- 그 지역에 살던 사람들의 순수성과 정체성에 대한 새롭게 알기
- 일제 강점기 북방 변경 농민들의 삶의 실상 알기

■ 대화3 : 교사와 학생 사이의 대화
- 마을 아낙네의 언술을 직접 인용으로 표현한 이유는 무엇인가?
- 과연 털보네의 삶이 그들만의 삶으로 끝나는 것인가?
- 시인은 이 시를 통해 무슨 이야기를 하고 싶었던 것일까?
- 털보네가 이 땅의 현실을 이기지 못해 좀더 나은 곳이라고 선택한 오랑캐 땅이 '무서운 곳'이라면, 그들이 버리고 떠난 이 땅은 어떤 곳으로 규정할 수 있는가?

---

25) 이 사례는 최지현 외, 앞의 책, 2007, 301면에 제시된 것을 재구성하였다.

대화 중심 수업의 핵심은 학생 개인의 차원에서 이루어지는 작품에 대한 해석과 감성뿐 아니라, 근거를 중심으로 하여 다른 독자들과 나누는 대화, 그리고 무엇보다도 전문가와 나누는 대화에 있다. 이 과정에서 오독에 빠지거나 편향된 해석이나 감상을 성찰할 수 있는 계기를 마련하고 작품의 수용에서 좀 더 의미 있는 방식을 습득할 수 있는 기회를 가질 수 있다.

그렇기 때문에 교사의 치밀한 준비와 전문적인 역량이 중요하다. 교사는 해당 작품에 대해 가능한 해석이 어떤 것이며, 그 근거는 무엇인지에 대해 충분히 준비를 해야 한다. 그래야만 대화 과정에서 등장하는 다양한 학생들의 사고에 어떻게 대처해야 할지 혹은 학생들의 오독을 해결하기 위해 대화를 어떤 방향으로 끌어가야 할지 판단할 수 있다. 뿐만 아니라 대화를 통한 상호 소통이 원활하게 이루어질 수 있는 수업 분위기를 마련하는 것에도 주의를 기울여야 한다. 이 수업 방법의 핵심적 활동이 '대화'이므로 학습자의 내적 대화는 물론 학습자 간의 대화, 전문가와 학습자의 대화가 다양하고 활발하게 이루질 수 있도록 수업 분위기를 형성하는 것이 중요하다.

그러나 길이가 긴 소설 작품이나 난해한 어휘를 포함하는 고전 작품의 경우 낭송하기와 내적 대화로 이루어지는 <대화1>을 그대로 적용하기에는 무리가 따를 수 있다. 따라서 현대시 외 다른 문학 장르의 경우 이들 핵심 활동에 어떻게 변화를 줄 것인지에 대한 방법을 모색할 필요가 있다. 아울러 도입에서 제시하는 시의 배경 지식이 학습자의 대화의 내용이나 방향을 유도할 가능성도 있기 때문에 이 단계에서 제시하는 '시의 이해에 필요한 지식'의 정도에 대해서도 세밀하게 고민할 필요가 있다.

✅ (   )에 알맞은 말을 써 넣으면서 주요 개념을 정리합니다.

1 텍스트 중심 문학 수업은 문학 텍스트의 자율성과 절대성을 강조하여 교사
   는 주로 텍스트의 요소와 구조를 설명하고 (   )하는 데 중점을 둔다.

2 학습자 중심 문학 수업은 주로 문학 텍스트와 학습자의 소통과 학습자의 참
   여를 강조하는 (   )으로 구성된다.

3 문학 수업을 설계할 때 고려해야 하는 요소로 수업 변인 분석, (   )
   분석, 평가 전략 분석 등이 있다.

✅ 지시에 따라 서술하면서 좋은 문학 수업의 성격을 이해합니다.

1 좋은 문학 수업과 교사의 역할에 대해 설명하시오.

2 문학 수업을 설계할 때 소통 맥락을 고려해야 하는 이유를 문학 텍스트와 관
   계 지어 설명하시오.

✔ 지시에 따라 주요 개념을 적용하면서 실천적 능력을 기릅니다.

1 '반응'과 '거래'를 핵심 활동으로 삼아 김유정의 「동백꽃」을 수용하도록 하기 위한 학습 활동을 각각 제시하시오.

■ 반응을 중심으로 한 학습 활동

■ 거래를 목표로 한 학습 활동

2 백석의 「낡은 집」을 대화 중심 수업으로 구성할 경우 <대화3> 단계에 적절한 대화 내용을 3가지 이상 제시하시오.

조건	① 교사와 학생 간 대화의 성격을 잘 살릴 것 ② 오독에 대한 수정 사례를 포함할 것

3 다음의 (가) 자료를 바탕으로 수업을 설계할 때 적절한 교수 학습 요소와 교수·학습 내용을 (나)의 예시를 참고하여 추출해 보시오.

(가)

까투리 하는 말이, "사기(事機)는 그럴 듯하나 간밤에 꿈을 꾸니 대불길(大不吉)하온지라 스스로 잘 생각하시오." 장끼 소왈(笑曰), "내 간밤에 일몽(一夢)을 얻으니 황학(黃鶴)을 빗기 타고 하늘에 올라가니 옥황께서 나를 산림처사(山林處士) 봉하시고 만석고(萬石庫)의 콩 한 섬을 상급(賞給)하셨으니, 오늘 이 콩 하나 그 아니 반가울까. 고서에 이르기를, 기자감식(飢者甘食)이오, 갈자이음(渴者易飲)이라 하였으니 주린 양을 채워보자." 까투리 하는 말이 "그대 꿈 그러하나 이 내 꿈 해몽하면 무비(無非) 다 흉몽(凶夢)이라."

(나)

교수·학습 요소	교수·학습 내용	심화 자료
고전 소설의 계승 양상	우화 형식이 개화기 소설에서 어떤 형식으로 계승되는지 안다.	금수회의록

제8장

교재론

　문학교실을 구성하는 세 인자는 교사, 교재, 학습자이다. 교사나 학습자의 경우는 교수·학습 패러다임의 변화에 따라 그 주체가 서로 뒤바뀌기도 하지만 교재는 주체의 변화 여부와 관계없이 교육내용을 담고 있는 매개물로 중요성을 가진다고 할 수 있다. 그러므로 교사나 학생들에게 문학 교재는 문학 수업의 주된 잣대가 되는 실체라 할 수 있다. 그러나 실제 구성된 문학 교재에 대한 비판은 끊임없이 제기된다. 가치 있는 문학 작품이 실렸는지, 제재나 학습활동이 학생들의 수준에 맞게 구성되었는지, '지금 이곳'의 사회적, 문화적 요구를 잘 수용하고 있는지 등의 각종 주문들이 그러한 비판의 예들이라 할 수 있다.

　바람직한 문학 교재는 무엇을 담아야 할까? 이에 대한 답은 간단하지 않다. 그렇지만 이러한 의문을 갖고 문학 교재를 바라보는 것과 그렇지 않은 것 사이에는 큰 차이가 있다. 이 장은 정전의 문제, 문학 교재의 개발과 재구성의 문제, 문학 교재의 경계와 확장, 그리고 활용의 문제 등을 다루고 있다. 미래의 문학적 주체가 될 여러분이 구상하는 새로운 문학 교재의 모습을 생각하면서 이 장을 공부해 보기로 하자.

1. 문학 교재란 무엇인가

교재는 '교수·학습과정을 수월하게 하기 위하여 사용되는 표상적이고 물리적인 실체'(Gall, M. D.)로 정의된다. 이는 교재가 갖추어야 할 세 가지 조건을 지적한 것으로 교재가 되기 위해서는 어떤 구체적인 물체의 형상을 입어야 하며, 그 물체가 교육을 위한 목적으로 사용되어야 하고, 그 물체는 자체가 가지는 어떠한 특성이 교육의 내용으로 표상되어 있거나 표상되어야 한다는 것이다.[1] 문학 교재 또한 문학 교육과정 목표를 효과적으로 달성하기 위해 교수·학습과정에 사용되는 표상적, 물리적 실체의 하나라 할 수 있다. 교사 입장에서는 가르쳐야 할 교육내용이, 학습자 입장에서는 배워야 할 교육내용이 담겨 있는 것이 문학 교재라 할 수 있다. 학습자가 교사 없이 문학 교재만으로도 학습이 가능한 경우도 있기 때문에 문학 교재는 교사 못지않은 중요성을 가진다.

교재는 교육적 의도와 상세화 수준에 따라 ① 자료(material)로서의 교재, ② 텍스트(text)로서의 교재, ③ 제재(subject, unit)로서의 교재 층위로 구분될 수 있다.[2] 자료로서의 문학 교재는 문학 교수·학습 과정에 이용되는 일체의 상관물, 즉 교수자가 교수·학습 과정에 동원할 수 있는 모든 형태의 문학 자료를 말한다고 할 수 있다. 문학교육 목표를 달성하기 위해 사용되는 문학 작품은 물론이고 작가의 생애나 시대와 관련된 여러 자료, 비평문이나 해설서 등도 문학 교수·학습 과정에 동원된다면 여기에 해당된다. 텍스트로서의 문학 교재는 문학 교수·학습 과정에 사용되는 언어적 실체로서의 문학 텍스트를 말한다고 할 수 있다. 이때의 텍스트는 시나 소설의 한 부분이 될 수도 있고, 완전한 한 편의 시나 단편소설, 아니면 한 권의 장편소설이나 여

---

1) 이성영, 『국어교육의 내용 연구』, 서울대학교출판부, 1995, 369~374면 참고.
2) 서울대학교 국어교육연구소, 『국어교육학사전』, 대교출판, 1999, 90면.

러 작품을 모은 작품집도 될 수 있다. 제재(subject), 또는 단원(unit)으로서의 문학 교재는 자료나 텍스트로서의 교재의 개념보다 의미의 폭이 좁다. 이것은 문학 교육과정의 목표나 이념을 구현하기 위하여 시간·조건·절차와 방법 등을 고려하여 설계된 교재를 말한다. 제재 또는 단원으로서의 문학 교재를 대표하는 것은 문학교과서라 할 수 있다. 문학교과서는 문학 교육과정 목표 및 내용을 교실 수업 상황에 맞게 체계적, 계획적으로 상세화하여 설계된 교재이기 때문이다. 학습내용은 문학교과서 내에서 단원으로 구성되어 실체화된다. 제재는 단원을 이루는 중요 요소이다. 초창기 국어교과서의 경우 제재명이 곧 단원명이 되는 경우도 적지 않았다.

학교에서 사용되는 문학 교재에는 문학교과서와 그에 준(準)하는 독본류 문학 교재들이 있을 수 있다. 문학 교과가 국어교과에서 분리되지 못하였을 때는 국어교재가 문학 교재의 역할을 대신하기도 하였다. 현존하는 문학 작품의 수나 양을 고려할 때 문학 교재가 그것을 제대로 수용해 내기란 쉽지 않다. 그러므로 여러 종류의 문학교과서는 물론이고 그 보완재격인 다양한 문학독본류 교재를 개발해 나갈 필요가 있다.

문학 교재는 문학교육의 내용과 방법을 동시에 담고 있는 매체이다. 다시 말하면 문학 교재는 '무엇을 어떻게 가르칠 것인가'란 물음을 담고 있는 조직화된 학습 자료라 할 수 있다. '무엇'은 정전(正典, canon)의 문제이고 '어떻게'는 교수·학습방법의 문제와 관련된 것이다. 이 둘의 관계는 편의상 구분해서 다루기도 하지만 교재 내에서 서로 유기적 관계 아래 결합되어야만 한다. 교육내용으로서 학습대상을 중심에 놓고자 할 때 문학교육에서 부상되는 것이 정전의 문제라 할 수 있다.

> **교과서와 독본**
> 교과서는 각 교과가 지닌 지식 경험의 체계를 명확하고 간결하게 선정·조직한 교재의 가장 정형화된 형태이다. 이는 교육과정의 목표 및 내용을 상세화하여 그것을 교수·학습의 절차와 방법에 따라 체계화한 것이다. 반면 독본(讀本)은 모범이 될 만한 읽기의 자료를 모아놓은 책이라 할 수 있다. 문학독본, 문장독본, 농민독본, 여자독본 등이 그 예들이다.

2. 정전의 문제와 문학 교재

(1) 정전, 교육 정전, 정전화

정전(正典, canon)은 측정의 도구로 사용된 '갈대'나 '장대'를 뜻하는 고대 그리스어 'kanon'에서 유래된 말이다. 그 후 'kanon'은 '규칙' 혹은 '법'이라는 의미를 갖게 되었다. 문학비평가들에게 중요한 그 말의 의미는 서기 4세기에 처음 나타났는데, 그때 정전은 텍스트나 작가의 목록, 특히 성서와 초기 기독교 신학자들의 책을 뜻하는 말로 사용되었다. 이후 정전은 '그 사용자들에게 다른 것들보다 더 보존할 가치가 있는 어떤 작가나 텍스트를 의미하는 것'(Guillory, J.)으로 규정되거나3) '적어도 일정 기간 동안 배타적인 완전성을 누리는 작품들의 집합'(Fowler, A.)으로 정의내려졌다.4) 이를 통해 볼 때 정전은 한 문화권 내에서 역사적, 문화적 합의의 토대를 바탕으로 다른 텍스트보다 상대적으로 문학적 우위 내지 높은 가치를 부여받고 보존되는 문학 텍스트를 지칭한다.

일반적으로 정전이란 위대하다고 간주되는 작품들의 총합으로, '고전(古典, classics)'이라는 명백한 존경의 의미를 담고 있는 용어를 대체하는 것으로 본다. 때에 따라 정전과 실라버스(syllabus)를 구분하기도 하는데, 이때 실라버스는 특정한 제도적 맥락에서 학습용 텍스트를 선별한 것을 말한다.5) 선별된 학습용 텍스트, 즉 문학교육 현장에서 사용되거나 확립되어야 할 바람직한 교재의 목록 내지 학습용 텍스트를 우리는 교육 정전이라 부른다. 교육 정전은 "학교 교육에서 교육 목적에 합당하게 정리된 텍스트와 텍스트 목록, 그

---

3) Lentricchia, F., & McLaughlin, T., 여홍상 외 공역, 『문학연구를 위한 비평용어』, 한신문화사, 1996, 303면.
4) 송무, 『영문학에 대한 반성』, 민음사, 1997, 342~343면 참고.
5) 정채찬, 『문학교육의 현상과 인식』, 역락, 2004, 97면.

리고 해석 텍스트"를 말하며, 이것은 "교육에서 활용되는 원전 텍스트뿐만 아니라 원전 텍스트를 교육 목적이나 학습자의 위계에 따라 개작하거나 재조직한 텍스트까지 포함"[6]하고 있다.

문학 정전이 모두 교육 정전으로 수용될 수 없음은 분명한 사실이다. 가능하면 정전적인 작품을 학습 자료로 편입하는 것이 바람직할 것이다. 그렇지만 많은 문학 정전들을 모두 문학 교재에 실을 수는 없다. 그렇다고 해서 교재에 실린 문학 텍스트들이 전부 정전적인 작품인가? 반드시 그런 것만은 아니다. 교육목표를 효율적으로 달성하기 위해 가져온 문학 텍스트들의 경우 정전적인 것도 있지만 비정전적인 것도 있을 수 있기 때문이다. 교육적 효과 측면까지 배려하면 정전에 대한 문제가 그리 간단히 정리될 수 있는 것은 아니다. 일반적으로 문학사에서 중요하게 거론되는 작품들이 교육 정전으로 편입되는 경우가 많지만, 어떤 텍스트는 특정 이유에서 교재에 한 번 실린 이후 반복적으로 교육, 전파되는 과정에서 정전으로 자리매김되는 경우도 있기 때문이다.

정전화(正典化)는 독자나 학습자들이 읽을 만한 모범이 되는 고전적인 작품, 즉 정전이 선택되는 과정을 말한다. 그러므로 정전화는 문학선집을 기획하는 문학비평가나 교재를 편찬하는 문학교육학자들의 주된 관심사가 된다. 세계 문학전집이나 한국문학전집, 또는 한 작가의 대표작 선집이나 특정 시기의 대표문학전집 등을 기획할 때 주로 기획자나 편찬자의 문학관 또는 당대의 문화권이 가진 지배적인 이념에 따라 정전이 선택되기 마련이다. 문학 교재에 수록되는 학습용 텍스트들도 마찬가지이다.

---

6) 윤여탁, 「한국의 문학교육과 정전 ─ 그 역사와 의미」, 『문학교육학』 27, 한국문학교육학회, 2008, 138면.

(2) 정전에 대한 도전과 해체

정전이 형성되는 방식에 대해서는 크게 두 갈래의 의견이 있다. 정전옹호론자와 정전비판론자의 시각이 그것이다.

첫째는 정전옹호론자들의 시각인데, 정전 자체가 갖는 속성과 힘이 사람들로 하여금 그것을 선택하게 한다는 것이다. 즉 정전 텍스트 자체가 다른 텍스트보다 우위에 있는, 존경받을 만한 가치와 속성을 내재하고 있기 때문에 정전으로 선택된다는 것이다. 이들은 어떤 텍스트가 정전성을 띤다는 것은 연속적인 세대를 통해, 가능하면 많은 세대를 통해 인정 받았다는 것을 의미한다고 본다. 정전은 여러 세대를 거치면서 추인 받은 결과, 다른 작품보다 우수하다고 인정되었다는 것이다. 이들은 이러한 작품이 지금 세계 명작이나 고전으로 널리 알려져 있다고 본다.

둘째는 정전 비판론자들의 시각으로, 정전의 형성이 권력 투쟁, 또는 지배 계급의 사회통제 방식으로 이루어지며, 지배 계급의 가치와 이념이 정전에 반영된다는 것이다. 다시 말하면 정전적인 텍스트 자체가 우수한 속성이나 존경받을 만한 가치 때문에 선택되는 것이 아니라 특정 문화권 내의 정치적인 이유 내지 지배적인 이데올로기가 정전 선택에 개입하여 영향을 미친다고 본다. 이들은 고전이라 불릴 수 있는 위대한 작품의 정전화 과정에 여성 작가, 비(非)백인 작가, 하층계급 출신 작가들이 제외되어 왔음을 그 증거로 든다. 그 이유를 그들은 성, 종족, 계급의 문제에 대한 서구 사회의 편견 내지 억압에서 찾는다. 정전 형성의 역사가 일종의 음모라는 것이다. 이것이 사회적·정치적으로 강력한 집단에 속하지 않은 자, 또는 지배 집단의 이데올로기를 표현하지 않은 자들의 작품이 암암리에 억압, 배제되는 이유라는 것이다.

한편 정전비판론자의 입장에 서 있긴 하지만 정전이 사람의 의도와 직접적인 관계없이 더 광범위한 문화의 운동 법칙에 의해 형성된다는 시각이 있다. 정전 형성을 문화적, 역사적 역학의 작용으로 보는 입장이다. 어떤 텍스트를 정전으로 만드는 것은 그 텍스트가 가진 속성이 아니라 그것이 다른 텍스트들과 갖는 관계의 속성에서 비롯된다고 본다. 정전은 지배 계급 사이에서 생산, 교환, 분배, 소비되는 문화자본으로, 독자들의 직접적인 반응보다도 더 복잡한 사회적인 맥락에 따라 형성된다는 것이다. 정전은 출판, 구입, 보존, 인용, 낭송, 번역, 공연, 인유, 모방되는 갖가지 가치 평가 행위들을 통해 재생산되고 전수되는 텍스트들이라는 것이다. 앤솔로지와 독서목록에 특정한 작품을 반복적으로 포함시키는 일, 교육과 연구를 통해 특정한 텍스트를 자주 인용하는 것이 잠재적 독자를 증가시켜 정전을 형성하게 한다. 물론 특정한 작품을 선택하고 배제하는 과정에 문화적 권력을 가진 사람의 가치관이 반영되긴 하지만, 정전의 형성은 기존 제도와 이데올로기의 공모 결과도 아니고, 여러 시대가 불변적 가치가 있음을 인정한 결과도 아니라는 것이다. 특정 텍스트가 가진 다양한 재구성 가능성, 시대적 조건, 문화적 선택과 전수의 메커니즘 사이에 이루어지는 계속적인 상호 작용의 결과가 정전이라는 것이다.[7]

문학 교재에서 한 번 정전의 지위를 차지한 작품은 쉽사리 정전의 지위를 내려놓지 않는다. 여러 세대를 걸쳐 재생산되고 재독되고, 다시 가르쳐지는 제도적 맥락 속에서 정전은 더욱 완강한 지위를 획득하게 된다. 반복되는 독서와 수업, 잦은 평가 과정 속에서 정전은 권위 있는 교재로 자리매김되는 것이다. 그렇다고 해서 정전이 고정 불변의 작품 목록인 것은 아니다.

시대의 변화 내지 사회·문화적 요인에 따라 정전은 달리 선택되기 마련이다. 성, 종족, 계급에 대한 편견도 뒤바뀔 수 있기 때문이다. 여성, 3세계

---

7) 정전이 형성되는 방식에 대해서는 Guillory, J.의 정전 개념과 송무의 『영문학에 대한 반성』, 민음사, 1997을 참고하였음.

작가, 하층계급의 성장에 따라 성, 종족, 계급 담론에 관한 주류 담론도 전복될 수 있다. 최근 들어 세계문학 또는 한국문학의 주류에 여성주의적 관점의 텍스트나 아시아, 남아메리카, 아프리카 등지의 3세계 문학 텍스트가 부상하고 있음이 이를 말해준다. 한국문학에서도 여성 작가의 등장은 문단의 대세이다. 이러한 변화의 와중에 기존 정전은 도전받기 마련이고, 그들과 상응하는 새로운 정전이 나타나기 마련이다. '대안 정전'의 등장이 그것을 말해 준다. 이러한 정전의 등장으로 말미암아 정전의 해체와 탈신비화는 가속화된다. 기존 정전에 대한 이러한 탈신비화 작업은 기존 정전을 해체시키거나 정전의 재구성을 요구한다. '정전 열어놓기'[8]의 관점이 필요한 것도 이 때문이다. '정전 열어놓기'는 정전에 대한 자유주의 비판의 일종이다. 이를 통해 학생들은 오직 일정한 사람만이 훌륭한 문학을 생산해 낼 수 있거나 판단할 수 있다는 통념으로부터 벗어날 수 있게 된다.

> ■ 대안 정전(alternative canon) 새로 등장하는 정전은 기존 정전과 서로 경쟁하면서 자리를 확보한다. 대안 정전은 '기존 정전을 보완하거나 대치할 수 있는 기능을 가진 대안으로서의 정전'을 말한다.

　문학교육 현장에서도 변화에 대한 지속적인 관심과 조정의 관점이 필요하다. 문학 교재에 실린 정전적 텍스트에 대한 비판은 새로운 문학 교재의 구성이나 그것을 재구성하는 데 근본적 활력으로 작용하게 된다. 교재는 고정불변의 대상이 아니기 때문에 시대의 흐름에 따라 그것에 담긴 교육내용 또한 바뀌기 마련이다. 이러한 과정에서 지금까지 교재에 수록되지 않았던 문학 텍스트들이 한동안 기존 정전과 정전의 지위를 다투다가 새로운 대안 정전으로 채택되기도 하는 것이다.

---

8) Lentricchia, F., & McLaughlin, T., 여홍상 외 공역, 앞의 책, 1996, 306면.

(3) 정전 구성의 양상과 문학 교재

문학 교재에서 정전의 변천과 그 양상을 통해 정전 구성의 원리와 이념을 살펴볼 수 있다. 여기서 문학 교재란 문학교과서를 지칭하고 있지만, 때로는 국어교과서의 문학 단원과 실제 학교에서 사용된 문학독본류 교재까지 포함한다.

국어교재가 신식 출판에 의해 대중화되기 시작한 것은 근대계몽기 이후라 할 수 있다. 근대계몽기 이후 일제강점, 해방, 한국전쟁 등 격동의 소용돌이를 겪으면서 국어교재는 다양한 변천과 명멸의 과정을 겪었다. 우리 국어교육은 일제로부터 해방을 맞으면서 본격적으로 시작되었다고 할 수 있다. 미군정청 학무국에서 발간한『초등국어교본』,『중등국어교본』이후 지금까지 국어교재는 변천을 거듭하였다.『중등국어교본』에서 어느 정도 중립적 시각을 유지하였던 국어교재는 1948년 대한민국 정부수립 이후 발간된『중등국어』①~⑥, 한국전쟁기의『중학국어』,『고등국어』등으로 넘어오면서 국가주의 담론의 영향을 받는다. 이 시기의 국어교재는 제재적 차원에서 문학 텍스트를 정전화하는 과정에 급급했기 때문인지 단원 구성에 대한 개념은 물론이고 학습활동에 대한 유기적 체계조차 마련되지 않았다.

교수요목기 이후 되풀이되는 교육과정 속에서 교육내용 또한 대체로 대동소이한 시각 하에서 구성되고 있었다. 우리 문학 교재의 경우 순수문학과 민족문학 중심의 정전 구성, 분석주의와 역사주의 중심의 작품 주해방식으로 이루어져 왔는데, 실상은 수차례의 교육과정 개정에도 불구하고 순수문학 중심의 정전 구성과 신비평으로 대표되는 분석주의 중심의 주해 방식이 그 지배적인 담론을 형성하고 있었다고 할 수 있다.[9]

우리 문학 교재가 교육내용이나 학습활동의 구성 측면에서 크게 바뀌기

---

9) 정재찬,『문학교육의 사회학을 위하여』, 역락, 2003, 215~220면 참고.

시작한 것은 7차 교육과정 이후이다. 정전 구성방식의 변화를 가져오기 위해서는 큰 사회·문화적 변동이나 교육과정상 패러다임의 변화가 있어야 한다. 수록 문학 텍스트만을 중심에 놓고 볼 때 7차 교육과정 이후 만들어진 문학교과서는 이전 문학교과서에 비해 상당히 개방적인 면모를 보여준다. 그것은 기존 정전의 권위에 대항하거나 새로운 정전의 추가로 완강한 정전 구성의 벽을 깨뜨리려는 시도와 관계 있다고 하겠다. 이들 문학교과서에서 정전의 확대는 크게 두 가지 차원에서 이루어지고 있다. 하나는 납, 월북 작가의 수용을 통한 정전화 과정이고, 다른 하나는 동시대 작가의 정전화 과정이다.

1차 교육과정기부터 6차 교육과정기까지의 국어나 문학 교재에 실린 작가나 작품 목록은 큰 틀에서 보면 별 차이가 없다. 현대시의 경우 주로 순수시, 저항시 중심으로 정전이 구성되었다. 이러한 정전 구성의 방식으로 말미암아 문학 교과서에서 카프 문학으로 대표되는 진보적 문학의 수용은 원천적으로 불가능하였다. 1988년 월북 작가의 해금(解禁)을 기점으로 학계는 카프 문학을 민족문학사란 큰 틀 속에서 대폭 수용해 나가게 된다. 그러나 1990년대 초반의 카프 문학과 해방기 문학에 대한 학계의 증폭된 관심과 연구 열기에도 불구하고 이들의 문학교과서 수용은 즉각 이루어지지 못했다. 7차 교육과정이 시행되고 나서야 고등학교 검인정 문학교과서의 '본문' 및 '제시문' '학습활동'란 등에 이들 작가의 작품들이 실리게 되었다. 그러나 여전히 일부 작가의 작품에 편향되어 있어 정전 구성이 이데올로기의 규제로부터 완전히 벗어난 것이 아님을 보여준다. 이 시기에 납, 월북 작가로서 주된 정전으로 등장한 작가들은 정지용, 백석, 이용악, 박태원, 이태준, 함세덕 등이다. 그런데 일제강점기 소위 카프 작가들의 작품은 이들 문학교과서에 거의 선택되지 않고 있어 주목된다. 1930년대 후기 시인인 백석이나 이용악의 경우는 별개로 하더라도 정지용이나 박태원, 이태준 등은 1930년대 초, 중반 오히려 카프와 그 작품 경향을 달리 하던 인물임을 상기할 필요가 있다. 사실상 이들은 시문학파 또는 구인회 활동을 통해 카프문학과 대립되는 순문학 내지 모더니즘 문학의 기수로 활동한 작가였다. 이들은 해방 직후의 행적 때문에 문학사적 평가와는 별도로 1950년대 이후 국어교재 또는 독본류 문학 교재에서 배제되었다. 그렇지만 7차 문학교과서로 넘어오면서 그들의 작품은 문학교과서의 주된 정전으로 자리 잡는다.[10] 그들의 복원은 30년대 문학사에서 차지하는 그들과 그들 작품이 가진 위상 때문이라 할 수 있다. 문학사의 주류 정전이었던 이들의 작품이 다시 교육 정전으로 복권되었으나 카프 소속 작가들의 일부 작품은 문학 교재에 더 이상 실리지 못하였다. 이는 문학 교재 개발 주체가 가지는 작품 선택기준이나 가치에 이들 작가의 작품이 부합되지 못하였기 때문이라 할 수 있다.

동시대 작가와 작품의 정전화 과정은 기존 정전의 무력화 내지 해체적 사유에 그 기반을 두고 있다. 다문화 사회로 이행되어 가고 있는 한국사회에 학습자들의 '지금 이곳'에 대한 관심은 어느 때보다 높다고 할 수 있다. 동시대 작가나 작품들이 우리 문학 교과서에 대폭 수용되지 못한 원인의 하나로 지목되었던, '문학 작품의 선정은 문학사의 평가를 받은 것들로 한다'는 검정 지침은 문학교과서 정전 선택에 하나의 규제로 작용하였다고 할 수 있다. 문학사적 평가가 정립되지 아니한 작품의 경우, "결정론적 가치 매김을 공교육의 장면에서 규정하는 것은 교육 내용의 타당성 면에서 많은 위험 요소를 지니게 된다는 우려"[11]가 이러한 규제의 근거이다. 그 결과 '지금 이곳'에서 이루어지고 있는 동시대의 문학 작품들이 문학교과서에 적극적으로 수용되지 못하였던 것이다. 그런데 집필 지침에서 이러한 규제가 사라지면서 검인정 교과서의 집필자들은 문학 텍스트 선정에 더욱 많은 자유를 얻게 되었다.

---

10) 문학 텍스트의 선택, 배제, 검열, 복권의 과정에 대해서는 박용찬, 「국어교재에 넘나든 현대시 텍스트의 경계와 검열」, 『국어교육연구』 54, 국어교육학회, 2014, 53~75면 참고.
11) 교육부, 『고등학교 국어과 교육과정 해설』, 1995, 385면.

이후 문학교과서에 현재 문단의 중심에서 활동하는 작가들은 물론이고 학생들이 생산한 텍스트까지 문학 이론이나 작품을 설명하기 위한 보조 자료로 등장하게 되었다. 이들이 모두 정전인 것은 아니지만, 이들은 기존 정전에 대항하면서 정전의 탈신비화 내지 해체를 주도하기도 하고, 새로운 정전으로 재구성되기도 한다. 이는 기존의 정전 텍스트만으로는 수용자인 독자가 접하고 있는 다양한 문화 상황을 직접적으로 반영하지 못하는 현실과 관계 깊다. 컴퓨터 통신의 발달로 다른 어느 시기보다 글쓰기가 자유로워진 지금, 고전적인 정전만으로는 독자들의 욕구를 감당하기 어렵게 되었다. 달리 말하면 기존에 구성된 범례적(範例的) 가치를 가진 권위적 정전만으로는 현란하게 펼쳐지는 '지금 이곳'의 문학을 반영할 수 없다는 사실이다. 영문학에서 이러한 정전 구성에 대한 의문은 이미 제기된 바 있다. "엘리어트와 파운드의 70년도 넘은 시가 마치 우리와 동시대의 작품인 것처럼 여전히 문학연구에서 널리 교수되고 있는 사실"[12]에 대한 비판이 그것이다. 우리 문학교육 현실도 마찬가지라 할 수 있다. 『관동별곡』, 『홍길동전』, 『춘향전』 류의 고전문학 작품은 말할 것도 없거니와 여전히 김소월, 한용운, 김영랑, 이상, 서정주, 이육사, 윤동주, 이광수, 현진건, 염상섭, 김유정, 채만식 등의 작품 중심으로 구성되는 문학교과서의 정전화 양상은 이를 잘 보여주고 있다.

학생들이 매일 접하는 구체적 삶과 동떨어진 문학 정전은 문학에 대한 흥미를 떨어뜨리게 하기 쉽다. 문학교과서 개정 시마다 정전의 적합성 여부, 단원구성 및 학습활동의 적절성 여부에 대한 비판이 문학교육 현장 안팎에서 지속적으로 제기된다. 문학교사들이나 학습자들의 요구를 충족하는 새로운 문학교과서가 항상 기다려지는 것도 새로움을 향한 열망 때문이라 할 수 있다.

---

12) Easthope, A., 임상훈 역, 『문학에서 문화연구로』, 현대미학사, 1994, 208면.

3. 문학 교재의 개발과 재구성

(1) 문학 교재의 개발

문학 교재를 개발하거나 재구성하고자 하는 문학교사는 문학 교재가 갖추어야 할 전제적 조건을 미리 숙지하고 있어야 한다.

이상적인 문학 교재는 어떠한 조건을 갖추어야 할까? 문학 교재가 갖추어야 할 구체적 조건은 작품 내적 측면과 작품 외적 측면으로 나누어 살펴볼 수 있다. 작품 내적 측면에서의 문학 교재 조건으로 들고 있는 것이 문학성(文學性), 완결성(完決性), 상호성(相互性)이고, 작품 외적 측면에서의 문학 교재 조건으로 들고 있는 것이 대상적 차원, 가치적 차원, 국가·사회적 차원이다.

작품 내적 조건이란 교재에 실릴 작품 자체가 갖추어야 할 요건을 말한다. 문학성이란 문학 제재와 문학 작품이 얼마나 문학 본질에 충실한 것인지를 논하는 조건이고, 완결성이란 제재가 하나의 작품으로서 완성된 구조를 가지고 있는지를 문제 삼는 것이며, 상호성이란 제재가 교육의 여러 기능에 상호 관련될 수 있는지를 따지는 것이다. 작품 외적 조건이란 작품을 둘러싼, 교재를 형성하는 외적인 요건을 말한다. 대상적 차원의 조건이란 교육대상, 즉 학습자의 상황에 맞는 교재이어야 함을 말하는 것이고, 가치적 차원이란 가치론적으로 의미있는 작품이 되어야 한다는 것이다. 물론 여기서의 가치는 인문적 가치를 전제로 하는 것이다. 마지막으로 국가·사회적 차원의 조건이란 국가와 사회의 공동선, 또는 합목적과 조화를 이루는 것이어야 한다는 것이다. 문학교육의 경우 민족교육의 역할과 더불어 문화교육의 역할까지도 띠고 있다는 데서 이러한 문학 교재 조건은 정당화될 수 있다.[13] 이상적인 문학 교재는 이러한 개별적 조건이 융합하여

▨ 완결성

소설의 경우 가능한 한 원문 전체를 싣도록 하여야 한다. 완결된 작품을 제시해야 학습자들이 제대로 된 문학체험을 할 수 있기 때문이다. 그렇다고 해서 교재에 실리는 모든 텍스트에 완결성을 요구할 수는 없다. 제한된 교재의 지면에 『토지』 같은 방대한 양의 장편소설을 담아낼 수는 없기 때문이다. 장편소설의 경우 텍스트 게재시 생략된 줄거리를 단계적으로 삽입한다든지, 학습자들에게 읽어오기 과제를 적절히 제시하는 등 게재 전략의 모색이 필요하다.

만들어내는 하나의 물리적 실체라 할 수 있다.

문학 교재 개발자는 이러한 제 조건을 항상 염두에 두고 문학 교재에 실릴 작품을 선정하고, 가르칠 학습 내용을 유기적으로 조직해 나가야 한다. 문학 교재를 설계할 때는 '문학교육의 목표 설정 → 문학교육의 내용 설계 → (교육과정 내용체계) → 교재 구성 → 교재 활용 → 교재 분석·평가'라는 일련의 과정을 거치게 된다. 교육과정의 내용을 교재화하는 방향 설정 절차를 제시하면 다음과 같다.

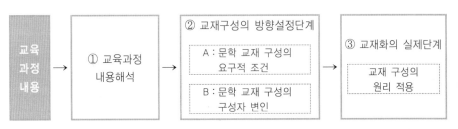

[교육과정 내용 교재화의 방향 설정 절차][14]

첫째, 교육과정의 내용을 해석하고 상세화하는 작업이 우선 필요하다. 문학교육의 특수성을 고려한 교재관을 가지고 목적적, 유목적, 추상적, 선택적으로 되어 있는 내용을 교수·학습 차원과 연결시키면서 교재개발의 수준으로 어떻게 전환할 것인가를 생각해야 한다. 그리고 문학교육을 성공적으로 실현하는데 내용체계는 완벽하게 구조화되었으며, 목표나 방법, 평가와의 관계가 논리적으로 일맥(一脈)하는가도 짚어 봐야 한다.

둘째, 교재구성의 방향설정 단계이다. 방향설정에서 중요한 일의 하나는 문학 교재로서의 자격을 구비하도록 작품 차원에서 여러 측면을 조감해 보

---

13) 구인환 외, 『문학교육론』(제6판), 삼지원, 2012, 218면.
14) 표에 대한 설명은 박삼서, 「문학교육과정 내용의 교재화」, 우한용 외, 『문학교육과정론』, 삼지원, 1997, 262~264면을 참고하여 정리한 것임.

는 것이다. 문학 교재가 교재로서의 가치를 부여받으려면 여러 조건을 갖추어야 한다. 따라서 교재의 재료로 도입되는 작품의 내적 차원에서나 또는 외적 차원에서 모두 이러한 조건을 완비한 문학 작품을 선정하는 과정을 우선적으로 수행하게 된다. 그리고 구성자의 차원에서 교재구성의 방향을 생각해 볼 수 있다. 교재의 여러 측면, 즉 작품 차원, 교수·학습 차원, 제도·활용 차원에서 교재를 구성하는 사람의 철학과 교재관에 따라 구성의 방향이나 교재의 성격이 달라진다. 즉, 교육목표, 교재구성의 중점 방향이나 사용의 목적, 국가·사회의 요구사항을 고려하여 구성자의 의도나 선별에 따라 교재의 구성기교가 달라진다.

셋째, 교재를 만드는 실제 작업이다. 교재구성에 필요한 자료들을 지면에 배열하는 물리적 작업 단계로, 집필과도 연결된다. 방향설정 단계가 교재 외적인 각양 요소들을 집필 단계에 들어가기 전 심사(深思), 기획(企劃)하는 과정이라면, 교재화의 실제 단계는 이를 바탕으로 교육과정의 내용체계에 기반하여 교수·학습이나 평가의 방법까지 유념하면서 단원을 실질적으로 조직하는 과정이다. 교재화의 실제 단계에서는 구성원리가 존재하는데 교재구성의 창조적 부면(개인적 창의가 반영되는 원리), 교재구성의 특수적 부면(특정교재에만 적용되는 원리), 교재구성의 일반적 부면(모든 교재에 공통적으로 적용되는 원리)이 그것인데, 이들은 각각 독립적으로 작용하는 원리로 존재하는 것이 아니라 역동적, 유기적으로 상호관련성을 견지하며, '좋은 교재', '열린 교재'를 지향하는 작용태로 존재한다.

문학 교재가 완성되고 나면 문학교육목표를 최대한 성취하기 위해 그것의 활용방법을 다각도로 모색하여야 한다. 또한 만들어진 문학 교재에 대한 분석과 평가가 필요하다. 교재에 대한 분석과 평가는 앞으로 더 나은 교재를 만들기 위해 반드시 거쳐야 할 단계이다. 좋은 교재인지 아닌지를 판단하기 위해서는 질적 평가를 할 수 있는 준거 설정이 문제된다 하겠다. 예를 들자면 평가준거를 형식상의 평가요소와 내용상의 평가요소로 나누어 제시해 보면 다음과 같다.

① 형식상의 평가요소 : 판형, 분량, 지질, 색도, 활자 크기와 글꼴, 행간(行間)과 행장(行長), 디자인과 편집, 일러스트, 인쇄 및 제본 상태, 표지와 화보 등
② 내용상의 평가요소 : 교육과정 반영도, 단원 설정의 합리성, 단원간 관계의 체계성, 단원 실라버스의 정합성, 제재 정합성, 학습활동의 효율성, 참고 및 보조 자료의 정확성, 학습을 위한 보조 장치 여부, 평가의 타당도 등[15]

이상의 평가요소들은 좋은 교재를 만들기 위해서 필요한 일반적 기준들을 제시한 것이라 볼 수 있는데, 실제 각 요소들을 중심으로 하위의 다양한 점검 문항들이 개발되어야 할 것이다. 문학 교재 평가의 경우 문학 교육과정의 목표가 문학 교재에 제대로 구현되었는지, 문학적 가치와 교육적 가치를 구비한 문학 작품이 실렸는지, 목표에 맞게 단원이 설계되고 학습활동은 제대로 마련되었는지, 학습자나 공동체의 요구를 반영하면서 교재가 갖추어야 할 조건을 충분히 구비하고 있는지 등 다양한 문항들이 구체적으로 마련될 필요가 있다.

문학 교재 개발의 주된 내용은 문학 교육과정의 내용을 상세화하여 그것에 적합한 문학 텍스트를 선정하는 한편, 문학 교재에 담길 내용을 체계적으로 조직화하는 것이다. 문학 교재 개발시 문학 교재에 실릴 텍스트와 내용체계를 둘러싼 몇 가지 문제를 정리해 보면 다음과 같다.

첫째, 문학 교재에 실리는 문학 텍스트들은 가능한 한 원전(原典)에 입각하되, 원본비평(textual criticism)을 거친 원문을 싣도록 해야 한다. 유통의 과정에 원전은 왜곡되기 쉬운데, 그것을 방지하기 위해 원전을 찾아 대조해 보는 작

---

15) 김창원, 「국어과 교재와 사고력」, 이삼형 외, 『국어교육학과 사고』, 역락, 2007, 351면.

업이 필요하다. 때로는 작가가 처음부터 잘못 쓴 경우는 수정해야 하는 경우도 있다. 생산자가 처음으로 쓴 작품을 원전(原典), 또는 원본(原本)이라 한다. 문제는 이러한 원전이 자주 훼손된다는 점이다. 원전 훼손은 텍스트가 유통되는 과정뿐만 아니라 작가가 의도적으로 개작하거나 수정하는 경우에도 일어난다. 고전문학 텍스트의 경우 유통의 과정에 수십 종의 이본(異本)이 발생하기도 한다. 인쇄기술의 발달과 더불어 시작된 근·현대문학의 경우도 마찬가지이다. 텍스트의 출판 과정에서 일 부분이 누락되거나 인쇄상의 오류가 일어나는 것은 다반사이다. 시의 경우 구두점이나 쉼표, 행·연 구

> **원본비평(textual criticism)** 필사자나 인쇄자의 오류를 벗어나서 원래 저자가 지녔던 가장 믿을 만한 원본을 확정하는 작업을 원본비평 또는 원전비평이라 한다. 프레드슨 바우어즈(Fredson Bowers)는 원본비평의 목표를 한 작가의 텍스트 본래의 순수성(purity)을 회복하는 한편, 판(版)을 거듭함에 따라 항용 생기는 와전(訛傳, corruotion)으로부터 그 순수성을 보존하는 것이라고 하였다.

분 하나 하나가 의미에 영향을 미칠 수도 있음을 명심하여야 한다. 텍스트를 작가가 나중에 의도적으로 개작하거나 수정했을 경우 문제는 더 복잡해진다. 작가의 개작을 바라보는 시각도 서로 다를 수 있기 때문이다. 작품이 작가의 손을 떠난 순간 이미 완결된 상태로 더 이상 바꿀 수 없다는 입장과 작품을 고치고 수정하여 작품의 완벽성을 기하는 것은 완전하지 못한 인간으로서 당연하다는 입장이 있을 수 있다. 실제 많은 작가들이 자신이 처음에 쓴 작품을 수정하는 경우가 빈번히 발견된다. 문학연구든 문학교육 현장이든 원본비평은 텍스트 논의의 출발점이 된다고 할 수 있다.

둘째, 디지털 시대에 부응하는 텍스트들이 많이 생산되고 있는 현실에서 원전의 내용이나 정신이 크게 손상되지 않은 텍스트를 선정하도록 노력하는 일이 필요하다. 지식정보화 사회로 현대사회는 급속히 이행되어 가고 있다. 사람들은 읽는 것보다 보거나 조작하는 것에 더 익숙해지고 있다. 컴퓨터가 주도하는 첨단 정보의 각축장에서 문자언어의 퇴보와 '문학의 위기'론이 대두하기도 한다. 사회변화는 문학 환경의 변화를 가져왔다. 다매체시대에 접어들면서 문학도 생산과 소통의 방식이 달라지고 있다. 문학 소통의 매개체도 인쇄매체에서 쉽게 영상매체로 전환되어 소비된다. 문제는 이러한 과정에

텍스트의 변형이 일어난다는 점이다. 다이제스트화된 텍스트나 영상매체로 전환된 텍스트16)가 교실의 안과 바깥에 널리 유행하고 있다. 인터넷이나 영화, 스마트폰 등을 통해 제공되는 문학 작품들은 원전이 본래 가지고 있던 정신을 살리지 못하고 있는 경우가 대부분이다. 아동들에게 제공되는 세계 명작이나 고전적 작품들의 경우 대부분 쉽게 다시 쓰여지거나 그들의 취향에 맞게 변형되어 있다. 이들 작품들은 아동들이 쉽고 재미있게 접근할 수 있는 장점이 있다. 그러나 원작이 주는 감동적 경험을 주지 못하는 경우가 많다. 아동 발달 단계에 맞는 텍스트 선정이란 잣대가 교재 선정의 중요한 원리가 되다 보니 개작되거나 변형된 텍스트들이 쉽게 문학 교재에 실린다. 문학교육의 장에서는 이들 텍스트를 무조건적으로 수용하기보다 텍스트의 적합성에 대한 비판적 점검 위에서 이들 텍스트를 수용할 필요가 있다.

셋째, 문학 교재 개발시 기성 작가의 문학 텍스트는 물론이고 학습자인 학생이 산출한 문학 텍스트도 적절히 편입하여야 한다. 문학 교재의 내용 체계가 이해와 감상에서 수용과 생산으로 바뀐 것은 단순 작품 수용의 측면을 넘어 생산의 측면까지 고려한 것이라 할 수 있다. 이러한 문학교육의 내용체계 변화는 문학 교재 개발시 학생들이 산출한 텍스트가 작가들의 정전적 텍스트 못지않게 중요함을 지적한 것이라 할 수 있다. 이것은 수용자인 학습자들이 생산자의 반열에 들어섰음을 의미한다. 학습자들이 생산한 이러한 텍스트는 정전적 텍스트와 교호(交互)하면서 학습자의 문학에 대한 이해와 문학 능력 개발에 도움을 주게 된다. 이는 또한 학습자 자신들의 삶과 연계된 문학 학습을 가능하게 해주는 매개적 역할을 수행한다.

넷째, 문학 교재의 내용체계를 어떻게 구성하고 조직할지 그 원리에 대한 고민이 필요하다. 문서로 된 문학 교육과정은 대체로 목표, 내용, 방법, 평가

---

16) 대중매체에 의한 문학의 변용양상으로 원작의 다이제스트화, 소통과정의 간접화, 문학의 오락물화, 텍스트의 시청각적 변용 등을 들 수 있다. 구인환 외, 앞의 책, 2012, 360~367면 참고.

등의 요소로 구성되어 왔다. 그 중에도 내용의 조직이 문학 교육과정 구성에서 가장 중요하고도 실제적인 영역으로 간주되고 있다. 문학 교육과정은 문학 자체가 갖는 내적 질서, 이를테면 장르론이나 주제론 등에 의해서 접근하는 방식이 있는가 하면, 문학교육의 입장, 예를 들면 수용자의 태도 변화에 관심을 두는 방식이 있을 수 있다.[17] 지금까지 문학 교육과정에서 제시한 내용체계와 영역별 내용에 따라 장르론적, 주제론적, 또는 태도적 접근 등에 의해 문학 교재를 구성하는 것이 일반적인 교재 구성방식이었다. 이외에도 여러 가지 구성체제가 모색될 수 있는데, 교재 구성시 각 구성체제간 포섭 내지 융합의 시각이 필요할 때도 있다. 결국 문학 교재의 내용조직은 문학 교재를 집필하거나 재구성하는 집필진이나 문학교사의 교재관 또는 이념의 몫이라 할 수 있다. 문학이 갖고 있는 자유로움만큼이나 문학 교재의 구성체제 또한 획일적인 틀에 안주하지 않은 동적인 체제의 모색이 필요하다.

(2) 문학 교재의 재구성

문학 교재를 재구성할 때 각 지역의 특성이나 학습자들의 수준을 고려하는 것이 바람직하다. 국가 수준의 성취기준을 상세화하여 만들어낸 현행 검인정 교과서는 국정 교과서보다는 다원적인 시각을 확보하고 있으나 여전히 표준적 저작물이 가진 한계에서 벗어나지는 못하고 있다. 이들 교과서는 여전히 각 지역의 특성이나 학생들의 흥미 내지 요구를 수용하지 못하고 있는 경우가 많다. 학교현장에서 지역 상황이나 학생들의 수준에 부합되는 문학 교재의 재구성 문제가 대두되는 것도 이 때문이다. 문학교육에서 의미 있는 교과서란 "이미 만들어진(ready-made) 교과서가 아니라 교사와 학습자의 필요

---

17) 구인환 외, 앞의 책, 2012, 192~193면 참고.

에 따라 변형하고 새롭게 구성하는 교과서"[18]라 할 수 있다.

문학 교재 재구성의 주체는 지역 교육청 단위 또는 각급 학교에서 실제 문학 수업을 담당하고 있는 문학교사들이라 할 수 있다. 문학교사들은 단순히 문학 교재를 해설하고 보조하는 차원에서 벗어나 스스로 문학 교재를 재구성하고 활용할 수 있는 능력을 구비해야 한다. 문학 교재의 재구성은 크게 두 가지 측면에서 이루어질 수 있다. 하나는 정전이나 학습자료 재구성의 문제이고 다른 하나는 교수·학습 활동 재구성의 문제이다.

문학교사들은 학습자들의 성장에 도움이 되는 다양한 정전적 작품을 확보하고 그것을 교재화할 수 있어야 한다. 교재에 실린 작품뿐만 아니라 그것에 준하는 다양한 작품들을 학생들이 향유할 수 있게 하는 것이 문학교사의 역할이라 할 수 있다. 교재에 실린 기존 정전을 확대하고, 필요에 따라 대안 정전을 다양하게 제시하는 노력 또한 수반되어야 한다. 이 과정에서 수용자인 학생들이 산출한 문학 텍스트도 교재에 수용될 수 있도록 할 필요가 있다. 학생 산출 문학 텍스트를 수업현장에서 일시적으로 활용하는 차원이 아니라 문학 교재에 직접 수용함으로써 문학에 대한 친화감을 높일 수 있는 효과가 있다. 문학 교재를 매개로 주류 정전과 대안 정전이 만나는 지점에서, 학습자인 학생들 또한 '정전의 자기화'[19]를 통해 자신의 삶에 의미있는 정전 목록을 만들어 나가는 적극적인 활동이 가능하다.

단원 재구성은 교수·학습 자료 재구성과 교수·학습 활동 재구성의 두 측면에서 이루어진다. 교수·학습 자료의 재구성은 교과서에 제시된 담화 및 그래픽 자료의 추가·생략·재조직·대치를 통해 이루어지고, 교수·학습 활동의 재구성은 교과서에 제시된 학습 과제의 추가·생략·재조직·대치를 통해 이루어진다. 그러나 자료의 재구성과 활동의 재구성은 동전의 양

---

18) 김창원, 『문학교육론─제도화와 탈제도화』, 한국문화사, 2011, 244면.
19) 정재찬, 앞의 책, 2004, 184면.

면과 같은 것으로, 서로 독립적으로 이루어지는 것이 아니라 밀접하게 연관된 가운데 통합적으로 이루어지는 것이 보통이다.[20)

문학 교재의 재구성에서 수업사태와 긴밀히 연관되어 있는 것이 단원의 재구성이다. 이러한 재구성 활동은 교과서에 제시된 학습자료나 교수·학습 활동을 수업현장이나 학습자의 요구나 수준에 적합하게 변형, 조정하는 것을 의미한다. 교수·학습 자료의 재구성을 통해 문학 교재의 경우 작가의 생애, 작품의 배경이 된 장소, 작품이 탄생된 그 시대의 모습 등을 풍부하게 보여줄 수 있게 된다. 동시에 교수·학습활동의 재구성은 작품의 이해와 감상 과정은 물론이고 생산자로서의 학습자가 할 수 있는 여러 가지 문학 활동을 조장할 수 있는 장점이 있다.

한편 문학 교재의 재구성시 상호텍스트 전략을 적극 활용할 필요가 있다. 문학 교재의 중심은 문학교과서이다. 그런데 문학교과서가 담아낼 수 있는 문학 작품의 양은 아주 제한적이다. 장편소설 같은 경우는 전문을 실을 수도 없거니와 그 줄거리조차 제대로 소개할 수 없다. 현재의 문학교과서 자체가 과정 중심 읽기를 바탕으로 작품의 수용과 창작에 관한 상세한 안내도 역할을 하다 보니 실제 실린 작품 수도 얼마 되지 않는다. 학생들이 많은 문학 작품을 접하기 위해서는 선집 형태의 문학교과서가 더 바람직하다고 할 수 있다. 이렇게 될 때 학생들이 접하는 문학 작품의 수도 그렇거니와 다양한 방법에 의한 작품 해석이나 감상도 가능하다 하겠다. 물론 교사에 따라 문학 교육의 균질적 질을 보장하지 못하는 경우가 생겨날 수는 있다. 그러나 그보다 몇몇 작품을 중심으로, 그것도 정해진 교수·학습 경로에 의해 이루어지는 문학수업에 의한 폐해가 더 크다고 할 수 있다.

두꺼운 선집 형태의 문학교과서를 만드는 것이 현실적으로 어렵다고 할

---

20) 노명완 외, 『국어교육론』(제4판), 삼지원, 2012, 96면.

때 그 대안으로 생각해 볼 수 있는 방법이 상호텍스트성의 활용이다. 기본텍
스트와 관련 텍스트를 엮어 읽는 상호텍스트 전략을 적절히 활용
하면 지면의 제약을 안고 있는 문학교과서의 한계가 어느 정도 극
복될 수 있다. 한 작가의 정전적 작품(기본텍스트)을 깊이 있게 학습
한 후, 그 문학적 성향이 비슷한 작가의 작품 또는 내용이나 형식
이 유사한 관련 텍스트를 비교 검토하는 과정을 통해 학생들은 다
양한 텍스트를 경험하게 된다. 이처럼 상호텍스트성의 원리 활용
은 교과서란 제한된 지면에서 다양한 작품을 학습하는 효과를 거
두는 동시에 작품 간의 관계망까지 파악하여 텍스트를 더욱 깊이 있게 이해
할 수 있게 해준다. 상호텍스트성 전략은 정전 제시와 관련하여 다양한 작품
을 적절히 연계시켜 학습할 수 있는 텍스트 확장 방법이라 할 수 있다. 특히
정전으로 확정되지 못한 '지금 이곳'의 현재적인 문학 작품들은 본문과 연계
된 학습활동이나 이해와 감상이란 교수·학습 과정 등을 통해 주요 학습 대
상으로 부상되기도 한다.

■ 상호텍스트성(intertextuality)
상호텍스트성은 하나의 텍스트
가 다른 텍스트와 맺고 있는 관
계, 즉 텍스트 간의 상호관련성
을 말한다. 텍스트 상호성이라
부르기도 한다. 문학교육에서 상
호텍스트성은 텍스트 간의 영향
관계는 물론이고 의미관련성이
나 텍스트를 둘러싼 맥락적 요소
를 파악하게 함으로써 텍스트 이
해의 폭을 깊고 넓게 해주는 장
점이 있다.

4. 문학 교재의 확장과 활용

(1) 문학 교재의 확장

교재를 바라보는 관점은 크게 두 가지로 나누어진다. 닫힌 교재관과 열린
교재관이 그것이다. 닫힌 교재관은 교재를 표준적인, 이상적인 저작물로 바
라본다. 그러므로 학생은 제공된 권위 있는 교과서의 내용을 습득하고, 제시
된 학습과제를 충실히 수행하는데 전력을 기울인다. 또한 교사와 교재가 중

심이 되는 관계로 주로 내용 설명, 분석 중심의 수업이 이루어진다. 반면 열린 교재관은 교과서를 다양한 교재 중의 하나로 본다. 교재는 교육목표를 달성하기 위한 수업 자료 중의 하나이며, 학습자인 학생은 다양한 자료들을 활용하여 교육목표에 도달하게 된다. 열린 교재관은 학습자의 활동이 중시되며, 닫힌 교재관에 비해 학생들의 창의력과 사고력 배양이 용이하다. 이 두 교재관은 서로 장단점이 있지만 문학의 자율적 속성과 독자성을 고려할 때 열린 교재관적 시각으로 문학 교재를 바라보는 것이 교육목표 달성에 더 효율적이라 할 수 있다.

문학교과서는 문학 교재 중의 하나일 뿐이다. 검인정 체제 하에서 발행되는 문학교과서의 경우 발행 종수의 확대로 어느 정도 다양성을 확보한 것처럼 보이지만 실제로는 체제나 작품이 거의 대동소이하다고 할 수 있다. 이러한 한계를 벗어나기 위해서는 문학 교재를 바라보는 관점의 변화가 필요하다.

먼저 문학 교재의 층위를 교과서에만 국한시키지 말고 문학 작품은 물론이고 그것에 대한 해설 내지 비평서, 작가나 작품의 보충자료, 교사용 지도서 등에까지 확장시켜 바라볼 필요가 있다. 또한 문학사의 주류적 작품을 문학교실 안으로 이동시켜 문학교사와 학생들이 함께 이해, 감상, 토론하는 시간을 가질 필요가 있다. 문학교실에 동원된 문학 자료는 "필요에 따라 한 편의 소설이 문학 교재가 될 수도 있고, 또는 한 시인의 시집이나 앤솔로지가 문학 교재의 역할을 할 수도 있을 것이며, 평론이나 해설 혹은 문학의 이론이 문학 교재로 유용하게 활용"21)될 수도 있다. 문학교사의 전문성과 교육과정 재구성 능력을 전제로 한 이러한 관점은 문학 교재의 범위를 문학 작품 전반으로 확대하게 해주는 효과가 있다.

다음으로 문학 교재를 인쇄매체 같은 물리적 실체에만 국한시켜 바라보는

---

21) 구인환 외, 앞의 책, 2012, 220면.

관점을 지양해야 한다는 것이다. 정보화 사회의 진전으로 문학의 소통방식이 급속히 달라지고 있는 지금, 기존의 시각만으로 문학 교재를 바라볼 수는 없기 때문이다. 근대문학이 인쇄매체를 통해 그 자리를 확보하였지만 매체환경의 변화는 문학의 공간에서 인쇄매체의 역할을 점차 축소시켜 나가고 있다. 출판계에서도 종이책의 매출 감소가 현실화되면서 전자책(e-book)이나 오디오북(audiobook) 시장이 더 각광을 받고 있다. 인터넷 및 첨단 디지털 매체를 통해 연결, 생산되는 하이퍼텍스트(hypertext)들은 이제 문학 활동의 중요한 한 부분이다. 이러한 매체 환경의 변화는 지금까지 수용자 차원에서 문학 작품을 읽고 감상하던 독자들을 쉽게 생산자의 반열로 올려놓았다. 교실이 아니더라도 교사와 학생들은 시간과 장소의 제약 없이 사이버 공간에서 자유롭게 만날 수 있게 되었다. 사이버 공간에 올린 문학 텍스트, 또는 영상매체 등으로 변용된 텍스트를 사이에 두고 작가와 독자, 교사와 학생, 학생과 학생 사이에 다양한 문학활동이 이루어지기도 한다. 이들 자료들 또한 넓은 범주의 문학 교재에 포함시킬 필요가 있다. 매체 환경의 변화에 따라 문학교육 또한 교실이란 물리적 공간에서 컴퓨터 등이 만들어내는 가상 공간으로 점점 이동해 갈 것으로 예상된다. 그러므로 문학 교재를 바라보는 기존의 관점만으로는 더 이상 새로운 환경에 적응할 수 없는 시대가 된 것이다. '지금 여기'에서의 사회적, 문화적, 현실적 요구가 기존의 문학 교재가 갖고 있는 경계를 허물어뜨릴 것이며, 문학 교재에 실리는 텍스트의 영역 또한 점차 확장될 것임은 분명한 사실이다. 그러므로 문학 교재 개발시 인쇄매체 중심의 문학 교재는 물론이고 디지털 매체에 의해 생산되는 다양한 텍스트들 또한 문학 교재의 범주 속에 이입하여 서로 간의 장점을 적극 이용하는 전략이 필요하다고 하겠다.

마지막으로 문학 교재를 구성할 때 기존의 문학 교재가 갖고 있던 관습에서 벗어나 문학 교재에 다른 영역의 제재를 대폭 수용, 접합할 필요가 있다.

하이퍼텍스트(hypertext) 사용자에게 비순차적인 검색을 할 수 있도록 제공되는 텍스트. 선형적 또는 단향성의 진행이 아니더라도 문서 속의 특정 자료가 다른 자료나 데이터베이스와 연결되어 있어 서로 넘나들며 원하는 정보를 쉽게 얻을 수 있다.

장르나 문학사 중심으로 구성되던 문학의 본질적 측면에 가까운 문학 교재에서 벗어나, 제재의 외연을 대폭 확대할 필요가 있다. 이는 각 학문 간의 융합 내지 통섭이 강조되고 있는 시점에 문학 교재가 나아가야 할 또 하나의 방향이라 할 수 있다. 이 과정에서 문학이 다른 영역과 대등하게 접촉되기도 하고, 아니면 인접 영역을 넘나들면서 다양한 문화활동을 조장하기도 할 것이다. 문학치료, 다문화 교육, 외국어로서의 한국어 교육 등의 다양한 영역과의 융합이 문학 교재의 경계를 확장시켜 줄 수 있는 좋은 사례들이라 할 수 있다.

(2) 문학 교재의 활용

학습자가 문학에 대한 이론과 문학 작품에 손쉽게 접근할 수 있게 해 주는 것이 문학 교재이다. 학습자에 따라 취학 이전에 이미 문학 작품을 접해 본 경험이 있겠지만 문학 작품을 체계적으로 배워 본 적이 없는 경우가 많다. 대부분의 학습자들은 학교에서 문학 교재를 통해 문학이론이나 문학사, 또는 정전적 작품들을 안내 받고 읽게 된다. 문학 교재는 학습자들에게 문학 전반에 대한 지식과 작품을 바라보는 안목을 제공해 주는 역할을 한다고 할 수 있다. 학습자가 문학 교재를 잘 활용하면 한국문학이나 세계문학에 대한 배경 지식은 물론이고 작품을 읽는 방법이나 안목을 기르는 데 많은 도움을 받게 된다. 이러한 경험은 향후 문학적 주체로서 작품을 선택하고 이해해 나가는 데에도 밑바탕이 된다고 할 수 있다.

문학 교재는 학습자들이 학교 밖 문학 장(場)에 진입하는 데도 중요한 매개자의 역할을 할 수 있다. 학교 안에서 문학 교재를 바탕으로 이루어지던 문학교육은 언제든지 학교 바깥으로 이동할 가능성을 지니고 있다. 학교 밖에서 학습자들은 새로운 문학 환경에서 스스로 작품을 선택하고 자신만의 방식으로 그것을 읽어나가야 한다. 진정한 문학교육은 학교 밖에서 비로소 완성되어진다고 할 수 있다. 학습자들이 학교 안에서 문학교과서에 실린 갈래별 작품 몇몇을 학습했다고 해서 문학교육이 완성되었다고 말할 수는 없기 때문이다. 문학교육의 경우 타 교과와 달리 제도교육 현장인 학교교육과 학교 바깥의 교육이 엄격히 구분되지 않는다는 점을 염두에 둘 필요가 있다. 학습 주체인 학습자는 제도교육 바깥에서, 아니면 학교를 졸업하고 나서도 여전히 문학책을 선택하거나, 그것을 읽고 내면화하는 과정을 되풀이하는 경우가 많다. 문제는 이들의 이러한 문학활동이 학교에서 배운 문학의 개념이나 원리, 작품의 이해와 수용의 과정 등을 바탕으로 이루어진다는 점이다. 다시 말하면 문학 교재가 학교 밖 문학활동의 원형으로 작용할 가능성이 높다는 것이다. 이런 측면에서 문학 교재는 학교 밖의 잠재적 문학활동을 촉진시키는 바탕이 된다. 평생교육의 속성을 지니고 있는 문학교육이 제대로 이루어지기 위해서 문학 교재를 학교 밖의 상황과 적절히 연계하여 활용하는 전략이 필요한 것도 이 때문이다.

✅ (   )에 알맞은 말을 써 넣으면서 주요 개념을 정리합니다.

1　(　　　　　)은 문학교육 현장에서 사용되거나 확립되어야 할 바람직한 교재의 목록 내지 학습용 텍스트를 가리키며, (　　　　)는 정전이 선택되는 과정을 말한다.

2　문학 교재 개발자는 문학 교재에 실릴 작품의 제 조건을 항상 염두에 두고 작품을 선정하여야 한다. 문학 교육과정의 내용을 교재화할 때는 (　　　　)의 내용을 해석하고 상세화하는 작업, 교재 구성의 방향 설정, 교재화의 실제 단계를 거치게 된다.

3　문학 교재는 (　　　　　)이나 학교 현장의 실정에 맞게 재구성되어야 하며, 문학 교재의 재구성은 크게 정전이나 학습자료의 재구성과 (　　　　)의 재구성으로 나누어 볼 수 있다.

✅ 지시에 따라 서술하면서 문학 교재의 개발 및 재구성 과정을 이해합니다.

1　문학 정전과 교육 정전의 관계를 말해 보고, 바람직한 교육 정전이 갖추어야 할 조건을 설명하시오.

2 문학 교육과정에 바탕을 둔 문학 교재를 개발하고자 할 때 고려해야 할 제 조건 및 교재 개발의 절차에 대해 서술하시오.

3 문학 교재를 재구성할 때 유의해야 할 사항에 대해 말해 보시오.

✔ 지시에 따라 활동하면서 문학 교재의 구성 및 재구성에 대한 실천적 능력을 기릅니다.

1 국내, 국외 작가의 작품을 대상으로 성장 문학의 정전이 될 만한 작품을 찾아보고, 그것이 선택된 이유를 설명하시오.

■ 작품

■ 이유

2 성장 문학을 단원목표 내용으로 설정하여, 위의 작품이 포함된 주제 중심의
  대단원 내용체계(대단원 명과 소단원 명 내지 텍스트)를 구성해 보시오.

- 단원 목표

- 단원 구성

제9장

평가론

　문학교육 평가의 현실과 이념 간의 부조화 현상은 대표적으로 지적되는 문학교육의 문제점 중 하나이다. 제도적 이론적 차원 모두에서 그 원인을 찾을 수 있는데, 단기간에 문제점을 해소하기는 어려울 수도 있다. 그러나 문학교육 평가의 이념을 실현하는 과제는 바람직한 문학교육의 실현에 필수적이므로 이를 위해 제도적 개선과 이론적 탐구가 지속될 필요가 있다.

　이 장에서는 문학교육 평가의 이상적 관점, 문학교육 평가 방법, 문학교육 평가 결과의 보고와 활용 방안 등에 대해 차례로 학습한다. 이 장을 통해 문학교육의 목표와 내용, 방법을 점검하여 문학교육의 방향을 설정하는 데 길잡이가 되어 주는 문학교육 평가론에 대해 탐구해 보도록 하자.

1. 문학교육 평가의 이해

(1) 문학교육 평가의 탐구사

문학교육 평가는 문학교육의 목표에 비추어 학생들의 문학적 학업성취도를 조사·확인함은 물론 국가나 학교 수준 문학 교육과정의 적절성, 교사의 문학교수·학습 방법의 효율성을 점검함으로써 문학교육의 질을 관리하고 개선하기 위해 이루어지는 의도적 활동이다. 따라서 문학교육 평가를 통해 수집된 자료는 학생, 교사, 학교, 국가 등 각 주체가 문학교육 현상을 총체적으로 성찰하는 데 기초가 된다.

문학교육 평가에 대한 본격적인 탐구에 앞서 그동안 이루어진 문학교육 평가론을 간략히 살펴보자. 문학교육 평가론은 문학교육 평가에 관한 원론적 성찰, 평가 목표와 내용론(문학 능력 및 정의적 범주의 평가 연구), 평가 방법론(수행평가 연구·갈래별 학교급별 평가방법론), 문학 교육과정과 문학수업 평가론 등으로 나눌 수 있다.

문학교육 평가에 관한 원론적 성찰은 문학교육 평가가 왜 필요한가, 문학교육 평가의 이념은 어떠해야 하는가에 관한 탐구를 주제로 한다.[1] 이러한 탐구를 통해 '문학교육 평가론의 발전을 위해서는 문학교육 평가의 본질에 대한 성찰을 바탕으로 하여 평가 생태계라는 거시적 관점에서 평가 이론을 개발하고 실행할 필요가 있다'는 관점이 부각하였다.

---

[1] 김종철·김중신·정재찬, 「문학 영역 평가의 이론과 실제-제7차 교육과정을 중심으로」, 국어교육연구소 학술발표회자료집, 서울대 국어교육연구소, 1998; 박인기, 「국어교육 평가의 패러다임 변화와 실천」, 『국어교육』 제10집, 한국어교육학회, 2000; 최미숙, 「문학교육에서의 평가 연구」, 『국어교육학연구』 제11집, 국어교육학회, 2000; 김창원, 「'문학 능력'의 관점에서 본 학습자 중심 문학교육학의 철학과 방향」, 『문학교육학』 제40호, 한국문학교육학회, 2013.

문학교육 평가의 목표와 내용론은 문학교육에서 최종적 평가 대상(target)으로서의 능력은 무엇인가, 세부적인 평가 범주와 요소는 무엇인가에 관한 논의에 해당한다. 특히 문학 능력의 의미 규정에 관한 논의로부터 문학 능력에 대한 평가 방향 탐구, 고전 문학교육에서의 문학 능력의 특수성, 문학 능력의 한 범주로 볼 수 있는 정의적 특성에 대한 평가 문제 등이 주로 논의되었다.[2] 이러한 탐구를 통해 문학 능력을 세부적으로 평가하기 위한 평가 범주와 요소는 어떻게 상세화해야 하며 문학 능력 중 정의적 특성은 어떻게 평가할 수 있는가에 관한 논의가 발전되어 왔다.

문학교육 평가 방법론은 문학 능력을 평가하는 데 적합한 방법적 원리에 관한 탐구부터 구체적인 평가 문항 개발 기법에 관한 실제적 논의 등을 의미한다. 수행평가(performance assessment) 연구는 방법론 논의에서 하나의 분기점을 형성한다. 수행평가 연구는 선택형 평가 도구를 활용한 전통적 지필평가의 문제점을 극복할 수 있는 대안적 평가 방법에 관한 논의를 주요 쟁점으로 부상시켰다. 또한 국외의 평가 방법과 국내의 평가 간의 비교 분석 연구, 국내의 평가 도구의 역사에 대한 연구도 이어져 왔다.[3] 그리고 갈래별 학교급별 평가 방법론은 문학교육 평가 논의를 갈래별 학교급별로 구체화하는 데

---

2) 김상욱, 『소설교육의 방법 연구』, 서울대학교출판부, 1996; 김성룡, 「고전 비평과 문학능력」, 『문학교육학』 제28호, 한국문학교육학회, 2009; 김정우, 「문학 능력 평가의 방향 – 학습과 평가의 연계를 중심으로」, 『문학교육학』 제28호, 한국문학교육학회, 2009; 김창원, 「문학교육 평가론의 자기 성찰」, 『국어교육학연구』 제47집, 국어교육학회, 2013.

3) 박인기 외, 『국어과 수행평가』, 삼지원, 1999; 김성진, 「비평의 논리로 본 문학 수행 평가의 철학」, 『문학교육학』 제3호, 한국문학교육학회, 1999; 노은희·박기범, 「미국 SAT 문항 분석을 통한 수능 언어 영역 개선 방향 탐색」, 『국어교육학연구』 제34집, 국어교육학회, 2009; 박기범·노은희, 「미국 ACT 문항 분석을 통한 수능 언어 영역 개선 방향 탐색」, 『청람어문교육』 제39집, 청람어문교육학회, 2009; 박기범·박종훈, 「중국 대입시험 문항 분석을 통한 수능 언어 영역 개선 방향 탐색」, 『국어교육학연구』 제39집, 국어교육학회, 2010; 조희정, 「고전시가교육 평가 연구 – 평가 프레임을 중심으로」, 『문학교육학』 제31호, 한국문학교육학회, 2010; 남민우, 「국어과 학업성취도 평가 도구의 국제 비교 연구」, 『국어교육연구』 제49집, 국어교육학회, 2011a; 남민우, 「시교육 평가의 개선 방안 연구」, 『문학교육학』 제34호, 한국문학교육학회, 2011b; 조용기, 「대입 국가고사 국어시험의 변천 연구」, 고려대학교 박사학위논문, 2013.

기여해 왔다. 이 연구들을 통해 시 교육이나 소설 교육, 극 교육 평가의 학교급별 실천 방안이 제시되어 왔다.

문학 교육과정 및 문학수업 평가론[4]은 문학교육의 목표와 내용 체계 등에 관한 메타적 평가, 문학수업의 이상적 모형이나 문학교사의 전문성 등에 관한 연구를 뜻한다. 이들 연구들은 학생을 평가 대상으로 하지 않고 문학교육의 근간이 되는 교육과정이나 문학교육의 실천가로서의 교사의 전문성을 평가 대상으로 한다는 점에서 다른 분야와 구별된다. 종래의 문학교육 평가는 학생 평가가 주를 이루어왔기 때문에 이 분야에 관한 연구는 부족한 편이다. 그러나 문학교육의 질을 제고하기 위한 기초 자료 수집을 위해서는 이 분야에 관한 문학교육 평가가 활발해질 필요가 있다.

(2) 문학교육 평가의 관점

문학교육 평가론을 정교화하고 제도적 문제점을 개선하기 위해서는 적절한 관점과 이념이 요구된다. 이는 구체적인 장면에서 시행될 문학교육 평가의 질은 물론 거시적 차원에서의 문학교육 평가 체제를 개선하는 데 바탕이 되기 때문이다. 먼저, 문학교육 평가의 이상적 관점을 살펴보자.

첫째, '문학교육 평가의 관건은 참신하고 타당한 문항 제작'이라는 관점에서 벗어날 필요가 있다. 이러한 관점은 문학교육 평가 연구를 문항 제작 기술(技術)의 차원에 한정하여 문학교육 평가의 학문적 성숙을 지연시킬 수 있기 때문이다.

---

4) 박인기, 「문학교육과정의 평가」, 우한용 외, 『문학교육과정론』, 삼지원, 1997; 정재찬, 「국어 수업 비평론」, 『국어교육학연구』 제25집, 국어교육학회, 2006; 남민우, 「문학교사의 전문성과 문학 수업에 대한 평가기준 연구」, 『새국어교육』 제78호, 한국어교육학회, 2007; 정재찬, 「수업 비평적 관점을 통한 중등 국어 수업 사례 연구」, 『국어교육학연구』 제39집, 국어교육학회, 2010.

둘째, 문학교육 평가는 학생의 성취 여부를 분류하는 데 한정되지 않는 평가, 문학교육에 관한 학생의 긍정적 자아개념을 형성케 할 수 있는 평가, 인성 발달에 기여할 수 있는 평가를 지향하는 관점을 취해야 한다.[5] 달리 말해,

㉠ 문학에 대해 한 개인이 이미 보유하고 있는 지식 요소보다 잠재적 능력으로서의 문학 감상 능력, 문학에 대한 (긍정적) 태도, 사물과 세계에 대한 문학적 인식 경향을 더욱 중시하는 문학교육 평가

㉡ 성취 여부만을 알아내기 위해 이루어지는 평가보다는 한 인간으로서의 학생에 대한 총체적 인식을 위해 다양한 자료를 활용하고 풍부한 시간을 할애하려는 문학교육 평가

㉢ 특수한 장면이나 시간에만 국한하여 이루어지는 평가보다는 계속적이고 종합적으로 이루어지는 평가를 중시하는 문학교육 평가를 지향하는 관점에 서야 한다. 이에 입각할 때 문학교육의 본질에 부합하는 문학교육 평가가 가능해질 뿐만 아니라 문학교육 체제의 성찰적 기제로서의 기능도 실현할 수 있다.

셋째, 문학 행위 자체에 내포된 평가적 속성과 조응하는 문학교육 평가를 지향해야 한다. 문학 행위 그 자체에는 평가적 속성이 내재되어 있다. 예를 들어, 문학 창작 행위나 감상 과정에서 주체는 항상 자신의 생각과 감정을 언어화하는 방법과 전략을 반성하면서 최종적인 결과물을 생산한다. 문학 행위는 주체 스스로의 자기 평가를 내포하고 있는 것이다. 이러한 내재적 평가 행위와 조응하는 문학교육 평가가 이루어질 때, 문학 능력을 자연스럽게 신장시키는 문학교육 평가가 가능해질 수 있다.

■■ 평가 관련 기본 개념 2
• 목표 지향 : 상대평가와 대비되는 절대평가로서의 문학교육 평가를 지칭
• 비형식적 평가 : 특정한 시간에 표준화된 절차에 따라 이루어지는 형식적 평가에 포함되지 않는 평가
• 능력 평가 : 제한된 시간 내에 얼마나 많은 문항을 해결할 수 있는가에 초점을 두는 속도평가와 달리, 피험자의 실제적 능력이 발휘될 수 있는 조건하에서 실시되는 평가
• 환원론적 평가 : 평가 결과와 교수·학습 간의 유기적 송환이 자연스럽게 이루어지는 평가 체제

5) 구인환 외, 『문학교육론』(제6판), 삼지원, 2012, 303~307면.

(3) 문학교육 평가 이념의 제도화

문학교육 평가 주체가 이상적 관점에 입각하여 평가를 시행하고자 할지라도 현실적인 장벽에 부딪혀 어려움을 겪을 수 있다. 이를 해결하기 위해서는 여기, 지금의 문학교육 평가 체제를 지양할 수 있는 이상적 체제를 지속적으로 모색할 필요가 있다.[6]

[문학교육 평가의 현실태와 이념태]

구분	현실태	이념태
평가 목적 과 원리	① 서열화·관리·기록 ② 문학과 교육 제도의 유지 ③ 객관성 ④ 규준 지향 ⑤ 변별도 ⑥ 교육과정·교재 중심	① 교수·학습의 정보 수집과 개선 ② 문학과 교육에 관한 철학의 구현 ③ 타당성 ④ 목표 지향 ⑤ 진단과 예측 능력 ⑥ 학습자 활동 중심
평가 내용	① 인지적 영역 ② 세분화된 하부 지식과 기능 ③ 학습 내용의 기억·재인 능력 ④ 문학 자체에 관한 내용 ⑤ 수업 성취도 ⑥ 텍스트 해석의 결과 ⑦ 문학 작품의 이해 능력	① 인지·정의적 영역 ② 언어·사고·문화의 통합적 능력 ③ 창의적 의미 구성 능력 ④ 문학의 소통에 관한 내용 ⑤ 문학적 경험과 성향 ⑥ 텍스트 해석과 감상 과정 ⑦ 문학적 사고와 표현·이해 능력
평가 자료	① 교육적으로 확고한 정전 ② 학습한 텍스트 ③ 초점화된 텍스트 ④ 텍스트 하부 단위	① 넓은 범위의 텍스트 ② 평가 의도에 부합하는 텍스트 ③ 유연하고 열린 텍스트 ④ 텍스트 단위
평가 상황	① 명시적이고 예고된 평가 ② 인위적 상황 구성 ③ 대단위 표준화 평가	① 잠재적이고 일상적인 평가 ② 문학 행위의 실제 평가 ③ 개별화된 수시 평가

6) 김창원, 『문학교육론 : 제도화와 탈제도화』, 한국문화사, 2010, 263~265면.

	④ 단기간의 집중적 평가 ⑤ 사후 평가 ⑥ 교수·학습과 유리된 평가 ⑦ 제도적으로 부과되는 평가	④ 장기간에 걸친 변화 평가 ⑤ 사전·중간·사후 평가 ⑥ 교수·학습의 일부로서의 평가 ⑦ 교수·학습 주체의 요구에 따른 평가
평가 방법	① 지필 평가 ② 분절적 ③ 양적 평가 ④ 속도 평가 ⑤ 형식적 평가 ⑥ 자기 완결적 평가	① 수행·관찰 평가 ② 통합적 ③ 질적 평가 ④ 능력 평가 ⑤ 비형식적 평가 ⑥ 환원론적 평가

학교 현장에서 시행되고 있는 문학교육 평가의 실상은 위 표에서 왼쪽 항목들의 특성이 강하다. 문학교육 평가 목적은 서열화에 지배되는 경향이 강하며, 평가 내용 역시 인지적 영역이 중심을 차지하고 있다. 평가 방법 역시 지필 평가나 형식적 평가가 주를 이룬다. 구체적으로는 자기 완결적 평가 즉 평가 결과가 교수·학습의 개선에 환원되지 않는 평가, 지필평가에서 지면의 한계를 이유로 문학 작품의 일부(특히 서사문학에서 발췌본)만을 활용하거나 짧은 시(시가) 작품만을 활용한 평가 등이 시행되고 있다. 이러한 관행은 현재의 문학교육 평가 제도가 야기한 현상들이다. 따라서 이상적인 관점에 입각한 문학교육 평가를 실현하기 위해서는 현재의 문학교육 체제를 지양한 새로운 문학교육 평가 체제를 제도화하는 실천이 요구된다.

2. 문학교육 평가의 방법

문학교육 평가 방법의 이해와 적용을 위해서는 두 가지 인식이 선결될 필요가 있다. 첫째, 문학교육 평가의 이유나 목적이 무엇이냐에 따라 평가 방법(형식, 문항 유형)이 달라질 수 있다는 점을 인식해야 한다. 문학교육 평가의 전체적인 단계는 ㉠ 평가 목적(purpose) 설정 단계, ㉡ 평가 목표(objectives)와 내용 설정 단계, ㉢ 평가 도구 개발 단계, ㉣ 평가 도구의 선정과 투입 단계, ㉤ 평가 결과의 보고・활용 단계로 구분되며 각 단계는 상호 순환적 관계이다. 그러나 ㉠은 이후의 단계에서 이루어지는 모든 의사결정을 좌우한다는 점에서 결정적이다.

둘째, 평가 도구의 개발 과정에서 검사(test)와 문항(item)을 구별할 필요가 있다. 검사(test)란 ⓐ 인간의 특정한 인지적 능력이나 정의적 영역을 종합적으로 측정하기 위해 ⓑ 독립적이면서도 필수적인 다수의 문항으로 구성된 평가 도구를 의미한다. ⓐ는 평가의 (정신적) 대상으로서 인간이 지닌 특정한 잠재적 능력을 의미하는바 평가 목표에 해당한다. 평가 목표가 선명하게 규정되어야만 평가 목적(이유)의 정당성이 확보될 수 있고, 세부적인 평가 요소의 상세화가 가능해진다. 또한 평가 목표를 측정하기 위해 개발된 각 문항들이나 검사 전체의 타당도(validity)가 확보되고 있는지를 판단할 수 있다. ⓑ는 각 문항은 서로 상보적(相補的) 관계여야 한다는 요건 즉 각 문항은 동일한 평가 요소를 중복하여 측정하지 않아야 한다는 요건을 의미한다. 이것이 충족될 때 특정한 검사에서 인간의 잠재적 능력을 종합적으로 측정하는 데 몇 개의 문항이 필요한지, 어느 정도의 시간이 부여되어야 하는지가 결정될 수 있다. 이처럼 문항 개발은 검사 개발에 종속된다. 이하에서는 문학교육 평가의 전체적인 단계 중 ㉠~㉣단계를 살펴본다. ㉤단계는 3절에서 살펴보기로 한다.

(1) 문학교육 평가틀 개발 방법

문학교육 평가틀(assessment framework)이 개발되어야 구체적인 문학교육 평가가 시행될 수 있다. 문학교육 평가틀은 문학교육 평가의 목적, 목표, 내용을 설정하는 작업이다. 문학교육 평가를 위한 설계도(blueprint)를 작성하는 작업으로서 현장에서 흔히 활용하는 평가목표 이원분류표를 개발하는 작업을 의미한다.

문학교육 평가의 목적(purpose)은 평가의 기능과 시기, 대상을 고려하여 설정하되 무엇보다도 기능을 우선적으로 고려한다. 문학교육 평가의 기능은 크게 문학교육 교수·학습 촉진 기능, 학업성취 수준의 총괄적 평가 기능, 학생 선발 기능, 교육 체제의 개선 기능, 평가 자체에 대한 개선 기능 등이다. 각 기능은 학교 교육과정의 일정한 시기와 밀접하게 연동되어 있다. 이 중에서 '평가 자체에 대한 개선 기능'이라 함은 평가 방법의 개선을 위한 자료 수집을 목적으로 한다는 점에서 구별된다. 평가의 대상은 학생, 교사(수업), 학교의 유무형적 교육 체제 등으로 구분된다. 따라서 문학교육 평가의 목적에는 항상 '대상, 시기, 기능'에 관한 항목이 포함되어야 한다. 문학교육 평가의 목적을 문장으로 진술한다면 '무엇을, 언제 평가함으로써 특정 기능에 부합하는 정보를 수집하고자 한다.'와 같은 형태가 될 것이다.

문학교육 평가의 목표(objectives)와 내용은 평가 목적에 따라 결정된다. 평가 목적 중 특히 평가 대상(target)의 특성은 가장 중요한 고려 항목이다. 평가 대상이 학생, 교사(수업), 학교 중 무엇이냐에 따라 평가 목표와 내용의 구체적인 항목들이 달라질 수 있기 때문이다. 예를 들어, 학생이 평가 대상일 때는 학생의 문학 능력을 핵심으로 하여 평가 목표와 내용을 설정해야 한다. 그러나 교사(수업)일 경우는 문학교사로서의 전문성(좋은 문학수업으로서의 요건)이 평가 목표와 내용 설정 시 핵심이 된다. 또한 학교일 경우는 문학 교육과정으로서의 체계성이 핵심이 된다. 이처럼 평가 대상이 무엇이냐에 따라 문학교육 평가의 목표와 내용이 다르게 설정될 수 있다. 이하에서는 학생 대상의 경우를 살펴보기로 한다.

성취기준과 평가
문학교육에서 성취기준은 학생들이 알아야 할 지식과 할 수 있어야 할 기능을 명시화한 진술이다. 이 성취기준은 문학교육의 학습 목표뿐만 아니라 평가 요소의 준거로 활용된다.

학생을 대상으로 할 때 문학교육 평가 목표와 내용은 크게 두 가지 접근 방식을 취할 수 있다. 첫째, 공식적 문학 교육과정에 기초하는 접근 방식이 있다. 예를 들어, 2011년 개정 국가수준 문학 교육과정이나 그에 준하는 학교수준 문학 교육과정에 기초하여 문학교육 평가의 목표와 내용을 설계하는 방식이 이에 해당한다. 둘째, 특정한 이론적 관점이나 연구(조사) 목적에 기초하는 접근 방식이 있다. 즉, 특정한 이론적 관점이나 연구(조사) 목적에 기초하여 개별 문학교육 평가에서 측정하고자 하는 목표와 내용을 설계하는 방식을 뜻한다.

첫째의 대표적 사례로 국가수준 학업성취도 평가를 들 수 있다. 국가수준 학업성취도 평가에서 문학교육 평가 목표와 내용은 국가수준의 문학 교육과정상의 목표와 성취기준에 기초하여 설정하고 있다.[7]

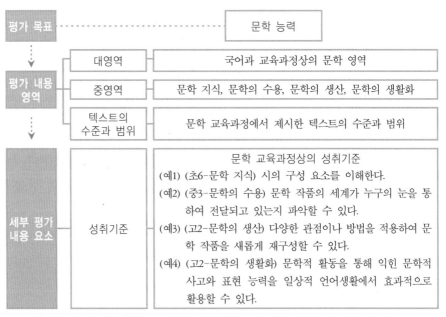

[국가수준 학업성취도 평가에서의 문학교육 평가의 목표와 내용 구조]

---

7) 정은영·남민우 외, 「국가수준 학업성취도 평가의 교과별 평가틀 개발 연구」, 한국교육과정평가원 연구보고 CRE 2010-7, 144~246면.

문학 교육과정을 기초로 할 때에는 국가수준 문학 교육과정에서 설정하고 있는 문학교육의 목표와 성취기준들이 평가 목표와 내용의 준거가 된다. 물론 평가 목표와 내용을 설정하기 위해서는 평가 상황을 고려하여 국가수준 문학 교육과정을 재분석하는 과정을 거치게 된다. 재분석 과정은 ㉠ 문학 교육과정상의 목표를 평가 상황에 맞게 재진술 ㉡ 문학 교육과정상의 내용 중 평가 상황에 필요한 성취기준 추출 ㉢ 문학 교육과정상의 성취기준을 평가 상황에 맞게 수정하는 단계를 거친다. 이 과정에서 특정한 내용이나 성취기준들은 평가 상황의 특성을 고려하여 축소·제외되기도 하는데, 국가수준 학업성취도 평가가 대규모 표준화 검사이자 지필평가 방식을 취한다는 고유한 특성 때문에 정의적 영역과 관련된 성취기준이 축약되는 예가 이에 해당한다. 이러한 접근 방식은 여러 가지 난점이나 단점도 있으나 평가 목표와 내용 설정이 상대적으로 용이하다는 점, 평가 결과를 바탕으로 국가수준 문학 교육과정 개선을 위한 정보를 도출하는 데 직접적이라는 점 등의 장점이 있다.

둘째의 경우는 특정한 이론적 관점이나 연구 목적에 따라 문학교육 평가의 목표와 내용을 설정하는 접근 방식이다. 예를 들어 '문학 현상 중심의 문학교육 평가'[8]를 살펴보자. 이 접근에서는 문학 현상의 기본축을 문학의 생산─구조─수용으로 가정한 후 이것을 다시 사회·현실을 반영하는 측면, 표현의 미학과 교섭하는 측면으로 세분하고 있다. 이러한 문학 현상을 바르게 이해하는 데 문학교육의 목표가 있다고 전제한다. 이를 바탕으로 문학교육 평가의 모형을 도출하고 있다.

---

8) 구인환 외, 앞의 책, 2012, 318~321면.

[문학교육 현상 중심의 문학교육 평가 목표 이원분류체계]

내용 \ 행동	수용의 과정										
	인지적 과정						정의적 과정				
	지식	이해	적용	분석	종합	평가	감수	반응	가치화	조직화	인격화
텍스트 생산 현상: • 텍스트 생산현상의 요소들 • 작가론적 사항 • 시대배경 • 생산배경											
텍스트의 구조: • 각 장르의 특성 • 각 장르의 문학적 장치 • 각 텍스트의 유형별 내적 구조 • 텍스트 상호성											
텍스트의 반영현상: • 텍스트의 반영현상과 관련된 요소 • 문학사 • 문예사조 • 문화사적 접맥 • 사회사적 접맥 • 풍속사적 접맥 • 인접예술장르와의 상관성 • 대중매체											

위와 같은 접근법은 독자적인 문학교육 평가의 관점을 가정하고 있다는 점에서 문학교육 평가의 이론적 발전에 기여할 수 있다. 물론, 세부적인 평가 내용 요소의 의미에 대해 이견이 제기될 수 있다. 또한 국가수준이나 학교수준 문학 교육과정의 장단점을 파악하는 데 직접적으로 연관된 정보 수집에 한계가 있기도 하다. 하지만 국가수준 문학 교육과정 자체의 목표나 내용 체계를 외재적 관점에서 근본적인 비판을 할 수 있는 정보, 국가수준 문학 교육과정을 재설계하고자 할 때 새로운 관점으로 주목해야 할 정보 등을 도출할 수 있는 장점을 지닌다. 이 외에도 문학교육 평가의 이론적 발전을

자극할 만한 다양한 자료를 제시할 수 있다.

그런데 문학교육 평가의 목표와 내용을 설정하는 작업은 어떠한 관점에 근거하든 문학 능력의 의미 규정이 가장 중요한 문제가 된다. 그러나 문학교육 평가 분야에서의 논의들은 ⊙ 문학 능력을 객관화할 기준 및 지표의 불확실성, ⓒ 문학 능력에 대한 불명확한 이론 및 기초 연구 부족, ⓒ 문학 능력의 기준이나 지표를 검증할 방법론 미비, ② 문학 능력을 위계적으로 구조화하기 위해 필요한 문학 능력의 요소와 학습자에 대한 연구 미비 등의 문제점을 노정하고 있다.[9] 따라서 이러한 문제점을 극복할 때 문학교육 평가의 방법론도 좀 더 체계화될 것이다.

(2) 문학교육 평가 도구의 개발과 선정 방법

문학교육 평가 도구란 문항(items)이나 검사(test)뿐만 아니라 각 문항의 정보를 담은 문항 카드, 검사 설계도(test specification), 검사 시행 안내문, 채점 매뉴얼, 학생에게 제공할 평가 결과표 등의 일체를 의미한다. 좋은 평가 도구는 일체의 구성 요소들 간에 일관성이 있어야 한다. 이 중에서 평가 문항의 개발은 학생 평가 과정에서 직접적으로 노출되고 활용된다는 점에서 가장 유의해야 할 대상이다.

일반적 관점에서 좋은 검사나 문항은 어떤 특성을 갖추고 있어야 하는가? 가장 대표적인 조건으로는 타당도(validity, 문항 내용과 평가 목표 간의 일치도), 신뢰도(reliability, 측정의 일관성), 실제성(authenticity, 문항 내용에서 설정한 상황의 실제성), 긍정적 환류 효과(washback, 학교 현장에 미치는 긍정적 환류 효과), 실용성(practicality, 제작 비용이나 시험 시간,

■ 환류 효과
환류 효과는 문학교육 평가에서 활용된 검사나 문항이 문학교육 현장에 미치는 영향을 뜻한다. 부적절한 평가 요소를 설정한 문항은 문학교육의 방향에 부정적 효과를 발휘할 수 있다.

■ 문항의 실제성
문항의 실제성이란 문항에서 사용된 언어, 설정한 상황이 인위적이지 않고 자연스러워야 한다는 조건이다. 학교 현장이나 일상적인 문학 작품 감상 과정에서 접할 수 없는 언어를 사용하거나 상황을 설정할 경우, 문항의 실제성은 낮아진다.

---

9) 유영희 외, 「학습자의 문학능력에 대한 평가적 진술의 표준화 방안 연구」, 2007년 교과교육공동연구보고서, 학술진흥재단, 2008.

시행상의 편이성과 채점의 용이성) 등의 5가지를 들 수 있다.[10]

이처럼 좋은 검사나 문항은 여러 가지 조건을 충족하고 있어야 하며, 각각의 조건을 충족하는지에 대해 수차례의 검토 과정에서 다수의 의견을 수용하여 수정해 나가야 한다. 아울러 좋은 문항을 제작하기 위해 제작자는 복합적 사고력과 정확한 표현 능력을 갖추고 있어야 하며 열린 마음과 협력적 자세를 지니고 있어야 한다. 특히 "문항 제작은 창조의 과정과 유사해서, 문항 제작자들은 문항을 하나의 예술 작품이나 심지어는 자신의 아이처럼 여기는 경향에 빠지기도 한다. 그래서 자신의 아이가 못난 점을 지니고 있다는 점을 쉽사리 발견하지 못하기도 한다. 이러한 심적 오인에 빠지지 않으려면 자신의 문항에 대한 비판을 기꺼이 수용하려는 자세가 필요하다."[11]는 점에 유의할 필요가 있다.

그렇다면 문학교육 평가에서 좋은 평가 도구의 특성은 어떠해야 하는가? 대표적인 특성[12]을 제시하면 다음과 같다.

> ㉠ 문학 작품에 대한 반응의 유형을 다양화·위계화하여 평가하는 문항(예를 들어, 학생 개인에 따라 다르게 나타나는 반응을 인정하되 그것이 문항이 요구하는 조건에 합당하다면 모두 동일한 성취 수준을 지닌 것으로 평가하는 문항)
> ㉡ 문학교육적으로 유의미한 항목들을 중심으로 학생들의 반응을 시기적 공간적으로 자유롭게 열어 놓아 평가하는 문항(예를 들어, 문학 작품에 대한 한 편의 감상문을 쓰는 것뿐만 아니라 작품을 읽고 난 후 떠오른 자신의 생각이나 느낌을 항목별로 지속적으로 기록해 놓게 하고 이러한 자료를 바탕으로 학생의 문학 능력을 평가하는 문항)

10) Brown, H. D., *Language Assessment : Principles and Classroom Practices*, Pearson Education, Inc., 2004, pp.19~41.
11) Hughes, A., *Testing for Language Teachers*, Cambridge University Press, 2003, p.58.
12) 최미숙, 앞의 논문, 2000, 267~280면.

ⓒ 학생들이 감상한 내용을 아무런 내용적·형식적 조건 없이 자유롭게 쓰
도록 하고 평가하는 문항
ⓔ 문학 작품 감상 과정을 드러낼 수 있도록 하여 평가하는 문항

이러한 조건을 압축하자면 문학교육 평가에서 좋은 평가 도구란 문학 작
품에 대한 학생들의 다양한 반응을 유도할 수 있고, 그 반응의 과정을 평가
할 수 있으면서 결과적으로는 문학을 즐기고 향유하는 활동을 강화할 수 있
는 문항이어야 한다. 이를 전제하면서 이하에서는 문학교육 평가 문항 개발
의 방법과 실제를 살펴보자.

① 선택형 문항

굳이 사례를 들지 않아도 될 정도로 매우 잘 알려져 있는 문항 유형인 선
택형 문항은 진위형, 연결형, 선다형, 배열형 등으로 나뉜다. 선택형 문항은
모두 채점이 용이하다. 이러한 점 때문에 대규모 표준화 검사(Standardized
Testing)에서 자주 활용된다. 대표적인 선택형 문항인 선다형 문항 제작상 주
요 유의점으로는 '중요한 문학교육 학습 내용을 포함하고 있을 것, 문두가
단순 명쾌할 것, 답지 간 중복이 없어야 할 것, 답지들만의 분석을 통해 정답
할 수 없도록 할 것, 가능하면 답지를 짧게 하고 답지들의 형태를 유사하게
할 것, 매력적인 오답지를 포함하고 있을 것' 등이 있다.

그런데 선택형 문항은 단순 기억의 재인 능력을 측정하는 데 더 적합할 수
있다는 점, 획득한 점수에는 추측에 의한 정답 확률이 포함되어 있을 수 있
다는 점, 하나의 문항은 하나의 내용만을 물어야 한다는 점에서 측정 가능역
이 제한적이라는 점, 특히 선다형의 경우 성공적인 문항 제작이 매우 어렵다
는 점, 학생들의 창의적 사고력을 제한한다는 점에서 긍정적 환류 효과가 약
하다는 점 등의 단점을 지니고 있다.

이러한 단점은 문학교육 평가에서 활용되는 선택형 문항에서도 나타나고 있다. 대학수학능력시험에 대한 논의들[13]에서 지적한 바처럼 문학 작품에 대한 학생들의 다양한 감상 능력을 권장하는 문학교육에 선택형 문항은 부적합성을 노출한다. 뿐만 아니라 문학 능력이 매우 복합적인 능력이란 점, 선택형 평가를 통해 나타난 결과를 학생들의 실제적인 문학 능력이라고 추론하는 과정에서 과잉(과소) 능력 추정의 오류 가능성이 높다는 점 등을 가장 큰 문제점으로 볼 수 있다. 따라서 선택형 문항은 대규모 표준화 검사 등 선발 기능을 최우선으로 하는 경우나 문학지식에 대한 재인 능력을 측정할 때가 아닌 한, 학교 단위의 문학교육 평가에서는 지양하는 것이 적절하다.

② 서답형 문항

서답형은 각종 시험에서 흔하게 사용되었던 것으로서 가장 오래되고 원형적인 문항이다. 서답형 문항은 괄호(완성)형, 단답형, 서술형, 논술형 문항 등으로 나뉜다. 이들은 모두 주어진 과제에 대해 학생 자신의 생각을 직접 작성하도록 요구한다는 점에서 선택형과 구분된다. 하지만 서답형 중 괄호(완성)형이나 단답형은 주어진 과제가 단순할 경우 선택형과 크게 차이가 나지 않을 수도 있다. 따라서 괄호(완성)형이나 단답형을 제작할 때에는 그 실질에 있어서 선택형과 유사해지지 않도록 유의해야 한다. 대체로 서술형이나 논술형 문항은 과제 내용이 학생들의 창의적이고 다양한 문학적 반응을 유도할 수 있어야 하되, 질문 내용이 분명하도록 표현해야 한다. 또한 논술형일지라도 특정한 입장을 강제하여 그 입장에서 논술하도록 요구해서는 안 된다.

그런데 서답형 문항은 합리적이고 공정한 채점 기준이 마련되지 않으면

---

13) 김동환, 「문학교육과 객관식 평가의 문제」, 『국어교육학연구』 제18집, 국어교육학회, 2003, 524~553면; 김만수, 「문학교육에서 대학수학능력시험과 수행평가의 기능」, 『한국근대문학연구』 제7권 제2호, 한국근대문학회, 2006, 61~84면.

평가 결과의 신뢰도가 의심 받을 수 있다. 따라서 서술형이나 논술형 문항은 문항 자체뿐만 아니라 공정하고 합리적인 채점 기준(rubric)을 개발하는 데 유의해야 한다. 채점 기준 개발 시에는 여러 명이 참여토록 하고 채점 과정의 신뢰도를 확보하기 위해 '응답 표본 추출 → 가채점 후 채점 기준 수정 및 확정 → 특정 답안에 대한 복수 채점 시행 → 최종 점수 산출' 등의 엄격한 채점 매뉴얼을 개발해야 한다.

[서술형 문항과 채점 기준]

[문항 예시] 다음 작품에서 시인이 말하고자 한 바가 무엇일지 자유롭게 쓰시오. (2점)

행번호		행번호	
1	바위가 그럴 수 있을까		(중략)
2	쇠나 플라스틱이 그럴 수 있을까	18	앙징스런 열매들 가을내 빨갛게 익혀서
3	수많은 손과 수많은 팔	19	돌아가신 조상들 제사상에 올리고
4	모두 높다랗게 치켜든 채	20	늙어 병든 몸 낫게 할 수 있을까
5	아무것도 가진 것 없이	21	대추나무가 아니라면 정말
6	빈 마음 벌거벗은 몸으로	22	무엇이 그럴 수 있을까
7	겨우내 하늘을 향하여		
8	꼼짝않고 서 있을 수 있을까		－ 김광규, 「대추나무」
	(중략)		

[채점 기준 예시]

구분	세부 채점 기준
모범 답안	• '인내와 헌신적 사랑, 강인한 생명력'을 지닌 대추나무와 같은 존재가 되어야 한다. • 현대 사회에는 '인내와 헌신적 사랑, 강인한 생명력'을 지닌 대추나무와 같은 존재가 흔치 않다.
2점	[내용 기준] • 대추나무의 덕(인내, 헌신적 사랑, 강인한 생명력)을 2개 이상 구체적으로 언급하며 그와 같은 존재가 되어야 한다고 답한 경우 [형식 기준] • 모범 답안과 유사한 내용일 경우, 형식(완성된 문장 여부)은 고려하지 않음 [예시] • 대추나무가 가진 덕(인내, 희생, 생명력)을 예찬하고, 그와 같은 존재가 되기를 지향하고 있다.

1점	[내용 기준] • 대추나무의 덕을 1개만 언급한 경우 • 대추나무의 덕을 구체적으로 언급하지는 않았으나 '대추나무와 같은 존재가 되어야 한다'는 의미의 내용이 포함된 경우 [형식 기준] • 내용 기준에 부합할 경우, 형식은 고려하지 않음 [예시] • 대추나무처럼 인내하는 삶의 자세
0점	• 모범 답안이나 1점 답안이 아닌 경우
9	무응답

위의 예시14)에서처럼 모범 답안뿐만 아니라 부분 점수별 응답 예시를 제시함이 좋고, 응답의 내용과 형식면에서 구체적인 기준점을 명시할수록 채점의 신뢰도를 높일 수 있다. 또한 모범 답안이나 부분 점수의 예시를 제시할 때에는 응시 집단 중 일부의 답안을 추출하여 가채점한 후 채점 기준 초안을 수정하는 과정을 거쳐 최종 채점 기준을 확정하는 게 합리적이다.

③ 수행평가

수행평가(performance assessment)는 피험자로 하여금 직접적인 행위를 요구하여 그 행위의 질을 평가하는 방법으로서 전통적인 평가 방법의 문제점을 지양할 수 있는 대안적 평가 방법으로 부각되었다. 그런데 수행평가와 혼동되어 사용되는 용어들이 상당하다. 예를 들어 참평가, 포트폴리오, 직접평가, 대안적 평가 등이 있다. 참평가(authentic assessment)는 실제 상황에서 실시되는 수행평가로서 평가 상황이 인위적으로 고안되지 않는 평가이다. 포트폴리오(portfolio)는 학생이 직접 작성한 감상일지, 작품, 비평문 등 일련의 문학 행위 결과물을 종합하여 평가하는 방식이다. 직접평가는 지필평가와 같은 간접평

---

14) 남민우·구영산·김현정, 「고등학교 학생들의 시 학습 경향 및 감상 능력 연구」, 『문학교육학』 제40호, 한국문학교육학회, 2013, 239~267면.

가와 대비되는 것으로 수행평가 일반이 이에 해당한다. 대안적 평가(alternative assessment)는 기존의 전통적인 평가 방법에 대비되는 평가를 지칭하는 용어로, 새로운 평가 방법을 강조하기 위해 사용되는 용어이다. 대안적 평가란 용어는 수행평가와 동의어 관계는 아니며, 컴퓨터 기반 평가 등 새로운 평가 방법 모두를 막연하게 지칭하는 데 쓰인다. 또한 직접평가나 대안적 평가는 수행평가의 구체적인 하위 평가 방법으로 보기는 어렵다.[15]

수행평가에 대한 관심이 고조되면서 문학 능력의 실제적 발현 상황을 반영한 평가에 관한 모색이 심화되었다. 문학교육에서 전통적 평가 방식은 복합적이고 수준 높은 고도의 문식성을 개발하지 못한다는 점, 수업 과정과 직접 연계되지 않는 탈맥락적 평가라는 점, 단일 지표만을 평가의 대상으로 삼아 문학 능력의 다양성과 잠재성을 평가하지 못한다는 점에서 문제적이었기 때문이다. 이러한 관점에서 문학 교실 내에서 활용할 수 있는 실제적 평가 도구들에 대한 제안이 이루어졌다.[16] 첫째, 학습자의 문학 감상 활동을 관찰하기 위한 누가적 기록표를 활용한 평가 방법을 살펴보자.

■■ 컴퓨터 기반 평가
컴퓨터 기반 평가는 컴퓨터를 활용하여 검사를 실시하는 평가를 뜻한다. 컴퓨터 기반 평가에는 다수의 문항 중 피험자의 수준에 적합한 문항부터 차례로 제시하는 방식, 지필평가 문항에서 구현할 수 없는 다매체적 문항을 활용하는 방식 등이 있는데 이러한 방식을 이용하면 검사의 효율성과 타당성을 높일 수 있다.

[문학 감상 관찰을 위한 누가적 기록표]

날짜
1. 배경 정보
 ■ 교실 해석 공동체의 특성 :
 ■ 평가 과제의 특성 :
 ■ 수행 맥락의 유형 :
 ■ 텍스트의 특징 :

---

15) 성태제, 『현대교육평가』(제3판), 학지사, 2010, 451~455면.
16) 최인자, 「문학 영역의 교실 내 평가 정착을 위한 '실제적 평가'의 방향성」, 『국어교육연구』 제45집, 국어교육학회, 2009, 347~380면.

■ 장르 :

■ 난이도 :

■ 내용 :

2. 학습자의 수행 특징
- 활용 지식(문학적, 사회적 지식)
- 작품 수용 활동의 특징(인지적, 정의적, 사회적 요소)
- 작품 수용 과정의 특징
- 이전 수행과의 비교

■ 상위 인지적 문학 수행 능력
상위 인지적 문학 수행 능력이란
자신의 문학 감상이나 창작 과정
의 효율성, 적절성 등을 성찰하
여 개선하는 능력 및 특정한 상
황에서 적합한 문학 활동 방법을
선택할 수 있는 전략적 사고 능
력을 뜻한다.

문학 감상 관찰을 위한 누가적 기록표에는 학습자의 문학 활동에 영향을 미칠 수 있는 맥락적 변인을 기록한다. 교실 해석 공동체의 특성, 평가 과제의 특성, 수행 맥락의 유형, 텍스트의 특징 등이 하위 항목으로 설정 가능하다. 또한 학습자의 수행 특징을 상세하게 기록하기 위해 학습자가 활용하는 지식, 수용 활동 과정에서 드러나는 인지적 정의적, 사회적 요소, 작품 수용 과정의 특징, 이전 수행 과정과의 비교 등의 세부 항목을 설정하여 문학 감상의 구체적인 실상을 기록할 수 있다.

둘째, 학생과의 면접을 통해 개별 학생의 상위 인지적 문학 수행 전략을 파악하는 평가 방법을 살펴보자.

[상위 인지적 문학 수행 전략 파악을 위한 면접 방법]

■ 면접의 목적 : 학습자의 문학에 대한 태도와 인식을 기술하고, 수행 과정에 대한 상위 인지를 기술하여 수업 설계에 필요한 정보를 얻는다.

■ 면접을 위한 질문 내용

1. 자신은 문학을 무엇이라 생각하는가?
2. 스스로 좋은 문학 감상자라고 생각하는가? 왜 그렇다고 생각하는가? / 왜 그렇지 않다고 생각하는가?
3. 평소 자신이 즐기는 문학 장르와 문학 활동은 무엇인가?
4. 문학 작품 읽기 방식에 대한 나름의 생각이 있다면 무엇인가?
5. 문학 작품을 읽기 전에 주로 어떤 생각을 하는가?
6. 문학 작품을 처음 읽으면서 어떤 질문을 던지는가?
7. 문학 작품의 의미를 정교하게 이해하기 위해 노력하는 편인가? 노력한다면 어떤 방법을 사용하는가?
8. 문학 작품을 비판적으로 읽기 위해 노력하는 편인가? 노력한다면 어떤 방법을 사용하는가?
9. 문학 작품을 읽을 때 주로 어떤 관점에서 평가하는가?
10. 문학 작품을 읽을 때 겪는 어려움은 주로 무엇인가?
11. 이 어려움을 해결하는 방법은 무엇인가?
12. 문학 작품을 읽을 때 주로 무엇에 관심을 갖나?(인물, 사건, 배경, 운율 등)
13. 더 훌륭한 문학 독자가 되기 위해서는 어떤 노력이 필요하다고 생각하는가?

상위 인지적 문학 수행 전략은 문학 활동 과정에 대한 자기 조절 과정에서 운용되는 사고 전략이다. 이것은 자신의 문학 활동에 대한 반성적 활동인바, 문학 능력의 발달을 촉진할 수 있는 매우 중요한 인지적 특성이다. 그런데 이러한 특성은 지필평가로는 측정하기 어렵다. 지속적인 관찰 평가나 교사와 학생 간의 대화 방법이 적용될 필요가 있다. 이러한 평가 방법 중 (심층) 면접법은 상위 인지 전략을 파악하는 데 매우 효과적이다. (심층) 면접은 간접적인 설문 조사 도구와는 다른 특성을 지닌 평가 방법으로서, 겉으로 잘 드러나지 않던 개별 학생들의 문학 수행 특성에 관한 상세한 정보를 도출해 낼 수 있기 때문이다.

셋째, 문학 능력의 발달 과정을 파악하기 위한 프로파일 형태의

📊 프로파일(profile)
프로파일이란 검사 항목을 세분화한 후 각 항목별 검사 결과의 추이를 막대그래프 등 시각적 기호를 활용하여 제시하는 방식을 의미한다. 프로파일은 하위 항목별 변화 과정을 도식화하여 제시하는 전형적인 형태뿐만 아니라 언어적 진술과 병행하여 제시하는 변형된 형태로도 활용된다.

평가 방법을 살펴보자.

[문학 능력의 성장과 발달 파악을 위한 프로파일]

이름 :						
항목	학습 과정에서 읽은 가장 어려운 작품	문학에 대한 관심도 (높음/중간/낮음)	개인적 반응 양상		문학 활동의 맥락 유형 (학교 / 가정)	문학 활동의 어려움 극복 방법
			작품 해석 관점과 내용	작품 평가 관점과 내용		
3월						
4월						
5월						

문학 능력의 성장과 발달 양상을 파악하기 위해 관찰 시기별로 '학습 과정에서 읽은 가장 어려운 작품, 관심도, 작품 해석과 평가 관점 및 내용, 문학 활동의 맥락, 문학 활동의 어려움 극복 방법' 등을 관찰이나 면담 등을 통해 파악하여 기록한다.

④ 문학교육 평가 도구의 선정과 투입

문학교육 평가에서 활용할 수 있는 평가 도구는 다양하다. 이들 중 어떤 것을 선정하여 활용해야 하는가? 기본적으로 평가 상황의 특성을 우선 고려하여 그에 부합하는 평가 도구를 선정해야 한다. 모든 평가 상황에서 항상 유효성이 높은 특정 유형의 평가 도구는 있을 수 없다는 점을 유의해야 한다. 따라서 평가 도구 선정과 투입은 다음 도식에 기초할 필요가 있다.[17]

---

17) Brown, H. D., op cit., p.253.

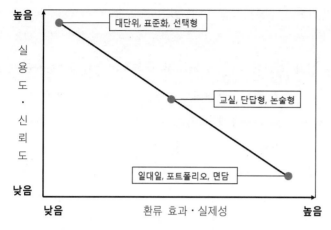

[실용도 · 신뢰도와 환류 효과 · 실제성 간의 관계도]

위 그림에서처럼 '실용도와 신뢰도'가 같은 축에, '환류 효과와 실제성'이 같은 축에 놓일 수 있다. 전자와 후자 간의 관계는 반비례적이다. 즉, 대학수학능력시험이나 학업성취도 평가처럼 국가 수준에서 이루어지는 대단위 표준화 검사는 실용도와 신뢰도는 높으나 긍정적 환류 효과나 평가 도구에서 설정한 문제 상황과 과제(tasks)의 실제성은 낮을 수 있다. 이에 비해 교사와 학생 간의 일대일 면대면 평가나 포트폴리오 등 학생의 직접적인 문학적 반응 자료를 활용한 평가는 실용도와 신뢰도는 낮으나 환류 효과와 실제성은 높다. 교실 단위에서 이루어지는 평가, 단답형이나 논술형 평가는 중간 수준을 지닌다. 이를 고려할 때, 대단위 평가에서 포트폴리오와 같은 평가 도구를 활용하는 것은 비현실적이라는 점, 신뢰도에 문제가 있다는 점에서 적절하지 않을 수 있다. 이에 비해 일대일 평가 상황에서 선택형 평가 도구를 활용하는 것은 그 평가 상황에서 실현할 수 있는 장점을 무화할 수 있다. 이처럼 문학교육 평가 도구의 선정은 문학교육 평가 상황별 특성 중 어떤 것을 중시하는가에 따라 이루어져야 한다.

3. 문학교육 평가 결과의 활용

문학교육 평가 결과를 어떻게 제시하고 활용하는가에 따라 문학교육 평가의 의미가 좌우될 수 있다. 전통적으로는 점수, 등급, 순위 등의 정보를 중심으로 평가 결과를 학생들에게 제시하여 왔다. 그러나 이는 학생의 구체적인 문학 능력에 관한 정보를 제공하지 못한다. 해당 점수나 순위가 어떤 의미를 지니는지 말해주지 못하기 때문이다. 따라서 문학교육 평가 결과를 제시하고 활용할 때에는 학생의 구체적인 문학 능력의 장단점을 파악할 수 있는 방법을 택해야 한다.

(1) 성취수준별 수행 특성 제시형 평가결과표

학생의 구체적인 문학 능력을 제공하는 한 방법으로 성취수준별 수행 특성을 포함한 성적표를 제공하는 방법이 있다.[18]

[성취수준별 특성 제시형 평가결과표 예시]

등급	등급별 수행 특성
A	화자나 시점의 개념에 대한 이해의 수준이 매우 우수하여 작품의 구조적 특징을 파악하고 화자나 시점의 변화에 따라 달라지는 작품의 내용과 분위기를 깊이 이해할 수 있다. 작품의 창작 의도와 소통 맥락을 고려하며 다양한 관점과 방법으로 타당한 근거를 들어 작품을 해석하는 능력이 매우 탁월하여 자신의 상황에서 주체적으로 작품을 수용할 수 있다. 자신의 일상에서 의미 있는 경험을 선택하여 다양한 문학 갈래로 능숙하게 표현할 수 있으며 이를 즐기는 태도를 보인다.
B	화자나 시점의 개념에 대한 이해의 수준이 우수하여 작품의 구조적 특징을 파악하고

---

18) 남민우 외, 「2009 개정 교육과정에 따른 국어과 성취기준 및 성취수준 개발 연구」, 한국교육과정평가원 연구보고 CRC2012-3, 88면.

	화자나 시점의 변화에 따라 달라지는 작품의 내용과 분위기를 이해할 수 있다. 작품의 창작 의도를 파악하고 작품이 창작될 당시의 소통 맥락과 현대의 소통 맥락을 비교할 수 있으며, 다양한 관점과 방법으로 타당한 근거를 들어 작품을 해석할 수 있다. 자신의 일상에서 의미 있는 경험을 선택하여 그것을 전달하기에 적절한 문학 갈래로 표현할 수 있다.
C	화자나 시점의 개념을 이해하고 이를 바탕으로 작품의 구조적 특징을 파악할 수 있다. 작품의 창작 의도를 파악하고 자신의 관점에서 타당한 근거를 들어 작품을 해석할 수 있다. 자신의 일상적 경험을 소재로 하여 문학적으로 표현할 수 있다.
D	작품 안에 형상화된 세계를 전달하고 있는 화자나 시점을 파악할 수 있으며, 작품의 창작 의도를 파악하고 자신의 관점에서 작품을 해석할 수 있다. 자신의 일상적 경험을 소재로 한 짧은 글을 쓸 수 있다.
E	작품 안에 형상화된 세계를 전달하고 있는 화자나 시점을 파악할 수 있으며, 작품의 창작 의도를 짐작하여 작품을 해석할 수 있다. 자신의 일상적 경험을 문학적으로 표현하려고 노력한다.

위 예시는 등급과 등급별 수행 특성이 결합된 평가 결과표이다. 이처럼 문학교육 평가 결과를 제공할 때에는 특정 학생이 도달한 등급에 관한 정보뿐만 아니라 각 등급에 해당할 경우 어떠한 행동 특성을 지니는지에 관한 정보가 포함되어야 한다. 각 등급별 행동 특성은 특정한 성취기준에의 도달 여부나 각 성취기준에 포함된 문학 지식의 이해 정도, 문학 활동의 수행 정도에 관한 정보가 포함되는 것이 적절하다.

◰ 인지진단모형

인지진단모형은 인지진단이론에 기초하여 평가 결과 분석 및 보고에 활용되고 있는 모형이다. 문항 해결에 요구되는 인지 요소(지식과 기능)의 추출, 문항 해결 과정에서의 정보 처리 과정 등을 분석하여 학생의 장단점을 평가하는 데 장점을 지니는 모형이다. 미국의 PSAT/NMSQT(예비 대학 수학능력시험으로 일종의 모의 평가)의 Score Report PlusTM은 인지진단모형이 적용된 대표적인 평가 결과표이다

(2) 인지진단모형에 기초한 평가 결과표

최근에는 인지진단모형(Cognitive Diagnostic Model)에 기반한 평가 결과표를 제공하기 위한 연구가 이루어지고 있다.19) 인지진단모형에 기반한 성적표는 학

---

19) 김희경 외, 「기초학력 이하 학생의 맞춤형 학습 지도를 위한 인지진단 프로파일 분석」, 한국

생의 평가 결과를 총점 또는 석차만 제공하는 것이 아니라 세부 학습요소에서의 숙달 수준에 대한 정보를 분석·제공함으로써 학생의 향후 학습과 교사의 수업 개선에 실질적인 도움을 줄 수 있는 통계적 기법이다.

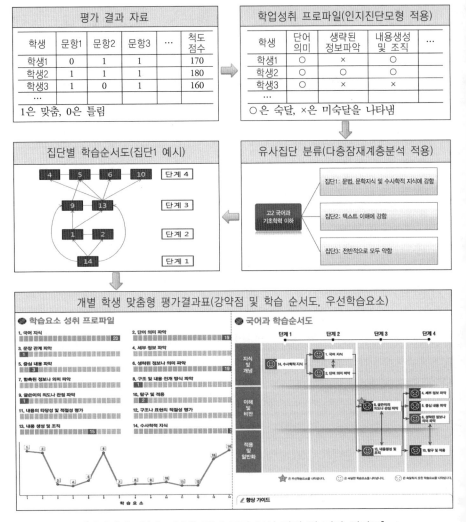

[인지진단모형에 기반한 평가 결과 분석 과정 및 평가 결과표]

교육과정평가원 연구보고 RRE 2013-10.

측정학적 방법에 기반한 인지진단모형을 학교 차원에서 적용하기에는 전문성 면에서 어려움이 따를 수 있다. 그러나 위의 예시에서처럼 문학교육 평가에서 활용한 검사를 재분석하여 평가 범주별 세부 평가 요소를 추출하고 각 평가 범주별 성취 정도를 프로파일 형태로 제공하는 방식은 현장에서도 가능할 수 있다. 또한 각 등급별 학생들에게서 공통적으로 나타나는 수행 특성을 추출하고 등급 간 수행 특성을 정밀 분석함으로써 하위 등급 학생들이 어떤 점에서 취약한지 정보를 추출할 수 있으며, 이 과정에서 문학교육의 학습 내용을 효율적으로 학습하기 위한 학습 순서도를 도출하는 접근도 이루어질 필요가 있다. 이러할 때 문학교육 평가 결과의 활용도가 높아질 수 있기 때문이다.

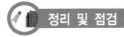

✅ (   )에 알맞은 내용을 써 넣으면서 주요 개념을 정리합니다.

1 문학교육 평가는 학생들의 (   )을/를 파악함은 물론 국가수준의 교육 과정, (   )의 문학 교수·학습 방법을 점검함으로써 문학교육의 질을 관리하고 개선하기 위한 의도적 활동이다.

2 문학교육 평가 도구는 문항이나 검사뿐만 아니라 문항 카드, 검사 설계도, 검사 시행 안내문, (   ), 학생에게 제공할 평가 결과표 등의 일체를 의미한다.

3 문학교육 평가 도구 중 표준화 검사는 (   )와/과 (   )이/가 높은 장점을 지니고 포트폴리오나 면담 방법은 (   )와/과 (   )이/가 높은 장점을 지니고 있다.

✅ 지시에 따라 서술하면서 문학교육 평가의 전체 과정을 이해합니다.

1 문학교육 평가의 단계를 서술하시오.

2 문학교육 평가 도구의 일반적 양호도 기준을 설명하시오.

3 문학교육의 본질에 입각할 때, 문학교육 평가 도구가 지니고 있어야 바람직한 특성에 관해 서술하시오.

✅ 지시에 따라 주요 개념을 적용하면서 문학교육 평가를 위한 실천적 능력을 기릅니다.

1 문학 교육과정에서 설정한 성취기준의 의미와 기능을 서술하시오.

2 다음 성취기준과 작품을 활용하여 선다형 문항과 서술형 문항을 각각 1개씩 만들어 보시오.

[성취기준] 화자의 특징을 파악하며 작품을 감상할 수 있다.
[작품] 기형도의 「엄마 걱정」

문학교육과 문학 활동

제10장

수용을 위한 문학교육

『참을 수 없는 존재의 가벼움』으로 널리 알려진 밀란 쿤데라(Kundera, M.)는 자신의 작품에 대한 해석을 동반한 질문을 회피하는 것으로 유명하다. 그는 작품의 의미를 규정하려는 대담자에게 종종 '그렇게 볼 수도 있겠군요'라고 답한다. 얼핏 보아서는 성의 없어 보이기까지 한 그의 태도에는 작가의 몫이란 그저 작품을 세상에 내어 놓는 일이며 그 작품에 대한 해석과 의미 부여는 어디까지나 독자에게 달려 있다는 신념이 담겨 있다. 한 마디로 작가는 작품 속에 '미지의 X'를 담아서 내놓는다. 하지만 'X'는 독자가 작품을 읽고 생각하고 평가하고 감상하는 가운데 구체적인 내용을 갖게 된다. 좋은 작품은 그 작품에 담긴 질적으로 우수한 세계를 알아보고 그것을 아껴주는 독자의 수용에 의해 탄생한다고 해도 지나친 말이 아니다. 문학교육에서 이해와 감상 그리고 비평과 같은 수용의 국면을 중시해야 하는 이유는 작품을 읽는 행위가 작가의 창작을 '완성'한다는 의미를 갖기 때문이다. 자신의 작품을 읽고 그 진가를 알아주는 독자를 만나지 못한 작가나 작품처럼 쓸쓸해 보이는 것은 없다. 지음(知音)이라는 말처럼 창작된 작품의 가장 소중한 친구는 작품을 읽는 독자이다.

이 장에서는 문학 수용 교육의 중요성 및 강조점, 내용 및 지향을 차례로 학습한다. 문학교육에서 수용은 문학교육의 이념과 목표가 실행되는 구체적이고 핵심적인 문학 활동에 해당한다. 이러한 까닭에 수용 교육의 방향과 내용은 문학교육의 핵심이 되는 것이다. 이 장을 통해 문학 수용 교육의 방향과 내용을 모색해 보도록 하자.

1. 문학교육에서 수용 영역의 중요성

작가가 작품을 창작하고 이것이 출판되어 독자가 작품을 읽고 감상하는 전체 과정을 '소통'이라 부를 수 있다. 신문 경제면에 실린 기사는 특정 시기 경제 현상에 대한 객관적 정보가 독자에게 최대한 명료하고 객관적으로 전달되는 것을 목표로 한다. 반면 한편의 시나 소설 작품은 정확한 정보의 전달을 목표로 하지 않는다. 문학의 소통에 있어서 중요한 것은 메시지의 투명하고 객관적인 전달이 아니라 그 메시지를 기초로 하여 수신자마다 다양한 방식으로 자신의 의미를 실현하는 일이다. 수용 미학과 같은 문학이론이 생겨난 이유도 독자의 해석과 평가 같은 감상 과정 전체가 그만큼 중요하다고 생각했기 때문이다.

물론 독자에게 작품은 항상 이미 완성된 채로 주어지고 특별한 상황을 제외하고는 독자가 작가의 창작 국면에 개입해서 텍스트를 수정하기는 어렵다. 인쇄되어 고정된 텍스트는 돌이킬 수 없기에 독자의 '자유'는 제한적이며 읽는 행위 역시 수동성의 굴레를 벗어나기 어려워 보인다. 그러나 텍스트가 일단 고정되어 자기 앞에 주어졌다고 해서 독자가 텍스트의 세계에 복종해야 한다는 것을 뜻하지는 않는다. 오히려 독자는 이런 '돌이킬 수 없음'으로 인해 실제 대화 상황에서라면 누리기 어려운 자유를 확보할 수 있게 된다. 똑같은 『몽실 언니』를 읽는다고 해도 초등학생, 대학생, 전쟁의 비극을 직접 체험했던 할아버지, 할머니가 주목하는 구절이 달라질 수밖에 없는 이유는 그 때문이다. 그뿐인가? 많은 독자는 『엄마를 부탁해』를 읽고 자신을 그림자로 만들면서 가족을 위해 희생했던 이전 세대 어머니들에 대한 미안함으로 눈물을 흘린다. 그러나 어떤 독자는 이 작품에서 어머니의

■ 수용 미학
이저(Iser, W)와 야우스(Jauß, H. R.)로 대표되는 '수용 미학'은 '텍스트'와 '작품'을 구별하여 독자의 수용 과정에 의해서만 '작품'이 완성된다고 본다. 독자에게 읽히기 전의 '텍스트'란 불완전한 것이며, 모든 문학은 읽히는 동안에 그 중심이 되는 구조와 수신자간의 상호 작용을 유발하고, 텍스트를 읽고 이해하고 그것을 실현하는 텍스트의 구체화를 통해서만 '작품'은 탄생하게 된다는 것이다.

모습을 이상화하여 여성의 역할을 헌신과 희생으로 국한시키는 보수적 가족주의의 흔적을 발견하기도 한다. 전자가 다수라고 해서 후자가 잘못되었다고 말할 수는 없다. 다만 시대와 상황에 따라 좀 더 타당한 것으로 받아들여지는 해석은 가능하다. 문학의 수용에서 옳고 그름이라는 표현은 부적절하지만 좀 더 타당한 해석이라는 말은 가능하다.

작가가 탄생시켜 놓은 피조물은 아직 생명을 가지지 못한 유기체에 머물고 있다. 독자가 작품을 읽고 느끼고 해석하고 평가하는 수용 과정을 거칠 때 이 유기체는 비로소 숨을 쉬고 피가 흐르게 된다. 작가의 가장 긴밀한 협력자는 바로 독자인 것이다.

2. 문학 수용에서 강조해야 할 점

(1) 정서와 인지의 결합

우리가 시나 소설을 읽는 가장 큰 이유는 정서적 만족감을 얻을 수 있기 때문이다. 시원스럽게 떨어지는 폭포의 물줄기를 보면서 느끼는 장쾌한 기분은 「관동별곡」의 한 구절을 떠올릴 때 더욱 고조된다. 말로 표현되기 힘든 이별의 슬픔은 「낙화」의 한 구절을 빌어 더욱 애틋하게 느껴지고 그 속에서 아픔을 견딜 힘을 발견하게 된다. 독자는 채만식의 「탁류」를 읽으면서 지금으로 치자면 주식과 같은 '미두'에 빠져 자식의 앞길을 망치는 정주사의 모습을 발견하고 일제 시대나 지금이나 변하지 않은 인간의 탐욕에 혀를 차게 된다.

문학 작품에 대한 수용 교육에서 독자의 정서적 변화를 중요하게 고려해야 하는 이유는 자명하다. 문학의 존재 이유가 바로 그것이기 때문이다. 이 작품을 읽고 어떤 느낌이 들었는가 혹은 이 작품에서 독자의 이목을 사로잡은 부분은 어디이며 그 이유는 무엇인가에서 문학의 수용은 출발해야 한다.

그러나 이러한 정서의 영역에 해당하는 활동은 꾸준히 강조되었음에도 불구하고 여전히 그 중요성에 비해서는 소홀한 대접을 받고 있다. 그 일차적인 이유는 무엇보다도 등급 평가를 중시하는 학교의 교육 문화에 있다. 학년 급이 올라갈수록 강조되는 입시 교육은 문학 수용의 기본에서 출발하지 못하는 우리 문학교육의 병폐를 낳는 가장 큰 원인이었다.[1] 노래하는 기쁨을 빼앗는 음악교육이 있을 수 없는 것처럼 문학을 읽는 과정에서 발생하는 독자의 능동적인 반응을 고려하지 않는 문학교육은 무의미하다. 기쁨, 슬픔, 분노, 충격 심지어 지루함이나 무의미함과 같은 독자의 정서 변화를 학습 활동에서 더 강조해야 한다.

그러나 정서란 단순히 감정적 요인으로만 이루어진 것이 아니다. 이미 정서라는 용어가 즉물적인 감정이 아니라 인식의 과정을 거쳐 일어난 감정의 변화임을 내포하고 있다. 그런 이유로 인식과 정서는 통합적으로 교육되어야 한다. 문학 작품을 읽고 일어나는 정서적 변화는 단순한 호오(好惡)의 감정이 아니라 일종의 판단이다. 소설에서 벌어지는 어떤 상황에 대한 판단이나 인물에 대한 평가에는 항상 사건과 인물의 특징에 대한 인식이 들어 있다. 또한 독자가 시나 소설의 어떤 측면에 정서적으로 반응하는 행위는 대개 시나 소설 전체에 대한 가치 판단으로 나아가기 마련인데, 가치 평가는 자신이 알고 있고 작품 속에서 알게 된 것에 기반해서 이루어진다. 그러므로 작품에 대한 학습자의 정서적 반응을 분석할 때, 그 학생이 작품을 어떻게 읽고 있

---

1) 심지어 정의적 특성에 대한 평가는 다음과 같은 이유로 불가능하다는 주장이 제기될 정도였다. 첫째, 정의적 특성은 만질 수도 볼 수도 없으며 장기적인 것이다. 둘째, 정의적 특성은 공적인 것이라기보다는 사적인 것이다. 셋째, 정의적 정보 수집이 불가능하다. 자세한 사항은 Anderson, L. W., 변창진·문수백 공역, 『정의적 특성의 사정』, 교육과학사, 1987을 참조할 것

는가를 파악하는 것이 중요하다. 각각의 작품을 다르게 느끼는 이유도 서로가 작품을 다르게 읽어내고 있기 때문이다. 어떤 독자가 신경숙의 소설에 등장하는 어머니의 형상을 두고 '불쌍하다'거나 '안타깝다'고 느끼는 일은 자연스런 정서적 반응이라 할 수 있다. 사실 소설에 등장하는 여러 인물들의 행동과 고뇌가 독자에게 주는 '정서'의 측면이 우리가 소설을 읽는 근본적 이유임을 부인할 수는 없다. 그러나 그러한 느낌은 작품 속에 형상화된 개개인의 운명에 즉물적으로 반응한 결과 나타난 것이라기보다는, 전체로서의 작품 속에서 각 인물이 차지하고 있는 역할 속에서 그들을 평가하고 그들에 반응하고 그들의 고뇌를 느끼는 가운데 일어난다고 보아야 할 것이다.

이전과 달리 교육과정에서 '이해와 감상' 대신에 '문학의 수용'이라는 용어를 사용한 이유는 이해와 감상의 연속성을 강조하기 위해서이다. 이해는 작품에서 누구나 읽어낼 수 있는 객관적 의미를 파악하는 인지적 영역의 활동이다. 반면 감상은 그 객관적 요소에 대한 정서적 반응으로서 정의적 영역에 속하게 된다. 여기에는 인지적 영역과 정의적 영역의 구별을 정교하게 논의한 블룸(Bloom, B.)의 견해가 자리 잡고 있다.

블룸에 따르면 인지적 영역은 (1) 학습되었거나 생각되는 것의 기억 또는 재생을 강조하는 목표 (2) 학생이 문제의 본질을 파악하고 주어진 자료를 재배열하거나 이전에 배운 아이디어나 방법, 절차 등과 결합시켜야 하는 지적 과제의 해결을 포함하는 목표에 해당한다. 블룸은 인지적 영역의 교육 목표를 다시 지식, 지적 능력 및 기능, 적용력, 분석력, 종합력, 평가력으로 분류하여 체계화하고 있다. 한편 정의적 영역은 감정적 색조나 정서, 수용 또는 거부의 태도 등이 강조되는 목표로서, 흥미, 태도, 감상, 가치, 정서적 반응 경향 등이 강조된다. 정의적 영역의 교육 목표 분류 체계에 따르면 정의적 영역은 감수(receiving), 반응(responding), 가치화(valuing), 조직화(organization), 인격화(characterization) 등으로 세분화된다.

블룸의 이분법을 기초로 이해된 '이해와 감상'의 대당에서 정서의 측면은 전적으로 학생들의 개인적인 선택에 맡겨지게 된다. 즉 학습의 목표는 지식의 전달임을 강조하게 되고, 가치에 대한 개인의 선호나 태도는 개인의 자의적인 선택에 맡겨지게 된다. 과거 문학교육 불가능론은 블룸의 견해에 기반하여 '이해와 감상'을 이분법으로 나누고 후자의 교육은 불가능하다는 오해에서 출발했다. 여기에 이해는 작품에 대한 인지적 반응이요 감상은 정서적 반응으로서 전자가 후자에 선행한다는 식의 단계론을 덧붙일 경우 이해와 감상의 단절은 더욱 강화된다. 감상은 작품의 수용 과정에서 발생하는 심적인 충격에 국한되거나, 작가에 의해 주어진 상황 속에서 문제를 해결하는 과정을 지켜보거나 동참하면서 그가 겪게 되는 사건을 간접적으로 체험하는 '대리 체험'으로 국한되어 이해된다. 그 어느 것이든 모두 정서적 내면화를 문학 읽기의 최종 목표로 규정하게 된다. 그러나 전적으로 정의적 영역에 속하는 것으로 규정된 내면화는 개인들에게 맡겨진 심리적 과정이 아니다. 그것은 문학 텍스트에 대한 해석과 평가의 과정이라는 인지적 과정을 필수적인 요소로 포함한다.

문학에 대한 감상은 인지와 정서 전체에 걸쳐 있는 것이다. 작품에 대한 수용은 당연히 복잡한 정신 기능을 요구하지만, 동시에 단지 인지적 사고가 아니라 타자의 세계에 대한 체험의 전위를 통해 그것을 추체험하는 것을 포괄하는 보다 폭넓은 '삶'의 문제와 연결된다. 우리는 좋은 문학 작품을 수용하는 가운데 삶의 새로운 모습을 알게 되고 자신의 정서를 움직이는 체험을 하기도 한다. 그런 이유로 문학에 대한 수용 활동에서는 인지적 측면과 정의적 측면을 고루 다룰 수 있도록 해야 하며 이 둘의 연속성을 강조해야 한다. 기쁨, 슬픔, 분노 등의 정서적 변화를 가져온 이유를 작품 자체와 작품을 둘러싼 맥락 속에서 스스로 물을 수 있는 태도를 기를 때 독자의 작품 수용 능력은 신장된다.

(2) 공감을 바탕으로 한 비판적 수용

학습 과정에서 학습자의 중요성을 강조한 것과 맞물려 읽기 교육에서도 텍스트 자체보다는 텍스트를 읽는 독자의 역할을 강조하는 흐름이 강하게 부각되었다. 스키마 이론을 바탕으로 한 상향식(bottom-up) 읽기 이론이 제시한 읽기 모형이나 읽기에서 독자의 의미 구성을 강조하는 논의가 모두 이런 흐름을 반영하고 있다. 최근 작품 읽기는 작품을 생산한 작가나 작품 자체에 담긴 권위를 수동적으로 받아들이는 것보다는 독자의 능동적인 해석 행위를 강조하는 가운데 독자와 작품의 관계 형성에 초점을 맞추고 있다. 비판적 읽기나 정치적 읽기가 중요하게 부각되는 이유도 그러한 능동적 수용이 작품 읽기에서 강조되는 이유도 그 때문이다.

그런데 비판적 읽기가 비록 독자의 자율권을 보장하는 장점이 있지만 그 과정에서 비판적 읽기는 작품의 문제점만을 밝히는 것으로 오해되었다. 무엇보다도 비판적 읽기는 주체가 가지고 있는 어떤 기준을 활용하여 (그것이 논리적인 이유에서든 아니면 이데올로기적인 이유에서든 간에) 작품의 어떤 면을 '거부'하는 쪽으로 기울어져 있다. 물론 맹목적인 거부가 아니라는 점에서 따져 보아 수용할 것은 수용하고 거부할 것은 거부하는 활동임을 명시하고 있으나, 아무래도 초점은 주체가 소유하고 있는 어떤 기준에 의거해서 텍스트를 '회의(懷疑)'하는 쪽에 가 있게 된다. 여러 영역에서 다양한 의미로 쓰이고 있는 '비판'이라는 용어의 공통점으로 '어떤 대상을 무조건 수용하지 않는 건전한 회의'를 드는 것을 보아도 이를 알 수 있다.

이런 경향은 결국 텍스트에 숨겨진 의도를 발견해내는 것을 강조하게 된다. 비판적 이해의 관건은 텍스트 이면에 숨겨진 무엇을 '간파'해내는 것이다. 예를 들어 다문화주의나 여성주의의 맥락에서 사용되는 '비판'은 '논리적 타당성'에 초점을 맞추어 왔던 기왕의 논의와 구별해서 주로 이데올로기 차원에 초점을 맞추고 있다. 이 경우 작품에 숨겨진 이데올로기적 편견 즉 계급적이고 인종적이고 성적인 차별을 은폐하고 있는 '상식'의 문제점을 강조한다. 디즈니의 유명한 애니메이션 영화 '라이언 킹'에서 선량한 주인공의 목소리로는 백인 영어를 사용하여 녹음하고 하이에나 같은 악한 캐릭터에는 흑인 영어를 사용하는 등 백인 남성 중심의 이야기가 숨겨져 있음을 밝혀내는 글은 이러한 비판적 읽기의 좋은 예이다. 셰익스피어의 희곡처럼 정전에 속하는 작품에도 인종차별주의적 편견이나 성차별주의가 숨겨져 있다는 것도 '비판 이론'의 연구에 의해 드러나기도 했다. 비판이론은 이처럼 이제까지와는 다른 시각에서 문학 작품을 이해할 수 있는 길을 열어주었지만, 한편으로는 비판의 대상이나 도구로 문학 작품이 전락하고, 그 과정에서 비판의 행위는 '폭로'와 '거부'의 양상을 띠게 될 가능성이 있다.

그런데 비판적 읽기의 주체는 어떤 과정을 통해 형성되는가를 묻는다면 '비판적 읽기'의 중층성을 깨닫게 된다. 한 마디로 작품의 문제점을 밝히는 것만이 비판적 읽기가 아니다. 우리는 직접 체험이든 간접 체험이든 자신에게 익숙한 세계를 깨뜨리는 과정에서 성장한다. 독자만 작품을 비판하는 것이 아니라 작품이 독자의 편견과 습관적 앎에 대해 준열한 물음을 던지기도 한다. 문학의 중요한 본질의 하나로 '낯설게 하기(defamilarization)'를 드는 이유도 그 때문이다. 실제로 우리는 다양한 읽기의 체험 가운데 종종 자신이 가지고 있는 잣대 자체를 뒤흔들어 놓는 체험에 맞닥뜨리기도 한다. 예를 들어한 '평범한' 독자가 『카라마조프 가의 형제들』을 읽는 과정에서 적당히 의례적이고 관습적인 자신의 종교 생활을 뒤흔들어 놓는 심적 충격을 받았다고 가정해 보자. 그는 이미 '신앙'이라는 나름의 가치 규준을 가지고 생활하고 있었을 것이다. 그리고 어쩌면 책을 읽는 과정에서 처음에는 자신의 잣대를 동원하여 『카라마조프 가의 형제들』이 제기한 대면하고 싶지 않은 질문을 '거부'하고자 했을지도 모른다. 어떤 독자들은 여기서 효과적으로 자신의 완결된 '신앙'을 보호하는 데 성공했을 수도 있다. 그러나 또 다른 독자들은 계속해서 읽어 가는 가운데 기존의 '잣대'로는 도저히 해결할 수 없는 물음 앞에 자신을 내던져 놓을 수밖에 없는 체험을 할 수도 있다. 다시 말해 독자는 지금까지 자신이 속해 왔던 완결된 세계나 선입견을 깨뜨리는 전율과 경이의 체험 속에서 잣대 자체를 다시 검토할 수밖에 없는 상황에 처하기도 한다. 그렇다면 독자의 이러한 수용은 비판적인 이해인가 아니면 수동적인 수용인가? 비판적 이해를 '간파'로 협소하게 규정하는 한, 이러한 체험을 제대로 설명하기란 어렵다.

독자의 관심사를 살리면서 작품을 능동적이고 비판적으로 이해하는 독서는 작품에 대한 최소한의 공감이 없을 경우 불가능하다. 그런 점에서 문학 작품에 대한 의미 있는 이해는 단지 비판도 수동적인 수용도 아닌, '비판'을 포괄하면서 그것을 넘어선 '상호 작용'에 가깝다. 텍스트에 주체가 이미 가지고 있는 관점을 부가하는 것이 아니라 텍스트에 자신을 드러내고 텍스트로부터 보다 심화된 자기 자신의 모습을 구성해내는 것이 진정한 의미의 텍스트 이해인 것이다.

그런 점에서 자신의 평가 기준을 뒤흔들어 놓는 체험에 귀기울이며 자기가 지금까지 공고하게 지켜왔던 모종의 기준을 겸허하게 다시 되돌아보게 하는 과정에도 능동적인 '비판'의 계기가 자리 잡고 있다. 그러므로 주체가 가지고 있는 나름의 기준으로 텍스트를 회의하는 과정이 비판적 이해에 중요함은 물론이려니와 텍스트가 열어 보이는 새로운 세계의 소리를 귀담아 들을 줄 아는 분별력 역시 중요하다. 문학의 수용은 텍스트의 세계와 읽기 주체 사이에 벌어지는 이러한 상호 작용 과정을 모두 포괄한다. 공감을 바탕으로 한 비판적 수용을 강조함으로써 긍정이냐 부정이냐, 수용이냐 거부냐와 같은 양자 택일의 협소한 지평을 넘어서, 독서 주체와 텍스트가 담고 있는 세계 사이의 상호 작용과 그러한 상호 작용을 통한 주체의 성장을 강조할 수 있다.

(3) 지식과 이론의 활용

작가는 화자의 목소리와 같은 형식적 장치를 사용하여 독자가 다른 인물과의 관계 속에서 주인공에 반응하는 것을 조정한다. 이야기 문학에 어느 정도 익숙한 독자는 한 인물에 몰입했다가 때로는 거리감을 두면서 복합적인 정서적 반응을 보이게 되지, 단순히 어떤 한 인물에 '동일시'하게 되지는 않는다. 작품을 읽는 과정에서 보이게 되는 종합적 조정 능력은 앞에서 말한 것처럼 인지적 사고와 정의적 사고가 복합되는 가운데 발전한다. 일반적으로 감정이입에 대한 가장 흔한 오해 중의 하나는 이것을 단순한 태도의 문제로 보는 것이다. 그러나 우리가 어떤 인물에게 감정이입을 했다고 말할 수 있으려면, 그 사람이 주어진 상황에서 어떻게 느끼고 있는가를 '아는' 것보다 더 많은 것이 필요하게 된다. 다시 말해, 그 사람이 어떤 상황에서 그렇게 느끼는 '이유'를 알고 있어야 한다. 이처럼 작품에 대한 주관적 감상도 이론이나 지식과 연결됨으로써 더 심화될 여지를 마련하게 된다.

작품에 대한 이해와 지식 혹은 이론을 배타적인 것으로 바라보는 일은 극복되어야 한다. 어떤 기능이나 능력은 단순히 어떤 활동을 묵묵히 반복하는 것보다는 그 기능이나 능력과 관련된 기본 원리를 제대로 알고 활동을 수행하는 가운데 더 빨리 발전한다. 그렇다면 작품에 대한 이해 교육에서도 지식을 가르치느냐 마느냐가 아니라, 가르쳐야 할 지식의 성격을 규명하고, 지식이 학습자의 삶과 경험에 의미 있는 변화를 일으킬 수 있는 실천의 방안을 마련하는 일이 더 중요하다. 또한 지식 교육을 단지 단편적인 지식의 암기에 국한시킬 필요는 없다. 다시 말해 작품 읽기나 작품을 읽고 난 뒤의 쓰기 활동과 무관하게 단편적으로 주어지는 지식을 암기하는 교육에 대한 비판이 지식 자체에 대한 비판으로 이어져서는 안 되는 것이다.

예를 들어 운율, 비유, 상징이나 반어, 역설, 풍자와 같은 개념적 지식을 가르친다고 해서 학습자를 텍스트에 종속시키는 분석적 주해 중심의 문학교육으로 회귀하게 되는 것은 아니다. 지식은 문학 경험이나 활동에 유의미하게 활용되어 학습자의 '주체적 시각'을 심화 확장시키는 데 기여할 수 있기 때문이다.

> 개별작품의 제대로 된 이해에는 단순한 작가와 작품의 연쇄 이상인 '살아 있는' 실재로서의 영문학에 대한 통찰이 따라야 하는데, 이런 통찰은 또한 작품들의 이해를 통해서만 획득될 수 있다는 일종의 순환론적 문제를 가리킨다. 이는 개별작품에 대한 지식의 축적으로 해소되는 것도 아니요, '문학사적' 지식으로 해결되는 것도 아니라, 핵심적인 작가의 작품을 읽고 다른 작품들과의 관계를 파악하는 가운데 '살아 있는 원리'를 획득함으로써 감당해나가야 하는 문제이다. 이 '원리'는 고정된 원칙을 적용하는 '방법'도 아니고, 그렇다고 무방법, 무원칙의 '정신'도 아니므로 '지혜'에 가까운 것이다.[2]

위에 제시한 논의는 이러한 지식과 활동의 상호보완적 관계가 비평에서 어떻게 구현되는지를 잘 보여주고 있다. 즉 '규범', '기준', '근본적인 가정들'로 등장하는 비평의 지식 차원은 실제적인 작품 읽기와 별개의 추상적 성찰이 아니라 구체적인 작품에 대한 이해와 평가에서 도출되는 것이다. 동시에 충실한 '실제비평'과 '이론적' 관심은 별개가 아니라, 이론 없이 충실한 읽기가 혹은 충실한 읽기 없이는 제대로 된 이론이 있을 수 없다는 것이다.

문학 작품을 읽을 경우에도 배경 지식이나 비평 이론과 같은 지식 그리고 통칭하여 '스키마'라 불리는 일체의 선행 경험이나 지식은 작품 읽기를 풍요

---

2) 김영희, 『비평의 객관성과 실천적 지평』, 창작과비평사, 1993, 100면.

롭게 하기 위한 기본 전제의 역할을 수행한다. 동시에 역으로 작품 읽기를 통해 지식이 구체화되기도 한다는 점에서 지식과 활동은 상호보완적 관계에 있다. 만일 작품에 대한 이해를 바탕으로 감상문을 쓰기 위해서는 무엇보다도 텍스트에 대한 읽기와 해석이 동반되어야 하며, 여기서 학습자가 의존하고 있는 지식이 중요한 역할을 하게 된다. 그리고 지식은 문학 이론이나 비평 이론 같은 보다 명시적인 형태의 지식의 차원을 넘어서 사회와 문학을 바라보는 관점을 포괄하는 이해의 선(先)구조 전체를 포괄한다.

3. 문학 수용 교육의 중심 내용

(1) 감상의 구체화

작품을 읽는 도중이나 읽는 과정에서 드는 순간적인 인상은 작품 감상의 시작과도 같다. 학생들이 실제로 작성해 제출한 감상문에서 작품의 이러저러한 면이 '감동적이었다'는 표현이 반드시 등장하는 이유도 인상의 기술이 작품에 대한 체험에서 차지하는 비중이 그만큼 크기 때문이다. 그러므로 그러한 감동이 작품의 어떤 면에서 왔으며, 왜 자신에게 감동을 주었는가를 살피고 그것을 충실히 표현할 수 있는 능력은 작품에 대한 이해의 출발점이자 종착지가 된다고 해도 지나치지 않다. 독자가 작품을 읽고 순간적으로 떠오르는 인상을 진술하는 활동은 작품에 대한 심화된 이해로 나아가기 위한 출발점이다.

독자의 작품 수용은 작품을 읽는 과정과 읽고 난 뒤 독자에게

■ 인상 비평
작품을 읽는 과정에서 비평 주체 개인에게 떠오르는 인상을 최대한 투명하게 기술하는 것을 비평의 원리로 삼는 인상주의 비평은 문학 이해에서 개인적 감상이 차지하고 있는 비중을 잘 말해준다. 여기서 '인상'은 작품 외적인 것, 다시 말해 이론이나 비평 주체의 세계관을 최대한 배제하고 작품 읽기의 체험 자체에 집중할 것을 목표로 하는 작품 읽기의 방법론을 함의하고 있다. 블레이치(Bleich, D.) 같은 이론가는 작품 읽기의 1차적인 동기는 '자신을 이해하는 것'이라 주장한다. 텍스트에 대한 독자의 '자발적인 반응'과 독자가 텍스트에 부여하는 '의미'를 구분한 뒤, 특정 텍스트에 대한 해석과 비평은 주관적 동기를 가진 인상과 반응을 반영하고 있음을 강조하는 이유도 그 때문이다.

떠오르는 다양한 인상에 주목하고 그 인상의 내용을 충실히 전달하고 그것을 명료화하는 것을 첫 번째 내용으로 한다. 여기서 작품에 대한 인상은 부정적인 느낌에서 긍정적인 느낌, 심지어는 무관심까지 다양한 방향으로 나타날 수 있다. 작품에 대한 다양한 인상과 작품에 대한 '공감'을 동일시할 수는 없다. 하지만 개인적 감상에서 작품에 대한 '공감'은 다른 인상과는 좀 다른 특별한 비중을 차지한다. 그것은 '공감'이 대상에 대한 심미적 태도의 근간을 형성하고 있기 때문이다. 대상을 심미적 태도로 바라본다는 것은 그 대상이 매력적이든, 감동적이든, 생생하든, 혹은 이 모두 다이든 간에, 대상의 개별적 특질을 음미하는 것을 목적으로 한다. 그리고 그 대상을 음미하기 위해서라면, 감상의 주체는 대상에 민감해져야만 하고 그 대상이 지각에 제공하는 것을 놓치지 않으려는 태도를 가져야 한다. 그런 이유로 대상에 대한 공감적 태도는 대상을 고립시키고 그것에만 집중하면서 읽는 방식으로 나타나기 쉽다. 심지어 대상에 대해 '공감적'이지 않고 우리를 대상과 분리시키거나 적대적으로 만드는 반응들은 의식적으로 억제되어야 할 정도이다.

그런 이유로 개인적 감상의 구체화를 위한 이해 교육의 첫 단계에서는 먼저 '공감'을 중시하는 읽기에 충실해야 한다. 작품에서 공감이 가는 요소를 찾아내어 그에 대한 자신의 인상을 표현하는 활동은 학생들의 개별적인 반응을 중시하면서도 작품 자체에 대한 집중력을 높이는 데 유의미하기 때문이다. 그러나 '공감의 읽기'는 자기 인상에 빠져 자신의 판단을 고집하면서 그것을 절대화하는 태도로 빠지는 문제점을 낳는다. 이를 보완하기 위하여, 작품에 대한 자신의 인상과 다른 사람의 인상을 비교하는 활동이나, 다른 사람의 반응에 대해 열린 태도의 중요성을 강조해야 한다. 단순한 '인상의 표현'에 멈추는 것이 아니라 '인상의 재구성'이 작품 이해에서 중요한 이유도 이 때문이다. 다시 말해 작품에서 받은 인상을 단순히 기술하거나 표현하는 활동과 구별하여, 자신의 인상을 되돌아보면서 인상의 근거와 현실적 맥락을 살피는 '성찰'을 중시해야 한다. 어떤 텍스트를 읽고 그 작품에서 얻은 인상에 그대로 머무는 것이 아니라, 자신이 어떤 이유로 그러한 인상을 받게 되었으며, 즐거움을 얻었다면 어떤 종류의 즐거움인가를 스스로 살피고 다른 사람의 경험과 비교하는 것이 '인상의 재구성'에서 해야 할 활동들이다. 사실 자신의 인상을 성찰할 수 있는 능력과 태도는 호·불호의 표시에서 머무르는 것이 아니라, 독자들의 능동적 감상으로 나아가기 위해 필수적으로 요구된다. 인상이 비록 정서적 변화에 가깝지만, 문학 작품을 읽고 일어나는 정서적 변화는 단순한 호오(好惡)의 감정이 아니라 인지적 행위를 동반한 판단이기 때문이다. '인상의 재구성'을 강조함으로써 수동적인 반응 차원에 머무르고 있는 인상이 문학교육의 장에서 재조명될 수 있을 것이다.

(2) 작품의 형식적 특징에 대한 분석

학습자는 작품을 감상할 때, 작품에 대한 주관적 평가를 바탕으로 하면서도, 자신의 가치 평가를 다른 사람들에게 소통시키고 설득력을 얻는 과정에서 논리와 지적 도구도 함께 사용할 수 있다. 물론 문학에 대한 지식의 습득이 개별 작품을 읽고 그것을 감상하는 일을 대체할 수 없다. 그러나 앞에서 설명한 것처럼 작품 감상에서 지식과 이론은 해석 약호의 한 부분으로서, 읽기 이론에서 말하는 '구조 스키마'의 역할을 수행한다. 또 한편으로 문학을 둘러싼 사회적이고 문화적인 소통의 구조를 분석하고 설명할 수 있는 학문적 메타언어를 통해 학생들은 자신의 '자생적인 읽기'에 은밀하게 작용하고 있는 '이론'의 정체를 파악할 수도 있다.

■ 감정이입
감정이입에 대해 자세한 논의를 펼친 딜타이(Dilthey, W.)는 감정이입을 '타자의 내적인 체험 세계를 재구성하는 추체험'으로 정의하고 있다. 그는 인간에 있어서의 내면적인 사건과 과정들이 동물의 그것과 구별될 수 있는 가장 중요한 근거로 사람이 사람을 이해할 때 진정한 전위가 일어날 수 있다는 점을 들면서 감정이입의 중요성을 역설하고 있다.

■ 브룩스(Brooks, C.)와 워렌(Warrne, R.)이 제시하는 소설 분석의 기준
브룩스와 워렌이 소설 분석의 중심축으로 제시하고 있는 항목을 정리하면 다음과 같다. (1) 등장인물은 어떠한 사람들인가? (2) 등장 인물은 실제 인물일 수 있는가? (3) 그들이 바라는 것은 무엇인가? (4) 그들이 지금 하고 있는 일을 해야 하는 이유는 무엇인가? (5) 그들의 행위는 그들의 본성과 논리적으로 일치하는가? (6) 그들의 행위가 그들의 성격에 대해서 말해 주는 것은 무엇인가? (7) 각각의 행위 혹은 특수한 사건들은 서로 어떤 관계를 맺고 있는가? (8) 등장인물들의 상호관계는 어떠한가? 그들간의 갈등을 일으키는 요소는 과연 무엇인가? 어떤 요소가 더 중요하고 어떤 요소가 덜 중요한가? (9) 요점, 즉 주제는 무엇인가? (10) 인물과 사건은 주제와 어떠한 관계를 맺고 있는가?

그런 점에서 독자들의 작품에 대한 이해와 문학 지식을 연결시키는 일은 중요하다. 그러한 작업을 통해 자신의 주관적 인상에 대한 성찰 역시 심화될 수 있기 때문이다. 스피로(Spiro, J.)가 문학 학습자의 역할 모델 중의 하나로 문학 연구자를 제시한 이유도 이 때문이다.[3] 사실 문학교육을 망쳐온 주범처럼 평가받는 '신비평'의 실상을 살펴보아도, 지식과 개념으로 작품에 대한 체험을 '대체'한 적은 없었다. 한 예로 브룩스(Brooks, C.)와 워렌(Warrne, R.)이 제시한 소설 분석 활동은 단순한 '지식의 암기'와는 무관하다. 특히 실제 분석의 장에서 그러한 물음들은 각각의 텍스트에 맞게 보다 구체화되며, 모든 장은 이론적 설명—작품 제시—분석 활동의 구조로 구성되어 있다.

작품의 형식에 대한 탐구는 먼저 '기법'을 중심으로 작품을 읽고 그것의 의미와 효과를 논하는 활동을 바탕으로 해서 실현될 수 있다. 소설의 경우, 플롯, 성격, 모티프, 상황과 환경, 서술자 등이 그러한 기법의 대표적인 목록이 될 수 있다. 플롯, 서술자와 시점, 아이러니·풍자, 문체 등이 그 대표적인 예이다. 서정 장르라면 비유, 심상, 운율 등의 전통적으로 중시된 기법이 추가될 것이다.

그런데 여기서 말하는 '형식의 탐구'가 반드시 개별 텍스트에 내재된 보편적 규칙과 구조를 찾아내고 그것이 개별 작품에서 어떻게 변형되는가를 확인하는 것에 국한될 필요는 없다. 신비평이 제시하고 있는 보다 도구적이고 가치 중립적 성격이 강한 '기법'이 아니라, 현대 비평 이론이 제시하고 있는 다양한 개념들 역시 문학의 본질을 설명하는 수단이다. 예를 들어 '탈식민주의 이론'이 제시하고 있는 몇 가지 핵심 개념을 통해 「만세전」의 화자에게 내면화된 식민주의를

▨ 신비평

신비평은 1950년대 미국을 중심으로 문학 작품의 의미를 작가, 역사, 사회와 연결시켜 설명하려는 태도를 비판하고 작품 자체 정확히 말하자면 작품의 내적 구조와 형식을 중심으로 작품을 평가하려는 비평의 흐름을 뜻하는 용어이다. 이들은 작품의 의미를 저자의 의도로 소급시키거나 작품이 독자에게 미치는 정서적 효과를 강조하는 것을 모두 부정하고 작품 자체에 대한 '정교한 읽기'(close reading)를 강조한다. 이를 위해 '의도의 오류(Intentional fallacy)'나 느낌의 오류(affecteive fallacy) 같은 용어를 사용하기도 했다.

---

3) 스피로(Spiro, J.)는 문학 학습자의 역할 모델로 문학 비평가, 작가, 감식력 있는 독자, 인문주의자, 능력 있는 언어 사용자 등을 들고 있다. 보다 자세한 내용은 김상욱, 『문학교육의 길 찾기』, 나라말, 2003, 41면을 참조할 것.

비판적으로 검토하는 독자 역시 넓은 의미로 보았을 때 작품 형식의 사회적 의미를 탐구하고 있다. 현대 비평의 범주, 이론적 이슈, 설명 방식, 독법에 개입하는 '이해 관계의 갈등'을 학생들에게 드러내고 보여주는 것을 목표로 하는 '갈등 교육'의 모델이 이런 시각에서 제시되기도 하였다.4)

작품의 형식적 특징에 대한 분석을 위해서는 먼저 읽기와 해석에 선행하여 작품에 논리적으로 접근할 수 있는 지적 도구인 '비평 어휘와 이론'의 습득을 강조하게 된다. 이를 위해서는 '기법'이나 '비평 이론'을 설명하고 있는 '자료 텍스트'를 제시하여 학생들이 기법에 대한 지식을 습득한 뒤, 활동에 임할 수 있도록 해야 한다.

(3) 작품에 담긴 가치의 능동적 자기화

모든 교육의 궁극적 목표는 가치의 추구로 연결되는데, 그 중에서도 특히 어떤 사실을 설명하는 것보다는 인간과 사회가 지향하는 바람직한 가치가 무엇인가와 관련된 물음이 중요하게 부각되는 교과가 있다. 문학을 바탕으로 한 자국어 교육의 목표를 (1) 글의 내용 이해를 통한 간접 체험, (2) 인식적 기술 혹은 전략의 획득, (3) 미적 감수성, (4) 다른 문화에 대한 이해, (5) 윤리적 감수성, (6) 실존적 성숙 여섯 가지로 설정하는 논의에서도 가치의 문제가 빠지지 않는 이유를 짐작할 수 있다.5)

만일 작품의 미적 성질에만 주목하면서 문학 읽기를 '심미 체험'에 국한시킬 경우 작품의 목적이나 기능 혹은 내용과 같이 작품에 포함되어 있는 소위 '미의 외적 계기'들을 소홀히 취급하게 된다. 그러나 이러한 계기들은 작품

---

4) 도정일, 『시인은 숲으로 가지 못한다』, 민음사, 1994.

5) Gregory, M., "The many-headed hydra of theory VS. The unifying mission of teaching", *College English* Vol.59, 1997, pp.54~58.

을 낳은 세계의 일부로, 작품 전체의 의미를 결정하는 중요한 역할을 담당하고 있다. 사실 근대 이성의 합리화가 낳은 '순수 예술 작품'이란 미적 성질 자체만을 목표로 하여 선택하는 일종의 '추상 작용'에 의해 탄생한 개념에 지나지 않는다. 정몽주의 「단심가」는 미의식을 만족시키기 위한 시 문학 작품으로 쓰였다기보다는 어떤 '언어적 관습'에 의존하여 자신의 의지를 표현한 것이다. 작품의 세계와 현실 세계를 구별해야 한다는 '심미성'의 논리는 나름대로 타당한 구석이 없지 않지만, 동시에 '심미적 태도'를 전면에 내세움으로써 작품의 인식적 계기나 윤리적 계기 같은 작품의 '비미적인 계기'를 배제할 필요는 없다. 정치적 혹은 도덕적 또는 종교적 입장으로 규정되어 작품에서 비본질적인 것으로 상정되는 내용에서 일상적 독자는 오히려 더 많은 것을 얻는다. 문학교육에서 윤리 문제가 중요하게 부각되는 이유도 이와 관련이 있다. 특히 이 문제를 강조한 웨인 부스(Booth, W.)는 다음과 같은 일반적 물음을 작품의 수용에서 강조하였다.[6]

(1) 윤리적 결점을 담고 있는 이야기를 제시한 뒤 그것을 찾게 한다.
(2) 대조적인 관점을 담고 있는 이야기를 비교하게 한다.
(3) 내포 작가가 매력적인 주인공이 지지하고 있는 가치를 거부하고 있는 이야기를 꼼꼼히 읽으면서 학생이 작가의 위치에서 주인공의 가치를 검토하게 한다.
(4) 내포 작가가 의도하지 않았던 견해의 불일치 혹은 자기 모순을 발견할 수 있게 한다.
(5) 폭넓게 읽으면서도 비판적으로 읽으려는 태도를 기를 수 있게 한다.
(6) 통찰력 있는 비평은 타인의 견해를 부정하는 것이 아니라 그것을 생산적으로 보완하는 것임을 깨닫고 그것을 실천하게 한다.

---

6) 자세한 사항은 Booth, W. C., "The Ethics of teaching Literature", *College English* Vol.61, 1998, pp.50~53.

여기서 다섯 번째와 여섯 번째 항목에 주목할 필요가 있다. 그것은 거부나 수용 어느 한 쪽으로 귀결될 수 없는 가치 전유의 복합성을 드러내기 때문이다.

그런데 작품에 드러난 가치는 현재 사회에서 통용되고 있는 일반적인 가치와 많은 부분에서 배치되는 경우가 적지 않다. 대다수 근대 소설의 주인공이 일종의 '사회 부적응자'로 등장하는 이유도 그러한 주인공과 사회에 유지되고 있는 통념적 가치를 충돌시켜 후자를 점검하는 것을 목표로 하기 때문이다. 그런 의미에서 자신의 가치와 작품의 가치를 직접 대면시키는 단계 이전에 좀더 거시적인 맥락에서 작품에 드러난 가치의 의미를 파악하는 것이 필요하다. 그런 점에서 작품에 담긴 가치의 자기화를 작품에 드러난 세계관이나 주제를 일방적으로 수용하는 것과 동일시할 필요는 없다. 작품에 드러난 가치를 자신의 시각에서 비교·평가하면서 자신의 가치를 조정하는 활동은 정형화된 '독후감'에서 드러나곤 하는 '교훈 찾기'와는 구별되어야 할 것이다.

(4) 독자 공동체의 비평 문화 형성

문학 비평 용어 사전에 따르면, 문학이란 무엇인가, 한 편의 문학 작품의 뜻은 무엇인가, 작가는 어떤 일을 하는가, 한 작가 또는 작품의 가치는 어떠한가 등을 논의하는 일을 문학 비평이라고 한다. 이 정의에 따르면 비평은 문학에 관련된 일체의 논의를 포괄하는 광의의 개념으로, 이론 비평에서 실제 비평 그리고 기술 비평과 인상 비평을 두루 일컫는 용어이다. 반면 문학연구와 문학 비평을 구별하면서 '해석과 평가'를 비평의 본령으로 규정하는 협의의 정의를 선호하기도 한다. 이를 종합적으로 고려한다면 비평은 문학작품의 의미가 어떻게 형상화되어 있는가를 밝히면서 작품을 해석하고 평가

하는 담화의 형식으로 정의될 수 있다.

그렇다면 문학 연구와 비평은 어떻게 구별되는가? 특히 평가를 중시하는 비평의 특징에 주목하여 문학 연구와 비평이 구별되는 지점을, 비평가의 주관성이 개입하는 정도에서 찾을 수 있다. 일반적으로 문학 연구는 비평가의 해석과 평가를 넘어서서 문학적 진술의 규칙을 찾아내는 것을 지향하기 때문에 개별 작품에 대한 해석보다는 일반화될 수 있는 '법칙'에 더 큰 관심을 보이기 마련이다.

비평은 일반적으로 전문가의 활동이며 일반 독자와는 거리가 멀다고 생각하기 쉽다. 특히 비평을 시와 소설과 유사한 독자적인 예술 장르로 생각한다면 문학교육에서 비평의 위상은 시나 소설과 같은 하나의 '읽기 자료'가 되거나, 따라야 할 읽기와 쓰기의 모범이 된다. 읽기 자료로서의 비평문은 연구와 구별되는 독특한 문체와 개성을 강조하게 될 것이다. 결국 비평을 개별 장르로 파악할 경우, 한 편의 완결된 텍스트로서의 '실체'를 강조하게 된다.

그러나 비평은 전문가가 생산한 텍스트이지만 문학 작품의 의미가 어떻게 형상화되어 있는가를 밝히면서 작품을 해석하고 평가하는 '활동'이기도 하다. 비평가는 작가나 타인의 의견을 그대로 받아들이는 것이 아니라 자신의 가치관이나 문학관으로 텍스트를 해석하여 나름의 의미를 부여하고 가치 평가를 내린다. 영화를 좋아하거나 드라마를 좋아하고 그에 몰두하여 나름대로 조예가 깊은 독자들이 블로그나 커뮤니티에 남기는 글이 바로 이런 비평 활동의 산물이다. 어떤 면에서 모든 독자는 비평가이기도 하다.

문학교육의 맥락에서는 일반적인 독자가 작품을 읽는 것에서 작품에 대한 반응을 글로 표현하는 모든 과정에 걸쳐 있는 활동으로 비평을 규정해야 한다. 비평 주체의 감식안과 지적, 이론적 관점을 바탕으로 개별 작품을 읽는 가운데 포착한 '실감'을 글로 표현하는 작업은 굳이 '비평가'라는 직함을 가지고 있는 문학 전문가들에게만 필요한 특별한 활동이 아니다. 어떤 면에서 비평 능력은 문학을 읽고 쓰면서 즐길 수 있는 문학 능력과 동일한 의미를 갖는다. 비평 활동은 모든 장르를 통틀어 문학 능력을 신장하기 위한 활동 전체로까지 확장될 수 있는 근거를 여기서 찾을 수 있다.

비평은 자신의 해석이 보다 타당함을 주장할 수 있으며, 상대방의 관점을 수정하거나 보완할 수 있는 '설득(persuasion)'이 가능한 장르이기도 하다. 비평적 판단은 "이건 이렇습니다. 그렇지 않을까요?"와 같은 동의를 요청할 수 있으며, 그에 대해 "그렇지요, 하지만……"과 같은 방식으로 의견을 협동적으로 교환하는 일이 가능하다. 비평을 단순히 개별 작품에 대한 비평에 국한시키지 않고 '소통의 문화'로 확장시킬 가능성을 여기서 발견할 수 있다. 흔히 생각하는 것처럼 문학과 같은 예술에 대한 가치판단이 그저 '주관적'이고 '자의적'인 것은 아니다. 칸트는 미적 판단이 단순한 '쾌 불쾌'의 감정과 달리 일정 부분 합의가 가능한 보편성을 획득하게 된다고 보았다. 그것은 '미적 가치 판단'이 당대의 '공통 감각'을 바탕으로 복수의 주관성 사이에 벌어지는 대화와 합의를 거쳐 이루어지기 때문이다. 물론 이 공통 감각 역시 역사적·맥락적인 것이며 비평적 판단 역시 다수의 주관에 의한 '잠정적 합의'에 지나지 않는다. 그러나 맥락적이고 잠정적인 진리가 '약한 객관성'에 지나지 않는다고 실망할 이유도 없다. 한나 아렌트(Arendt, H.)가 칸트의 취미 판단 논의, 다시 말해 토의에 의한 '비평적 합의'에 의해 얻어지는 '잠정적 진리'에서 민주 정치의 원리를 발견할 수 있다고 주장한 점도 참조할 만하다.

광범위한 독서 대중이 작품의 진정한 가치에 대해 의견을 교환하고 그 가운데 옥석을 가리는 비평의 문화는 좋은 작품을 낳는 토대가 된다. 문학교육의 목표로 언급되는 '문학적 문화'는 비평 문화에 의해 가능하다. 영화나 만화를 다루는 인터넷 커뮤니티에서 현실화된 이런 문화를 문학 수용 교육은 시야에 넣어야 할 것이다.

4. 문학 수용 교육의 지향

작품 수용에서 능동적인 감상 능력을 길러주기 위해서는 작품에 실린 내용을 그저 해독하고 이해하기만 하면 되는 수동적 입장에서 벗어나 작가의 생각에 대해 비판하고 작품을 자신의 눈으로 평가하는 활동을 통해 독자의 주체적이고 능동적인 문학 해석을 강조해야 한다. 그런 이유로 제6차 국어과 교육과정기로부터 현재에 이르기까지 단편적인 지식 위주의 문학교육에 대한 반성을 바탕으로 학습자들에게 주체적이고 능동적인 문학 체험을 제공해 주어야 한다는 주장이 지속적으로 제기되어 왔다. 이는 2011 개정 교육과정에서 문학 작품을 이해하거나 생산하는 활동에 즐겁게, 그리고 능동적으로 참여한 경험을 통해 '주체적 문학 향유 능력'에 대한 강조로 나타난 바 있다.

그러나 '주체적 문학 향유'에 대한 강조가 운율, 비유, 상징이나 반어, 역설, 풍자와 같은 개념적 지식을 배제하는 것으로 이해되어서는 곤란하다. 비록 이 개념들이 신비평 이론에 의해 정련된 것임에는 틀림이 없지만 성취 기준이나 교육 요소를 기술하기 위해 공준을 받은 이론이나 지식을 활용하는 것은 피할 수 없다. 더구나 지식을 활용한다고 해서 반드시 분석적 주해 위주의 교육으로 귀결된다고 보기도 어렵다. 지식은 문학 경험이나 활동에 유의미하게 활용되어 학습자의 '주체적 시각'을 심화 확장시키는 데 기여할 수 있기 때문이다. 동시에 운율, 비유, 상징이나 반어, 역설, 풍자 등을 활용하여 '표현'하는 행위를 성취 기준에서 강조한 점을 눈여겨보아야 할 것이다. 더구나 이러한 문학적 장치 혹은 기법은 좁은 의미의 문학 행위는 물론이거니와 광고나 연설 혹은 설득과 같은 일상 언어 생활에서도 널리 쓰인다. 그런 점에서 지식의 도입이 '주체적 시각'과 양립되기 어렵다고 볼 필요는 없다.

문학의 성찰적·윤리적 기능은 학교 교육의 문학 수용에서 더욱 강조되어야 한다. 문학은 예술 작품이기 때문에 '심미적 감상'의 대상임에는 틀림이 없다. 그러나 '심미'를 문학의 가장 중요한 특징으로 보아야 하는 것은 아니다. 문학의 역사를 살펴보아도 미의 중요성보다는 다른 가치 즉 윤리적이고 종교적이고 정치적 기능을 중시한 시기가 더 길다. 급변하는 사회 속에서 자신의 삶을 윤리적인 차원에서 성찰할 있도록 돕는 문학의 역할을 강조할 필요성이 더 강하게 제기된다. 문학교육의 궁극적 지향은 '바르게 산다는 것은 무엇인가?'라는 물음을 성찰하는 차원으로 연결되기 때문이다.

특히 삶에 대한 총체적 체험을 중시하는 소설교육에서 윤리적 주체 형성의 문제는 다른 장르에 비해 한층 중요한 목표로 부각된다. 최근 도덕교육에서 서사를 활용한 접근법을 통해 주체의 감성과 상황을 흡수하고자 하는 논의가 부쩍 늘어난 이유도 소설을 비롯한 서사에 내재한 윤리적 물음의 가능성을 보았기 때문이다. 그러나 문학의 성찰적·윤리적 기능에 대한 강조를, 정해진 윤리적 덕목을 학습자가 체득하고 수용하게 하는 결과 중심의 '도덕교육'으로 오해해서는 곤란하다. 윤리적 성찰은 현재 통용되고 있는 윤리적 덕목의 가장자리에서 질문을 던지는 방식을 취하기 때문이다. 구체적인 도덕 덕목에 대해서 개인은 수용할 수도 있지만 도덕과 불화를 일으키거나 그것을 거부할 수 있는 것이 '근대의 윤리적 주체'이다. 결국 '받아들이기'와 '거부하기'의 양자택일이 아닌, '이 사람이 저 상황에서 저런 행동을 하는 이유는 무엇인가?'라는 감정 이입의 질문과 '나라면 그 상황에서 어떻게 행동했을 것인가?'라는 물음이 문학교육에서 윤리를 문제 삼는 방식일 것이다.

문학의 소통 방식 즉 문학 사회학의 과제를 문학에 대한 수용 영역으로 끌어들여야 할 것이다. 작품이 생산되어 독자에 이르는 소통 과정 전반을 점검하는 활동의 중요성은 '문학의 매체성'이 강조되면서 갈수록 강조되어 왔다. 1990년대 중반의 '문학 권력' 논쟁이나 각종 블로그 서평이나 인터넷 서점 독자 평가단의 역할 증대 역시 이러한 '작품의 소통 방식'이 차지하는 비중을 말해준다. 동일한 작품이라도 인터넷 매체에서 개인의 취미 활동 방식으로 출현했던 귀여니의 작품과 이것이 출판되어 '영업의 대상'이 되거나 영화화된 이후의 작품은 수용의 양태가 달라질 수밖에 없다. 21세기의 독자는 입소문이나 '전문 비평가'의 추천을 바탕으로 '겸허히' 작품에 몰입하는 방식으로 책을 읽지 않는다. '베스트셀러의 사회학'이나 작품이 갖는 사회적 의미 부여의 체계에 대한 연구는 이러한 '작품 소통과 유통'의 경로에 주목하고 있다. 지금까지의 문학 수용은 말 그대로 개별 작품에 대한 '이해와 감상'에 주목하여 이를 '문화 외적인 것'으로 배제하지 말고 문학의 수용에 있어 중요한 비중을 차지하는 교육의 내용으로 고려해야 할 것이다.

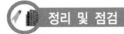

☑ (　　)에 알맞은 말을 써 넣으면서 주요 개념을 정리합니다.

1 문학 작품을 읽을 때 발생하는 독자의 정서적 변화는 단순한 (　　　　) 변화와 구별되는 (　　　　) 과정을 통과하는 가운데 발생한다.

2 작품에 대한 독자의 능동적 태도를 잘 보여주는 용어가 (　　　　)이다. 이는 작품의 권위에 맹목적으로 따르지 않고 작품에 담긴 주제의식이나 세계관을 독자의 맥락에서 능동적으로 회의하는 태도를 강조하다.

3 딜타이는 타인의 세계를 이해하기 위한 태도로 (　　　　)을 강조하였는데 그는 이를 '타자의 내적인 체험 세계를 재구성하는 추체험'으로 정의였다.

☑ 지시에 따라 서술하면서 문학 수용의 주요 특징을 이해합니다.

1 '신비평'을 따른 작품 읽기의 특징을 설명하고 그것이 문학 수용에서 차지할 수 있는 역할을 서술하시오.

2 작품에 대한 비평이 단지 주관적이지 않은 나름의 객관성을 가질 수 있는 이
유를 설명하시오.

3 '삶의 총체적 체험'이라는 문학교육의 목표가 문학의 윤리적 기능과 어떻게
연결되는지 서술하시오.

✅ 지시에 따라 주요 개념을 적용하면서 실천적 능력을 기릅니다.

1 「만세전」에서 일부를 발췌하여 (1) 주인공 이인화의 성격을 파악할 수 있는
학습 활동을 구상한 뒤 (2) 이 작품에 나타난 주제 의식을 비판적으로 검토
할 수 있는 학습 활동을 제시하라.

2 섬세한 읽기를 바탕으로 작품을 다양한 맥락에서 이해하는 수업을 하고자
한다. <조건>에 따라 수업 설계에 필요한 내용을 논술하시오.

(가)

　　노주인의 장벽(腸壁)에
　　무시로 인동(忍冬) 삼긴 물이 나린다.

　　자작나무 덩그럭 불이
　　도로 피어 붉고,

　　구석에 그늘 지어
　　무가 순 돋아 파릇하고,

　　흙냄새 훈훈히 김도 서리다가
　　바깥 풍설(風雪) 소리에 잠착하다.

　　산중에 책력(册曆)도 없이
　　삼동(三冬)이 하이얗다.

— 정지용, 「인동차(忍冬茶)」

(나)

　　모더니즘은 문학이 우선 언어의 예술이라는 자각 속에서 탄생하였다. 모더니
즘은 흘러나오는 감성의 표출을 중시한 전래의 낭만주의 문학을 부정하였다. 시
의 경우 언어의 음성적 자질이나 언어 자체의 감각적 심상을 고려하면서 이들이
시 전체에서 작용하는 효과를 고려한다. 소설 역시 20세기 들어 탄생한 새로운
예술 장르가 내놓은 새로운 기법을 적극적으로 도입하는 경향을 보여준다. 모두
'건축학적 설계' 위에서 작품이 제작되는 경향을 보여준다. 그러나 모더니즘 문학
이 내용을 가볍게 여긴 형식 중시의 문학이라 보는 것은 잘못이다. 비록 전대의
경향 문학과 같은 편내용주의는 아니었지만 모더니즘 문학 역시 당대의 문화적
상황에 대한 감수를 바탕으로 어떤 가치를 제시하고자 한다.

(1) 작품을 읽을 때 고려할 수 있는 맥락 세 가지를 제시하고, '다양한 맥락
에서 이해하는 수업'의 문학교육적 의의에 대해 서술하시오.

(2) 섬세한 읽기를 바탕으로 (나)에 제시된 맥락에서 작품 (가)를 이해하는 수
업을 할 때 필요한 학습활동 두 가지를 제시하고 섬세한 읽기 관련 수업
의 지도상의 유의점을 설명하시오.

제11장

생산을 위한 문학교육

학창 시절의 문학 창작 경험은(초등학교 혹은 중학교 백일장에서 정해진 시간 내에 주어진 시제(詩題)에 맞춰 서둘러 시(詩)를 썼거나 수행 평가의 일환으로 시도했던 패러디 활동들) 문학 생산 활동을 전문 작가들만이 참여하는 '그들만의 리그'로 치부하게 함으로써 전문 작가를 제외한 대부분의 사람들을 이미 창작된 문학의 수용자로 고정시켜 버리곤 한다. 문학 생산 활동은 전문 작가들만의 영역이라는 생각은 문학적 재능을 타고난 문학 천재들의 범주를 설정하는 낭만주의적 전제를 바탕에 깔고 있다. 그러나 문학은 특정인의 소유물일 수 없다. 첫사랑에게 설레는 마음으로 썼던 연애편지도, 남몰래 삭이던 고민을 밤새 털어놓았던 일기도, 남몰래 끄적거려 보았던 습작 소설도 모두 문학 생산 활동의 결과물이라 할 수 있다. 일상생활 속에서 우리는 이미 문학 생산의 참여자로 활동하고 있다.

이 장에서는 문학교육에서 문학 생산 활동의 중요성 및 문학 생산 활동 교육의 하위 영역을 차례로 학습한다. 이 장을 통해 문학 생산 활동을 생활화하는 학습자를 길러내기 위해서 문학교육이 어떠한 역할을 해야 하는지 모색해 보도록 하자.

1. 문학교육에서 문학 생산 활동의 중요성

(1) 문학 생산 활동의 의의

문학 생산 활동은 왜 중요한가? 문학교육의 목표가 문학 능력을 통해 문학을 생활화하는 태도를 갖추는 것이라고 할 때, 문학 생활화는 어떻게 기를 수 있을까? 다수의 학습자들은 문학을 창작하는 입장에 서기보다는 기존의 수많은 문학 텍스트를 수용하고 받아들이는 독자의 입장에서 문학 텍스트를 접하고 있다. 이러한 상황을 반영하듯 학교 교육 내 문학교육에서도 문학에 대한 이해와 감상이 강조되며 학습자의 문학 수용이 중심 교육 내용으로 설정된다.

그러나 학습자가 문학을 이해하고 감상하는 수용자의 입장에 그친다면, 문학을 생활화하는 태도를 충분히 갖추었다고 보기 어려울 것이다. 이는 문학 텍스트의 생산과 수용을 포함한 소통 구조의 반쪽에만 주목하는 것이기 때문이다. 문학교육에 참여하는 학습자가 문학 텍스트의 소통 구조 속에서 문학 텍스트와 관련된 활동의 이모저모를 모두 경험하기 위해 학습자는 문학의 수용자인 동시에 문학의 생산자가 될 필요가 있다. 즉, 학습자가 문학을 생산하는 데에까지 나아간다면, 학습자는 문학 소통 구조에 온전히 참여함으로써 문학 텍스트를 둘러싼 사태 전반을 이해하여 문학 생활화를 성취할 수 있을 것이다. 이를 문학 텍스트를 포함한 의사소통 구조 속에서 파악해 보자.

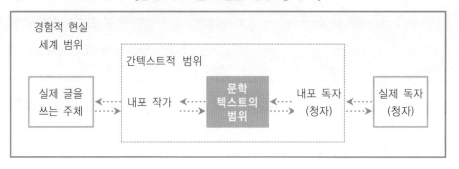

[문학 텍스트를 포함한 의사소통 구조]

경험적 현실
세계 범위

간텍스트적 범위

실제 글을
쓰는 주체

내포 작가

문학
텍스트의
범위

내포 독자
(청자)

실제 독자
(청자)

문학이 생산되고 소통되고 수행되는 제반 국면을 구성하는 기본 요소는 작가, 독자, 문학 텍스트이다. 문학의 이해와 감상을 중심으로 하는 수용의 측면에서 학습자는 실제 독자의 위치에 놓여 있다. 실제 독자의 위치에 선 학습자는 문학 텍스트를 이해하고 감상하는 과정에서 내포 독자의 위치에 접근하고자 노력하며 문학 텍스트에 대한 적극적인 수용을 시도할 것이다. 반면 문학의 생산 활동은 학습자가 실제 글을 쓰는 주체의 입장에 설 때 비로소 가능해진다. 하나의 문학 텍스트를 사이에 두고 의사소통을 주고받는 구조 속에서 수용자의 입장과 생산자의 입장에 서본다면, 학습자는 문학 생산을 직접 경험함으로써 문학의 의사소통 구조를 이해하며 문학 텍스트를 둘러싼 맥락에 대한 총체적 이해에 도달할 수 있다.[1]

문학교육에서 문학 생산 활동을 다루고자 할 때, "특정 유형의 텍스트를 설정하고 '어떻게 글을 쓸 것인가' 하는 방법적 효율성만을 문제 삼을 것이 아니라 '왜 그렇게 써야 하는가', '그것은 어떠한 사회·문화적 가치를 지향하는 것인가' 하는 반성적이고 비판적 질문이 동시에 전개되어야 한다"[2]라

---

1) 가령 고전시가의 갈래 규칙에 따라 고전시가를 직접 창작하는 경험은 학습자를 고전시가의 갈래 전반에 대한 총체적 이해로 이끌어갈 수 있다. 조희정, 「고전시가 쓰기 교육 연구」(1) (2), 『고전문학 교육 연구』, 한국문화사, 2011, 271~340면 참조.
2) 최인자, 「장르 문식력의 국어교육적 의의」, 『국어교육의 문화론적 지평』, 소명출판, 2001, 47면.

는 관점을 유지해야 한다. 문학교육에서 '문학 생산을 어떻게 할 것이냐'도 해명해야 할 중요한 문제이지만, 그 문제에 앞서 우리에게 문학 생산은 왜 필요한 것인지, 문학 생산은 어떤 가치를 지향해야 하는지에 대한 논의를 간과해서는 안 된다는 점을 강조하기 때문이다.

이런 관점에서 문학 창작이 아니라 문학 생산이라는 관점을 취하는 이유를 살펴보자. '문학 생산'이라는 용어는 문학 내 민주주의의 실천을 내포하고 있다. 특권적 지위가 부여된 텍스트인 제도권 문학과 그렇지 못한 아마추어 문학 사이의 구분을 무화하며, 문학 창작이 전문가만의 독점적 전유물이 아님을 드러내려는 의도를 담고 있는 것이다. 다음 사례를 살피며 이 문제를 좀 더 생각해 보자.

> 시는 아무나 짓는 게 아니야
> 배운 삶이 시를 써 읊는 거지
> 가이 갸 뒷다리도 모르는 게
> 백지장 하나
> 연필 하나 들고
> 나서는 게 가소롭다
> 꽃밭에서도 벌과 나비가
> 모두 다 꿀을 따지 못하는 것과 같구나
> 벌들은 꿀을 한 보따리 따도
> 나비는 꿀도 따지 못하고
> 꽃에 입만 맞추고 허하게 날아갈 뿐
> 청룡도 바다에서 하늘을 오르지
> 메마른 모래밭에선 오를 수 없듯
> 배우지 못한 게 죄구나
> 아무리 따라가려 해도

아무리 열심히 써도
나중엔
배운 사람만 못한
시, 시를 쓴단다.

— 한충자, 「무식한 시인」3)

위 시를 쓴 한충자 시인은 독특한 이력을 지닌 분이다. 충북 음성에 살며 여든 살을 넘긴 이 시인은 문맹 상태로 오랜 세월을 지내셨고, 일흔 살이 넘어 처음 글을 배운 후 우연한 기회로 시를 쓰기 시작하셨다. 한충자 할머니는 문맹의 상태에서 벗어나 글을 배우고 시를 썼던 자신의 체험을 한 편의 시로 녹여내고 있다. 시구 "가이 갸 뒷다리도 모르는 게"에서 '뒷다리'는 한글 자모의 받침을 가리키는 것4)으로 한글을 깨치는 과정에서 할머니는 한글 자모 중 받침의 쓰임을 어려워하셨던 모양이다. 시의 첫머리에서 "배운 삶이 시를 써 읊는" 것이라고 단언하지만, "배운 사람만 못한 / 시, 시를 쓴단다."는 마무리에 이르면, 시 창작에 흠뻑 빠져든 자신의 모습에 대한 시인 자신의 이중적 감정이 고스란히 드러난다.

한충자 할머니에게 시를 창작하는 일은 어떤 의미를 지녔을까? 할머니는 낮에는 밭일을 하고 집으로 돌아와 남편과 시어머니 몰래 불을 켜고 시를 쓰며 밤을 보내곤 했다고 한다. 또한 어느 날은 밭일을 하다가 자꾸만 시가 쓰고 싶고 시상이 떠올라 밭일을 제대로 하지 못해 결국 허탕을 치고 노을만 바라보다가 집으로 돌아오기도 하셨다고 한다.5) 이로부터 심보선 시인은 다음과 같은 관점을 이끌어낸다.

---

3) 정혜윤, <그런 뒤에야 해피뉴이어!>, 한겨레신문, 2011년 1월 3일 http://hook.hani.co.kr
4) 심보선, 『그을린 예술』, 민음사, 2013, 220면.
5) 심보선, 위의 책, 223면.

할머니는 시를 쓰면서 평생을 의무적으로 복무해야 했던 농사일로부터 비로소 해방된 것이 아닐까? 낮에는 농사일을 하고 밤에는 시를 쓰는 일이 자신에게는 피곤하고 남들에게는 하찮아 보일지라도 할머니는 시를 쓰면서 '말할 수 없는 것을 말하고', '될 수 없는 존재가 된' 것이 아닐까?[6]

글을 쓰는 이의 일상적인 경험은 시의 제재가 되고 있으며, 글 쓰는 이는 시를 쓰는 체험을 통해 자신의 일상생활에서 벗어나 새로운 문학의 세계로 빠져들기도 하는 것이다. 문학 텍스트는 사회로부터 승인 받은 전문가 집단만이 만들어낼 수 있는 생산물로 한정될 수 없다. 문학을 생산하고 향유하려는 모든 이들에게 문학 생산 활동은 열려 있는 체험이며, 오직 이 체험에 참여하는 이들에게만 문학 생산 활동의 즐거움은 허락될 수 있다.

(2) 문학 생산 활동 교육의 현재

문학 생산 활동 교육의 현재를 알아보기 위해서는 문학교육의 다양한 국면을 살펴야 할 것이지만 여기서는 국가 단위에서 계획된 문학교육의 모습 속에서 문학 생산 활동의 교육 내용과 교육 방법을 알아보기 위해 국어과 교육과정[7] 내에서 문학 생산 활동 관련 성취 기준을 표로 간추려 정리한다.

---

6) 심보선, 앞의 책, 2013, 233면.
7) 교육과학기술부, 『국어과 교육과정』, 교육과학기술부 고시 제2011-361호, 2011.

[2011 국어과 공통 교육과정 내 문학 생산 활동 관련 성취 기준]

학년군	영역 성취 기준	내용 성취 기준	내용 성취 기준 해설
			국어과 공통 교육과정
1–2학년	발상과 표현이 재미있는 작품을 다양하게 접하면서 문학이 주는 즐거움을 경험하고, 일상생활의 경험을 문학적으로 표현한다.	(2) 말의 재미를 느끼고 재미를 주는 요소를 활용하여 자신의 경험을 표현한다.	반복되는 말 등 기억하기 쉽고 그 자체로 즐거움을 주는 말을 접하게 함으로써 국어 활동에 흥미를 갖도록 한다. 일상에서 쉽게 접할 수 있는 국어 자료나 동시 등 문학 작품을 활용한다. 이때 재미있는 말을 찾고 확인하는 수준을 넘어 그 말이 전체 작품이나 맥락에서 발휘하는 효과까지 확인하도록 한다. 나아가 재미를 주는 요소를 활용하여 자신의 경험을 표현하도록 한다.
		(6) 일상생활에서 겪은 일을 동시나 노래, 이야기로 표현한다.	일상생활에서 겪은 일을 운율에 맞추거나 시간적인 흐름에 따라 표현하는 등의 간단한 활동을 함으로써 문학적으로 표현하는 즐거움을 경험하도록 하고 그러한 표현 활동에 자신감을 갖도록 한다. 동시나 노래, 이야기의 특성이나 요건에 맞춰 표현하도록 강요해서는 안 되며, 자신의 일상 경험을 이전에 배운 동시나 노래, 이야기를 흉내 내어 표현하는 것을 허용하도록 한다.
3–4학년	문학의 구성 요소가 잘 드러나는 작품을 대상으로 하여 그 구성 요소에 초점을 맞추어 문학 작품을 자신의 말로 해석하고, 해석한 내용을 다양한 방식으로 표현한다.	(6) 작품을 듣거나 읽거나 보고 느낀 점을 다양한 방식으로 표현한다.	작품을 듣거나 읽거나 보고 느낀 점을 다양한 방식으로 표현하도록 함으로써 이해 능력과 표현 능력을 동시에 길러 주도록 한다. 느낌을 간단히 말하는 것은 물론이고 독후감 쓰기나 독후 토론, 독후 그림 그리기 등 다양한 방식으로 이해한 바와 느낀 점을 표현해 보도록 한다. 다양하고 창의적인 표현을 독려하되, 작품에 대한 깊이 있고 풍부한 이해가 바탕이 되도록 한다.
5–6학년	문학 작품에 대한 해석의 근거를 찾아 구체화하고, 작품의 일부나 전체를 재구성하는	(6) 작품의 일부를 바꾸어 쓰거나 다른 갈래로 바꾸어 쓴다.	작품의 일부를 바꾸어 쓰거나 주어진 작품을 다른 문학 갈래로 바꾸어 써 봄으로써 작품을 자신의 관점에서 주체적으로 이해하고 문학을 능동적으로 향유할 수 있도록 한다. 작품의 내용이나 표현을 모방하여 쓰거나, 내용이나 표현에 대한 자신의 생각을 반영하여 작품의 일

	활동을 통해 작품 수용과 표현의 수준을 높인다.		부를 바꾸어 쓰거나, 주어진 작품 전체를 다른 갈래로 바꾸어 써 봄으로써 문학의 소통에 생산자로서 참여하는 태도를 지니도록 한다.
중1 ― 중3	문학의 다양한 특성에 대한 이해를 바탕으로, 다양한 관점과 방법으로 작품을 해석하고 평가하며 자신의 일상적인 삶을 작품으로 표현한다.	(1) 비유, 운율, 상징 등의 표현 방식을 바탕으로 작품을 이해하고 표현한다.	작품을 표현하는 데 사용되는 비유, 운율, 상징 등 다양한 표현 방식을 이해하고, 이를 바탕으로 작품을 이해하고 표현하도록 한다. 한 편의 작품 속에서 다양한 표현 방식이 어떻게 드러나고 어떤 문학적 효과를 드러내며 나아가 작품 전체 의미를 형성하는 데 어떻게 기여하는지 작품을 통해 이해하도록 지도한다. 또한 비유, 운율, 상징 등 다양한 표현 방식을 활용하여 표현할 수 있도록 한다.
		(4) 표현에 드러나는 작가의 태도에 주목하며 작품을 이해하고 표현한다.	반어, 역설, 풍자는 대상을 바라보는 작가의 태도가 특히 강조되는 표현 방식이다. 반어, 역설, 풍자 등의 표현 방식을 이해하는 데서 그치는 것이 아니라, 이러한 표현 방식에 내재된 작가의 태도는 무엇인지, 어떤 문학적 효과를 드러내며 나아가 작품 전체 의미를 형성하는 데 어떻게 기여하는지 이해하는 데에 초점을 맞추도록 한다. 또한 이러한 표현 방식을 활용하여 다양하게 표현할 수 있도록 지도한다.
		(9) 자신의 일상에서 의미 있는 경험을 찾아 다양한 작품으로 표현한다.	자신의 일상에서 의미 있는 경험을 떠올리고 그것을 다양한 작품으로 표현함으로써 자신의 삶을 문학적으로 성찰할 수 있는 것은 물론 문학적 표현 능력을 신장시킬 수 있다. 특정 문학 갈래 중심의 작품 표현을 강조하기보다는 자신의 경험에 맞는 문학 갈래로 표현할 수 있도록 한다. 나아가 이를 통해 문학을 즐기며 생활화하는 태도를 지니도록 한다.

[2011 국어과 선택 교육과정 내 문학 생산 활동 관련 성취 기준]

과목	국어과 선택 교육과정	
	내용 성취 기준	내용 성취 기준 해설
국어 II	(14) 문학이 정서적, 심미적 삶을 고양함을 이해하고 작품을 수용·생산한다.	문학은 우리가 경험하지 못한 세계를 알 수 있게 하고, 감정을 정화시키며, 윤리 의식을 고양하고, 세계에 대한 비판적 인식 능력을 신장시킨다. 독자들은 문학을 통해서 인간과 세계에 대하여 깊이 있게 이해하고 삶의 의미에 대한 통찰을 기를 수 있다. 문학의 효용을 이해하게 하고 문학 활동을 통해 이를 실천할 수 있도록 한다.
	(15) 문학의 수용과 생산 활동을 통해 다양한 가치를 비평적으로 이해하고 실현한다.	작가는 작품 속의 인물들을 통해서 다양한 가치와 세계관을 형상화한다. 문학 작품 속에 등장하는 인물들은 서로 다른 가치를 지닌 인물, 집단, 세계와 충돌하며 갈등에 빠지기도 한다. 작가들은 이러한 갈등을 통해서 당시 사회가 갖고 있는 한계나 모순을 폭로하기도 하고 새로운 대안을 제시한다. 작품을 수용하고 생산하는 활동을 통해서 서로 다른 가치를 가진 다양한 삶을 이해하고 평가하며 갈등을 극복할 수 있는 방안을 모색하게 한다.
문학	(2) 작품은 내용과 형식이 긴밀하게 연관되어 이루어짐을 이해하고 감상하며 창작한다.	문학 작품은 내용과 형식이 유기적으로 짜인 언어 예술이다. 작품의 내용은 작품 속에 주제 의식으로 구현되며 이러한 주제 의식은 문화적, 관습적으로 형성된 언어적 형식으로 표현되어 나타난다. 문학 작품의 수용과 생산 활동은 주제적 내용과 언어적 표현의 긴밀한 연관성을 고려하는 방향에서 이루어질 수 있도록 한다.
	(5) 다양한 시각과 방법으로 작품을 재구성하거나 창작한다.	문학 활동은 인간의 본질 문제에 대한 자신의 생각이 과연 표현할 가치가 있는지 평가하는 데서부터 시작한다. 자신이 상상하거나 체험한 내용 중에서 가치가 있다고 판단되는 내용을 선별하고 이를 준거로 삼아 자신의 관점과 방법으로 다른 사람의 작품을 재구성하거나 새로운 작품을 창작할 수 있다. 내용과 표현만이 아니라 자신의 시각과 방법에 맞는 형식과 맥락, 매체 등을 선택하여 재구성하거나 창작하도록 한다.

2. 문학 생산 활동 교육의 하위 영역

평소 문학 수용자의 위치에서 문학 텍스트를 대하던 학습자에게 문학 생산자로 위치를 변경하는 활동은 낯설고 어려운 일로 여겨질 수 있다. 문학생산자가 되어야 하는 학습자들이 곤란을 겪는 지점은 무엇일까? 학습자들은 교사에게 "무엇을 써야 하나요?", "어떻게 써야 하나요?"와 같은 질문을 던지며 문학 생산 활동에서 직면하는 어려움을 토로할 것이다.

학습자들이 일상생활 속에서 누구나 자연스럽게 해왔던 일기 쓰기, 편지쓰기, 비유적 표현 구사하기 등은 문학 생산 활동의 시작이 될 수 있다. 문학생산 활동은 자신이 체험하거나 상상한 내용 중에서 가치 있다고 판단하는 내용을 골라 자신의 관점과 방법으로 구성해내는 것이다. 우리는 일상생활에서 가치 있는 경험을 하기도 하고, 문학 텍스트를 통하여 흥미로운 인물이나 사건에 대한 강렬한 경험을 하기도 한다. 학습자는 일상에서 경험한 일을 관찰하고 재구성하거나 허구적인 인물을 상상하여 구체적인 문학 갈래의 텍스트를 만들 수 있다.

학습자는 문학 텍스트에 담아내고자 하는 표현 욕망을 표현 관습에 맞춰 담아내게 될 것이다. 이때 학습자는 문학 수용자에 대해 고려해야 하며, 문학 텍스트를 둘러싸고 있는 맥락을 파악해야 하며, 표현 관습을 고려하여 생산 활동에 임해야 한다. 문학교육에서 문학 생산 활동은 학습자의 인상적이거나 가치 있는 경험을 재구성하여 기존의 문학 텍스트에 담아내는 활동에서부터 시작하여, 새로운 작품의 창작 활동으로 나아가도록 단계화할 수 있다.

(1) 문학 텍스트의 재구성

표현 활동에 익숙하지 않은 학습자들이라면 문학 생산 활동도 낯설어할 가능성이 높다. 이 경우 기존의 문학 텍스트를 변형하는 활동에서부터 문학 생산 활동 교육을 시작한다면 학습자들이 문학 생산 활동에 대해 지니고 있는 부담감을 덜어줄 수 있을 것이다. 기존의 문학 텍스트를 재구성하는 활동은 이미 완성된 형태로 존재하는 문학 텍스트에서 문학 생산 활동을 시작하는 것이다. 따라서 기존 문학 텍스트의 일부를 변형하는 활동은 교육과정 상에서 초등 국어과의 교육 내용으로 제시되는 경우가 많다.[8]

기존의 문학 텍스트를 변형하여 새로운 문학 텍스트를 생산하는 활동은 기존의 문학 텍스트를 수용하는 활동과 긴밀하게 연결되어 있다. 학습자가 기존의 문학 텍스트를 이해하고 감상한 상태에서 텍스트의 재구성을 통해 생산 활동을 시도한다면, 텍스트의 내적/외적 흐름을 고려한 상태에서 텍스트의 재구성을 시도할 가능성이 높다. 물론 학습자가 제시된 문학 텍스트를 이해하고 감상하지 못한 상태에서도 기존의 문학 텍스트를 변형하는 활동은 가능할 뿐만 아니라 그것 역시도 하나의 문학 생산 활동으로 의의를 부여할 수 있다. 다만 이런 활동 속에서는 선행 자료로 제시된 문학 텍스트의 특징들이 무시될 가능성이 높다는 점을 유념하여야 하며, 반대급부로 학습자의 임의적인 판단과 자유로운 상상이 개입할 가능성이 높다는 점을 고려해야 한다.

기존의 문학 텍스트를 재구성하는 문학 생산 활동으로는 기존 문학 텍스트의 한 부분을 의도적으로 생략하여 그 부분을 채워 쓰거나 이어 쓰는 활동이 가능하다. 이는 문학 텍스트의 흐름을 이해하되 작가의 입장이 되어 생략 부분을 채우거나 결말 부분을 다르게 마련하는 활동 등으로 구체화될 수 있

---

8) 2011년 교육과정에서는 초등 5~6학년군의 교육 내용으로 설정되었다.

다. 다른 한편 기존 문학 텍스트의 표현을 모방하여 쓰거나, 내용이나 표현에 대한 자신의 생각을 반영하여 텍스트의 일부를 바꾸어 쓰는 활동 등을 구상할 수 있다. 여기에서는 문학 텍스트를 재구성하여 새로운 문학 텍스트를 생산하는 방식으로 가장 널리 알려진 '패러디(parody)'에 대해 살펴보자.

패러디는 기존의 텍스트에 대한 의식적이고 인정된 모방인용의 행위이므로 독자가 패러다임을 지각했을 때라야만 그 기능을 발휘할 수 있다. 그러므로 패러디 텍스트는 모든 장치들을 활용하여 원텍스트를 예시하거나 노출시켜야 하고 이로써 합법성과 정당성은 물론 유희성까지 획득할 수 있다.[9]

패러디는 기존의 문학 텍스트를 의식적이고 의도적으로 인용하여 새로운 문학 텍스트를 생산하는 활동이다. 새로운 문학 텍스트를 생산하지만 기존의 문학 텍스트를 자료로 삼았다는 점이 텍스트의 표면에 드러나서 기존의 문학 텍스트가 환기하는 문학 세계와 새로운 문학 텍스트가 만들어낸 문학 세계 사이가 비교되고 대조되면서 새로운 미적 효과를 발휘하게 된다. 원텍스트와 패러디 텍스트의 관계로 유명한 사례 중 하나는 김춘수의 「꽃」을 패러디한 장정일의 「라디오와 같이 사랑을 끄고 켤 수 있다면」이다.

내가 그의 이름을 불러 주기 전에는 / 그는 다만 하나의 몸짓에 지나지 않았다. // 내가 그의 이름을 불러 주었을 때, / 그는 나에게로 와서 / 꽃이 되었다.

— 김춘수, 「꽃」 중에서

내가 단추를 눌러 주기 전에는 / 그는 다만 / 하나의 라디오에 지나지 않았다

---

9) 정끝별, 『패러디의 시학』, 문학세계사, 1997, 60면.

// 내가 그의 단추를 눌러 주었을 때 / 그는 나에게로 와서 / 전파가 되었다.

— 장정일, 「라디오와 같이 사랑을 끄고 켤 수 있다면」 중에서

　　장정일의 시는 '김춘수의 '꽃'을 변주하여'라는 부제를 달고 있어 그 시의 원텍스트를 분명하게 지시하고 있다. 이처럼 패러디에서 패러디의 대상이 된 원텍스트를 분명하게 드러내는 것을 '원텍스트의 전경화(foregrounding)'라고 한다. 원텍스트를 표면에 내세워 원텍스트를 불러들이면서도 원텍스트와 구분되는 새로운 문학 텍스트를 생산한다는 점에서 패러디 텍스트와 원텍스트는 대화성을 유지하고 있다. 두 텍스트는 유사성을 지니고 있지만, 생산된 텍스트의 내용이 새롭고 미적 효과가 분명할수록, 즉 두 텍스트 사이의 차이가 강조될수록 패러디의 효과는 극대화되며 두 텍스트 사이의 대화적 성격도 의미를 지닌다.

　　독자들이 패러디 텍스트를 접할 때, 전경화된 원텍스트를 알아볼 수 있어야 패러디의 효과가 발휘될 수 있다. 따라서 학습자가 패러디를 시도할 때, 많은 독자들에게 널리 알려진 정전화된 텍스트를 대상으로 삼는다면 독자들은 원텍스트를 어렵지 않게 환기할 수 있을 것이다. 또한 패러디 활동 과정에서 학습자는 패러디 대상 텍스트의 내용이나 표현에 대해 어떻게 생각하는지 반영할 수밖에 없기에 패러디는 문학 생산 활동인 동시에 문학 비평 활동의 성격을 지니고 있다.

(2) 갈래와 매체의 변용

　　문학 텍스트의 재구성은 자신의 관점과 방법으로 다른 사람의 작품을 변형하는 것이다. 자신의 정서나 사상을 표현하기에 적합한 작품을 골라 내용과 표현을 바꾸거나 형식과 맥락, 매체 등을 바꾸어 작품을 재구성할 수 있

다. 전문 작가들 역시 의도적으로 기존 텍스트의 재구성을 활용하곤 한다. 1934년 박태원이 발표한 「소설가 구보 씨의 일일」은 소설가 최인훈과 주인석이 각각 원작의 사회·문화적 맥락을 1960년대와 1990년대의 맥락으로 바꾸어 재구성한 바 있다. 한편 시인 오규원은 「소설가 구보 씨의 일일」을 재구성하여 연작시 「시인 구보 씨의 일일」을 발표하였다.

오규원의 연작시 「시인 구보 씨의 일일」처럼 문학 텍스트의 재구성에서 한 발 더 나아가 갈래의 변용을 통해 새로운 문학 텍스트를 생산할 수 있다. 문학 텍스트의 재구성 활동이 문학 텍스트의 일부를 변형하여 재구성하거나 패러디를 시도하는 문학 생산 활동이었다면 갈래의 변용은 주어진 텍스트 전체를 다른 갈래로 바꾸어 쓰는 활동이다. 시를 소설로, 소설을 극으로, 수필을 시 등으로 바꾸어 쓰는 것이다. 동일한 제재를 다룰지라도 갈래가 변화하면 갈래의 규칙에 따라 문학적으로 형상화하는 방식도 달라지게 마련이다. 따라서 갈래를 변용하는 문학 생산 활동에 참여하는 학습자들에게는 '갈래 문식성(genre literacy)'이 요청된다.

갈래 문식성은 문학 갈래를 분류하고 갈래별 특징을 이해한 후, 갈래별 특징을 고려하여 개별 갈래의 문학 텍스트를 수용하고 생산할 줄 아는 능력이다. 문학 갈래는 문학 텍스트를 생산한 작가의 '정신적 태도(mental attitude)', 문학 텍스트가 독자의 마음에 미치는 '효과의 유사성(similar effect)', '언어의 구조물로서 다루는 문학 작품 자체들 간의 유사성' 등을 기준으로 개별 문학 텍스트를 분류하는 범주[10]이다. 학습자는 특정 갈래에 의해 매개된 활동에 참여함으로써 사고력, 소통 능력, 언어 수행 능력 등을 신장할 수 있다.[11] 따라서 갈래는 학습자가 문학을 수용하고 생산하기 위해 고려해야 할 매개인 동시에 학습자에 의해 변화하고 확장되는 문학의 수용과 생산의 기본 틀이다.

---

10) Hernadi, P., 김준오 옮김, 『장르론―문학 분류의 새 방법』, 문장, 1983, 17~18면 참조.
11) 정진석, 「문학교육에서 서사의 극화 원리에 대한 연구」, 서울대학교 석사학위논문, 2006, 2면.

7차 중학교 국어 교과서에 수록되었던 갈래 변용을 통한 문학 생산 활동 사례를 살펴보자.

먼 옛날의 일이죠 한 소년이 있었죠 작은 아이 외로울 땐 비가 내렸죠 항상 혼자 외로이 꿈꾸던 아이의 뽀얀 안경 눈에 뜨인 비누 한 조각 우윳빛 비누 인형, 소년의 두 손에 깨어나 비밀 얘기들을 밤새도록 속삭이니 멀리 동이 터 오면 가만히 창가에 잠든 인형 올려놓고 학교에 갔죠 그런 어느 여름날 검푸른 먹구름 덮이고 퍼붓는 빗 속 흙탕길을 달려오니 인형은 간데없고 맑은 비눗방울만 하늘로 소리 없이 날고 있었죠 먼 옛날의 일이죠 한 소년이 있었죠 작은 아이 눈물질 땐 비가 내렸죠

— 카니발(김동률, 이적), 〈비누인형〉

이튿날은 아침 해가 떴는데도 날이 어둑했다. 만약, 엄마가 깨우지 않았다면 날이 샌지도 모르고 연희는 늦잠을 짤 뻔했다. 연희는 학교에 간다는 것이 기쁘기는 했지만, 한편 비누 인형이 마음에 걸렸다. 집을 나서려다 몇 번이고 비누 인형을 들었다 놓았다 하는 연희의 모습을 엄마는 애써 모른 척했다. 그러다 연희는 결심이나 한 듯 비누 인형을 반쯤 열린 창틀 위에 곱게 뉘면서 이야기했다.

"나, 학교 다녀올게. 심심하지 않게 여기서 바깥 구경이나 해."

엄마는 학교 교문(校門)이 바라다 보이는 큰길까지 연희를 바래다주었다. 연희는 혼자 남게 되자, 비누 인형이 더 보고 싶어졌다.

'아빠도, 비누 인형도 마음속으로 생각하면 늘 곁에 있는 거야.'

연희는 그렇게 마음을 고쳐먹자 한결 기분이 나아졌다. 마치 어딘가에서 아빠와 비누 인형이 연희를 지켜보고 있는 것만 같았다.

— 학생 김두필, 「비누인형」[12] 중에서

---

12) 고려대학교·한국교원대학교 국정도서편찬위원회, 『중학교 2-2학년 국어』, 교육인적자원부, 2004, 205면.

'카니발'의 노래 <비누인형>을 원텍스트로 삼아 학습자가 새로운 소설을 창작한 갈래 변용을 통한 문학 생산 활동을 보여준다. 짧은 노랫말이지만 외로운 소년과 비누인형의 관계, 비누인형의 소멸과 그 이후 소년의 정서까지 촘촘하게 드러나 있다. 노랫말에서 소설로 갈래가 바뀌면서 노랫말에 등장했던 소년은 초등학교에 입학할 즈음의 '연희'라는 소녀로 변화하였고, 소녀가 살고 있는 공간은 "버스 정류장에서 계단을 따라 한참을 올라가야 하는 달동네"[13]로 구체적으로 설계되었으며, 노랫말 속 중요 모티프인 주인공과 비누인형과 만나고 헤어지는 과정이 소설의 중심 사건으로 재구성되었다.

한편 문학을 표현하는 매체를 변화시키는 것도 문학 생산 활동의 또 다른 방식이 될 수 있다. 인간은 오랜 옛날부터 음성언어나 문자언어를 통해 타인과 소통해 왔다. 문학 활동은 처음 음성언어를 통해 구전되었으며, 문자언어가 생긴 이후에는 서적을 통한 문학 활동이 활발하게 전개되었다. 현대 사회에 들어와 다양한 매체가 발달하면서 문학 텍스트 또한 다양한 방식으로 소통될 수 있는 환경이 조성되었다. 이제 문학 텍스트는 서적뿐만 아니라 라디오, 영화, TV, 애니메이션, 인터넷, 휴대 전화 등 다양한 매체를 통해 소통되고 있다.

조선 후기 많은 독자들에게 사랑받았던 소설 「전우치전」은 하나의 정본을 결정하기 어려울 만큼 다양한 이본이 전해지고 있다. 소설 「전우치전」을 원텍스트로 삼아 영화 <전우치>(감독 최동훈, 2009)와 드라마 <전우치>(연출 박진석, 2012~2013) 등이 최근 제작되어 대중들에게 향유되었다. 표현 매체에 따라 요구되는 규칙이 달라지기에 표현 매체의 변화는 문학 텍스트의 변화를 이끌어내기 마련이다. 표현 매체의 변용이 문학 생산 활동에 참여하는 학습자가 활용할 만한 문학 생산 활동 중 하나의 방식이 될 수 있는 이유이다.

---

13) 고려대학교·한국교원대학교 국정도서편찬위원회, 앞의 책, 2004, 200면.

(3) 문학 창작 교육

우리가 일상에서 경험한 가치 있는 경험을 심미적으로 형상화하고자 시도하는 생산 활동은 문학 창작으로 이어질 수 있다. 문학 창작의 맥락은 전문작가의 창작인 '문단 창작'부터 '교양 창작', '생활 창작', '치료 창작' 등 다양하게 나뉠 것이지만, 문학교육의 국면에서는 교육적 의도에 따라 문학교육의 장면에서 이루어지는 '교실 창작'[14]에 집중할 수 있다. 교실 창작이 지닌 특징은 다음과 같이 정리할 수 있다.

① 교육 목적과 국어과 목표, 학교 교육 계획, 인접 교과 활동, 발달 단계, 지역과 절기 등의 외적 요인들에 따라 창작 과제가 투입된다.
② 창작 활동이 일정한 계획에 따라 통제되는 상황에서 이루어진다. 이때의 '통제'란 창작을 억압하는 통제가 아니라 자극하고 안내하기 위한 통제이다.
③ 창작 과정에서 교사-학습자, 또는 학습자-학습자 간의 상호작용이 강하게 개입된다. 창작자는 교사와 동료를 가장 강한 잠재 독자로 설정한다.
④ 창작 결과에 대한 피드백이 즉각적이고 직접적이다.
⑤ 창작 과정이 곧 학습 과정이다.[15]

문학은 '가치 있는 경험의 심미적 형상화'라는 점에서 문학을 창작하려는 학습자는 일상 속에서 가치 있는 체험을 발견하고 관찰하는 능력과 그 체험을 표현하는 능력을 갖추어야 할 것이다. 체험을 발견하고 관찰하는 능력은 곧 가치 있는 일을 발견하는 감수성과 삶을 성찰하는 능력을 가리킨다. 표현 능력은 문학 갈래의 특성과 규칙에 따라 문학 텍스트로서 질서를 갖추는 능

---

14) 김창원, 「'술이부작'에 관한 질문—창작 개념의 확장과 창작교육의 방향」, 『문학교육학』2호, 한국문학교육학회, 1998, 267면.
15) 김창원, 위의 논문, 268면.

력16)을 의미한다. 이상과 같은 문학 창작 능력은 "문제 발견 능력, 구성 능력, 수사 능력, 자신의 글에 대한 자율조정 능력 등"17)으로 구분되기도 한다.

교실 창작 맥락에서 학습자는 자신이 선정한 주제를 표현하기에 가장 적합한 갈래를 선택한 후, 그 갈래의 특성에 맞게 작품을 완성해야 한다. 오늘날 우리에게 익숙한 갈래는 서정 갈래 중 시, 서사 갈래 중 소설, 극 갈래 중 희곡, 교술 갈래 중 수필 등이므로 시, 소설, 희곡, 수필을 중심으로 문학 창작을 생각해 보자.

시는 자신의 생활 체험에서 비롯된 정서나 깨달음을 담아내기에 적절하다. 시에서는 시적 화자의 입을 통해 시를 쓰는 사람의 정서와 감정이 표현되므로 시를 쓰는 학습자는 시적 화자의 모습과 시적 화자의 정서를 구체적으로 구상해야 한다. 또한 시를 창작하기 위해서는 시어의 특징을 이해해야 한다. 시어는 우리가 일상생활에서 사용하는 일상어에 뿌리를 두고 있는 용어이다. 시를 통해 담아내는 세계를 표현하기 위해 묘사나 비유를 통해 독자의 마음 속에 이미지를 만들어 회화적 효과를 내거나 음절, 단어, 구 등의 배열을 통해 행과 연을 구분하여 운율을 만들어 음악적 효과18)를 의도할 수도 있다.

소설 창작을 위해서는 소설과 같은 허구적 서사를 통해 드러내고자 하는 삶의 문제 사태를 파악해야 한다. 학습자는 자신이 주목한 삶의 문제 사태를 허구적이지만 가능한 세계를 배경으로 하여 등장인물 간의 갈등 상황을 중심으로 서사 구조를 구상해야 한다. 이를 위해 허구적 인물을 창조하고, 발생할 가능성이 있는 사건을 인과적으로 구조화하며, 인물들의 행동이 소설 속 세계에 부합하도록 조정해야 한다.19) 또한 소설 창작 과정에서는 작가를

---

16) 교육과학기술부, 『중학교 교육과정 해설(Ⅱ) 국어』, 교육인적자원부 고시 제2007-79호, 2008, 103면.
17) 우한용, 「창작교육의 이념과 지향」, 『문학교육학』 2호, 한국문학교육학회, 1998, 239면.
18) 교육과학기술부, 앞의 책, 2008, 50면.
19) 자세한 내용은 김근호, 「허구 서사 창작 교육 연구」, 서울대학교 박사학위논문, 2009, 83~102

대신하여 소설 속 세계, 허구적 인물, 사건 등을 전달하는 인물인 '서술자'를 설정하고 가다듬어야 한다.

허구 세계를 상정하고 이를 독자들에게 전달해주기 위해서는 현실계에 있는 자신과 다른 허구적 존재를 가정해야 한다. 그렇게 해야 허구 서사의 허구성이 전제될 수 있고, 또 창작 주체가 이를 쓰고 읽을 수 있다. 이러한 작업을 위해 필요한 것이 '서술자'(narrator)의 설정이다. 서술자는 시점의 문제와 관련이 있고, 이 둘은 허구 서사의 '서사성'(narrativity)을 가능하게 하는 기본적인 요건이 된다.[20]

극 갈래인 희곡이나 시나리오 역시 소설과 마찬가지로 인물 간의 갈등과 서사 구조가 중심이 된다. 그러나 소설과는 달리 서술자 없이 구체적인 시공간 속에서 사건이 전개되므로 상황을 정확하게 드러낼 수 있는 구체적인 장면 설정과 인물들의 대사나 행동 지시에 주의해야 한다. 수필은 일기, 편지, 기행문 등과 함께 교술 갈래에 포함된다. 이 중에서 수필은 형식적 제약 없이 개성이나 창의성을 살려 창작자 자신의 정서나 깨달음을 전달하기에 적절하다.

면 참조.
20) 김근호, 위의 논문, 102면.

✅ ( )에 알맞은 말을 써 넣으면서 주요 개념을 정리합니다.

1 문학이 생산되고 소통되고 수행되는 제반 국면을 구성하는 기본 요소는 ( ), ( ), ( )이다. 문학교육에 참여하는 학습자는 문학 텍스트의 소통 구조 속에서 문학의 ( )인 동시에 문학의 ( ) 가 될 필요가 있다.

2 문학 생산의 하위 활동은 ( ), ( ), ( ) 등으로 나눌 수 있다.

3 문학 창작의 맥락은 전문적인 작가의 창작인 '문단 창작'부터 '교양 창작', '생활 창작', '치료 창작' 등 다양하게 나뉠 것이지만, 문학교육의 국면에서는 교육적 의도에 따라 문학교육의 장면에서 이루어지는 ( )에 집중할 수 있다.

✅ 지시에 따라 서술하면서 문학 생산 활동을 이해합니다.

1 문학 생산 활동 교육에서 문학 생산은 승인받은 전문가 집단만의 산물이 아니라는 관점을 취해야 하는 이유를 설명하시오.

2 문학 생산 활동 교육에서 갈래 문식성이 필요한 이유를 설명하시오.

3 문학 생산 활동의 의의를 문학의 생활화라는 측면에서 설명하시오.

✓ 지시에 따라 활동하면서 문학 생산 활동에 대한 실천적 능력을 기릅니다.

1 문학 텍스트의 재구성을 학습 목표로 삼아 김춘수의 시 「꽃」을 패러디하는
   학습 활동을 단계별로 제시하시오.

2 '학습자의 가치 있는 경험을 문학 작품으로 표현한다.'를 학습 목표로 삼아 교실 창작을 포함하는 수업 개요를 작성하시오.

제12장

매체를 통한 문학교육

신화, 전설, 민담과 같은 설화(說話)에서 알 수 있듯이 문학은 처음에는 음성 언어를 매체로 하여 소통되다가 문자언어가 발명된 이후로는 주로 문자언어를 매체로 하여 소통되어 왔다. 신문, 잡지, 단행본 등의 인쇄물을 매개로 문학 작품이 생산되고 소통되어 온 것이다. 하지만 오늘날과 같은 다중매체 시대로 접어들면서 문학 활동의 외연 역시 매우 넓어져서 문자로 이루어진 문학 활동만을 문학의 유일한 영역으로 생각하지는 않게 되었다. 기존의 문자언어를 매체로 한 소통 외에도 텔레비전, 영화, 인터넷, 라디오, 사진, 만화, 애니메이션, 휴대전화 등 각종 매체를 통한 문학 활동이 전개되면서 음성과 문자와 영상 등이 서로 융합된 양식으로 문학이 소통되고 있는 것이다. 우리는 이처럼 오늘날 다양한 매체를 기반으로 소통되고 있는 문학 현상에 대해 살펴보고 이러한 상황에서 문학교육이 나아갈 방향을 모색해 볼 필요가 있다.

이 장에서는 다중매체 시대에 문학 현상이 지니는 특징을 알아보고, 문학교육의 대중매체 활용 양상에 대해 교육 제재의 다면화, 전자매체를 활용한 서정교육과 서사교육, 인터넷의 문학적 활용 측면에서 차례로 학습한다. 현대인에게 영화, 인터넷, 휴대 전화 등의 다중매체는 일상화되고 친숙한 환경을 구성하고 있다. 이러한 다중매체는 문학교육의 교재로 처음부터 의도적으로 조직되지 않았더라도, 문학교육에서 성취하고자 하는 목표에 따라서 교재로 전환될 수 있는 잠재적인 가능성을 지니고 있다. 이 장을 통해 문학교육의 관점에서 변화하는 문학 현상을 진단하고, 재구성할 수 있는 능력을 길러보도록 하자.

1. 다중매체 시대의 문학 현상과 문학교육

현대 사회는 급속히 발달하고 있는 과학기술의 영향으로 인해 문화 양식 전반이 크게 달라지고 있다. 이에 따라 인간의 사고와 감정을 전달하는 수단이 되는 매체도 매우 다양하고 복합적인 형태로 발전하였다. 즉, 음성과 활자가 중심이 되었던 과거의 매체 환경이, 오늘날에는 컴퓨터의 등장으로 인해 소리와 글자와 이미지가 함께 작용하는 다중매체(multimedia) 환경으로 변화된 것이다. 이와 같은 변화는 우리의 문학 현상에도 영향을 미쳐, 과거에는 음성이나 문자 매체에 한정되던 문학 작품의 생산·수용·소통이 오늘날에는 음성과 문자와 영상이 결합된 다중매체를 통해 이뤄지고 있다.

그럼 이와 같이 다중매체 환경으로 변화된 오늘날의 문학 현상을 상황, 창작, 매체, 수용 측면에서 자세히 알아보도록 하자.

첫째로, 상황적 측면에서 오늘날의 문학 현상을 살펴보자. 컴퓨터와 인터넷으로 대표되는 정보통신기술(ICT)의 발달은 과거와는 질적으로 다른 매체 환경을 조성하였다. 과거에는 대부분의 정보와 문화가 문자를 중심으로 전달되고 축적되었지만, 이제는 실제와 같은 이미지와 음성이 문자와 함께 다중적으로 결합하여 소통·저장됨으로써 더 이상 문자의 주도적 위치는 유지하지 못하게 되었다. 이처럼 엄청나게 많은 정보가 순식간에 처리·저장되고 시공간의 제약에서 획기적으로 벗어나게 되자, 이런 매체 환경에 맞춰 우리 삶의 양식과 내용도 과거와 많이 달라졌다. 따라서 우리 삶의 양식과 내용을 담아내던 문학 작품의 위상에도 변화가 불가피하게 되었다.

이와 함께 대중 소비문화의 팽배도 문학의 위상 변화를 초래한 원인으로 꼽을 수 있다. 자극적이고 선정적인 대중문화가 한없이 널려있는 삶의 공간에서 고도의 수련과 인내를 필요로 하는 문학 읽기에 대중들은 더 이상 관심을 기울이지 않게 되었다. 오늘날 문화의 소통을 실질적으로 지배하는 힘이라고 할 수 있는 상업주의의 영향 아래에서 전통적인 문학 양식은 매력적인 대중문화들과의 시장 경쟁에서 이기기가 거의 불가능하게 된 것이다. 그러므로 문학의 위기는 대중문화가 만연한 후기 자본주의 사회의 한 측면이라 할 수 있다.

둘째로, 창작적 측면에서 오늘날의 문학 현상을 살펴보자. 오늘날 재능 있는 인재들이 전통적인 문학 양식보다는 영화와 같은 영상 매체에서 서사적 상상력을 발휘하고 있다. 특히, 1990년대 이후 왕성한 창작 활동을 하고 있는 이른바 신세대 소설가들은 영화, 게임, 만화 등으로부터 창작을 위한 영감을 얻고 이야기의 모티프를 빌려오거나 서술 기법에 응용할 만큼 대중 영상 매체와 친숙한 관계를 유지하고 있다.[1] 이처럼 작가들이 영화적 상상력을 발휘하거나 영화적 기법을 응용하여 문학 작품을 창작하는 경우가 일반화되는 상황에서 젊은 작가들은 공공연하게 자신의 창작 방식을 영화적 글쓰기라고 고백하는 경우도 있다. 그만큼 문학의 작품 생산 과정에서 대중매체는 내용과 형식에 큰 영향을 미치고 있다.

또한 방송, 영화, 컴퓨터 관련 분야의 인기가 문학 분야보다 높아졌다. 그래서 이제는 '문학청년'들이 줄어드는 것에 반비례하여 대중매체와 대중문화를 지망하는 청년들이 늘어나고 있으며, 우수한 능력의 청소년들이 대중매체를 기반으로 하는 분야로 몰리고 있다. 그뿐만 아니라 이전처럼 신춘문예나 문예지를 통해 등단해야만 작가로 행세할 수 있었던 관행도 사라지게 되었다. 즉 오늘날에는 작가라는 명예보다 자신의 작품이 널리 향유되어 경제적

---

1) 우리나라의 경우만 보더라도 영화가 주요 소재가 된 소설이나 영화 대본을 연상시키는 소설이 간간히 등장하고 있다. 윤대녕의 「옛날 영화를 보러갔다」, 김영현의 「내 마음의 서부」, 박상우의 「한 편의 흑백영화에 관하여 그는 말했다」, 김소진의 「자전거 도둑」, 안정효의 「헐리우드 키드의 생애」, 구효서의 「카사블랑카여 다시 한 번」, 김경욱의 「변기 위의 돌고래」 등이 바로 그런 작품이다.

부가가치를 창출할 수 있는 실리를 추구하는 시대가 되었다. 그래서 청년들은 복잡하고 어려운 과정을 통과해야 하는 소설가보다는 단번에 명성(名聲)과 부(富)를 얻을 수 있는 콘텐츠 기획자, 시나리오 작가, 영화 창작자를 꿈꾼다.2)

한편, 종이 위에 필기하던 방식에서 컴퓨터 자판을 두드리는 글쓰기 양식으로의 변화도 창작적 측면과 관련하여 서사 현상의 변화를 가져온 원인의 하나로 거론할 수 있다. 손으로 쓴 글의 원본성이나 개별성이 사라져 버린 오늘날의 컴퓨터 글쓰기는 입력과 편집의 용이함 덕분에 사고의 흐름에 가까운 글쓰기의 속도를 이룰 수 있게 되었고, 생각의 내용이나 입말과 매우 유사한 재현물을 탄생시킬 수 있게 되었다. 또한 이러한 글쓰기의 탄력성은 대중의 취향에 맞는 집단적 글쓰기의 가능성을 낳기도 하였다. 결과적으로 이러한 컴퓨터 글쓰기는 개인의 사유와 개성에 의한 문학 창작보다 집단의 아이디어와 공감에 의한 대중 영상물의 생산을 활성화시켰다.

■■ 규약
규약이란 정보를 원활하게 교환할 수 있게 하기 위해 필요한 규칙의 집합을 뜻한다. 통신 규약은 정보 교환자 상호 간에 이해할 수 있도록 의미 내용을 표현하는 정보 교환 형식과 정보의 송수신 방법 등을 규정하는 규칙으로 구성된다.

셋째로, 매체적 측면에서 오늘날의 문학 현상을 살펴보자. 전통적인 문학은 종이 위에 인쇄된 문자를 독자가 읽으며 의미를 생성해 가는 과정을 거쳐 이해된다. 이때 독자는 각 문자의 약호(code)와 규약(protocol)을 알고 있어야 하며, 고도의 집중력과 해석 의지를 갖고 문자 기호의 기표가 함의하고 있는 기의를 적극적으로 이미지화하면서 수용한다. 이에 반해 영상은 스크린에 반사되거나 브라운관에서 주사(走査)되는 동영상을 통해 음향과 함께 시청자의 감각기관을 직접적으로 자극하여 인식된다. 문자 기호의 간접적이며 추상적인 의미 작용 과정과, 영상 기호의 직접적이며 구상적인 그것을 비교해 볼 때, 인식과 전

---

2) 대학에서 전문 작가를 양성하기 위해 설치한 문예창작과의 경우 최근에 대다수의 학생이 방송 극작가나 시나리오 작가를 지망하고 있다는 사실이나, 영화 한 편이 흥행에 성공했을 때와 신춘문예 당선이나 문학상 수상자가 되었을 때 얻게 되는 부와 명예를 비교해 보면 이러한 현상을 이해할 수 있다.

달 면에서 문자 기호보다 영상 기호가 훨씬 효율적이다. 영상은 문자에 비해 현실 구현력이나 핍진성(逼眞性)이 뛰어나며 배경 지식이나 체험을 많이 요구하지 않는다. 다만, 문자 기호가 영상 기호보다 기표가 가진 물리량이 적어 기호의 생산과 저장이 용이하기 때문에 예전부터 문자 기호를 의사소통의 가장 세련된 도구로 이용해 왔던 것이다. 그러나 과학기술이 눈부시게 발전한 오늘날에는 문자 기호의 기표만큼이나 간단하게 영상 기호를 생산할 수 있게 됨에 따라 점점 문자 기호보다는 강렬한 핍진성을 가진 영상 기호의 매력이 빛을 발하게 되었다.

대중매체가 발달한 오늘날에 와서는 많은 의사소통 활동이 음성·문자와 더불어 영상을 통해 이루어지고 있다. 따라서 언어 교과인 「국어」나 「문학」의 교육 내용도 이에 맞게 변화될 필요가 있다. 이러한 의사소통 환경의 변화를 반영하여 글에 한정되어 있던 데에서 벗어나 기호학적 관점에서 언어를 재개념화한다면, 국어활동으로서 대중매체의 소통 수단과 작용까지도 국어교육의 내용으로 삼을 수 있게 될 것이다.

사실 '영상언어'는 우리에게 그리 낯설지 않은 용어이다. 그 이유는 최근 영상의 언어적 성격을 밝히고 그 기능과 구성요소에 대한 연구들이 진행되고 있으며, 그 특징과 효율성 등을 규명하는 논의가 계속되고 있기 때문이다. 이처럼 영상언어가 기존의 음성언어나 문자언어와 동등하게 의사소통의 주요한 수단으로 인식됨으로써, 이 새로운 언어에 의해 달라진 언어사용 기능과 변화된 의사소통 방식에 대해서도 교육해야 할 필요성이 자연스럽게 제기되었다.

이와 같이 다양한 매체를 언어와 문학교육의 차원에서 다루기 위한 노력의 일환으로 근래에 들어 문학교육 학계에서는 기존의 문자 중심의 문학에서 벗어나 문학의 범주를 더욱 확대하려는 경향이 나타났다.

넷째로, 수용적 측면에서 오늘날의 문학 현상을 살펴보자. 선조적(線條的),

논리적, 사색적 인식보다는 다기적(多岐的), 감정적, 감각적 인식에 민감한 지금의 독자들에게 기존의 문학 텍스트는 더 이상 매력적이지 않은 것 같다. 거기다가 그동안의 문학교육에 관한 연구는 학교 현장의 요구를 충분히 반영하지 못한 채 학문의 장에서만 추상적으로 논의된 경향이 있다. 문학교육에서는 학교 안의 문학과 학교 밖의 문학 사이의 관계와 역할에 대한 이해가 수반될 필요가 있다. 학습자가 참여하는 총체적이고 실제적인 문학 현상을 문학교육의 장에서 어떠한 방식으로 수용할지에 대해 고민하지 않는다면, 문학교육은 학습자들로부터 외면당하는 위기를 맞이할 수 있다.

이제 문화 향유 계층의 화제는 문학에서 텔레비전, 영화, 인터넷으로 옮겨갔고, 극장과 휴대전화, 태블릿 피시(Tablet PC)는 유사 이래로 최대의 호황을 누리고 있다. 당대의 문제작이 되는 소설 작품을 읽지 않은 것은 부끄러울 게 없지만, 사람들의 입에 오르내리는 동영상 작품을 보지 않으면 대화에 동참할 수 없고 문화적 소양이 뒤떨어진 사람 취급을 받기 십상이다. 지금은 과거에 문학 작품을 통해서 충족시킬 수 있었던 문학예술의 감흥을 이제는 대중 영상 매체를 통해서 해결할 수 있다고 믿는 사람들이 늘어가고 있다.

대중매체의 영향으로 문학의 소통 속도가 빨라지면서 문학의 보급과 유통에도 큰 변화를 가져왔다. 무엇보다 문학에 대한 독자의 참여가 적극성을 띠게 되었다. 문학을 향유하는 이들의 공동체 형성이 빨라지고 그 공동체가 지속되는 시간 또한 단축되었다. 아울러 사이버 공동체에서 소통되는 문학은 이전의 이해의 공동체와는 다른 방식으로 공동체를 형성하게 되었다.

이와 같이 문학 현상은 끊임없이 변화한다. 문학은 세계의 변화를 추동하기도 하지만 그 변화를 반영하기도 한다. 따라서 문학교육에서는 이러한 문학 현상의 변화를 당연한 것으로 받아들이고 그 변화의 양상을 바르게 인식하면서 바람직한 방향으로 이끌어 갈 수 있도록 노력해야 할 것이다.

2. 문학교육에서 대중매체의 활용

(1) 교육 제재의 다면화

그동안 문학교육의 제재는 인류의 위대한 문화유산인 고전 작품 중심이었다. 이는 가치와 전통을 중시하는 교육의 보수적인 성격 탓이기도 하지만 그와 같은 태도만을 고집할 경우 자칫 당대의 문학과 삶을 외면하는 잘못을 범할 수도 있게 된다. 특히 학생의 주체적이며 능동적인 학습을 강조하는 오늘날에는 정전 중심의 문학교육이 자칫 학생의 흥미와 관심을 외면하는 결과를 가져올 수도 있다는 점에서 우려할 만하다. 따라서 학생들의 생활과 밀접하게 연관되는 작품을 선정하여 문학에 대한 흥미를 유발시킬 필요가 있다.

이를 위해서는 학생들이 창작한 작품이나 그들의 생활과 문화를 소재로 한 작품, 그리고 그들이 즐기고 좋아하는 대중문학 작품들을 교육 제재로 다룰 수 있다. 대중가요, 영화, 텔레비전 드라마, 게임, 만화 등 대중문화도 포함하여 문학교육에서 사용되는 제재를 다면화함으로써 문학교육이 조금 더 역동적이고 활발하게 이뤄질 수 있도록 해야 한다.

다만, 이러한 대중문화를 수용할 때에는 꼭 염두에 두어야 할 것은 대중문화 자체의 탐닉에 빠져서는 안 되며 현재의 문화적 소통 양식을 면밀히 분석하고 그 원인과 효과를 진단하며, 바람직한 방향을 모색해 보는 자세가 중요하다. 이렇게 주체적인 학습자로서 당대의 대중문화를 비판적으로 수용하는 안목과 능력을 길러주는 것이 문학교육의 몫이라 할 수 있다.

그러면 이제 그동안 문학교육의 장에서 활용되지 못했지만 오늘날 교육 제재의 다면화에 힘입어 문학 교실에서 수업 자료로 활용할 만한 대표적인 대중매체에 대해 생각해 보도록 하자.

첫째, 영화를 들 수 있다. 오늘날 현대인들에게 가장 친숙한 서사 텍스트는 영화3)일 것이다. 현대인들에게 영화는 이제 일상의 한 부분이 되었다. 그래서 다양한 분야에서 영화에 대해 관심을 가지고 이를 유용하게 활용하고자 하는 움직임이 일어났다. 그 중에서도 문학계에서는 영화를 확장된 문학 텍스트로 여기며, 변화된 문학 현상의 주요 텍스트로 상정해 놓고 이에 관한 논의를 풍부하게 전개하고 있다. 또한 교육계에서도 영화의 교육적 효용성에 주목하고 이를 교육 내용 및 방법론에 접목하고자 꾸준히 노력하고 있다.4)

이처럼 영화가 대중적으로 인기를 얻게 된 요인을 여러 각도에서 생각해 볼 수 있겠지만, 가장 근본적인 이유는 영화가 하나의 서사 양식이라는 점일 것이다. 오래 전부터 인류는 수많은 서사를 통해서 세상을 배웠으며, 서사를 만들고 소통하며 즐기는 가운데 삶을 보다 윤택하게 영위할 수 있었다. 그래서 인류는 신화, 전설, 민담의 설화로부터 문자 보급 이후의 소설을 거쳐 오늘날의 영화에 이르기까지 현실 세계의 역사적 변화와 전달 매체의 발전에 따라 조금씩 장르적 변이를 보이긴 했지만 언제나 이들 서사 양식을 가까이 하며 향유해 왔던 것이다.

보편적인 교육 체제가 갖추어진 근대 이후에 와서야 비로소 소설이 문학 교육의 주요 내용이 된 것이 사실이다. 물론 소설의 위기를 운운하는 지금도 여전히 소설은 매력적인 서사물로서 제 기능을 다하고 있다. 인류 문화의 꽃이라 할 수 있는 위대한 소설 작품들이 셀 수도 없이 창작되어 향유되었고, 수많은 연구자에 의해 그에 관한 비평이 양산되었다. 하지만 현대 사회는 급속히 발달하고 있는 과학기술의 영향으로 인해 문화 양식 전반이 크게 달라

---

3) 여기서는 편의상 각종 영상매체를 통해 감상할 수 있는 허구적인 영상 서사물을 모두 아울러 '영화'라고 지칭하였다. 따라서 텔레비전 드라마를 비롯해 컴퓨터, PMP, 휴대전화 등 각종 기기를 통해 소통되는 여러 가지 영상 서사물들을 일일이 거론하지 않았다.
4) 근래에 각 대학에서 개설된 영화 관련 강좌들과 각종 학회에서 영화의 위상과 활용 방안을 논의하는 학술대회를 개최하고 이와 관련된 논문들이 수없이 양산되고 있는 현실이 이러한 현상을 방증한다고 할 수 있다.

지고 있다. 앞서 언급한 바와 같이 과거에 음성이나 문자 매체에 한정해 소통되던 문학 현상이 오늘날에는 영상 매체 중심으로 재편되었다. 즉, 과거에는 설화 구전이나 소설 독서에 머물렀던 서사문학 경험 양식이 오늘날에는 영화를 비롯하여 만화, 게임 등을 수용하고 생산하는 방식으로 다양하게 변화하였다. 그 결과 과거에는 주로 훌륭한 소설 작품이 가져다주었던 서사적 사고와 감응을 지금은 영화를 비롯한 다양한 대중 서사 매체들이 대신하게 되었다.

사실, 서사 갈래의 대표 양식으로 꼽히는 소설과 영화는 역사적으로도 매우 가까운 관계였다. 초기 영화들은 소설의 이야기를 많이 차용하였는데, 오늘날과 같이 전문적인 시나리오 작가가 없었기 때문에 당시에는 영화 소재의 대부분을 소설에 의지해야 했다. 또한 초창기 영화는 플롯 전개의 대부분을 이야기 요약 서술(story telling)과 연대기적 시간 구성에 따르는 서구 고전적 리얼리즘 소설의 서사 기법을 수용했다. 반면에 이렇게 만들어진 영화는 역으로 소설을 대중화시켰는데 영화의 표현기법이 다채롭게 개발됨에 따라 소설 역시 영화적 서사 기법을 본격적으로 받아들이게 되었다. 이와 같은 소설과 영화의 상호 교류는 앞으로도 계속되어 단순한 소재 차원의 교류에서부터 작품의 수용과 창작, 나아가 문화 현상 전반에 이르기까지 서로 많은 영향을 주고받을 것으로 예상된다.

한편, 소설과 영화는 이야기(story) 부분의 요소들은 공유하고 있으나, 담론(discourse) 부분에서는 현저한 차이를 보인다. 이것은 소설과 영화가 그 이야기를 전달하는 수단이 각각 문자와 영상으로 서로 다르기 때문이다. 이처럼 전달 수단이 서로 다르면, 그에 따라 전달 방식도 각기 다르기 때문에 각자에게 적합한 전달 방식을 따로 마련하게 된다. 예컨대 어떤 인물의 내면의식을 표현한다고 할 때, 소설은 언어를 통해 표현해 내는 반면 영화는 인물의 대사나 '화면 밖 목소리(voice over)'를 통해 전달하거나 혹은 연기자의 표정이나 행위 등을 통해 내면을 암시적으로 표현할 것이다. 또, 소설과 영화는 중개자가 각각 서술자와 카메라이기 때문에 그로 인한 서술 방식의 차이도 무시할 수 없다.

소설을 영화로 바꾸는 것을 의미하는 각색은 흔히 원작을 해체한 뒤, 이를 재편성하여 새로운 작품으로 만드는 과정을 거친다. 이러한 영상화의 과정에서 원작 소설은 여러 면에서 다른 모습으로 변용되는데, 그 변인은 여러 가지로 생각할 수 있다.

먼저, 이야기 차원의 변화의 경우, 전이에 참여하는 각색자나 연출자의 의도 때문일 수도 있고, 혹은 영화가 구현되는 주변 여건 등의 외부적 조건들의 영향도 생각해 볼 수 있다. 소설은 분량의 제한을 받지 않는 반면, 영화는 통상 두 시간을 넘지 않게 만들어야 한다. 그러므로 장편소설을 각색한 영화에서는 인물과 사건의 축소가 불가피하다. 반대로 단편소설을 영화화할 경우, 인물이나 사건이 확대되기도 한다. 이러한 각색 과정을 고려할 때, 소설과 영화를 활용하여 이러한 이야기 차원의 변화를 살피고, 그 원인과 의미를 찾아보는 활동은 소설과 영화의 상호텍스트성을 바탕으로 한 심화된 작품 수용 방법이라고 할 수 있다.

다음으로 담론 차원의 경우, 매체적 차이에 의해 원작 소설과 각색 영화 사이에는 큰 차이가 발생한다. 즉, 소설은 시공간의 구애를 받지 않는 풍부한 재현 및 표현의 수단을 갖고 있는 반면, 영화는 모든 것을 직접적 감각성에 의존한 영상과 음향으로 표현해야 하기 때문에 재현이 어려운 심리적 갈등이나 내면 묘사, 내적 독백, 풍자와 해학의 서술 등을 소설과 다른 방식으로 나타내야 한다. 그러므로 소설과 영화의 담론 차원의 차이점을 대조하는 활동을 통해 두 갈래의 매체적 차이와 그로 인한 시점과 서술상의 상이점을 확인하고, 이들이 어떻게 다르게 표현되는지를 살핌으로써 두 장르 고유의 표현 기법을 익힐 수 있다.

한편, 각색 영화는 원작 소설에 나오는 배경이나 인물에 대해 실제적으로 보고 들을 수 있는 장면으로 보여주기 때문에 소설 텍스트를 읽으면서 독자가 상상했던 이들 요소들에 대한 이미지들과 영화 텍스트를 통해 형상화된 이미지들을 서로 비교할 수 있다. 이때 영화 텍스트의 이미지들은 각색자나 연출자가 원본 텍스트를 읽으면서 상상했던 것을 바탕으로 만들어진 것이다. 일반적으로 그들은 풍부한 배경 지식과 체험을 가지고 있는 유능한 독자로서 세련된 상상력을 발휘하여 원본 텍스트를 해석하고, 성실한 고증을 바탕으로 텍스트를 재구성한다. 그러므로 유능한 독자들이 상상하여 가시화한 인물의 형상과 그들의 대화를 포함한 행동, 그리고 그 행동이 이루어지는 시공간을 미숙한 독자들에게 제시한다면, 미숙한 독자들은 자신들이 원본 텍스트를 읽으며 상상한 것과 비교함으로써 스스로 부족한 점을 보완하고 상상력을 자극하여 이를 세련시킬 수 있을 것이다. 한편, 각색자나 연출자의 변용의 결과가 독자들의 기대와 수준에 미치지 못하거나 납득할 수 없는 차이가 발견될 때는 미숙한 작품으로 평가될 수도 있는데, 이때에는 구체적인 오류와 한계를 지적하고 독자 나름의 해석을 개진할 수 있도록 유도함으로써 생산적인 학습 활동을 수행할 수도 있다.

소설과 영화는 역사적으로나 본질적으로 서로 밀접한 관련을 맺고 있다. 그러므로 서사 장르에 대한 더욱 깊이 있는 이해와 감상을 위해서 소설과 영화의 공통점과 차이점에 근거한 상호적 읽기(inter-reading) 활동을 활성화할 필요가 있다. 이는 서사교육의 목적에 부합하는 매우 효과적인 방법론으로서 구체적인 내용과 방법을 마련할 가치를 가지고 있기 때문이다.

사실, 그동안 문학교육에서 서사 장르에 관한 내용은 소설을 중심으로 이루어져 왔다. 하지만 최근 들어 소설교육만으로는 오늘날의 다채로운 서사 문화의 총체적인 국면을 조망할 수 없다는 문제의식이 확산되었다. 그래서 많은 이들이 문학교육의 장에서 다양한 서사물의 본질을 이해하고 이를 바

영화나 드라마로 각색된 소설
고전소설 「춘향전」, 이청준의 「벌
레」, 이문열의 「우리들의 일그러
진 영웅」, 황순원의 「소나기」

탕으로 수용과 생산 활동을 원활히 할 수 있도록 교육하기 위해서는 '서사교육'으로 패러다임의 전환이 필요하다고 생각하고 있다.5)

이와 같은 차원에서 오늘날 영화를 활용한 문학교육의 사례는 우리 주변에서 얼마든지 찾아볼 수 있다. 현재까지 발표된 학위 논문만도 30여 편이 넘는다.

[소설을 영화화한 작품의 예]

[소설을 드라마화한 작품의 예]

―――――――――

5) 우한용 외, 『근대, 삶 그리고 서사교육』, 한국문화사, 2013, 34~36면.

둘째, 만화를 문학 수업의 제재로 활용할 수 있다. 만화는 글과 그림으로 이야기를 전달하는 서사 양식으로 아동과 청소년들에게 친숙한 대중 예술 매체이다.

이러한 점에 착안하여 오늘날 대표적인 서사 예술 양식의 하나인 만화를 활용하여 문학교육을 효과적으로 수행하려는 사례도 많다.6) 소설 수업에서 동일 원작 소설을 각색한 만화를 활용하여 학습자의 흥미를 유도하거나, 소설 속에 등장하는 인물이나 소재에 대한 구체적인 모습을 그림으로 보여 줌으로써 학생들의 이해를 돕거나, 아니면 본격적으로 두 갈래 간 전달 방식상의 차이와 효과를 비교하는 등의 활동을 할 수 있다.

이러한 배경에는 근래에 역량 있는 만화가들에 의해 우리나라 대표적인 소설 작품들이 만화로 변용되어 상당한 반향을 일으키며 널리 수용되고 있는 상황이 있다.7)

[소설을 만화화 한 작품의 예]8)

---

6) 에듀넷에 탑재된 전국 현장교육 연구대회를 비롯한 각종 교과자료나 최유리, 「교육매체로서 만화를 활용한 소설 교육 연구」, 상명대학교 석사학위논문, 2008; 윤서영, 「서사 만화를 활용한 소설 읽기 능력 신장 방안」, 한국교원대학교 석사학위논문, 2010; 박소영, 「서사 만화를 활용한 중학생 읽기 부진아 소설 지도 방안」, 한국교원대학교 석사학위논문, 2012등에서 이와 같은 사례는 어렵지 않게 찾아볼 수 있다.
7) 조희권, 「현대소설의 만화변용과정 연구」, 한양대학교 박사학위논문, 2005에서는 약 50여 편에 달하는 현대소설의 만화화 과정을 연구한 바 있다.
8) 오세영, 김광성, 김동화, 이희재 화백 등이 참여하여 지은 『만화 한국 대표 문학선』(총10권)에는

셋째, 대중가요도 문학 수업의 제재로 활용할 수 있다. 시의 운율을 가르치면서 랩(rap)의 운(rhyme)과 흐름(flow)을 활용하거나, 가요의 노랫말에서 다양한 수사법들이 사용되어 있음을 발견하는 수업을 통해 학생들의 자발적이고 능동적인 수업 참여를 기대할 수 있다.

또한 대중음악이 동인이 되어 소설이 창작되는 경우도 소개하여 이러한 대중예술이 문학과 상호 교류하고 소통하는 양상을 설명해 주는 것도 의미 있는 일이다.9)

이와 같이 오늘날의 학습자들에게 친숙한 영화, 만화, 가요 등과 같은 대중매체를 활용하여 문학교육 제재의 다면화를 꾀한다면 이전보다 훨씬 재미있고 역동적인 교수·학습 활동이 될 수 있을 것으로 기대된다.

(2) 전자매체를 활용한 서정교육

속도의 향상이 최상의 과제가 되어 버린 오늘날, 천천히 음미하면서 애써 상상하고 느끼려는 노력을 거듭해야 비로소 이해되고 감동되는 시 읽기가 지금의 학습자에게 과연 얼마나 그 필요성과 효용성을 인정받을 수 있을지 의문이다. 하지만 역설적이게도 엄청난 가속도의 세상을 살면서도 가끔씩 사색과 관조를 즐기고 싶은 것이 사람들의 소망이지 않을까 생각한다. 이렇게 생각하는 까닭은 자신의 인식과 감정을 운율 배인 언어로 나타내며 즐기는 시문학의 정수가 메마른 현대인의 삶과 정서에 촉촉한 단비가 될 수 있다는

40여 편의 소설을 만화로 재탄생시켰다. 책 표지와 오세영의 만화 「복덕방」의 한 장면이다.
9) 김연수의 「세계의 끝 여자친구」는 작가가 좋아하는 일본의 1인 밴드 WEG(World's End girlfriend)에서 빌려왔고, 은희경의 「소년을 위로해줘」는 작가가 힙합 가수 키비(kebee)의 동명 노래에서 받은 감흥이 창작의 계기가 되었으며, 무라카미 하루키의 「상실의 시대」의 원제가 '노르웨이의 숲'인데, 이는 비틀즈(The Beatles)의 노래 제목에서 따온 것이다. 그리고 「키스키스 뱅뱅!」도 작가가 일본의 피치카토 파이브(Pizzicato Five)의 노래와 연관된다고 한다.

믿음 때문이다.

하지만 문제는 역시 '어떻게' 현대인들에게 서정의 단비를 느낄 수 있도록 하느냐이다. 오늘날 전자매체에 익숙한 학습자들은 활자로 인쇄된 문학 작품을 읽는 것보다 화면에 투사되는 복합매체의 문학을 수용하는 것에 더욱 친숙하다. 문자, 이미지, 소리가 결합되어 더욱 입체적이고 실제적인 느낌을 전해주는 문학 작품의 화려함에 매력을 느끼는 것이다. 이와 같은 전자매체로 된 문학의 다중매체적인 특성은 학습자들을 끌어들이기에 충분한 유인력을 가지고 문학을 즐겨 소통하고 향유하게 만든다. 따라서 서정교육도 이러한 학습자의 특성에 맞게 능동적으로 변화해야 한다. 그러한 점에서 다음의 몇 가지 사례는 문학교육 차원에서 매우 고무적인 사례로 보인다.

전통적으로 시는 노래와 그림과 동반자 관계를 유지하고 있었다. 시화전이나 시 낭송회 등에서 시와 그림이 어울려 제시되는 것은 흔히 볼 수 있었던 모습이었다. 이와 같은 예술 양식 사이의 친연성으로 인해 시는 오늘날 전자매체 시대에도 사진이나 그림, 동영상과 음악 등과 잘 어울리는 경향을 보여준다. 2000년대 중반 이후 유명 시인들이 시를 선별하고 그 작품에 어울리는 그림을 화가들이 직접 그려서 나란히 함께 엮는 방식으로 만든 '그림책'이 나와 좋은 반응을 얻었다. 시에 구현된 세계를 추상적인 언어뿐만 아니라 구체적인 선, 형, 색으로 형상화함으로써 문자 단일 매체의 텍스트가 가지는 단조로움을 시각적으로 보완해 주기 때문에 복합매체에 친숙한 오늘날의 독자에게 가까이 다가갈 수 있었던 것으로 보인다.

여기서 한 걸음 더 나아가 실제 현실 속의 특별한 의미를 지니는 한 순간을 포착한 사진도 시와 함께 결합되어 선보이기도 한다. 이른바 '포토포엠(Photo poem)', '디카시(Dicapoem)'라는 용어를 만들며 등장한 시와 사진의 결합은 디지털 카메라의 보급으로 인해 더욱 폭넓은 향유층을 형성하며, 시의 생산과 수용의 확대에 기여하고 있다. 다만 이들 '포토포엠' 혹은 '디카시'의

■ 멀티미디어 시 향유 공간
멀티미디어 시를 공유하는 공간
은 주로 인터넷에서 찾아볼 수
있다. 멀티포엠, 포엠토피아, 시
와 그리움이 있는 마을, 문학의
즐거움, 시인의 마을, 레드존, 보
름달과 함께 하고픈 시, 시가 흩
날리는 풍경, 시가 있는 마을, 시
가 있는 집, 시안, 시와 여행에의
초대, 시인 발바닥, 시조 아카데
미, 작은 시인의 마을, 한국의 명
시, 해우소, Poema 등 인터넷 공
간에는 수없이 많은 곳에서 시를
즐기고 있다.

■ SNS를 활용한 시 창작
최근에는 SNS를 통해 연재한 시
가 많은 이들에게 인기를 끌면서
전자책이나 단행본으로 시집이
만들어지는 사례도 많다.

특징은 이미 존재하는 시에 적절한 그림이나 사진을 덧붙이던 이
전의 그림책과는 달리 자연이나 사물에서 포착한 시적 형상이 아
직 언어화하기 전에 그것을 카메라 기술을 통해 하나의 사진 텍스
트로 만들고 나서 그와 어울리는 문자 텍스트인 시를 함께 창작한
다는 것이다. 이렇게 사진과 글이 결합함으로써 어느 한 쪽만으로
는 실현하기 어려운 복합적인 의미를 독자가 실현할 수 있도록 해
준다. 스마트 폰이나 태블릿 피시가 일반화된 오늘날 블로그나
e-book에 최적화된 디지털 콘텐츠 형태를 띠기 쉬운 포토포엠은
앞으로 더욱 폭넓게 소통될 가능성이 크다. 그리하여 누구나 생활
하다가 문득 시야에 들어온 순간의 장면을 사진으로 담고, 그 옆
에 응축된 시어로 자신이 그 순간, 그 장면에서 깨닫고 느꼈던 바
를 적어 타인과 공유하고자 한다면 이야말로 우리가 꿈꾸던 아름
다운 문학적 문화가 아닐까 생각한다.

베개
김순진
원래 성곽은
넘기 위해 존재하는 법

공상의 날개에
세상 모두를 실을 수 있고

단잠을 잔 누에가
비단을 뽑아낸다

[〈디카시 마니아〉 홈페이지에 있는 디카시]

여기서 조금 더 나아가 그림과 사진은 물론이고, 아름다운 음악을 배경으
로 움직이는 이미지와 함께 시가 낭송되는 복합양식도 탄생하게 되었다. 플
래시와 애니메이션 기술을 통해 보다 입체적인 시적 양식이 출현하여 유통

되고 있는데, 그 대표적인 사례가 '사이버문학광장 〈문장〉'의 '시 배달' 서비스이다. 유명 시인들이 집배원이 되어 플래시 애니메이션 파일(swf)로 제작된 시를 매주 희망하는 사람들에게 전자우편을 통해 배달하는 이 서비스는 수만 명의 애독자를 양산하여 성공적인 문화 사업의 모델이 되었다.10)

[사이버문학광장 〈문장〉의 시 배달 서비스]

한편, 현대인의 필수품이 된 휴대전화나 태블릿 피시의 소셜 네트워크 시스템(SNS)을 통해 시를 향유하는 사례도 흔히 볼 수 있다. 트위터(Twitter)나 페이스북(Facebook)과 같은 SNS를 통해 현대인의 일상과 감성을 누구나 짧은 시를 통해 올리고 공감하며 공유하는 과정에서 인기 있는 작가를 탄생시키고 있다. 이는 이전의 휴대전화의 문자 메시지 소통 방식에서도 있었던 시의 창작과 감상이 최근의 스마트폰 시대에 맞게 진화한 형태라고도 볼 수 있다.

이처럼 디지털 전자매체 시대에 전통적인 서정 갈래도 멀티미디어 즉 복합 매체와 어울려 새롭고 다양한 모습으로 소통되는 양상을 볼 수 있다. 또한 이렇게 전통적인 서정 양식도 복합양식 텍스

■ 오늘날 시의 변화 양상
오늘날의 매체 환경의 영향으로 전통적인 시 양식에서 달라진 점은 많다. 가령 그림, 사진, 그래픽, 음향 등과 텍스트를 결합한 멀티미디어 시(multimedia poem), 컴퓨터의 하이퍼텍스트(hypertext) 기능을 활용하여 시를 읽으며 연결점을 통해 또 다른 문서(작품, 장면, 구절)로 이동하여 시의 의미 맥락이 독자의 자의적인 선택에 따라 끊임없이 움직일 수 있도록 하는 형태의 하이퍼 시, 초고로 완성된 시를 바탕으로 여러 사람의 공동적인 작업을 통해 완성해 가는 가변 시 등이 있다.

---

10) 2006년부터 2013년까지 도종환, 안도현, 나희덕, 문태준, 김기택, 김선우, 황인숙, 장석남 등의 시인들이 참여하였다.

트로 진화하면서 더욱 폭넓은 수용과 생산의 자리를 마련하고 있다는 점을 확인할 수 있었다.

따라서 우리가 이러한 변화를 적극적으로 반영하여 문학교육을 펼친다면 오늘날의 현상은 궁극적으로 현대인들이 보다 폭넓게 시를 즐기며 생활화하는 데 도움을 줄 수 있을 것으로 기대된다. 예컨대 현대인의 필수품인 휴대전화난 전자책을 활용하여 다양한 시 텍스트를 제시하고 교수·학습하는 방법, 전자 시집을 활용한 수업, 멀티미디어 시, 시와 댓글의 통합 텍스트[11] 등을 적극적으로 활용하여 서정교육을 활성화할 수 있을 것이다.

(3) 전자매체를 활용한 서사교육

인터넷과 같은 대중매체의 영향으로 소설 양식에도 변화가 생겼다. 소설에서 대화체의 통신 용어, 이모티콘(emoticon), 각종 부호 사용 등 구어 중심의 감각적 기호가 적극적으로 사용되기도 하고, 심지어 배경 음악과 이미지가 함께 활용되어 문자 기호 외에도 복합적인 기호가 독자들의 오감을 자극하기도 한다. 이처럼 인터넷을 통해 문자, 이미지, 소리 등의 기호가 함께 어울려 이전의 문자 매체의 일원적 표현 방식과는 달리 다원화된 표현 방식을 통해 독자의 인식 작용과 감정 이입을 보다 강하게 촉진하고 있는 것이다.

■ 역할 수행
역할 수행이란 게임 이용자가 게임 프로그램에 등장하는 한 인물의 역할을 맡아 게임에서 정해 놓은 규칙에 따르며 다양한 임무를 수행해 나가는 방식을 의미한다.

이른바 인터넷 소설은 일상 대화에서 사용되는 구어를 위주로 컴퓨터 통신에서 통용되었던 말과 부호를 적극적으로 활용하는가 하면 배경 음악이나 화면을 깔아 공감각적으로 이미지와 정서를 표현하려고 하였다.

또한 기존의 서사 구조를 따르면서도 컴퓨터 게임의 역할 수행

---

11) 시와 같이 제공되는 댓글은 학생들이 시를 가까이 할 때 안내하는 역할을 할 수 있다는 점에서 도움이 된다. 이를 위해 전자게시판을 활성화하는 것도 하나의 방안이 된다.

(role-playing) 방식을 접목하여 독자들의 요청에 의해 이야기의 줄거리가 만들어지는 경우도 있다. 컴퓨터 게임은 스토리텔링을 바탕으로 형성된 것으로서 프로그램으로 만들어진 이야기의 데이터베이스에 게임을 하는 사람이 자신의 취향과 선택에 따라 이야기가 다르게 진행되는 것이므로 이야기의 시작은 있지만 끝은 수없이 다양하게 될 수 있다는 점에서 기존의 서사 장르와 차원이 다르다. 즐거운 놀이에서 시작된 게임에서 이제는 인류의 서사적 욕망을 풀어 나갈 수 있는 기능까지 지니게 된 컴퓨터 게임은 단순한 오락거리에서 진화하여 바야흐로 인간 스스로 이야기를 만들고 이끌어 나갈 수 있게 해 주었다는 점에서 각광받을 만한 서사 장르라 할 수 있다.

이뿐만 아니라 쇼나 드라마와 같은 텔레비전 프로그램이나 영화, 게임, 스포츠 팀, 문화 상품의 캐릭터 등에 대해 지극한 관심과 애정을 가진 팬들에 의해 생산되고 소통되는 허구적인 서사인 팬픽션(fan-fiction)도 전자매체 시대의 새로운 서사물이다. 일반적으로 인기 있는 연예인들의 팬클럽 사이트에 해당 연예인들을 주인공으로 하는 소설을 공유할 수 있는 공간이 마련되어 있는데, 여기에는 주로 아이돌 그룹 구성원들의 관계를 비틀거나 동성애적 판타지를 그리는 내용의 소설이 많다.

한편 대도시의 젊은 직장 여성을 주인공으로 하여 그들의 일과 연애의 성공을 위해 애쓰는 모습을 그린 소설을 일컫는 이른바 칙릿(chick-lit) 소설도 오늘날 새롭게 등장한 유형의 소설이다.

한편, 비선조적인 컴퓨터의 글 전개 방식을 이용한 소설 형식인 하이퍼텍스트 소설도 오늘날의 매체 환경에서 새롭게 등장한 소설 양식의 하나이다. 하이퍼링크를 기반으로 하는 이 소설은 유동적이고 선택적인 방식으로 이야

■ 칙릿 소설
칙릿 소설은 젊은 직장 여성들에게 인기를 끌기 위해 칼럼, 일기, 자기계발서, 만화, 광고지 등을 소설 곳곳에 배치하기도 하고 실제 상품과 유명인의 이름을 그대로 거론하는 등 상업적이고 대중적인 요소를 노골적으로 드러내고 있다.

■ 하이퍼텍스트(hypertext) 소설
국내 최초의 본격적인 하이퍼텍스트 소설 작품이라고 하는 『디지털구보 2001』의 경우 구보, 이상, 구보의 모친 등 세 인물의 하루가 그려져 있는데, 이들이 과거, 현재, 의식의 흐름, 각 시간대별로 그들이 경험하는 사건들을 나열하고 결합함으로써 수백 가지 이야기를 전개시킨다. 이야기가 출발되는 세 편의 단편 텍스트에는 극적인 복선과 의미, 각종 문화 코드가 깔려 있고, 수많은 연결점을 통해 텍스트, 동영상, 음향, 음악 등 천여 개의 사이트로 링크할 수 있게 되어 아주 방대한 서사를 가진 소설의 면모를 보여 주게 된다. 이로써 독자는 등장인물, 시간, 공간 등을 임의적으로 선택하여 자기 나름의 서사를 만들어 갈 수 있으며, 하이퍼링크를 통해 수없이 많은 별개의 서사적 세계로 나아갈 수도 있게 된다.

기를 전개해 나가기 때문에 수많은 서사를 창조해 나갈 수 있다.

그밖에 문학 동호회 사이트를 중심으로 여러 사람들이 공동 작업으로 이어 쓴 소설도 오늘날 새롭게 선보인 새로운 형태의 소설이라 할 수 있다.

이처럼 인터넷과 같은 전자매체에서 청소년은 판타지나 팬픽으로 대표되는 인터넷 소설 혹은 웹노블(web-novel)과 게임 서사, 게시판 문학 등을 매우 적극적으로 향유하고 있다. 이러한 전자매체 시대의 서사물들을 적극적으로 활용하여 학습자의 자아정체성에 대한 진지한 탐색, 삶과 세계에 대한 바른 인식, 이야기 문화에 대한 즐거운 소통이라는 서사교육의 목적을 효율적으로 추구해 나갈 수 있을 것으로 기대된다.

(4) 인터넷의 문학교육적 활용

오늘날의 매체 환경은 스마트폰, 태블릿 피시, 소셜 네트워크 시스템(SNS), 유투브(You Tube) 등으로 대표된다. 이제 문자, 소리, 영상이 융합된 대중매체를 통해 실시간적으로 전 세계인들과 공유할 수 있게 되었다.

1990년대 들어 개인용 컴퓨터(PC)가 보급되고 고속 통신망이 깔리면서 인터넷이 일상화되기 시작하자 우리의 문학 향유 양식도 변하기 시작하였다. 대중은 이제 인터넷이라는 광통신망을 매개로 전자매체를 적극적으로 활용하면서 이전보다 적극적으로 문학 향유의 주체로 나서게 된 것이다.

이같이 인터넷을 통한 가상공간에서 이루어지는 제반의 문학을 '인터넷 문학' 혹은 '사이버 문학'이라고 하는데, 이는 과거처럼 지면을 통해 소통되는 문학이 아니라 인터넷이라는 사이버 공간을 통해 문자, 이미지, 소리 등 복합적인 양식으로 창작된 문학 작품을 발표하고 감상하는 현상을 보여 주고 있다.

주지하다시피 인터넷 환경의 특징으로는 가상공간, 멀티미디어, 상호작용성, 시공간 제약의 극복, 방대한 데이터베이스, 자율적인 의사표현 등을 꼽을 수 있다.

이러한 특징으로 인해 인터넷은 과거에 비해 문학 창작의 기회를 충분히 제공해 주고 있다. 시공간의 제약에서 벗어나 누구나 자유롭게 자신이 나름대로 창작한 작품을 가상 공동체의 독자들에게 선보일 수 있으며, 그에 대한 반응과 피드백을 받을 수 있다. 문학 창작의 다양성과 적극성을 극대화할 수 있는 인터넷이란 공간에서 우리는 과거와는 다른 양상의 문학 창작 수업을 전개할 수 있게 된 것이다.

뿐만 아니라 지금은 인터넷을 통해 가상적인 학습 공동체가 만들어지고, 그 속에서 시공간적으로 멀리 떨어진 사람들이 각자 편안한 상태에서 자유롭게 문학을 즐길 수 있게 되었다. 이 같은 인터넷의 상호작용성 덕분에 자발적이고 자율적인 분위기에서 가능해진 문학 소통 경험은 이전의 권위적이고 일방적인 문학 감상의 경험보다 훨씬 학습자 중심의 문학교육을 가능하게 해 준다.

이와 같은 오늘날의 인터넷 환경으로 말미암아 우리는 이제 비로소 문학교육에서 염원하는 융성한 '문학적 문화'를 현실화할 수 있게 되었다. 즉 학습자들이 자율적인 분위기에서 주체적이고 자발적인 태도로 풍요롭고 아름다운 문학의 향연을 마음껏 펼칠 수 있게 된 것이다. 그러면 현대인들이 인터넷 사용을 일상적으로 하고 있는 오늘날, 보다 적극적으로 인터넷을 문학교육에서 활용하는 방안에 대해 생각해 보도록 하자.[12]

첫째로 한국교육방송공사(EBS)를 비롯하여 방송통신대학교나 교육 관련 케이블 방송사에서 제작된 문학 관련 프로그램을 인터넷을 이용하여 보다 손쉽게 다양한 문학교육이 이루어지도록 하는 방안이 마련될 수 있다. 텔레비

---

12) 구인환 외, 『문학교육론』(제6판), 삼지원, 2012, 374~377면.

전을 통한 일회성과 일방성을 극복하여 보다 폭넓게 시청자들에게 다가갈 수 있도록 하는 대안이 될 수 있을 것이다.

둘째로 작가, 비평가, 교수, 교사 등 문학 관련 전문가들이 문학교실이나 문학 강좌를 개설하거나 문학을 감상하고 공유할 수 있는 장을 열어 좀 더 능동적이고 조직적으로 문학 활동을 하도록 하는 방안이다. 또한 지금까지 개인에 의해 소규모로 운영되고 있던 문학 관련 사이트를 문학 동호회나 문학 단체 혹은 문학 학회들이 맡아 그 규모를 키우고 내실을 다진다면 이전보다 더욱 실효성 있게 문학교육을 담당할 수 있을 것이다.

셋째로 인터넷의 상호작용성을 잘 활용하여 문학 창작 지도에 적극적으로 나설 수도 있다. 인터넷을 통해 전문 작가로부터 지도를 받을 수도 있고, 동호인들 간에 풍성한 논의와 평가를 이끌어 낼 수 있기 때문에 그 효용 가치가 크다고 생각한다.

3. 다중매체 환경과 교섭하는 문학교육

최근에는 문화 콘텐츠 산업이 막대한 부가가치를 창출함으로써 풍요로운 미래를 가져다 줄 새로운 성장 동력으로 각광받고 있다. 그래서 국가에서는 영화, 게임, 방송, 애니메이션, 출판, 음악, 뮤지컬, 디자인, 테마파크 등 대중이 열광할 수 있는 문화적·상업적 가치를 지닌 문화 콘텐츠를 개발·생산하여 유통·소비하는 서비스 산업을 지원하고 육성하고자 법률까지 제정하였다.

이러한 상황에서 우리 문학도 이 같은 시대적 흐름에 능동적으로 대응하려고 노력하고 있다. 즉 인간의 모든 감각에 호소할 수 있는 다중매체로의 변환을 통해 문학은 이제 대중과 더욱 밀접하게 되었으며, 다양한 형태로 소비되기 시작하였다. 문학은 과거와 같이 문자에 갇힌 채 자기 고유의 영역을 고수하기보다는 다른 매체들을 적극적으로 끌어들여 융합하거나 스스로를 전환하면서 이전보다 문학의 영역을 확장시키고 있는 것이다. 이것은 예로부터 지금까지 문학이 끊임없이 자기 갱생의 노력을 통해 시대와 상황에 맞춰 그 자신을 변모해 온 역사에서도 알 수 있는 문학의 위대한 생명력에서 비롯된 것이다.

오늘날 문학이 영화나 텔레비전 드라마, 뮤지컬, 애니메이션, 가요 등 다양한 대중매체로 변용되거나 거꾸로 이들 대중매체가 문학 작품의 원형이 되기도 하는 등 다양한 매체들 사이에 경계가 허물어지고 매체 간 융합과 통섭이 활성화되었다.

[소설 원작을 컴퓨터 게임으로 제작한 사례]

이상으로 우리는 다중매체 환경 속에서 문학 현상이 어떻게 달라졌는지, 그리고 그와 같은 변화에 따라 문학교육도 얼마나 능동적으로 대응해야 하는지에 대해 알아보았다.

이러한 매체 환경의 변화는 앞으로도 계속될 것이며, 그에 발맞춰 문학교육도 지속적으로 변화, 발전하려는 노력을 경주해야 하는 데, 이때 가장 큰 부담을 안게 될 사람은 바로 문학 교사라 할 수 있다. 교사의 역량과 태도에 따라 이러한 매체 환경의 변화에 주체적이며 능동적으로 대응할 수 있는 문학교육의 실현 여부가 결정되기 때문이다. 그러므로 오늘날의 문학 교사에게는 문학 이론에 대한 풍부한 지식과 효율적인 교수 능력뿐만 아니라 오늘날의 대중매체들을 능수능란하게 활용할 수 있는 매체 문식성(media literacy)이 필요하다. 하지만 너무 걱정할 필요는 없다. 이미 대중매체를 다루는 솜씨가 탁월한 학습자들이 보다 흥미롭고 즐거운 문학 교실을 함께 만들어갈 수 있기 때문이다. 문학 교사는 이들 학습자들을 교육의 동역자로 여기며, 그들을 주체적이며 능동적인 자리에 서게 한다면 우리가 목표로 삼는 학습자 중심의 문학교육을 진정으로 실현할 수 있을 것이다.

미래 사회에도 매체 환경의 변화는 지속될 것이며, 이러한 변화 속에서 문학의 존재 양식과 소통 방식도 끊임없이 변화를 모색할 것이다. 그러므로 우리는 매체 환경의 변화를 예의 주시하면서 문학교육이 이러한 변화를 어떻게 효과적으로 활용할 수 있을지에 대해 연구하고 그 결과를 실천하려는 노력을 계속해야 한다.

✅ (   )에 알맞은 말을 써 넣으면서 주요 개념을 정리합니다.

1 (   )란 의사소통할 때 사용하는 수단 혹은 매개체를 뜻한다. 넓게는
  사람들의 생각이나 정서를 전달하고 공유할 수 있도록 매개하는 것 모두를
  가리키기도 하고, 좁게는 책, 신문, 잡지, 라디오, 사진, 광고, 텔레비전, 영화,
  비디오, 컴퓨터 게임, 인터넷 등과 같이 다양한 기술로 메시지를 전달하는
  현대적 소통 매체를 뜻하기도 한다.

2 전자매체를 활용한 서정교육에는 (   ) 등이 있다.

3 전자매체를 활용한 서사교육에는 (   ) 등이 있다.

✅ 지시에 따라 서술하면서 매체를 통한 문학교육을 이해합니다.

1 문학교육의 제재로서 영화의 가치에 대해 설명하시오.

2 영상매체를 활용한 시 교수·학습 과정안을 작성하시오.

✅ 지시에 따라 주요 개념을 적용하면서 실천적 능력을 기릅니다.

1 다음은 김기림의 시 「기상도 1－세계의 아침」의 일부이다. 이 시를 영화적 기법으로 설명하시오.[13]

> 비늘
> 돋힌
> 해협은
> 배암의 잔등
> 처럼 살아났고
> 아롱진 아라비아의 의상을 두른 젊은, 산맥들
>
> 바람은 바닷가에 사라센의 비단폭처럼 미끄러웁고
> 오만한 풍경은 바로 오전 7시의 절정에 가로누었다.
>
> 헐덕이는 들 우에 늙은 향수를 뿌리는
> 교당의 녹슬은 종소리
> 송아지들은 들로 돌아가려무나

_____

13) 송여주, 「매체 간 상호텍스트성을 통한 현대시교육 연구」, 『문학교육학』 제33호, 한국문학교육학회, 2010 참고함.

아가씨는 바다에 밀려가는 윤선(輪船)을 오늘도 바래 보냈다
국경 가까운 정거장
차장의 신호를 재촉하며
발을 구르는 국제열차
차창마다
잘 있거라를 삼키고 느껴서 우는
마님들의 이즈러진 얼굴들
여객기들은 대륙의 공중에서 티끌처럼 흩어졌다
(중략)

전서구(傳書鳩)들은
선실의 지붕에서
수도로 향하여 떠났다.
…… 스마트라의 동쪽 …… 5킬로의 해상…… 일행 감기도 없다.
적도(赤道) 가까웁다. …… 20일 오전 열 시 ……

— 김기림, 「기상도 1 – 세계의 아침」

■ 카메라적인 시선

■ 몽타주 기법14)

---

14) 몽타주는 영화나 사진 편집 구성의 한 방법이다. 따로따로 촬영한 화면을 적절하게 떼어 붙여
서 하나의 긴밀하고도 새로운 장면이나 내용으로 만드는 일. 또는 그렇게 만든 화면을 말한다.

참고문헌

에듀넷 홈페이지 www.edunet4u.net

정혜윤, <그런 뒤에야 해피뉴이어!>, 한겨레신문, 2011년 1월 3일 http://hook.hani.co.kr

고려대학교·한국교원대학교 국정도서편찬위원회, 『중학교 2-2학년 국어』, 교육인적자원부, 2004.

교육과학기술부, 교육과학기술부 고시 제 2011-361호 [별책 5] 국어과 교육과정, 2011.

교육과학기술부, 『2007 국어과 교육과정 해설서』, 2009.

교육과학기술부, 『교육과학기술부 2009-41호에 따른 고등학교 교육과정 해설 : 국어』, 2009.

교육과학기술부, 『교육과학기술부 고시 제 2012-14호 국어과 교육과정』, 2012.

교육과학기술부, 『교육인적자원부 고시 2007-79호에 따른 고등학교 국어과 교육과정 해설』, 2008.

교육과학기술부, 『중학교 교육과정 해설(Ⅱ) 국어』, 교육과학기술부 고시 제2007-79호, 2008.

교육과학기술부, 『초등학교 국어과 교사용 지도서』(3-1), 대한교과서 주식회사, 2009.

교육부, 『교육부 고시 제 1992-11호('92.6.30.)에 따른 중학교 국어과 교육 과정 해설』, 1994.

교육인적자원부, 『초등학교 국어과 교사용 지도서』, 대한교과서주식회사, 2004.

민현식 외, 『중학교 국어④』(2012 교육과학기술부 검정), 좋은책신사고, 2013.

강상순, 「<한국문학통사> 다시 읽기 - 고전문학사 서술의 지표와 이론」, 『고전문학연구』 28, 한국고전문학회, 2005.

강우성, 「문학이론 교육의 한국적 수업모형 연구」, 『비평과 이론』 18(1), 한국비평이론학회, 2013.

경규진, 「반응 중심 문학교육의 방법 연구」, 서울대학교 박사학위논문, 1993.

고정희, 「텍스트 중심 문학교육의 이론적 기반과 읽기 방법」, 『문학교육학』 40, 한국문학교육학회, 2013.

구인환 외, 『문학교육론』(제1판), 삼지원, 1988.

구인환 외, 『문학교육론』(4판), 삼지원, 2001.

구인환 외, 『문학교육론』(6판), 삼지원, 2012.

국어교육 미래 열기 편, 『국어교육학개론』(제3판), 삼지원, 2009.

김근호, 「허구 서사 창작 교육 연구」, 서울대학교 박사학위논문, 2009.

김대행, 「국어과교육의 목표와 영역」, 『선청어문』 25, 서울대 국어교육과, 1997.

김대행, 「국어교육의 위계화」, 『국어교육연구』 19, 서울대학교 국어교육연구소, 2007.

김대행, 「문학 생활화의 패러다임」, 『문학교육학』 7, 한국문학교육학회, 2001.

김대행, 「수행적 이론의 연구를 위하여」, 『국어교육학연구』 22, 국어교육학회, 2005.

김대행, 「언어교육과 문화인식」, 『한국언어문화학』 5, 국제한국언어문화학회, 2008.

김대행, 『국어교과학의 지평』, 서울대학교출판부, 1995.

김대행, 『문학이란 무엇인가』, 문학사상사, 1992.

김대행 외, 『문학교육원론』, 서울대학교출판부, 2000.

김동환, 「문학교육과 객관식 평가의 문제」, 『국어교육학연구』 제18집, 국어교육학회, 2003.

김만수, 「문학교육에서 대학수학능력시험과 수행평가의 기능」, 『한국근대문학연구』 제7권 제2호, 한국근대문학회, 2006.

김미혜, 「문학 문화의 지형 변화와 문학교육 ― 대중문학 수용을 중심으로」, 『국어교육연구』 46, 국어교육학회, 2010.

김상욱, 「문학교육 목표로서의 문학 능력」, 『소설 교육의 방법 연구』, 서울대학교출판부, 1996.

김상욱, 「문해력, 국어능력, 문학능력」, 『한국초등국어교육』 46, 한국초등국어교육학회, 2011.

김상욱, 『문학교육의 길 찾기』, 나라말, 2003.

김상욱, 『소설교육의 방법 연구』, 서울대학교출판부, 1996.

김서윤, 「문학사교육의 내용과 방법에 대한 재검토」, 『문학교육학』 42, 한국문학교육학회, 2013.

김선배, 「반응중심학습법의 현장 적용에 대한 비판적 고찰」, 『문학교육학』 21, 한국문학교육학회, 2006.

김성룡, 「고전 비평과 문학능력」, 『문학교육학』 제28호, 한국문학교육학회, 2009.

김성진, 「문학 교수학습 방법론 연구」, 『국어교육학연구』 21, 국어교육학회, 2004.

김성진, 「비평의 논리로 본 문학 수행 평가의 철학」, 『문학교육학』 제3호, 한국문학교육학회, 1999.

김성진, 「지식교육으로서의 문학사 교육에 관한 연구」, 『국어교육』 100, 한국국어교육연구회.

김성진, 『문학비평과 소설교육』, 태학사, 2012.

김성희, 『국어교육의 내일을 여는 인터넷 매체언어 교육』, 동국대학교출판부, 2013.

김신정, 「다매체 문화 환경과 문학 능력」, 『문학교육학』 제26호, 한국문학교육학회, 2008.

김영순, 『미디어와 문화교육; 미디어 읽기를 위하여』, 한국문화사, 2005.

김영희, 『비평의 객관성과 실천적 지평』, 창작과비평사, 1993.

김윤식 외, 『한국 문학사』, 민음사, 1973.

김이섭, 「문학과 심리학의 상호연계성에 관한 연구」, 『독일문학』 42(3), 한국독어독문학회, 2001.

김인식 외 편, 『수업 설계의 원리와 모형 적용』, 교육과학사, 2000.

김재춘, 『교육과정』, 교육과학사, 2012.

김재춘 외, 『교육과정과 교육평가』, 교육과학사, 2002.

김정숙, 「문학사 교육, 어떻게 할 것인가(2)」, 『프랑스어문교육』 14, 프랑스어문교육학회, 2002.

김정우, 「문학 능력 평가의 방향―학습과 평가의 연계를 중심으로」, 『문학교육학』 제28호, 한국문학교육학회, 2009.

김정우, 「문학사교육에서 지식의 문제」, 『국어교육연구』 6 서울대 국어교육연구소, 1999.

김정우, 「학습자 중심의 문학사교육 연구」, 『국어국문학』 142, 국어국문학회, 2006,.

김종철, 「민족 정서와 문학교육」, 『문학교육학』 16, 한국문학교육학회, 2000.

김종철 외, 「문학 영역 평가의 이론과 실제―제7차 교육과정을 중심으로」, 국어교육연구소 학술발표회자료집, 서울대 국어교육연구소, 1998.

김준오, 『문학사와 장르』, 문학과 지성사, 2000.

김중신, 『한국 문학교육론의 방법과 실천』, 한국문화사, 2003.

김창원 외, 『국어과 수업 모형』, 삼지원, 2005.

김창원, 「'문학 능력'의 관점에서 본 학습자 중심 문학교육학의 철학과 방향」, 『문학교육학』 40, 한국문학교육학회, 2013.

김창원, 「'문학 능력'의 관점에서 본 학습자 중심 문학교육학의 철학과 방향」, 『문학교육학』 제40호, 한국문학교육학회, 2013.

김창원, 「'술이부작'에 관한 질문―창작 개념의 확장과 창작교육의 방향」, 『문학교육학』 2호, 한국문학교육학회, 1998.

김창원, 「문학 문화의 개념과 문학교육」, 『문학교육학』 25, 한국문학교육학회, 2008.

김창원, 「문학교육 목표의 변천 연구(1)」, 『국어교육』 77, 국어교육학회, 1992.

김창원, 「문학교육 평가론의 자기 성찰」, 『국어교육학연구』 제47집, 국어교육학회, 2013.

김창원, 「문학교육과정 설계의 절차와 원리」, 『국어교육』 77, 한국어교육학회, 1992.

김창원, 「시교육과 정전의 문제」, 『한국시학연구』 19, 한국시학회, 2007.

김창원, 『문학교육론 : 제도화와 탈제도화』, 한국문화사, 2010.

김창현, 『한국의 장르론과 장르 보편성』, 지식산업사, 2005.

김혜숙 외, 『매체언어교육의 이론과 실제』, 동국대학교출판부, 2010.

김혜영, 「문체 중심 소설 읽기 교육의 방향―<무진기행>을 중심으로」, 『독서연구』 24, 한국독서학회, 2010.

김혜영, 「문학어와 일상어」, 『문학의 이해』, 삼지원, 2004.

김희경 외, 「기초학력 이하 학생의 맞춤형 학습 지도를 위한 인지진단 프로파일 분석」, 한국교육과정평가원 연구보고 RRE 2013-10.

남민우 외, 「2009 개정 교육과정에 따른 국어과 성취기준 및 성취수준 개발 연구」, 한국교육과정평가원 연구보고 CRC2012-3.

남민우, 「국어과 학업성취도 평가 도구의 국제 비교 연구」, 『국어교육연구』 제49집, 국어교육학회(1969), 2011.

남민우, 「문학교사의 전문성과 문학 수업에 대한 평가기준 연구」, 『새국어교육』 78, 한국국어교육학회, 2007.

남민우, 「문학교육 목표 변천에 대한 비판적 고찰」, 『문학교육학』 22, 한국문학교육학회, 2007.

남민우, 「시교육 평가의 개선 방안 연구」, 『문학교육학』 제34호, 한국문학교육학회, 2011.

남민우 외, 「고등학교 학생들의 시 학습 경향 및 감상 능력 연구」, 『문학교육학』 제40호, 한국문학교육학회, 2013.

노 철, 「문학사 기술 방법과 문학사 교육의 방향」, 『현대문학이론연구』 48, 현대문학이론학회, 2012.

노은희・박기범, 「미국 SAT 문항 분석을 통한 수능 언어 영역 개선 방향 탐색」, 『국어교육학연구』 제34집, 국어교육학회, 2009.

노진환, 「문학사 교육 방법론 연구」, 서울대학교 석사학위논문, 1999.

도정일, 『시인은 숲으로 가지 못한다』, 민음사, 1994

라영균, 「포르트모더니즘의 역사적 기술과 문학사 기술」, 『외국문학연구』 37, 한국외국어대학교 외국문학연구소, 2010.

류수열, 「문학사 교육의 위상과 성격」, 『고전문학과 교육』 1, 청관고전문학회, 1999.

류수열, 「판소리에 대한 국어교육적 접근―<흥보가>를 중심으로」, 『판소리연구』 9, 판소리학회, 1998.

류현종, 「사회과 수업 비평 : 예술 비평적 접근」, 한국교원대학교 박사학위논문, 2004.

류홍렬, 「드라마 세계 창조하기」, 『실용과 실천의 문학교육』, 새문사, 2009.

문영진, 「정전 논의에 관련된 몇 가지 문제에 대하여」, 『민족문학사연구』 18, 민족문학사학회, 2001.

문학과문학교육연구소, 『문학의 이해』(제3판), 삼지원, 2007.

민현식 외, 『2011 국어과 교육과정 개정을 위한 시안 개발 연구』, 교육과학기술부, 2011.

박기범, 『다중매체 시대의 서사교육』, 역락, 2009.

박기범·노은희, 「미국 ACT 문항 분석을 통한 수능 언어 영역 개선 방향 탐색」, 『청람어문교육』 제39집, 청람어문교육학회, 2009.

박기범·박종훈, 「중국 대입시험 문항 분석을 통한 수능 언어 영역 개선 방향 탐색」, 『국어교육학연구』 제39집, 국어교육학회, 2010.

박소영, 「서사 만화를 활용한 중학생 읽기 부진아 소설 지도 방안」, 한국교원대학교 석사학위논문, 2012.

박영목 외, 『국어교육학원론』, 박이정, 2003.

박용찬, 「국어교재에 넘나든 현대시 텍스트의 경계와 검열」, 『국어교육연구』 54, 국어교육학회, 2014.

박용찬, 「문학교과서와 정전의 문제」, 『국어교육연구』 38, 국어교육학회, 2005.

박용찬, 『한국현대시의 정전과 매체』, 소명출판, 2011.

박유희, 『디지털 시대의 서사와 매체』, 동인, 2005.

박윤우, 「기호·소통·문화로 본 매체 언어와 문학어, 문학 능력」, 『문학능력』, 역락, 2010.

박이문, 『통합의 인문학—둥지 철학을 향하여』, 지와 사랑, 2009.

박인기 외, 『국어과 수행평가』, 삼지원, 1999.

박인기 외, 『국어교육과 미디어 텍스트』, 삼지원, 2000.

박인기, 「국어교육 내용으로서의 '태도'」, 『한국초등국어교육』 50, 한국초등국어교육학회, 2012.

박인기, 「국어교육 평가의 패러다임 변화와 실천」, 『국어교육』 제10집, 한국어교육학회, 2000.

박인기, 「디지털 환경과 문학 현상의 거시 전망」, 『교육논총』 27(1), 경인교육대학교 초등교육연구원, 2007.

박인기, 「문학교과 교재론의 이론적 접근과 방향」, 『운당구인환선생 화갑기념논집』, 한샘, 1989.

박인기, 「문화와 문식성의 관계 맺기」, 『문식성교육연구』, 한국문화사, 2008.

박인기, 「문화적 문식성의 국어교육적 재개념화」, 『국어교육학연구』 15, 국어교육학회, 2002.

박인기, 「제7차 국어과 교육과정의 목표에 대한 검토」, 『한국초등국어교육』 16, 한국초등국어교육학회, 2000.

박인기 외, 『문학을 통한 교육』, 삼지원, 2005.

박인기·박창균, 『다문화교육 시대에 되짚어 보는 한국인의 말, 한국인의 문화』, 학지사, 2010.

배수찬, 「교육사의 관점에서 본 근대 초기 문학사 연구 서설」, 『고전문학과 교육』 20, 한국고전문학교육학회, 2010.

변영계·이상수, 『수업 설계』, 학지사, 2003.

서 혁, 「국어과 교수학습 구성의 원리」, 『국어교육학연구』 24, 국어교육학회, 2005.

서울대학교 교육연구소 편, 『교육학 대백과 사전』, 하우동설, 1999.

서울대학교 국어교육연구소 편, 『국어교육학사전』, 대교출판, 1999.

서유경, 「판소리를 통한 문화적 문식성 교육 연구-이청준의 <남도사람> 연작을 중심으로」, 『판소리연구』 28, 판소리학회, 2009.

서유경, 『인터넷 매체와 국어교육』, 역락, 2002.

성열준 외, 『청소년 문화론』, 양서원, 2011.

성태제, 『현대교육평가』(제3판), 학지사, 2010.

송 무, 「문학교육의 '정전' 논의-영미의 정전 논쟁을 중심으로」, 『문학교육학』 1, 한국문학교육학회, 1997.

송 무, 『영문학에 대한 반성』, 민음사, 1997.

송여주, 「매체 간 상호텍스트성을 통한 현대시교육 연구」, 『문학교육학』 제33호, 한국문학교육학회, 2010.

송효섭, 「문학 연구의 문화론적 지평」, 『현대문학이론연구』 27, 현대문학이론학회, 2006.

송희복, 『영상 시대의 글쓰기와 문학교육』, 월인, 2005.

신형철, 『몰락의 에티카』, 문학동네, 2008.

심보선, 『그을린 예술』, 민음사, 2013.

양정실 외, 『국어과 교육과정 개선 방안 연구』, 한국교육과정평가원, 2005.

양호환, 「사회 변화와 역사교육의 방향」, 『역사교육논집』 26, 역사교육학회, 2000.

염은열, 「교육의 관점에서 본 고전시가 해석의 다양성」, 『공감의 미학 고려속요를 말하다』, 역락, 2013.

염은열, 「문학능력의 신장을 위한 문학교육 지식론의 방향 탐색」, 『문학교육학』 제28호, 한국문학교육학회, 2009.

염은열, 『공감의 미학 고려속요를 말하다』, 역락, 2013.

우신영, 「문학사적 접근을 통한 교육용 문학사 서술 시론」, 『정신문화연구』 34(2), 정신문화연구원, 2011.

우한용 외, 『근대, 삶 그리고 서사교육』, 한국문화사, 2013.

우한용 외, 『서사교육론』, 동아시아, 2001.

우한용, 「문학교육의 목표이자 내용으로서 문학 능력의 개념, 교육 방향」, 『문학능력』, 역락, 2010.

우한용, 「창작교육의 이념과 지향」, 『문학교육학』 2호, 한국문학교육학회, 1998.

우한용, 『문학교육과 문화론』, 서울대학교출판부, 1997.

우한용, 『문학교육의 문화론적 관점에 대하여』, 2013.

우한용 외, 『문학교육과정론』, 삼지원, 1997.

유영희 외, 「학습자의 문학능력에 대한 평가적 진술의 표준화 방안 연구」, 2007년 교과교육공동연구보고서, 학술진흥재단, 2008.

윤서영, 「서사 만화를 활용한 소설 읽기 능력 신장 방안」, 한국교원대학교 석사학위논문, 2010.

윤여탁 외, 『매체언어와 국어교육』, 서울대학교출판부, 2008.

윤여탁 외, 『현대시 교육론』, 사회평론, 2012.

윤여탁, 「교재 구성을 위한 현대시 정전」, 『리얼리즘의 시정신과 교육』, 소명출판, 2003.

윤여탁, 「이념 인식으로서의 문학 전통과 문학 학습」, 『시교육론 Ⅱ』, 서울대학교출판부, 1999.

윤여탁, 「한국의 문학교육과 정전 : 그 역사와 의미」, 『문학교육학』 27, 한국문학교육학회, 2008.

윤정일 외, 『역량기반교육』, 교육과학사, 2010.

이경섭, 『교육과정 쟁점 연구』, 교육과학사, 1999.

이삼형 외, 『국어교육학과 사고』, 역락, 2007.

이상구, 「문학교육 패러다임에 따른 교육방법 변천 양상」, 『문학교육학』 41, 한국문학교육학회, 2013.

이상섭, 『문학비평용어사전』, 민음사, 1997.

이상우, 『현대소설의 기법 연구』, 월인, 2005.

이선미, 「영상 매체를 활용한 시 교수·학습 방안 연구」, 이화여자대학교 석사학위논문, 2007.

이선미 외, 「춘향전의 자기실현화 과정에 대한 분석심리학적 접근」, 『상담학연구』 11(1), 2010.

이성영, 『국어교육의 내용 연구』, 서울대학교학교출판부, 1995.

이윤석, 「이야기, 문학, 역사」, 『열상고전연구』 33, 열상고전연구회, 2011.

이인제, 「국어과 교육과정 개선 방안 연구」(보고서 번호 RRC 2005-3), 한국교육과정평가원, 2005.

이혁규 외, 「수업의 과학성과 예술성 논의와 수업 비평」, 『열린교육연구』 20(2), 한국열린교육학회, 2012.

이홍우, 『교육과정연구』(증보), 박영사, 1992.

이희복, 「국어교육의 목표」, 『국어교육』(홍웅선 외 편), 현대교육총서출판사, 1963.

임경순, 『문학의 해석과 문학교육』, 2004.

임형택 외, 『전통-근대가 만들어낸 또 하나의 권력』, 인물과 사상사, 2010.

임형택, 『한국문학사의 논리와 체계』, 창작과 비평사, 2002.

장경렬, 『매혹과 저항 : 현대문학비평이론에 대한 비판적 이해를 위하여』, 서울대학교학교출판부, 2007.

장수현, 「인류학과 문화적 상상력」, 『새한영어영문학』 42(2), 새한영어영문학, 2000.

전국국어교사모임 매체연구부, 『국어시간에 매체읽기』, 나라말, 2005.

전봉관, 「1930년대 금광 풍경과 황금광시대의 문학」, 『한국현대문학연구』 7, 1999.

정끝별, 『패러디의 시학』, 문학세계사, 1997.

정석기, 『좋은 수업 설계와 실제』, 원미사, 2008.

정은영 외, 「국가수준 학업성취도 평가의 교과별 평가틀 개발 연구」, 한국교육과정평가원 연구
　　　보고 CRE 2010-7.

정재찬, 「문학교육과 도덕적 상상력」, 문학교육학 13, 한국문학교육학회, 2004.

정재찬, 「국어 수업 비평론」, 『국어교육학연구』 제25집, 국어교육학회, 2006.

정재찬, 「수업 비평적 관점을 통한 중등 국어 수업 사례 연구」, 『국어교육학연구』 39, 국어교
　　　육학회, 2010.

정재찬, 「문학사교육의 현상과 인식」, 『민족문학사연구』 43, 민족문학사학회, 2010.

정재찬, 「현대시 교육의 지배적 담론에 관한 연구」, 서울대학교 박사학위논문, 1996.

정재찬, 『문학교육의 사회학을 위하여』, 역락, 2003.

정재찬, 『문학교육의 현상과 인식』, 역락, 2004.

정진석, 「문학교육에서 서사의 극화 원리에 대한 연구」, 서울대학교 석사학위논문, 2006.

정찬영, 「문화론적 시각에서 본 소설 읽기의 경향과 전망」, 『현대문학이론연구』 25, 현대문학
　　　이론학회, 2005.

정현선, 『다매체 시대의 국어 교육과 문화교육』, 역락, 2004.

정혜승, 「국어교과서 평가방안 연구」, 『국어교육학연구』 21, 국어교육학회, 2004.

정호웅, 『문학사 연구와 문학교육』, 푸른사상사, 2012.

조자경 외, 「교사의 인식론적 신념과 수업설계 행위와의 관련성 탐색」, 『교육공학연구』 25(3),
　　　한국교육공학회, 2009.

조동일, 「자아와 세계의 소설적 대결에 관한 시론」, 『한국소설의 이론』, 지식산업사, 1997

조동일, 『한국문학통사 1~6』(제4판), 지식산업사, 2005.

조용기, 「대입 국가고사 국어시험의 변천 연구」, 고려대학교 박사학위논문, 2013.

조윤제, 『국문학사』, 동국문학사, 1969.

조하연, 「문학사적 안목 형성을 위한 문학사교육의 내용 전개 방향 연구」, 『새국어교육』 97,
　　　한국국어교육학회, 2013.

조희권, 「현대소설의 만화변용과정 연구」, 한양대학교 박사학위논문, 2005.

조희정, 「고전시가 쓰기 교육 연구」(1) (2), 『고전문학 교육 연구』, 한국문화사, 2011.

조희정, 「고전시가교육 평가 연구－평가 프레임을 중심으로」, 『문학교육학』 제31호, 한국문학
　　　교육학회, 2010.

차봉희, 「문학 작품의 학제적 연구－문학적 인식의 본질을 중심으로」, 『한신논문집』 6, 한신대
　　　학교, 1989.

최미숙 외, 『국어 교육의 이해』(개정판), 사회평론, 2012.

최미숙, 「기호・해석・독자의 문제와 문학교육학」, 『문학교육학』 38, 한국문학교육학회, 2012.

최미숙, 「대화 중심의 현대시 교수학습 방법」, 『국어교육학연구』 26, 국어교육학회, 2006.

최미숙, 「디지털 시대, 시 향유 방식과 시교육의 방향」, 『국어교육연구』 19, 서울대학교 국어교육연구소, 2007.

최미숙, 「문학교육에서의 평가 연구」, 『국어교육학연구』 제11집, 국어교육학회, 2000.

최미숙, 「성인의 문학생활화 방안」, 『문학교육학』 10, 한국문학교육학회, 2002.

최병우, 『다매체 시대의 한국문학 연구』, 푸른사상, 2003.

최숙인, 「문학과 미술의 상호 조명」, 『비교문학』 24, 한국비교문학회, 1999.

최유리, 「교육매체로서 만화를 활용한 소설 교육 연구」, 상명대학교 석사학위논문, 2008.

최인자, 「문학 영역의 교실 내 평가 정착을 위한 '실제적 평가'의 방향성」, 『국어교육연구』 제45집, 국어교육학회(1969), 2009.

최인자, 「장르 문식력의 국어교육적 의의」, 『국어교육의 문화론적 지평』, 소명출판, 2001.

최인자, 「타자 지향의 서사 윤리와 소설교육」, 『독서연구』 22, 한국독서학회, 2009.

최인자, 『서사문화 교육의 전망과 실천』, 역락, 2007.

최지현 외, 『국어과 교수・학습 방법』, 역락, 2007.

최지현, 「문학 능력의 위계적 발달, 평가 모형」, 『문학교육학』 28, 한국문학교육학회, 2009.

최지현, 『문학교육과정론』, 역락, 2006.

최현섭 외, 『국어교육학개론』, 삼지원, 1996.

표정옥, 『놀이와 축제의 신화성』, 서강대학교 출판부, 2010.

한국문학평론가협회 편, 『문학비평용어사전』, 국학자료원, 2006.

한국토지재단, 『한국문학사 어떻게 쓸 것인가』, 한길사, 2001.

한춘희・정한호, 「학교현장의 수업설계 실태에 대한 생태학적 탐색」, 『초등교육연구』 23, 한국초등교육학회, 2010.

홍봉선・남미애, 『청소년복지론』, 공동체, 2007.

황혜진, 「문화적 문식성 교육을 위한 고전소설과 영상변용물의 비교 연구-<장화홍련전>과 영화 <장화, 홍련>을 대상으로」, 『국어교육』 116, 한국어교육학회, 2005.

Anderson, L. W., 변창진・문수백 공역, 『정의적 특성의 사정』, 교육과학사, 1987.

Bakhtin, M. M., 전승희 역, 『장편소설과 민중언어』, 창작과비평, 1998.

Barry, P., 한만수 외 역, 『현대 문학이론 입문』, 시유시, 2001.

Booth, W. C., "The Ethics of teaching Literature", *College English* Vol.61, 1998.

Brown, H. D., *Language Assessment : Principles and Classroom Practices*, Pearson Education, Inc.,

2004.

Butler, J., 양효실 역, 『윤리적 폭력 비판 : 자기 자신을 설명하기』, 인간사랑, 2013.

Crawford, D. W., 김문환 역, 『칸트 미학 이론』, 서광사, 1995.

Culler, J., *Structural Poetics : Structuralism, Liguistics and the study of Literature*, London : Routledge & Kegan Paul, 1975.

Culler, J., 이은경·임옥희 역, 『문학이론』, 동문선, 1999.

Dewey, J., 이재언 역, 『경험으로서의 예술』, 책세상, 2003.

Doubrovsky, S. & Todorov, T., 윤희원 역, 『문학의 교육』, 도서출판 하우, 1996, 74면에서 재인용.

Eagleton, T., 김명환 역, 『문학이론입문』, 창작과비평사, 1989.

Eagleton, T., 유희석 역, 『비평의 기능』, 제3문학사, 1991.

Eagleton, T., 윤희기 역, 『비평과 이데올로기』, 인간사랑, 2012.

Easthope, A., 임상훈 역, 『문학에서 문화연구로』, 현대미학사, 1994.

Fish, S., *Is There a Text in This Class? : the authority of interpretive communities*, Cambridge, Mass. : Harvard University Press, 1980.

Freund, E., 신명아 역, 『독자로 돌아가기 : 신비평에서 포스트모던 비평까지』, 인간사랑, 2005.

Frye, N., *Developing Imagination*, Harvard University Press, 1963.

Gregory, M., "The many−headed hydra of theory VS. The unifying mission of teaching", *College English* Vol.59, 1997.

Habermas, J., 한승완 역, 『공론장의 구조 변동』, 나남, 2001.

Hernadi, P., 김준오 옮김, 『장르론−문학 분류의 새 방법』, 문장, 1983.

Holland, N. N., *The Dynamics of Literary Response*, New York : Norton, 1975.

Hughes, A., *Testing for Language Teachers*, Cambridge University Press, 2003.

Jameson, F., 여홍상 외 역, 『맑스주의와 형식(개정판)』, 창작과비평사, 2014.

Jenks, C., 김윤용 역, 『문화란 무엇인가』, 현대미학사, 1996.

Gribble, J., 나병철 역, 『문학교육론』, 문예출판사, 1987,

Lentricchia, F., & McLaughlin, T., 여홍상 외 공역, 『문학 연구를 위한 비평용어』, 한신문화사, 1996.

Gossman, L., Literature and Education, *Between History and Literature*, Harvard Univ. Press, 1990.

Lucás, G., 이주영·임홍배·반성완 역, 『(게오르그 루카치) 미학』, 미술문화, 2000.

McNeil, J. D., 전성연·이흔정 공역, 『교육과정의 이해』, 학지사, 2001.

Pease, D. E., National Identities, Postmodern Artifacts, and Postnational Narratives, *Boundary 2* 19(1), Duke University Press, 1992.

Richter, D. H., *Falling into theory−Conflicting views on reading literature*, Boston : Bedford Books of

St. Martin's Press, 1994.

Rosenblatt, L. M., 김혜리 · 엄혜영 공역, 『독자, 텍스트, 시』, 한국문화사, 2008.

Schmidt, S. J., & Hauptmeier, H., 차봉희 역, 『구성주의 문예학』, 민음사, 1995.

Scholes, R. E., 김상욱 역, 『문학이론과 문학교육 : 텍스트의 위력』, 하우, 1995.

Tyson, L., 윤동구 역, 『비평이론의 모든 것 : 신비평부터 퀴어비평까지 비평이론의 모든 것』, 앨피, 2012.

Young, A. C., Reiser, R. A., Dick, W.(1998), Do Superior Teachers Employ Systematic Instructional Planning Procedures? A Descriptive Study, Educational technology research and development, 46(2), ASSOCIATION FOR EDUCATIONAL COMMUNICATIONS, 1998,

Kleinbaum, N. H., 김라경 역, 『죽은 시인의 사회』, 시간과공간사, 1998.

찾아보기

작품 찾아보기

▌저자 소개

정재찬 한양대학교 사범대학 국어교육과 교수
서울대학교 사범대학 국어교육과 졸업
서울대학교 대학원 국어교육과 졸업(교육학박사)
문학교육의 사회학을 위하여 / 문학교육의 현상과 인식 외

최인자 가톨릭대학교 교육대학원 독서교육전공 교수
서울대학교 사범대학 국어교육과 졸업
서울대학교 대학원 국어교육과 졸업(교육학박사)
국어교육의 문화론적 지평 / 서사문화교육의 전망과 실천 외

김근호 전남대학교 사범대학 국어교육과 교수
서울대학교 사범대학 국어교육과 졸업
서울대학교 대학원 국어교육과 졸업(교육학박사)
복지사회를 위한 문학교육의 역능 / 박태원 소설 <천변풍경>의 서사적 재미 외

염은열 청주교육대학교 국어교육과 교수
서울대학교 사범대학 국어교육과 졸업
서울대학교 대학원 국어교육과 졸업(교육학박사)
고전문학의 교육적 발견 / 공감의 미학 고려속요를 말하다 외

이지영 경인교육대학교 국어교육과 교수
경인교육대학교 국어교육과 졸업
고려대학교 대학원 국어교육과 졸업(교육학박사)
국어과 창의인성 교육(공저) / 환상동화의 재미 연구 외

최미숙 상명대학교 사범대학 국어교육과 교수
서울대학교 사범대학 국어교육과 졸업
서울대학교 대학원 국어교육과 졸업(교육학박사)
국어교육의 이해(공저) / 시와 함께 배우는 시론(공저) 외

김혜련 성신여자대학교 교육대학원 국어교육전공 교수
동국대학교 사범대학 국어교육과 졸업
동국대학교 대학원 국어국문학과 졸업(문학박사)
일제 강점기 조선어과 교과서와 조선인 / 식민지기 문학교육과 정전 논의 외

박용찬 경북대학교 사범대학 국어교육과 교수
경북대학교 사범대학 국어교육과 졸업
경북대학교 대학원 국어국문학과 졸업(문학박사)
해방기 시의 현실인식과 논리 / 한국현대시의 정전과 매체 외

남민우 한국교육과정평가원 연구위원
서울대학교 사범대학 국어교육과 졸업
서울대학교 대학원 국어교육과 졸업(교육학박사)
시 교육의 해체와 재구성 / 문학교육의 역사와 성장의 시학 외

김성진 대구대학교 사범대학 국어교육과 교수
서울대학교 사범대학 국어교육과 졸업
서울대학교 대학원 국어교육과 졸업(교육학박사)
문학비평과 소설교육 / 문학교육론의 쟁점과 전망 외

조희정 조선대학교 사범대학 국어교육과 교수
서울대학교 사범대학 국어교육과 졸업
서울대학교 대학원 국어교육과 졸업(교육학박사)
고전문학교육연구 / 대담한 책읽기(공저) 외

박기범 전주대학교 사범대학 국어교육과 교수
부산대학교 사범대학 국어교육과 졸업
한국교원대학교 대학원 국어교육과 졸업(교육학박사)
다중매체 시대의 서사 교육 / 소설과 영화를 통한 서사교육 내용 연구 외

문학교육총서 ❻

문학교육개론 Ⅰ : 이론 편

초판 1쇄 발행 2014년 9월 1일
초판 2쇄 발행 2015년 9월 1일
초판 3쇄 발행 2018년 9월 1일
초판 4쇄 발행 2019년 9월 1일
초판 5쇄 발행 2022년 2월 1일

지은이 정재찬 최인자 김근호 염은열 이지영 최미숙
　　　　김혜련 박용찬 남민우 김성진 조희정 박기범

펴낸이 이대현 | **책임편집** 권분옥

펴낸곳 도서출판 역락 | **등록** 1999년 4월 19일 제303-2002-000014호

주소 서울시 서초구 동광로 46길 6-6 문창빌딩 2층

전화 02-3409-2060(편집부), 2058(영업부) | **팩시밀리** 02-3409-2059

전자우편 youkrack@hanmail.net

ISBN 979-11-5686-080-8 94370

　　　978-89-5556-845-5(세트)

정가 20,000원

* 파본은 구입처에서 교환해 드립니다.

이 도서의 국립중앙도서관 출판예정도서목록(CIP)은 서지정보유통지원시스템 홈페이지(http://seoji.nl.go.kr)와 국가자료공동목록시스템(http://www.nl.go.kr/kolisnet)에서 이용하실 수 있습니다.(CIP제어번호: CIP2014025082)